Stories

Fyodor Dostoevsky

Рассказы

Фёдор М. Достоевский

Stories

ISNB: 978-1-60444-855-9

Рассказы

ISNB: 978-1-60444-855-9

БОБОК

На этот раз помещаю "Записки одного лица". Это не я; это совсем другое лицо. Я думаю, более не надо никакого предисловия.

Записки одного лица

Семен Ардальонович третьего дня мне как раз:

– Да будешь ли ты, Иван Иваныч, когда-нибудь трезв, скажи на милость?

Странное требование. Я не обижаюсь, я человек робкий; но, однако же, вот меня и сумасшедшим сделали. Списал с меня живописец портрет из случайности: "Все-таки ты, говорит, литератор". Я дался, он и выставил. Читаю: "Ступайте смотреть на это болезненное, близкое к помешательству лицо".

Оно пусть, но ведь как же, однако, так прямо в печати? В печати надо все благородное; идеалов надо, а тут...

Скажи по крайней мере косвенно, на то тебе слог. Нет, он косвенно уже не хочет. Ныне юмор и хороший слог исчезают и ругательства заместо остроты принимаются. Я не обижаюсь: не Бог знает какой литератор, чтобы с ума сойти. Написал повесть – не напечатали. Написал фельетон – отказали. Этих фельетонов я много по разным редакциям носил, везде отказывали: "Соли, говорят, у вас нет".

– Какой же тебе соли, – спрашиваю с насмешкою. – аттической?

Даже и не понимает. Перевожу больше книгопродавцам с французского. Пишу и объявления купцам: "Редкость! Красненький, дескать, чай, с собственных плантаций..." За панегирик его превосходительству покойному Петру Матвеевичу большой куш хватил. "Искусство нравиться дамам" по заказу книгопродавца составил. Вот этаких книжек я штук шесть в моей жизни пустил. Вольтеровы бонмо хочу собрать, да боюсь, не пресно ли нашим покажется. Какой теперь Вольтер; нынче дубина, а не Вольтер! Последние зубы друг другу повыбили! Ну вот и вся моя литературная деятельность. Разве что безмездно письма по редакциям рассылаю, за моею полною подписью. Все увещания и советы даю, критикую и путь указую. В одну редакцию на прошлой неделе сороковое письмо за два года послал; четыре рубля на одни почтовые марки истратил. Характер у меня скверен, вот что.

Думаю, что живописец списал меня не литературы ради, а ради двух моих симметрических бородавок на лбу: феномен, дескать. Идеи-то нет, так они теперь на феноменах выезжают. Ну и как же у него на портрете удались мои бородавки, – живые! Это они реализмом зовут.

А насчет помешательства, так у нас прошлого года многих в

сумасшедшие записали. И каким слогом: "При таком, дескать, самобытном таланте… и вот что под самый конец оказалось… впрочем, давно уже надо было предвидеть…" Это еще довольно хитро; так что с точки чистого искусства даже и похвалить можно. Ну а те вдруг еще умней воротились. То−то, свести−то с ума у нас сведут, а умней−то еще никого не сделали.

Всех умней, по−моему, тот, кто хоть раз в месяц самого себя дураком назовет, – способность ныне неслыханная! Прежде, по крайности, дурак хоть раз в год знал про себя, что он дурак, ну а теперь ни−ни. И до того замешали дела, что дурака от умного не отличишь. Это они нарочно сделали.

Припоминается мне испанская острота, когда французы, два с половиною века назад, выстроили у себя первый сумасшедший дом: "Они заперли всех своих дураков в особенный дом, чтобы уверить, что сами они люди умные". Оно и впрямь, тем, что другого запрешь в сумасшедший, своего ума не докажешь. "К. с ума сошел, значит, теперь мы умные". Нет, еще не значит.

Впрочем, черт… и что я с своим умом развозился: брюзжу, брюзжу. Даже служанке надоел. Вчера заходил приятель: "У тебя, говорит, слог меняется, рубленый. Рубишь, рубишь – и вводное предложение, потом к вводному еще вводное, потом в скобках еще что−нибудь вставишь, а потом опять зарубишь, зарубишь…"

Приятель прав. Со мной что−то странное происходит. И характер меняется, и голова болит. Я начинаю видеть и слышать какие−то странные вещи. Не то чтобы голоса, а так как будто кто подле: "Бобок, бобок, бобок!"

Какой такой бобок? Надо развлечься.

***

Ходил развлекаться, попал на похороны. Дальний родственник. Коллежский, однако, советник. Вдова, пять дочерей, все девицы. Ведь это только по башмакам, так во что обойдется! Покойник добывал, ну а теперь – пенсионишка. Подожмут хвосты. Меня принимали всегда нерадушно. Да и не пошел бы я и теперь, если бы не экстренный такой случай. Провожал до кладбища в числе других; сторонятся от меня и гордятся. Вицмундир мой действительно плоховат. Лет двадцать пять, я думаю, не бывал на кладбище; вот еще местечко!

Во−первых, дух. Мертвецов пятнадцать наехало. Покровы разных цен; даже было два катафалка: одному генералу и одной какой−то барыне. Много скорбных лиц, много и притворной скорби, а много и откровенной

2

веселости. Причту нельзя пожаловаться: доходы. Но дух, дух. Не желал бы быть здешним духовным лицом.

В лица мертвецов заглядывал с осторожностью, не надеясь на мою впечатлительность. Есть выражения мягкие, есть и неприятные. Вообще улыбки не хороши, а у иных даже очень. Не люблю; снятся.

За обедней вышел из церкви на воздух; день был сероват, но сух. Тоже и холодно; ну да ведь и октябрь же. Походил по могилкам. Равные разряды. Третий разряд в тридцать рублей: и прилично и не так дорого. Первые два в церкви и под папертью; ну, это кусается. В третьем разряде за этот раз хоронили человек шесть, в том числе генерала и барыню.

Заглянул в могилки – ужасно: вода, и какая вода! Совершенно зеленая и... ну да уж что! Поминутно могильщик выкачивал черпаком. Вышел, пока служба, побродить за врата. Тут сейчас богадельня, а немного подальше и ресторан. И так себе, недурной ресторанчик: и закусить и все. Набилось много и из провожатых. Много заметил веселости и одушевления искреннего. Закусил и выпил.

Затем участвовал собственноручно в отнесении гроба из церкви к могиле. Отчего это мертвецы в гробу делаются так тяжелы? Говорят, по какой–то инерции, что тело будто бы как–то уже не управляется самим... или какой–то вздор в этом роде; противоречит механике и здравому смыслу. Не люблю, когда при одном лишь общем образовании суются у нас разрешать специальности; а у нас это сплошь. Штатские лица любят судить о предметах военных и даже фельдмаршальских, а люди с инженерным образованием судят больше о философии и политической экономии.

На литию не поехал. Я горд, я если меня принимают только по экстренной необходимости, то чего же таскаться по их обедам, хотя бы и похоронным? Не понимаю только, зачем остался на кладбище; сел на памятник и соответственно задумался.

Начал с московской выставки, а кончил об удивлении, говоря вообще как о теме. Об "удивлении" я вот что вывел:

"Всему удивляться, конечно, глупо, а ничему не удивляться гораздо красивее и почему–то признано за хороший тон. Но вряд ли так в сущности. По–моему, ничему не удивляться гораздо глупее, чем всему удивляться. Да и кроме того: ничему не удивляться почти то же, что ничего и не уважать. Да глупый человек и не может уважать".

– Да я прежде всего желаю уважать. Я жажду уважать, – сказал мне как–то раз на днях один мой знакомый.

Жаждет он уважать! И Боже, подумал я, что бы с тобой было, если б ты это дерзнул теперь напечатать!

Тут–то я и забылся. Не люблю читать надгробных надписей; вечно то же. На плите подле меня лежал недоеденный бутерброд: глупо и не к месту. Скинул его на землю, так как это не хлеб, а лишь бутерброд. Впрочем, на землю хлеб крошить, кажется, не грешно; это на пол грешно. Справиться в календаре Суворина.

Надо полагать, что я долго сидел, даже слишком; то есть даже прилег на длинном камне в виде мраморного гроба. И как это так случилось, что вдруг начал слышать разные вещи? Не обратил сначала внимания и отнесся с презрением. Но, однако, разговор продолжался. Слышу – звуки глухие, как будто рты закрыты подушками; и при всем том внятные и очень близкие. Очнулся, присел и стал внимательно вслушиваться.

– Ваше превосходительство, это просто никак невозможно–с. Вы объявили в червях, я вистую, и вдруг у вас семь в бубнах. Надо было условиться заранее насчет бубен–с.

– Что же, значит, играть наизусть? Где же привлекательность?

– Нельзя, ваше превосходительство, без гарантии никак нельзя. Надо непременно с болваном, и чтоб была одна темная сдача.

– Ну, болвана здесь не достанешь.

Какие заносчивые, однако, слова! И странно и неожиданно. Один такой веский и солидный голос, другой как бы мягко услащенный; не поверил бы, если б не слышал сам. На литии я, кажется, не был. И, однако, как же это здесь в преферанс, и какой такой генерал? Что раздавалось из–под могил, в том не было и сомнения. Я нагнулся и прочел надпись на памятнике:

"Здесь покоится тело генерал–майора Первоедова... таких–то и таких орденов кавалера". Гм. "Скончался в августе сего года... пятидесяти семи... Покойся, милый прах, до радостного утра!"

Гм, черт, в самом деле генерал! На другой могилке, откуда шел льстивый голос, еще не было памятника; была только плитка; должно быть, из новичков. По голосу надворный советник.

– Ох–хо–хо–хо! – послышался совсем уже новый голос, саженях в пяти от генеральского места и уже совсем из–под свежей могилки, – голос мужской и простонародный, но расслабленный на благоговейно– умиленный манер.

– Ох–хо–хо–хо!

– Ах, опять он икает! – раздался вдруг брезгливый и высокомерный голос раздраженной дамы, как бы высшего света. – Наказание мне подле этого лавочника!

– Ничего я не икал, да и пищи не принимал, а одно лишь это мое естество. И все–то вы, барыня, от ваших здешних капризов никак не можете успокоиться...

– Так зачем вы сюда легли?

– Положили меня, положили супруга и малые детки, а не сам я возлег. Смерти таинство! И не лег бы я подле вас ни за что, ни за какое злато; а

4

лежу по собственному капиталу, судя по цене–с. Ибо это мы всегда можем, чтобы за могилку нашу по третьему разряду внести.

– Накопил; людей обсчитывал?

– Чем вас обсчитаешь–то, коли с января почитай никакой вашей уплаты к нам не было. Счетец на вас в лавке имеется.

– Ну уж это глупо; здесь, по–моему, долги разыскивать очень глупо! Ступайте наверх. Спрашивайте у племянницы; она наследница.

– Да уж где теперь спрашивать и куда пойдешь. Оба достигли предела и пред судом Божиим во гресех равны.

– Во гресех! – презрительно передразнила покойница. – И не смейте совсем со мной говорить!

– Ох–хо–хо–хо!

– Однако лавочник–то барыни слушается, ваше превосходительство.

– Почему же бы ему не слушаться?

– Ну да известно, ваше превосходительство, так как здесь новый порядок.

– Какой же это новый порядок?

– Да ведь мы, так сказать, умерли, ваше превосходительство.

– Ах, да! Ну все же порядок…

Ну, одолжили, нечего сказать, утешили! Если уж здесь до того дошло, то чего же спрашивать в верхнем–то этаже? Какие, однако же, штуки! Продолжал, однако, выслушивать, хотя и с чрезмерным негодованием.

– Нет, я бы пожил! Нет… я, знаете… я бы пожил! – раздался вдруг чей–то новый голос, где–то в промежутке между генералом и раздражительной барыней.

– Слышите, ваше превосходительство, наш опять за то же. По три дня молчит–молчит, и вдруг: "Я бы пожил, нет, я бы пожил!" И с таким, знаете, аппетитом, хи–хи!

– И с легкомыслием.

– Пронимает его, ваше превосходительство, и, знаете, засыпает, совсем уже засыпает, с апреля ведь здесь, и вдруг: "Я бы пожил!"

– Скучновато, однако, – заметил его превосходительство.

– Скучновато, ваше превосходительство, разве Авдотью Игнатьевну опять пораздразнить, хи–хи?

– Нет уж, прошу уволить. Терпеть не могу этой задорной криксы.

– А я, напротив, вас обоих терпеть не могу, – брезгливо откликнулась крикса. – Оба вы самые прескучные и ничего не умеете рассказать идеального. Я про вас, ваше превосходительство, – не чваньтесь, пожалуйста, – одну историйку знаю, как вас из–под одной супружеской кровати поутру лакей щеткой вымел.

– Скверная женщина! – сквозь зубы проворчал генерал.

– Матушка, Авдотья Игнатьевна, – возопил вдруг опять лавочник, –

барынька ты моя, скажи ты мне, зла не помня, что ж я по мытарствам это хожу, али что иное деется?..

— Ах, он опять за то же, так я и предчувствовала, потому слышу дух от него, дух, а это он ворочается!

— Не ворочаюсь я, матушка, и нет от меня никакого такого особого духу, потому еще в полном нашем теле как есть сохранил себя, а вот вы, барынька, так уж тронулись, — потому дух действительно нестерпимый, даже и по здешнему месту. Из вежливости только молчу.

— Ах, скверный обидчик! От самого так и разит, а он на меня.

— Ох–хо–хо–хо! Хоша бы сороковинки наши скорее пристигли: слезные гласы их над собою услышу, супруги вопль и детей тихий плач!..

— Ну, вот об чем плачет: нажрутся кутьи и уедут. Ах, хоть бы кто проснулся!

— Авдотья Игнатьевна, — заговорил льстивый чиновник. — Подождите капельку, новенькие заговорят.

— А молодые люди есть между ними?

— И молодые есть, Авдотья Игнатьевна. Юноши даже есть.

— Ах, как бы кстати!

— А что, не начинали еще? — осведомился его превосходительство.

— Даже и третьеводнишние еще не очнулись, ваше превосходительство, сами изволите знать, иной раз по неделе молчат. Хорошо, что их вчера, третьего дня и сегодня как–то разом вдруг навезли. А то ведь кругом сажен на десять почти все у нас прошлогодние.

— Да, интересно.

— Вот, ваше превосходительство, сегодня действительного тайного советника Тарасовича схоронили. Я по голосам узнал. Племянник его мне знаком, давеча гроб опускал.

— Гм, где же он тут?

— Да шагах в пяти от вас, ваше превосходительство, влево. Почти в самых ваших ногах–с... Вот бы вам, ваше превосходительство, познакомиться.

— Гм, нет уж... мне что же первому.

— Да он сам начнет, ваше превосходительство. Он будет даже польщен, поручите мне, ваше превосходительство, и я...

— Ах, ах... ах, что же это со мной? — закряхтел вдруг чей–то испуганный новенький голосок.

— Новенький, ваше превосходительство, новенький, слава Богу, и как ведь скоро! Другой раз по неделе молчат.

— Ах, кажется, молодой человек! — взвизгнула Авдотья Игнатьевна.

— Я... я... я от осложнения, и так внезапно! — залепетал опять юноша. — Мне Шульц еще накануне: у вас, говорит, осложнение, а я вдруг к утру и помер. Ах! Ах!

6

– Ну, нечего делать, молодой человек, – милостиво и очевидно радуясь новичку заметил генерал, – надо утешиться! Милости просим в нашу, так сказать, долину Иосафатову. Люди мы добрые, узнаете и оцените. Генерал-майор Василий Васильев Первоедов, к вашим услугам.

– Ах, нет! нет, нет, это я никак! Я у Шульца; у меня, знаете, осложнение вышло, сначала грудь захватило и кашель, а потом простудился: грудь и грипп... и вот вдруг совсем неожиданно... главное, совсем неожиданно.

– Вы говорите, сначала грудь, – мягко ввязался чиновник, как бы желая ободрить новичка.

– Да, грудь и мокрота, а потом вдруг нет мокроты и грудь, и дышать не могу... и знаете...

– Знаю, знаю. Но если грудь, вам бы скорее к Эку, а не к Шульцу.

– А я, знаете, все собирался к Боткину и вдруг...

– Ну, Боткин кусается, – заметил генерал.

– Ах, нет, он совсем не кусается; я слышал, он такой внимательный и все предскажет вперед.

– Его превосходительство заметил насчет цены, – поправил чиновник.

– Ах, что вы, всего три целковых, и он так осматривает, и рецепт... и я непременно хотел, потому что мне говорили... Что же, господа, как же мне, к Эку или к Боткину?

– Что? Куда? – приятно хохоча, заколыхался труп генерала. Чиновник вторил ему фистулой.

– Милый мальчик, милый, радостный мальчик, как я тебя люблю! – восторженно взвизгнула Авдотья Игнатьевна. – Вот если б этакого подле положили!

Нет, этого уж я не могу допустить! и это современный мертвец! Однако послушать еще и не спешить заключениями. Этот сопляк новичок – я его давеча в гробу помню – выражение перепуганного цыпленка, наипротивнейшее в мире! Однако что далее.

***

Но далее началась такая катавасия, что я всего и не удержал в памяти, ибо очень многие разом проснулись: проснулся чиновник, из статских советников, и начал с генералом тотчас же и немедленно о проекте новой подкомиссии в министерстве – дел и о вероятном, сопряженном с подкомиссией, перемещении должностных лиц, чем весьма и весьма развлек генерала. Признаюсь, я и сам узнал много нового, так что подивился путям, которыми можно иногда узнавать в сей столице административные новости. Затем полупроснулся один инженер, но долго еще бормотал совершенный вздор, так что наши и не приставали к нему, а оставили до времени вылежаться. Наконец, обнаружила признаки могильного воодушевления схороненная поутру под катафалком знатная барыня. Лебезятников (ибо льстивый и ненавидимый мною надворный советник, помещавшийся подле генерала Первоедова, по имени оказался Лебезятниковым) очень суетился и удивлялся, что так скоро на этот раз все просыпаются. Признаюсь, удивился и я; впрочем, некоторые из проснувшихся были схоронены еще третьего дня, как, например, одна молоденькая очень девица, лет шестнадцати, но все хихикавшая… мерзко и плотоядно хихикавшая.

– Ваше превосходительство, тайный советник Тарасевич просыпаются! – возвестил вдруг Лебезятников с чрезвычайною торопливостью.

– А? что? – брезгливо и сюсюкающим голосом прошамкал вдруг очнувшийся тайный советник. В звуках голоса было нечто капризно-повелительное. Я с любопытством прислушался, ибо в последние дни нечто слышал о сем Тарасевиче – соблазнительное и тревожное в высшей степени.

– Это я–с, ваше превосходительство, покамест всего только я–с.

– Чего просите и что вам угодно?

– Единственно осведомиться о здоровье вашего превосходительства; с непривычки здесь каждый с первого разу чувствует себя как бы в тесноте–с… Генерал Первоедов желал бы иметь честь знакомства с вашим превосходительством и надеются…

– Не слыхал.

– Помилуйте, ваше превосходительство, генерал Первоедов, Василий Васильевич…

– Вы генерал Первоедов?

– Нет–с, ваше превосходительство, я всего только надворный советник Лебезятников–с к вашим услугам, а генерал Первоедов…

– Вздор! И прошу вас оставить меня в покое.

– Оставьте, – с достоинством остановил наконец сам генерал Первоедов гнусную торопливость могильного своего клиента.

– Не проснулись еще, ваше превосходительство, надо иметь в виду–с; это они с непривычки–с: проснутся и тогда примут иначе–с…

– Оставьте, – повторил генерал.

– Василий Васильевич! Эй вы, ваше превосходительство! – вдруг громко и азартно прокричал подле самой Авдотьи Игнатьевны один совсем новый голос – голос барский и дерзкий, с утомленным по моде выговором и с нахальною его скандировкою, – я вас всех уже два часа наблюдаю; я ведь три дня лежу; вы помните меня, Василий Васильевич? Клиневич, у Волоконских встречались, куда вас, не знаю почему, тоже пускали.

— Как, граф Петр Петрович... да неужели же вы... и в таких молодых годах... Как сожалею!

— Да я и сам сожалею, но только мне все равно, и я хочу отсюду извлечь все возможное. И не граф, а барон, всего только барон. Мы какие-то шелудивые баронишки, из лакеев, да и не знаю почему, наплевать. Я только негодяй псевдовысшего света и считаюсь "милым полисоном". Отец мой какой-то генералишка, а мать была когда-то принята en haut lieu[1]. Я с Зифелем-жидом на пятьдесят тысяч прошлого года фальшивых бумажек провел, да на него и донес, а деньги все с собой Юлька Charpentier de Lusignan увезла в Бордо. И, представьте, я уже совсем был помолвлен — Щевалевская, трех месяцев до шестнадцати недоставало, еще в институте, за ней тысяч девяносто дают. Авдотья Игнатьевна, помните, как вы меня, лет пятнадцать назад, когда я еще был четырнадцатилетним пажом, развратили?

— Ах, это ты, негодяй, ну хоть тебя Бог послал, а то здесь...

— Вы напрасно вашего соседа негоцианта заподозрили в дурном запахе... Я только молчал да смеялся. Ведь это от меня; меня так в заколоченном гробе и хоронили.

— Ах, какой мерзкий! Только я все-таки рада; вы не поверите, Клиневич, не поверите, какое здесь отсутствие жизни и остроумия.

— Ну да, ну да, и я намерен завести здесь нечто оригинальное. Ваше превосходительство, — я не вас, Первоедов, — ваше превосходительство, другой, господин Тарасович, тайный советник! Откликнитесь! Клиневич, который вас к m–lle Фюри постом возил, слышите?

— Я вас слышу, Клиневич, и очень рад, и поверь–те...

— Ни на грош не верю, и наплевать. Я вас, милый старец, просто расцеловать хочу, да, слава Богу, не могу. Знаете вы, господа, что этот grand–père[2] сочинил? Он третьего дня аль четвертого помер и, можете себе представить, целых четыреста тысяч казенного недочету оставил? Сумма на вдов и сирот, и он один почему-то хозяйничал, так что его под конец лет восемь не ревизовали. Воображаю, какие там у всех теперь длинные лица и чем они его поминают? Не правда ли, сладострастная мысль! Я весь последний год удивлялся, как у такого семидесятилетнего старикашки, подагрика и хирагрика, уцелело еще столько сил на разврат, и — и вот теперь и разгадка! Эти вдовы и сироты — да одна уже мысль о них должна была раскалять его!.. Я про это давно уже знал, один только я и знал, мне Charpentier передала, и как я узнал, тут-то я на него, на святой, и налег по-приятельски: "Подавай двадцать пять тысяч, не то завтра обревизуют"; так, представьте, у него только тринадцать тысяч тогда

---

[1] в высших сферах (франц.).

[2] дедушка (франц.).

9

нашлось, так что он, кажется, теперь очень кстати помер. Grand-père, grand-père, слышите?

— Cher Клиневич, я совершенно с вами согласен, и напрасно вы... пускались в такие подробности. В жизни столько страданий, истязаний и так мало возмездия... я пожелал наконец успокоиться и, сколько вижу, надеюсь извлечь и отсюда все...

— Бьюсь об заклад, что он уже пронюхал Катишь Берестову!

— Какую?.. Какую Катишь? — плотоядно задрожал голос старца.

— А-а, какую Катишь? А вот здесь, налево, в пяти шагах от меня, от вас в десяти. Она уж здесь пятый день, и если б вы знали, grand-père, что это за мерзавочка... хорошего дома, воспитанна и — монстр, монстр до последней степени! Я там ее никому не показывал, один я и знал... Катишь, откликнись!

— Хи-хи-хи! — откликнулся надтреснутый звук девичьего голоска, но в нем послышалось нечто вроде укола иголки. — Хи-хи-хи!

— И блон-ди-ночка? — обрывисто в три звука пролепетал grand-père.

— Хи-хи-хи!

— Мне... мне давно уже, — залепетал, задыхаясь, старец, — нравилась мечта о блондиночке... лет пятнадцати... и именно при такой обстановке...

— Ах, чудовище! — воскликнула Авдотья Игнатьевна.

— Довольно! — порешил Клиневич, — я вижу, что материал превосходный. Мы здесь немедленно устроимся к лучшему. Главное, чтобы весело провести остальное время; но какое время? Эй, вы, чиновник какой-то, Лебезятников, что ли, я слышал, что вас так звали!

— Лебезятников, надворный советник, Семен Евсеич, к вашим услугам и очень-очень-очень рад.

— Наплевать, что вы рады, а только вы, кажется, здесь все знаете. Скажите, во-первых (я еще со вчерашнего дня удивляюсь), каким это образом мы здесь говорим? Ведь мы умерли, а между тем говорим; как будто и движемся, а между тем и не говорим и не движемся? Что за фокусы?

— Это, если б вы пожелали, барон, мог бы вам лучше меня Платон Николаевич объяснить.

— Какой такой Платон Николаевич? Не мямлите, к делу.

— Платон Николаевич, наш доморощенный здешний философ, естественник и магистр. Он несколько философских книжек пустил, но вот три месяца и совсем засыпает, так что уже здесь его невозможно теперь раскачать. Раз в неделю бормочет по нескольку слов, не идущих к делу.

— К делу, к делу!..

— Он объясняет все это самым простым фактом, именно тем, что

10

наверху, когда еще мы жили, то считали ошибочно тамошнюю смерть за смерть. Тело здесь еще раз как будто оживает, остатки жизни сосредоточиваются, но только в сознании. Это – не умею вам выразить – продолжается жизнь как бы по инерции. Все сосредоточено, по мнению его, где–то в сознании и продолжается еще месяца два или три... иногда даже полгода... Есть, например, здесь один такой, который почти совсем разложился, но раз недель в шесть он все еще вдруг проборомочет одно словцо, конечно бессмысленное, про какой–то бобок: "Бобок, бобок", – но и в нем, значит, жизнь все еще теплится незаметною искрой...

– Довольно глупо. Ну а как же вот я не имею обоняния, а слышу вонь?

– Это... хе–хе... Ну уж тут наш философ пустился в туман. Он именно про обоняние заметил, что тут вонь слышится, так сказать, нравственная – хе–хе! Вонь будто бы души, чтобы в два–три этих месяца успеть спохватиться... и что это, так сказать, последнее милосердие... Только мне кажется, барон, все это уже мистический бред, весьма извинительный в его положении...

– Довольно, и далее, я уверен, все вздор. Главное, два или три месяца жизни и в конце концов – бобок. Я предлагаю всем провести эти два месяца как можно приятнее и для того всем устроиться на иных основаниях. Господа! я предлагаю ничего не стыдиться!

– Ах, давайте, давайте ничего не стыдиться! – послышались многие голоса, и, странно, послышались даже совсем новые голоса, значит, тем временем вновь проснувшихся. С особенною готовностью прогремел басом свое согласие совсем уже очнувшийся инженер. Девочка Катишь радостно захихикала.

– Ах, как я хочу ничего не стыдиться! – с восторгом воскликнула Авдотья Игнатьевна.

– Слышите, уж коли Авдотья Игнатьевна хочет ничего не стыдиться...

– Нет–нет–нет, Клиневич, я стыдилась, я все–таки там стыдилась, а здесь я ужасно, ужасно хочу ничего не стыдиться!

– Я понимаю, Клиневич, – пробасил инженер, – что вы предлагаете устроить здешнюю, так сказать, жизнь на новых и уже разумных началах.

– Ну, это мне наплевать! На этот счет подождем Кудеярова, вчера принесли. Проснется и вам все объяснит. Это такое лицо, такое великанское лицо! Завтра, кажется, притащат еще одного естественника, одного офицера наверно и, если не ошибаюсь, дня через три–четыре одного фельетониста, и, кажется, вместе с редактором. Впрочем, черт с ними, но только нас соберется своя кучка и у нас все само собою устроится. Но пока я хочу, чтоб не лгать. Я только этого и хочу, потому что это главное. На земле жить и не лгать невозможно, ибо жизнь и ложь синонимы; ну а здесь мы для смеху будем не лгать. Черт возьми, ведь значит же что–нибудь могила! Мы все будем вслух рассказывать наши

11

истории и уже ничего не стыдиться. Я прежде всех про себя расскажу. Я, знаете, из плотоядных. Все это там вверху было связано гнилыми веревками. Долой веревки, и проживем эти два месяца в самой бесстыдной правде! Заголимся и обнажимся!

— Обнажимся, обнажимся! — закричали во все голоса.

— Я ужасно, ужасно хочу обнажиться! — взвизгивала Авдотья Игнатьевна.

— Ах… ах… Ах, я вижу, что здесь будет весело; я не хочу к Эку!

— Нет, я бы пожил, нет, знаете, я бы пожил!

— Хи-хи-хи! — хихикала Катишь.

— Главное, что никто не может нам запретить, и хоть Первоедов, я вижу, и сердится, а рукой он меня все-таки не достанет. Grand-père, вы согласны?

— Я совершенно, совершенно согласен и с величайшим моим удовольствием, но с тем, что Катишь начнет первая свою би-о-графию.

— Протестую! протестую изо всех сил, — с твердостию произнес генерал Первоедов.

— Ваше превосходительство! — в торопливом волнении и понизив голос лепетал и убеждал негодяй Лебезятников, — ваше превосходительство, ведь это нам даже выгоднее, если мы согласимся. Тут, знаете, эта девочка… и, наконец, все эти разные штучки…

— Положим, девочка, но…

— Выгоднее, ваше превосходительство, ей-Богу бы выгоднее! Ну хоть для примерчика, ну хоть попробуем…

— Даже и в могиле не дадут успокоиться!

— Во-первых, генерал, вы в могиле в преферанс играете, а во-вторых, нам на вас на-пле-вать, — проскандировал Клиневич.

— Милостивый государь, прошу, однако, не забываться.

— Что? Да ведь вы меня не достанете, а я вас могу отсюда дразнить, как Юлькину болонку. И, во-первых, господа, какой он здесь генерал? Это там он был генерал, а здесь пшик!

— Нет, не пшик… я и здесь…

— Здесь вы сгниете в гробу, и от вас останется шесть медных пуговиц.

— Браво, Клиневич, ха-ха-ха! — заревели голоса.

— Я служил государю моему… я имею шпагу…

— Шпагой вашей мышей колоть, и к тому же вы ее никогда не вынимали.

— Все равно-с, я составлял часть целого.

— Мало ли какие есть части целого.

— Браво, Клиневич, браво, ха-ха-ха!

— Я не понимаю, что такое шпага, — провозгласил инженер.

— Мы от пруссаков убежим, как мыши, растреплют в пух! — прокричал отдаленный и неизвестный мне голос, но буквально захлебывавшийся от восторга.

– Шпага, сударь, есть честь! – крикнул было генерал, но только я его и слышал. Поднялся долгий и неистовый рев, бунт и гам, и лишь слышались нетерпеливые до истерики взвизги Авдотьи Игнатьевны.

– Да поскорей же, поскорей! Ах, когда же мы начнем ничего не стыдиться!

– Ох–хо–хо! воистину душа по мытарствам ходит! – раздался было голос простолюдина, и…

И тут я вдруг чихнул. Произошло внезапно и ненамеренно, но эффект вышел поразительный: все смолкло, точно на кладбище, исчезло, как сон. Настала истинно могильная тишина. Не думаю, чтобы они меня устыдились: решились же ничего не стыдиться! Я прождал минут с пять и – ни слова, ни звука. Нельзя тоже предположить, чтобы испугались доноса в полицию, ибо что может тут сделать полиция? Заключаю невольно, что все–таки у них должна быть какая–то тайна, неизвестная смертному и которую они тщательно скрывают от всякого смертного.

"Ну, подумал, миленькие, я еще вас навещу" – и с сим словом оставил кладбище.

***

Нет, этого я не могу допустить, нет, воистину нет! Бобок меня не смущает (вот он, бобок–то, и оказался!).

Разврат в таком месте, разврат последних упований, разврат дряблых и гниющих трупов и – даже не щадя последних мгновений сознания! Им даны, подарены эти мгновения и… А главное, главное, в таком месте! Нет, этого я не могу допустить…

Побываю в других разрядах, послушаю везде. То–то и есть что надо послушать везде, а не с одного лишь краю, чтобы составить понятие. Авось наткнусь и на утешительное.

А к тем непременно вернусь. Обещали свои биографии и разные анекдотцы. Тьфу! Но пойду, непременно пойду; дело совести!

Снесу в "Гражданин"; там одного редактора портрет тоже выставили. Авось напечатает.

ВЕЧНЫЙ МУЖ

I

ВЕЛЬЧАНИНОВ

Пришло лето – и Вельчанинов, сверх ожидания, остался в Петербурге. Поездка его на юг России расстроилась, а делу и конца не предвиделось. Это дело – тяжба по имению – принимало предурной оборот. Еще три месяца тому назад оно имело вид весьма несложный, чуть не бесспорный; но как-то вдруг все изменилось. “Да и вообще все стало изменяться к худшему!” – эту фразу Вельчанинов с злорадством и часто стал повторять про себя. Он употреблял адвоката ловкого, дорогого, известного и денег не жалел; но в нетерпении и от мнительности повадился заниматься делом и сам: читал и писал бумаги, которые сплошь браковал адвокат, бегал по присутственным местам, наводил справки и, вероятно, очень мешал всему; по крайней мере адвокат жаловался и гнал его на дачу. Но он даже и на дачу выехать не решился. Пыль, духота, белые петербургские ночи, раздражающие нервы, – вот чем наслаждался он в Петербурге. Квартира его была где-то у Большого театра, недавно нанятая им, и тоже не удалась; “все не удавалось!” Ипохондрия его росла с каждым днем; но к ипохондрии он уже был склонен давно.

Это был человек много и широко поживший, уже далеко не молодой, лет тридцати восьми или даже тридцати девяти, и вся эта “старость” – как он сам выражался – пришла к нему “совсем почти неожиданно”; но он сам понимал, что состарелся скорее не количеством, а, так сказать, качеством лет и что если уж и начались его немощи, то скорее изнутри, чем снаружи. На взгляд он и до сих пор смотрел молодцом. Это был парень высокий и плотный, светло-рус, густоволос и без единой сединки в голове и в длинной, чуть не до половины груди, русой бороде; с первого взгляда как бы несколько неуклюж и опустившийся; но, вглядевшись пристальнее, вы тотчас же отличили бы в нем господина, выдержанного отлично и когда-то получившего воспитание самое великосветское. Приемы Вельчанинова и теперь были свободны, смелы и даже грациозны, несмотря на всю благоприобретенную им брюзгливость и мешковатость. И даже до сих пор он был полон самой непоколебимой, самой великосветски нахальной самоуверенности, которой размера, может быть, и сам не подозревал в себе, несмотря на то что был человек не только умный, но даже иногда толковый, почти образованный и с несомненными

14

дарованиями. Цвет лица его, открытого и румяного, отличался в старину женственною нежностью и обращал на него внимание женщин; да и теперь иной, взглянув на него, говорил: "Экой здоровенный, кровь с молоком!" И, однако ж, этот "здоровенный" был жестоко поражен ипохондрией. Глаза его, большие и голубые, лет десять назад имели тоже много в себе победительного; это были такие светлые, такие веселые и беззаботные глаза, что невольно влекли к себе каждого, с кем только он ни сходился. Теперь, к сороковым годам, ясность и доброта почти погасли в этих глазах, уже окружившихся легкими морщинками; в них появились, напротив, цинизм не совсем нравственного и уставшего человека, хитрость, всего чаще насмешка и еще новый оттенок, которого не было прежде: оттенок грусти и боли, – какой-то рассеянной грусти, как бы беспредметной, но сильной. Особенно проявлялась эта грусть, когда он оставался один. И странно, этот шумливый, веселый и рассеянный всего еще года два тому назад человек, так славно рассказывавший такие смешные рассказы, ничего так не любил теперь, как оставаться совершенно один. Он намеренно оставил множество знакомств, которых даже и теперь мог бы не оставлять, несмотря на окончательное расстройство своих денежных обстоятельств. Правда, тут помогло тщеславие: с его мнительностию и тщеславием нельзя было вынести прежних знакомств. Но и тщеславие его мало-помалу стало изменяться в уединении. Оно не уменьшилось, даже – напротив; но оно стало вырождаться в какое-то особого рода тщеславие, которого прежде не было: стало иногда страдать уже совсем от других причин, чем обыкновенно прежде, – от причин неожиданных и совершенно прежде немыслимых, от причин "более высших", чем до сих пор, – "если только можно так выразиться, если действительно есть причины высшие и низшие..." Это уже прибавлял он сам.

Да, он дошел и до этого; он бился теперь с какими-то причинами высшими, о которых прежде и не задумался бы. В сознании своем и по совести он называл высшими все "причины", над которыми (к удивлению своему) никак не мог про себя засмеяться, – чего до сих пор еще не бывало, – про себя, разумеется; о, в обществе дело другое! Он превосходно знал, что сойдись только обстоятельства – и назавтра же он, вслух, несмотря на все таинственные и благоговейные решения своей совести, преспокойно отречется от всех этих "высших причин" и сам, первый, подымет их на смех, разумеется не признаваясь ни в чем. И это было действительно так, несмотря на некоторую, весьма даже значительную долю независимости мысли, отвоеванную им в последнее время у обладавших им до сих пор "низших причин". Да и сколько раз сам он, вставая наутро с постели, начинал стыдиться своих мыслей и чувств, пережитых в ночную бессонницу! (А он сплошь все последнее время страдал бессонницей.) Давно уже он заметил, что становится чрезвычайно мнителен во всем, и в важном и в мелочах, а потому и положил было доверять себе как можно меньше. Но выдавались, однако же, факты, которых уж никак нельзя было не признать действительно существующими. В последнее время, иногда по ночам, его мысли и ощущения почти совсем переменялись в сравнении с всегдашними и большею частию отнюдь не походили на те, которые выпадали ему на первую половину дня. Это его поразило – и он даже посоветовался с известным доктором, правда, человеком ему знакомым; разумеется, заговорил с ним шутя. Он получил в ответ, что факт изменения и даже раздвоения мыслей и ощущений по ночам во время бессонницы, и вообще по ночам, есть факт всеобщий между людьми, "сильно мыслящими и сильно чувствующими", что убеждения всей жизни иногда внезапно менялись под меланхолическим влиянием ночи и бессонницы; вдруг ни с того ни с сего самые роковые решения предпринимались; но что, конечно, все до известной меры – и если, наконец, субъект уже слишком ощущает на себе эту раздвоимость, так что дело доходит до страдания, то бесспорно это признак, что уже образовалась болезнь; а стало быть, надо немедленно что–нибудь предпринять. Лучше же всего изменить радикально образ жизни, изменить диету или даже предпринять путешествие. Полезно, конечно, слабительное.

Вельчанинов дальше слушать не стал; но болезнь была ему совершенно доказана.

"Итак, все это только болезнь, все это "высшее" одна болезнь, и больше ничего!" – язвительно восклицал он иногда про себя. Очень уж ему не хотелось с этим согласиться.

Скоро, впрочем, и по утрам стало повторяться то же, что происходило в исключительные ночные часы, но только с большею желчью, чем по ночам, со злостью вместо раскаяния, с насмешкой вместо умиления. В сущности, это были все чаще и чаще приходившие ему на память, "внезапно и бог знает почему", иные происшествия из его прошедшей и давно прошедшей жизни, но приходившие каким–то особенным образом. Вельчанинов давно уже, например, жаловался на потерю памяти: он забывал лица знакомых людей, которые, при встречах, за это на него обижались; книга, прочитанная им полгода назад, забывалась в этот срок иногда совершенно. И что же? – несмотря на эту очевидную ежедневную утрату памяти (о чем он очень беспокоился) – все, что касалось давно прошедшего, все, что по десяти, по пятнадцати лет бывало даже совсем забыто, – все это вдруг иногда приходило теперь на память, но с такою изумительною точностью впечатлений и подробностей, что как будто бы он вновь их переживал. Некоторые из припоминавшихся фактов были до того забыты, что ему уже одно то казалось чудом, что они могли

16

припомниться. Но это еще было не все; да и у кого из широко поживших людей нет своего рода воспоминаний? Но дело в том, что все это припоминавшееся возвращалось теперь как бы с заготовленной кем—то, совершенно новой, неожиданной и прежде совсем немыслимой точкой зрения на факт. Почему иные воспоминания казались ему теперь совсем преступлениями? И не в одних приговорах его ума было дело: своему мрачному, одиночному и больному уму он бы и не поверил; но доходило до проклятий и чуть ли не до слез, если и не наружных, так внутренних. Да он еще два года тому назад и не поверил бы, если б ему сказали, что он когда—нибудь заплачет! Сначала, впрочем, припоминалось больше не из чувствительного, а из язвительного: припоминались иные светские неудачи, унижения; вспоминалось о том, например, как его "оклеветал один интриган", вследствие чего его перестали принимать в одном доме, – как, например, и даже не так давно, он был положительно и публично обижен, а на дуэль не вызвал, – как осадили его раз одной преостроумной эпиграммой в кругу самых хорошеньких женщин, а он не нашелся, что отвечать. Припомнились даже два–три неуплаченные долга, правда, пустяшные, но долги чести и таким людям, с которыми он перестал водиться и об которых уже говорил дурно. Мучило его тоже (но только в самые злые минуты) воспоминание о двух глупейшим образом промотанных состояниях, из которых каждое было значительное. Но скоро стало припоминаться и из "высшего".

Вдруг, например, "ни с того ни с сего" припомнилась ему забытая – и в высочайшей степени забытая им – фигура добренького одного старичка чиновника, седенького и смешного, оскорбленного им когда—то, давным-давно, публично и безнаказанно и единственно из одного фанфаронства: из—за того только, чтоб не пропал даром один смешной и удачный каламбур, доставивший ему славу и который потом повторяли. Факт был до того им забыт, что даже фамилии этого старичка он не мог припомнить, хотя сразу представилась вся обстановка приключения в непостижимой ясности. Он ярко припомнил, что старик тогда заступался за дочь, жившую с ним вместе и засидевшуюся в девках и про которую в городе стали ходить какие—то слухи. Старичок стал было отвечать и сердиться, но вдруг заплакал навзрыд при всем обществе, что произвело даже некоторое впечатление. Кончили тем, что для смеха его напоили тогда шампанским и вдоволь насмеялись. И когда теперь припомнил "ни с того ни с сего" Вельчанинов о том, как старикашка рыдал и закрывался руками как ребенок, то ему вдруг показалось, что как будто он никогда и не забывал этого. И странно: ему все это казалось тогда очень смешным; теперь же – напротив, и именно подробности, именно закрывание лица руками. Потом он припомнил, как, единственно для шутки, оклеветал одну прехорошенькую жену одного школьного учителя и клевета дошла

17

до мужа. Вельчанинов скоро уехал из этого городка и не знал, чем тогда кончились следствия его клеветы, но теперь он стал вдруг воображать, чем кончились эти следствия, – и бог знает до чего бы дошло его воображение, если б вдруг не представилось ему одно гораздо ближайшее воспоминание об одной девушке, из простых мещанок, которая даже и не нравилась ему и которой, признаться, он и стыдился, но с которой, сам не зная для чего, прижил ребенка, да так и бросил ее вместе с ребенком, даже не простившись (правда, некогда было), когда уехал из Петербурга. Эту девушку он разыскивал потом целый год, но уже никак не мог отыскать. Впрочем, таких воспоминаний оказывались чуть не сотни – и так даже, что как будто каждое воспоминание тащило за собою десятки других. Мало–помалу стало страдать и его тщеславие.

Мы сказали уже, что тщеславие его выродилось в какое–то особенное. Это было справедливо. Минутами (редкими, впрочем) он доходил иногда до такого самозабвения, что не стыдился даже того, что не имеет своего экипажа, что слоняется пешком по присутственным местам, что стал несколько небрежен в костюме, – и случись, что кто–нибудь из старых знакомых обмерил бы его насмешливым взглядом на улице или просто вздумал бы не узнать, то, право, у него достало бы настолько высокомерия, чтоб даже и не поморщиться. Серьезно не поморщиться, вправду, а не то что для одного виду. Разумеется, это бывало редко, это были только минуты самозабвения и раздражения, но все–таки тщеславие его стало мало–помалу удаляться от прежних поводов и сосредоточиваться около одного вопроса, беспрерывно приходившего ему на ум.

“Вот ведь, – начинал он думать иногда сатирически (а он всегда почти, думая о себе, начинал с сатирического), – вот ведь кто–то там заботится же об исправлении моей нравственности и посылает мне эти проклятые воспоминания и “слезы раскаяния”. Пусть, да ведь попусту! ведь все стрельба холостыми зарядами! Ну не знаю ли я наверно, вернее чем наверно, что, несмотря на все эти слезные раскаяния и самоосуждения, во мне нет ни капельки самостоятельности, несмотря на все мои глупейшие сорок лет! Ведь случись завтра же такое же искушение, ну сойдись, например, опять обстоятельства так, что мне выгодно будет слух распустить, будто бы учительша от меня подарки принимала, – и я ведь наверное распущу, не дрогну, – и еще хуже, пакостнее, чем в первый раз, дело выйдет, потому что этот раз будет уже второй раз, а не первый. Ну оскорби меня опять, сейчас, этот князек, единственный сын у матери и которому я одиннадцать лет тому назад ногу отстрелил, – и я тотчас же его вызову и посажу опять на деревяшку. Ну не холостые ли, стало быть, заряды, и что в них толку! и для чего напоминать, когда я хоть сколько-нибудь развязаться с собой прилично не умею!”

И хоть не повторялось опять факта с учительшей, хоть не сажал он никого на деревяшку, но одна мысль о том, что это непременно должно было бы повториться, если б сошлись обстоятельства, почти убивала его... иногда. Не всегда же в самом деле страдать воспоминаниями; можно отдохнуть и погулять – в антрактах.

Так Вельчанинов и делал: он готов был погулять в антрактах; но все-таки чем дальше, тем неприятнее становилось его житье в Петербурге. Подходит уж и июль. Мелькала в нем иногда решимость бросить все и самую тяжбу и уехать куда-нибудь, не оглядываясь, как-нибудь вдруг, нечаянно, хоть туда же в Крым например. Но через час, обыкновенно, он уже презирал свою мысль и смеялся над ней: "Эти скверные мысли ни на каком юге не прекратятся, если уж раз начались и если я хоть сколько-нибудь порядочный человек, а стало быть, нечего и бежать от них, да и незачем".

"Да и к чему бежать, – продолжал он философствовать с горя, – здесь так пыльно, так душно, в этом доме так все запачкано; в этих присутствиях, по которым я слоняюсь, между всеми этими деловыми людьми – столько самой мышиной суеты, столько самой толкучей заботы; во всем этом народе, оставшемся в городе, на всех этих лицах, мелькающих с утра до вечера, – так наивно и откровенно рассказано все их себялюбие, все их простодушное нахальство, вся трусливость их душонок, вся куриность их сердчишек, – что, право, тут рай ипохондрику, самым серьезным образом говоря! Все откровенно, все ясно, все не считает даже нужным и прикрываться, как где-нибудь у наших барынь на дачах или на водах за границей; а стало быть, все гораздо достойнее полнейшего уважения за одну только откровенность и простоту... Никуда не уеду! Лопну здесь, а никуда не уеду!.."

II

ГОСПОДИН С КРЕПОМ НА ШЛЯПЕ

Было третье июля. Духота и жар стояли нестерпимые. День для Вельчанинова выдался самый хлопотливый: все утро пришлось ходить и разъезжать, а в перспективе предстояла непременная надобность сегодня же вечером посетить одного нужного господина, одного дельца и статского советника, на его даче, где-то на Черной речке, и захватить его неожиданно дома. Часу в шестом Вельчанинов вошел наконец в один ресторан (весьма сомнительный, но французский) на Невском проспекте, у Полицейского моста, сел в своем обычном углу за свой столик и спросил свой ежедневный обед.

Он съедал ежедневно обед в рубль и за вино платил особенно, что и считал жертвой, благоразумно им приносимой расстроенным своим обстоятельствам. Удивляясь, как можно есть такую дрянь, он уничтожал, однако же, все до последней крошки – и каждый раз с таким аппетитом, как будто перед тем не ел трое суток. "Это что–то болезненное", - бормотал он про себя, замечая иногда свой аппетит. Но в этот раз он уселся за свой столик в самом сквернейшем расположении духа, с сердцем отбросил куда–то шляпу, облокотился и задумался. Завозись теперь как-нибудь обедавший с ним рядом сосед или не пойми его с первого слова прислуживавший ему мальчишка – и он, так умевший быть вежливым и, когда надо, так свысока невозмутимым, наверно бы расшумелся, как юнкер, и, пожалуй, сделал бы историю.

Подали ему суп, он взял ложку, но вдруг, не успев зачерпнуть, бросил ложку на стол и чуть не вскочил со стула. Одна неожиданная мысль внезапно осенила его: в это мгновение он – и бог знает каким процессом – вдруг вполне осмыслил причину своей тоски, своей особенной отдельной тоски, которая мучила его уже несколько дней сряду, все последнее время, бог знает как привязалась и бог знает почему не хотела никак отвязаться; теперь же он сразу все разглядел и понял, как свои пять пальцев.

– Это все эта шляпа! - пробормотал он как бы вдохновенный, – единственно одна только эта проклятая круглая шляпа, с этим мерзким траурным крепом, всему причиною!

Он стал думать – и чем далее вдумывался, тем становился угрюмее и тем удивительнее становилось в его глазах "все происшествие".

"Но... но какое же тут, однако, происшествие? – протестовал было он, не доверяя себе, – есть ли тут хоть что–нибудь похожее на происшествие?"

Все дело состояло вот в чем: почти уже тому две недели (по-настоящему он не помнил, но, кажется, было две недели), как встретил он в первый раз, на улице, где–то на углу Подьяческой и Мещанской, одного господина с крепом на шляпе. Господин был, как и все, ничего в нем не было такого особенного, прошел он скоро, но посмотрел на Вельчанинова как–то слишком уж пристально и почему–то сразу обратил на себя его внимание до чрезвычайности. По крайней мере физиономия его показалась знакомою Вельчанинову. Он, очевидно, когда–то и где–то встречал ее. "А впрочем, мало ли тысяч физиономий встречал я в жизни – всех не упомнишь!" Пройдя шагов двадцать, он, уже, казалось, и забыл про встречу, несмотря на все первое впечатление. А впечатление, однако, осталось на целый день – и довольно оригинальное: в виде какой–то беспредметной, особенной злобы. Он теперь, через две недели, все это припоминал ясно; припоминал тоже, что совершенно не понимал тогда, откуда в нем эта злоба, – и не понимал до того, что ни разу даже не сблизил и не сопоставил свое скверное расположение духа во весь тот вечер с утренней встречей. Но господин сам поспешил о себе напомнить и на другой день опять столкнулся с Вельчаниновым на Невском проспекте и опять как-то странно посмотрел на него. Вельчанинов плюнул, но, плюнув, тотчас же удивился своему плевку. Правда, есть физиономии, возбуждающие сразу беспредметное и бесцельное отвращение. "Да, я действительно его где-то встречал", – пробормотал он задумчиво, уже полчаса спустя после встречи. Затем опять весь вечер пробыл в сквернейшем расположении духа; даже дурной сон какой-то приснился ночью, и все-таки не пришло ему в голову, что вся причина этой новой и особенной хандры его – один только давешний траурный господин, хотя в этот вечер он не раз вспоминал его. Даже разозлился мимоходом, что "такая дрянь" смеет так долго ему вспоминаться; приписать же ему все свое волнение, наверно, почел бы даже унизительным, если б только мысль об том пришла ему в голову. Два дня спустя опять встретились, в толпе, при выходе с одного невского парохода. В этот, третий, раз Вельчанинов готов был поклясться, что господин в траурной шляпе узнал его и рванулся к нему, отвлекаемый и теснимый толпой; кажется, даже "осмелился" протянуть к нему руку; может быть, даже вскрикнул и окликнул его по имени. Последнего, впрочем, Вельчанинов не расслышал ясно, но... "кто же, однако, эта каналья и почему он не подходит ко мне, если в самом деле узнает и если так ему хочется подойти?" – злобно подумал он, садясь на извозчика и отправляясь к Смольному монастырю. Через полчаса он уже спорил и шумел с своим адвокатом, но вечером и ночью был опять в мерзейшей и самой фантастической тоске. "Уж не разливается ли желчь?" – мнительно спрашивал он себя, глядясь в зеркало.

Это была третья встреча. Потом дней пять сряду решительно "никто" не встречался, а об "каналье" и слух замер. А между тем нет-нет да и вспомнится господин с крепом на шляпе. С некоторым удивлением ловил себя на этом Вельчанинов: "Что мне тошно по нем, что ли? Гм!.. А тоже, должно быть, у него много дела в Петербурге, – и по ком это у него креп? Он, очевидно, узнавал меня, а я его не узнаю. И зачем эти люди надевают креп? К ним как-то нейдет... Мне кажется, если я поближе всмотрюсь в него, я его узна'ю..."

И что-то как будто начинало шевелиться в его воспоминаниях, как какое-нибудь известное, но вдруг почему-то забытое слово, которое из всех сил стараешься припомнить: знаешь его очень хорошо – и знаешь про то, что именно оно означает, около того ходишь; но вот никак не хочет слово припомниться, как ни бейся над ним!

21

"Это было... Это было давно... и это было где-то... Тут было... тут было... – ну, да черт с ним совсем, что тут было и не было!.. – злобно вскричал он вдруг. – И стоит ли об эту каналью так пакоститься и унижаться!.."

Он рассердился ужасно; но вечером, когда ему вдруг припомнилось, что он давеча рассердился и "ужасно", – ему стало чрезвычайно неприятно: кто-то как будто поймал его в чем-нибудь. Он смутился и удивился:

"Есть же, стало быть, причины, по которым я так злюсь... ни с того ни с сего... при одном воспоминании..." Он не докончил своей мысли.

А на другой день рассердился еще пуще, но в этот раз ему показалось, что есть за что и что он совершенно прав; "дерзость была неслыханная": дело в том, что произошла четвертая встреча. Господин с крепом явился опять, как будто из-под земли. Вельчанинов только что поймал на улице того самого статского советника и нужного господина, которого он и теперь ловил, чтобы захватить хоть на даче нечаянно, потому что этот чиновник, едва знакомый Вельчанинову, но нужный по делу, и тогда, как и теперь, не давался в руки и, очевидно, прятался, всеми силами не желая с своей стороны встретиться с Вельчаниновым; обрадовавшись, что наконец-таки с ним столкнулся, Вельчанинов пошел с ним рядом, спеша, заглядывая ему в глаза и напрягая все силы, чтобы навести седого хитреца на одну тему, на один разговор, в котором тот, может быть, и проговорился бы и выронил бы как-нибудь одно искомое и давно ожидаемое словечко; но седой хитрец был тоже себе на уме, отсмеивался и отмалчивался, – и вот именно в эту чрезвычайно хлопотливую минуту взгляд Вельчанинова вдруг отличил на противуположном тротуаре улицы господина с крепом на шляпе. Он стоял и пристально смотрел оттуда на них обоих; он следил за ними – это было очевидно – и, кажется, даже подсмеивался.

"Черт возьми! – взбесился Вельчанинов, уже проводив чиновника и приписывая всю свою с ним неудачу внезапному появлению этого "нахала", – черт возьми, шпионит он, что ли, за мной! Он, очевидно, следит за мной! Нанят, что ли, кем-нибудь и... и... и, ей-богу же, он подсмеивался! Я, ей-богу, исколочу его... Жаль только, что я хожу без палки! Я куплю палку! Я этого так не оставлю! Кто он такой? Я непременно хочу знать, кто он такой?"

Наконец, – ровно три дня спустя после этой (четвертой) встречи, – мы застаем Вельчанинова в его ресторане, как мы и описывали, уже совершенно и серьезно взволнованного и даже несколько потерявшегося. Не сознаться в этом не мог даже и сам он, несмотря на всю гордость свою. Принужден же был он наконец догадаться, сопоставив все обстоятельства, что всей хандры его, всей этой особенной тоски его и всех его

22

двухнедельных волнений – причиною был не кто иной, как этот самый траурный господин, "несмотря на всю его ничтожность".

"Пусть я ипохондрик, – думал Вельчанинов, – и, стало быть, из мухи готов слона сделать, но, однако же, легче ль мне оттого, что все это, может быть, только одна фантазия? Ведь если каждая подобная шельма в состоянии будет совершенно перевернуть человека, то ведь это... ведь это..."

Действительно, в этой сегодняшней (пятой) встрече, которая так взволновала Вельчанинова, слон явился совсем почти мухой: господин этот, как и прежде, юркнул мимо, но в этот раз уже не разглядывая Вельчанинова и не показывая, как прежде, вида, что его узнает, – а, напротив, опустив глаза и, кажется, очень желая, чтоб его самого не заметили. Вельчанинов оборотился и закричал ему во все горло:

– Эй, вы! креп на шляпе! Теперь прятаться! Стойте: кто вы такой?

Вопрос (и весь крик) был очень бестолков. Но Вельчанинов догадался об этом, уже прокричав. На крик этот – господин оборотился, на минуту приостановился, потерялся, улыбнулся, хотел было что–то проговорить, что–то сделать, с минуту, очевидно, был в ужаснейшей нерешимости и вдруг – повернулся и побежал прочь без оглядки. Вельчанинов с удивлением смотрел ему вслед.

"А что? – подумал он, – что, если и в самом деле не он ко мне, а я, напротив, к нему пристаю, и вся штука в этом?"

Пообедав, он поскорее отправился на дачу к чиновнику. Чиновника не застал; ответили, что "с утра не возвращались, да вряд ли и возвратятся сегодня раньше третьего или четвертого часу ночи, потому что остались в городе у именинника". Уж это было до того "обидно", что, в первой ярости, Вельчанинов положил было отправиться к имениннику и даже в самом деле поехал; но, сообразив на пути, что заходит далеко, отпустил среди дороги извозчика и потащился к себе пешком, к Большому театру. Он чувствовал потребность моциона. Чтоб успокоить взволнованные нервы, надо было ночью выспаться во что бы то ни стало, несмотря на бессонницу; а чтоб заснуть, надо было по крайней мере хоть устать. Таким образом, он добрался к себе уже в половине одиннадцатого, ибо путь был очень не малый, – и действительно очень устал.

Нанятая им в марте месяце квартира его, которую он так злорадно браковал и ругал, извиняясь сам перед собою, что "все это на походе" и что он "застрял" в Петербурге нечаянно, через эту "проклятую тяжбу", – эта квартира его была вовсе не так дурна и не неприлична, как он сам отзывался об ней. Вход был действительно несколько темноват и "запачкан", из–под ворот; но самая квартира, во втором этаже, состояла из двух больших, светлых и высоких комнат, отделенных одна от другой темною переднею и выходивших, таким образом, одна на улицу, другая во двор. К той, которая выходила окнами во двор, прилегал сбоку небольшой кабинет, назначавшийся служить спальней; но у Вельчанинова валялись в нем в беспорядке книги и бумаги; спал же он в одной из больших комнат, той самой, которая окнами выходила на улицу. Стлали ему на диване. Мебель у него стояла порядочная, хотя и подержанная, и находились, кроме того, некоторые даже дорогие вещи – осколки прежнего благосостояния: фарфоровые и бронзовые игрушки, большие и настоящие бухарские ковры; даже две недурные картины; но все было в явном беспорядке, не на своем месте и даже запылено, с тех пор как прислуживавшая ему девушка, Пелагея, уехала на побывку к своим родным в Новгород и оставила его одного. Этот странный факт одиночной и девичьей прислуги у холостого и светского человека, все еще желавшего соблюдать джентльменство, заставлял почти краснеть Вельчанинова, хотя этой Пелагеей он был очень доволен. Эта девушка определилась к нему в ту минуту, как он занял эту квартиру весной, из знакомого семейного дома, отбывшего за границу, и завела у него порядок. Но с отъездом ее он уже другой женской прислуги нанять не решился; нанимать же лакея на короткий срок не стоило, да он и не любил лакеев. Таким образом и устроилось, что комнаты его приходила убирать каждое утро дворничихина сестра Мавра, которой он и ключ оставлял, выходя со двора, и которая ровно ничего не делала, деньги брала и, кажется, воровала. Но он уже на все махнул рукой и даже был тем доволен, что дома остается теперь совершенно один. Но все до известной меры – и нервы его решительно не соглашались иногда, в иные желчные минуты, выносить всю эту "пакость", и, возвращаясь к себе домой, он почти каждый раз с отвращением входил в свои комнаты.

Но в этот раз он едва дал себе время раздеться, бросился на кровать и раздражительно решил ни о чем не думать и во что бы то ни стало "сию же минуту" заснуть. И странно, он вдруг заснул, только что голова успела дотронуться до подушки; этого не бывало с ним почти уже с месяц.

Он проспал около трех часов, но сном тревожным; ему снились какие-то странные сны, какие снятся в лихорадке. Дело шло об каком-то преступлении, которое он будто бы совершил и утаил и в котором обвиняли его в один голос беспрерывно входившие к нему откуда-то люди. Толпа собралась ужасная, но люди все еще не переставали входить, так что и дверь уже не затворялась, а стояла настежь. Но весь интерес сосредоточился наконец на одном странном человеке, каком-то очень ему когда-то близком и знакомом, который уже умер, а теперь почему-то вдруг тоже вошел к нему. Всего мучительнее было то, что Вельчанинов не знал, что это за человек, позабыл его имя и никак не мог вспомнить; он знал только, что когда-то его очень любил. От этого человека как будто и все прочие вошедшие люди ждали самого главного слова: или обвинения, или оправдания Вельчанинова, и все были в нетерпении. Но он сидел неподвижно за столом, молчал и не хотел говорить. Шум не умолкал, раздражение усиливалось, и вдруг Вельчанинов, в бешенстве, ударил этого человека за то, что он не хотел говорить, и почувствовал от этого странное наслаждение. Сердце его замерло от ужаса и от страдания за свой поступок, но в этом-то замиранье и заключалось наслаждение. Совсем остервенясь, он ударил в другой и в третий раз, и в каком-то опьянении от ярости и от страху, дошедшем до помешательства, но заключавшем тоже в себе бесконечное наслаждение, он уже не считал своих ударов, но бил не останавливаясь. Он хотел все, все это разрушить. Вдруг что-то случилось; все страшно закричали и обратились, выжидая, к дверям, и в это мгновение раздались звонкие три удара в колокольчик, но с такой силой, как будто его хотели сорвать с дверей. Вельчанинов проснулся, очнулся в один миг, стремглав вскочил с постели и бросился к дверям; он был совершенно убежден, что удар в колокольчик – не сон и что действительно кто-то позвонил к нему сию минуту. "Было бы слишком неестественно, если бы такой ясный, такой действительный, осязательный звон приснился мне только во сне!"

Но, к удивлению его, и звон колокольчика оказался тоже сном. Он отворил дверь и вышел в сени, заглянул даже на лестницу – никого решительно не было. Колокольчик висел неподвижно. Подивившись, но и обрадовавшись, он воротился в комнату. Зажигая свечу, он вспомнил, что дверь стояла только припертая, а не запертая на замок и на крюк. Он и прежде, возвращаясь домой, часто забывал запирать дверь на ночь, не придавая делу особенной важности. Пелагея несколько раз за это ему выговаривала. Он воротился в переднюю запереть двери, еще раз отворил их и посмотрел в сенях и наложил только изнутри крючок, а ключ в дверях повернуть все-таки поленился. Часы ударили половину третьего; стало быть, он спал три часа.

Сон до того взволновал его, что он уже не захотел лечь сию минуту опять и решил с полчаса походить по комнате – "время выкурить сигару". Наскоро одевшись, он подошел к окну, приподнял толстую штофную гардину, а за ней белую стору. На улице уже совсем рассвело. Светлые летние петербургские ночи всегда производили в нем нервное раздражение и в последнее время только помогали его бессоннице, так что он, недели-две назад, нарочно завел у себя на окнах эти толстые штофные гардины, не пропускавшие свету, когда их совсем опускали. Впустив свет и забыв на столе зажженную свечку, он стал расхаживать взад и вперед все еще с каким-то тяжелым и больным чувством. Впечатление сна еще действовало. Серьезное страдание о том, что он мог поднять руку на этого человека и бить его, продолжалось.

– А ведь этого и человека-то нет и никогда не бывало, все сон, чего же я ною?

С ожесточением, и как будто в этом совокуплялись все заботы его, он стал думать о том, что решительно становится болен, "больным человеком".

Ему всегда было тяжело сознаваться, что он стареет или хилеет, и со злости он в дурные минуты преувеличивал и то и другое, нарочно, чтоб подразнить себя.

– Старчество! совсем старею, – бормотал он, прохаживаясь, – память теряю, привидения вижу, сны, звенят колокольчики... Черт возьми! я по опыту знаю, что такие сны всегда лихорадку во мне означали... Я убежден, что и вся эта "история" с этим крепом – тоже, может быть, сон. Решительно я вчера правду подумал: я, я к нему пристаю, а не он ко мне! Я поэму из него сочинил, а сам под стол от страху залез. И почему я его канальей зову? Человек, может быть, очень порядочный. Лицо, правда, неприятное, хотя ничего особенно некрасивого нет; одет, как и все. Взгляд только какой-то... Опять я за свое! я опять об нем!! и какого черта мне в его взгляде? Жить, что ли, я не могу без этого... висельника?

Между прочими вскакивавшими в его голову мыслями одна тоже больно уязвила его: он вдруг как бы убедился, что этот господин с крепом был когда-то с ним знаком по-приятельски и теперь, встречая его, над ним смеется, потому что знает какой-нибудь его прежний большой секрет и видит его теперь в таком унизительном положении. Машинально подошел он к окну, чтоб отворить его и дохнуть ночным воздухом, и – и вдруг весь вздрогнул: ему показалось, что перед ним внезапно совершилось что-то неслыханное и необычайное.

Окна он еще не успел отворить, но поскорей скользнул за угол оконного откоса и притаился: на пустынном противоположном тротуаре он вдруг увидел, прямо перед домом, господина с крепом на шляпе. Господин стоял на тротуаре лицом к его окнам, но, очевидно, не замечая его, и любопытно, как бы что-то соображая, выглядывал дом. Казалось, он что-то обдумывал и как бы на что-то решался; приподнял руку и как будто приставил палец ко лбу. Наконец решился: бегло огляделся кругом и, на цыпочках, крадучись, стал поспешно переходить через улицу. Так и есть: он прошел в их ворота, в калитку (которая летом иной раз до трех часов не запиралась засовом). "Он ко мне идет", – быстро промелькнуло у Вельчанинова, и вдруг, стремглав и точно так же на цыпочках, пробежал он в переднюю к дверям и – затих перед ними, замер в ожидании, чуть-чуть наложив вздрагивавшую правую руку на заложенный им давеча дверной крюк и прислушиваясь изо всей силы к шороху ожидаемых шагов на лестнице.

Сердце его до того билось, что он боялся прослушать, когда взойдет на

26

цыпочках незнакомец. Факта он не понимал, но ощущал все в какой–то удесятеренной полноте. Как будто давешний сон слился с действительностию. Вельчанинов от природы был смел. Он любил иногда доводить до какого–то щегольства свое бесстрашие в ожидании опасности – даже если на него и никто не глядел, а только любуясь сам собою. Но теперь было еще и что–то другое. Давешний ипохондрик и мнительный нытик преобразился совершенно; это был уже вовсе не тот человек. Нервный, неслышный смех порывался из его груди. Из–за затворенной двери он угадывал каждое движение незнакомца.

“А! вот он всходит, взошел, осматривается, прислушивается вниз на лестницу; чуть дышит, крадется... а! взялся за ручку, тянет, пробует! рассчитывал, что у меня не заперто! Значит, знал, что я иногда запереть забываю! Опять за ручку тянет; что ж он думает, что крючок соскочит? Расстаться жаль! Уйти жаль попусту?”

И действительно, все так, наверно, и должно было происходить, как ему представлялось: кто–то действительно стоял за дверьми и тихо, неслышно пробовал замок и потягивал за ручку и, – “уж разумеется, имел свою цель”. Но у Вельчанинова уже было готово решение задачи, и он с каким–то восторгом выжидал мгновения, изловчался и примеривался: ему неотразимо захотелось вдруг снять крюк, вдруг отворить настежь дверь и очутиться глаз на глаз с “страшилищем”. “А что, дескать, вы здесь делаете, милостивый государь?”

Так и случилось; улучив мгновение, он вдруг снял крюк, толкнул дверь и – почти наткнулся на господина с крепом на шляпе.

III

ПАВЕЛ ПАВЛОВИЧ ТРУСОЦКИЙ

Тот как бы онемел на месте. Оба стояли друг против друга, на пороге, и оба неподвижно смотрели друг другу в глаза. Так прошло несколько мгновений, и вдруг – Вельчанинов узнал своего гостя!

В то же время и гость, видимо, догадался, что Вельчанинов совершенно узнал его: это блеснуло в его взгляде. В один миг все лицо его как бы растаяло в сладчайшей улыбке.

– Я, наверное, имею удовольствие говорить с Алексеем Ивановичем? – почти пропел он нежнейшим и до комизма не подходящим к обстоятельствам голосом.

– Да неужели же вы Павел Павлович Трусоцкий? – выговорил наконец и Вельчанинов с озадаченным видом.

– Мы были с вами знакомы лет девять назад в Т., и – если только позволите мне припомнить – были знакомы дружески.

– Да-с... положим-с... но – теперь три часа, и вы целых десять минут пробовали, заперто у меня или нет...

– Три часа! – вскрикнул гость, вынимая часы и даже горестно удивившись, – так точно: три! Извините, Алексей Иванович, я бы должен был, входя, сообразить; даже стыжусь. Зайду и объяснюсь на днях, а теперь...

– Э, нет! уж если объясняться, так не угодно ли сию же минуту! – спохватился Вельчанинов. – Милости просим сюда, через порог; в комнаты-с. Вы ведь, конечно, сами в комнаты намеревались войти, а не для того только явились ночью, чтоб замки пробовать ...

Он был и взволнован и вместе с тем как бы опешен и чувствовал, что не может сообразиться. Даже стыдно стало: ни тайны, ни опасности – ничего не оказалось из всей фантасмагории; явилась только глупая фигура какого-то Павла Павловича. Но, впрочем, ему совсем не верилось, что это так просто; он что-то смутно и со страхом предчувствовал. Усадив гостя в кресла, он нетерпеливо уселся на своей постели, на шаг от кресел, принагнулся, уперся ладонями в свои колени и раздражительно ждал, когда тот заговорит. Он жадно его разглядывал и припоминал. Но странно: тот молчал, совсем, кажется, и не понимая, что немедленно "обязан" заговорить; напротив того, сам как бы выжидавшим чего-то взглядом смотрел на хозяина. Могло быть, что он просто робел, ощущая спервоначалу некоторую неловкость, как мышь в мышеловке; но Вельчанинов разозлился.

– Что ж вы! – вскричал он. – Ведь вы, я думаю, не фантазия и не сон! В мертвецы, что ли, вы играть пожаловали? Объяснитесь, батюшка!

Гость зашевелился, улыбнулся и начал осторожно: "Сколько я вижу, вас, прежде всего, даже поражает, что я пришел в такой час и – при особенных таких обстоятельствах-с... Так что, помня все прежнее и то, как мы расстались-с, – мне даже теперь странно-с... А впрочем, я даже и не намерен был заходить-с, и если уж так вышло, то – нечаянно-с..."

– Как нечаянно! да я вас из окна видел, как вы на цыпочках через улицу перебегали!

– Ах, вы видели! – ну так вы, пожалуй, теперь больше моего про все это знаете-с! Но я вас только раздражаю... Вот тут что-с: я приехал сюда уже недели с три, по своему делу... Я ведь Павел Павлович Трусоцкий, вы ведь меня сами признали-с. Дело мое в том, что я хлопочу о моем перемещении в другую губернию и в другую службу-с и на место с значительным повышением... Но, впрочем, все это тоже не то-с!.. Главное, если хотите, в том, что я здесь слоняюсь вот уже третью неделю и, кажется, сам затягиваю мое дело нарочно, то есть о перемещении–то–с, и, право, если даже оно и выйдет, то я, чего доброго, и сам забуду, что оно вышло–с, и не выеду из вашего Петербурга в моем настроении. Слоняюсь, как бы потеряв свою цель и как бы даже радуясь, что ее потерял – в моем настроении–с...

– В каком это настроении? – хмурился Вельчанинов.

Гость поднял на него глаза, поднял шляпу и уже с твердым достоинством указал на креп.

– Да – вот–с в каком настроении!

Вельчанинов тупо смотрел то на креп, то в лицо гостю. Вдруг румянец залил мгновенно его щеки, и он заволновался ужасно.

– Неужели Наталья Васильевна!

– Она–с! Наталья Васильевна! В нынешнем марте... Чахотка и почти вдруг–с, в какие–нибудь два–три месяца! И я остался – как вы видите!

Проговорив это, гость в сильном чувстве развел руки в обе стороны, держа в левой на отлете свою шляпу с крепом, и глубоко наклонил свою лысую голову, секунд по крайней мере на десять.

Этот вид и этот жест вдруг как бы освежили Вельчанинова; насмешливая и даже задирающая улыбка скользнула по его губам, – но покамест на одно только мгновение: известие о смерти этой дамы (с которой он был так давно знаком и так давно уже успел позабыть ее) произвело на него теперь до неожиданности потрясающее впечатление.

– Возможно ли это! – бормотал он первые попавшиеся на язык слова. – И почему же вы прямо не зашли и не объявили?

– Благодарю вас за участие, вижу и ценю его, несмотря...

– Несмотря?

– Несмотря на столько лет разлуки, вы отнеслись сейчас к моему горю, и даже ко мне, с таким совершенным участием, что я, разумеется, ощущаю благодарность. Вот это только я и хотел заявить–с. И не то чтобы я сомневался в друзьях моих, я и здесь, даже сейчас, могу отыскать самых искренних друзей–с (взять только одного Степана Михайловича Багаутова), но ведь нашему с вами, Алексей Иванович, знакомству (пожалуй, дружбе – ибо с признательностью вспоминаю) прошло девять лет–с, к нам вы не возвращались, писем обоюдно не было...

Гость пел, как по нотам, но все время, пока изъяснялся, глядел в землю, хотя, конечно, все видел и вверху. Но и хозяин уже успел немного сообразиться.

С некоторым весьма странным впечатлением, все более и более усиливавшимся, прислушивался и приглядывался он к Павлу Павловичу, и вдруг, когда тот приостановился, – самые пестрые и неожиданные мысли неожиданно хлынули в его голову.

– Да отчего же я вас все не узнавал до сих пор? – вскричал он оживляясь. – Ведь мы раз пять на улице сталкивались!

– Да; и я это помню; вы мне все попадались-с, – раза два, даже, пожалуй, и три...

– То есть – это вы мне все попадались, а не я вам!

Вельчанинов встал и вдруг громко и совсем неожиданно засмеялся. Павел Павлович приостановился, посмотрел внимательно, но тотчас же опять стал продолжать:

– А что вы меня не признали, то, во-первых, могли позабыть-с, и, наконец, у меня даже оспа была в этот срок и оставила некоторые следы на лице.

– Оспа? Да ведь и в самом же деле у него оспа была! да как это вас...

– Угораздило? Мало ли чего не бывает, Алексей Иванович; нет-нет да и угораздит!

– Только все-таки это ужасно смешно. Ну, продолжайте, продолжайте, – друг дорогой!

– Я же хоть и встречал тоже вас-с...

– Стойте! Почему вы сказали сейчас "угораздило"? Я хотел гораздо вежливей выразиться. Ну, продолжайте, продолжайте!

Почему-то ему все веселее и веселее становилось. Потрясающее впечатление совсем заменилось другим.

Он быстрыми шагами ходил по комнате взад и вперед.

– Я же хоть и встречал тоже вас-с и даже, отправляясь сюда, в Петербург, намерен был непременно вас здесь поискать, но, повторяю, я теперь в таком настроении духа... и так умственно разбит с самого с марта месяца...

– Ах да! разбит с марта месяца... Постойте, вы не курите?

– Я ведь, вы знаете, при Наталье Васильевне...

– Ну да, ну да; а с марта-то месяца?

– Папиросочку разве.

– Вот папироска; закуривайте и – продолжайте! продолжайте, вы ужасно меня...

И, закурив сигару, Вельчанинов быстро уселся опять на постель. Павел Павлович приостановился.

– Но в каком вы сами-то, однако же, волнении, здоровы ли вы-с?

– Э, к черту об моем здоровье! – обозлился вдруг Вельчанинов. – Продолжайте!

С своей стороны гость, смотря на волнение хозяина, становился довольнее и самоуверенее.

– Да что продолжать-то-с? – начал он опять. – Представьте вы себе, Алексей Иванович, во-первых, человека убитого, то есть не просто убитого, а, так сказать, радикально; человека, после двадцатилетнего супружества переменяющего жизнь и слоняющегося по пыльным улицам без соответственной цели, как бы в степи, чуть не в самозабвении, и в этом самозабвении находящего даже некоторое упоение. Естественно после того, что я и встречу иной раз знакомого или даже истинного друга, да и обойду нарочно, чтоб не подходить к нему в такую минуту, самозабвения-то то есть. А в другую минуту – так все припомнишь и так возжаждешь видеть хоть какого–нибудь свидетеля и соучастника того недавнего, но невозвратимого прошлого, и так забьется при этом сердце, что не только днем, но и ночью рискнешь броситься в объятия друга, хотя бы даже и нарочно пришлось его для этого разбудить в четвертом часу-с. Я вот только в часе ошибся, но не в дружбе; ибо в сию минуту слишком вознагражден-с. А насчет часу, право думал, что лишь только двенадцатый, будучи в настроении. Пьешь собственную грусть и как бы упиваешься ею. И даже не грусть, а именно новосостояние–то это и бьет по мне...

– Как вы, однако же, выражаетесь! – как–то мрачно заметил Вельчанинов, ставший вдруг опять ужасно серьезным.

– Да-с, странно и выражаюсь–с...

– А вы... не шутите?

– Шучу! – воскликнул Павел Павлович в скорбном недоумении, – и в ту минуту, когда возвещаю...

– Ах, замолчите об этом, прошу вас!

Вельчанинов встал и опять зашагал по комнате.

Так и прошло минут пять. Гость тоже хотел было привстать, но Вельчанинов крикнул: "Сидите, сидите!" – и тот тотчас же послушно опустился в кресла.

– А как, однако же, вы переменились! – заговорил опять Вельчанинов, вдруг останавливаясь перед ним – точно как бы внезапно пораженный этою мыслию. – Ужасно переменились! Чрезвычайно! Совсем другой человек!

– Не мудрено–с: девять лет–с.

– Нет–нет–нет, не в годах дело! вы наружностию еще не бог знает как изменились; вы другим изменились!

– Тоже, может быть, девять лет–с.

– Или с марта месяца!

– Хе-хе, – лукаво усмехнулся Павел Павлович, – у вас игривая мысль какая–то... Но, если осмелюсь, – в чем же собственно изменение–то?

– Да чего тут! Прежде был такой солидный и приличный Павел Павлович, такой умник Павел Павлович, а теперь – совсем vaurien[3] Павел Павлович!

---

[3] повеса (франц.).

Он был в той степени раздражения, в которой самые выдержанные люди начинают иногда говорить лишнее.

– Vaurien! вы находите? И уж больше не умник? Не умник? – с наслаждением хихикал Павел Павлович.

– Какой черт умник! Теперь, пожалуй, и совсем умный.

“Я нагл, а эта каналья еще наглее! И... и какая у него цель?” – все думал Вельчанинов.

– Ах, дражайший, ах, бесценнейший Алексей Иванович! – заволновался вдруг чрезвычайно гость и заворочался в креслах. – Да ведь нам что? Ведь не в свете мы теперь, не в великосветском блистательном обществе! Мы – два бывшие искреннейшие и стариннейшие приятеля и, так сказать, в полнейшей искренности сошлись и вспоминаем обоюдно ту драгоценную связь, в которой покойница составляла такое драгоценнейшее звено нашей дружбы!

И он как бы до того увлекся восторгом своих чувств, что склонил опять, по-давешнему, голову, лицо же закрыл теперь шляпой. Вельчанинов с отвращением и с беспокойством приглядывался.

“А что, если это просто шут? – мелькнуло в его голове. – Но н–нет, н–нет! кажется, он не пьян, – впрочем, может быть, и пьян; красное лицо. Да хотя бы и пьян, – все на одно выйдет. С чем он подъезжает? Чего хочется этой каналье?”

– Помните, помните, – выкрикивал Павел Павлович, помаленьку отнимая шляпу и как бы все сильнее и сильнее увлекаясь воспоминаниями, – помните ли вы наши загородные поездки, наши вечера и вечеринки с танцами и невинными играми у его превосходительства гостеприимнейшего Семена Семеновича? А наши вечерние чтения втроем? А наше первое с вами знакомство, когда вы вошли ко мне утром, для справок по вашему делу, и стали даже кричать-с, и вдруг вышла Наталья Васильевна, и через десять минут вы уже стали нашим искреннейшим другом дома ровно на целый год-с – точь-в-точь как в “Провинциалке”, пиесе господина Тургенева...

Вельчанинов медленно прохаживался, смотрел в землю, слушал с нетерпением и отвращением, но – сильно слушал.

– Мне и в голову не приходила “Провинциалка”, – перебил он, несколько теряясь, – и никогда вы прежде не говорили таким пискливым голосом и таким... не своим слогом. К чему это?

– Я действительно прежде больше молчал-с, то есть был молчаливее-с, – поспешно подхватил Павел Павлович – вы знаете, я прежде больше любил слушать, когда заговаривала покойница. Вы помните, как она разговаривала, с каким остроумием-с... А насчет “Провинциалки” и собственно насчет Ступендьева, – то вы и тут правы, потому что мы это сами потом, с бесценной покойницей в иные тихие минуты вспоминая о вас–с, когда вы уже уехали, – приравнивали к этой театральной пиесе нашу первую встречу... потому что ведь и в самом деле было похоже–с. А собственно уж насчет Ступендьева...

– Какого это Ступендьева, черт возьми! – закричал Вельчанинов и даже топнул ногой, совершенно уже смутившись при слове "Ступендьев", по поводу некоторого беспокойного воспоминания, замелькавшего в нем при этом слове.

– А Ступендьев – это роль–с, театральная роль, роль мужа в пиесе "Провинциалка", – пропищал сладчайшим голоском Павел Павлович, – но это уже относится к другому разряду дорогих и прекрасных наших воспоминаний, уже после вашего отъезда, когда Степан Михайлович Багаутов подарил нас своею дружбою, совершенно как вы–с, и уже на целых пять лет.

– Багаутов? Что такое? Какой Багаутов? – как вкопанный остановился вдруг Вельчанинов.

– Багаутов, Степан Михайлович, подаривший нас своею дружбою ровно через год после вас и... подобно вам–с.

– Ах, боже мой, ведь я же это знаю! – вскричал Вельчанинов, сообразив наконец. – Багаутов! да ведь он же служил у вас...

– Служил, служил! при губернаторе! Из Петербурга, самого высшего общества изящнейший молодой человек! – в решительном восторге выкрикивал Павел Павлович.

– Да–да–да! Что я! ведь и он тоже...

– И он тоже, и он тоже! – в том же восторге вторил Павел Павлович, подхватив неосторожное словцо хозяина, – и он тоже! И вот тут–то мы и играли "Провинциалку", на домашнем театре, у его превосходительства гостеприимнейшего Семена Семеновича, – Степан Михайлович – графа, я – мужа, а покойница – провинциалку, – но только у меня отняли роль мужа по настоянию покойницы, так что я и не играл мужа, будто бы по неспособности–с...

– Да какой черт вы Ступендьев! Вы прежде всего Павел Павлович Трусоцкий, а не Ступендьев! – грубо, не церемонясь и чуть не дрожа от раздражения, проговорил Вельчанинов. – Только позвольте: этот Багаутов здесь, в Петербурге; я сам его видел, весной видел! Что ж вы к нему–то тоже не идете?

– Каждый божий день захожу, вот уже три недели–с. Не принимают! Болен, не может принять! И представьте, из первейших источников узнал, что ведь и вправду чрезвычайно опасно болен! Этакой–то шестилетний друг! Ах, Алексей Иванович, говорю же вам и повторяю, что в таком настроении иногда провалиться сквозь землю желаешь, даже взаправду–с;

33

а в другую минуту так бы, кажется, взял да и обнял, и именно кого-нибудь вот из прежних-то этих, так сказать, очевидцев и соучастников, и единственно для того только, чтоб заплакать, то есть совершенно больше ни для чего, как чтоб только заплакать!..

– Ну, однако же, довольно с вас на сегодня, ведь так? – резко проговорил Вельчанинов.

– Слишком, слишком довольно! – тотчас же поднялся с места Павел Павлович. – Четыре часа, и, главное, я вас так эгоистически потревожил...

– Слушайте же: я к вам сам зайду, непременно, и тогда уж надеюсь... Скажите мне прямо, откровенно скажите: вы не пьяны сегодня?

– Пьян? Ни в одном глазу...

– Не пили перед приходом или раньше?

– Знаете, Алексей Иванович, у вас совершенная лихорадка-с.

– Завтра же зайду, утром, до часу...

– И давно уже замечаю, что вы почти как в бреду-с, – с наслаждением перебивал и налегал на эту тему Павел Павлович. – Мне так, право, совестно, что я моею неловкостию... но иду, иду! А вы лягте-ка и засните-ка!

– А что ж вы не сказали, где живете? – спохватился и закричал ему вдогонку Вельчанинов.

– А разве не сказал-с? в Покровской гостинице...

– В какой еще Покровской гостинице?

– Да у самого Покрова, тут, в переулке-с, – вот забыл, в каком переулке, да и номер забыл, только близ самого Покрова...

– Отыщу!

– Милости просим дорогого гостя.

Он уже выходил на лестницу.

– Стойте! – крикнул опять Вельчанинов. – Вы не удерете?

– То есть как "удерете"? – вытаращил глаза Павел Павлович, поворачиваясь и улыбаясь с третьей ступеньки.

Вместо ответа Вельчанинов шумно захлопнул дверь, тщательно запер ее и насадил в петлю крюк. Воротясь в комнату, он плюнул, как бы чем-нибудь опоганившись.

Простояв минут пять неподвижно среди комнаты, он бросился на постель, совсем уже не раздеваясь, и в один миг заснул. Забытая свечка так и догорела до конца на столе.

IV

ЖЕНА, МУЖ И ЛЮБОВНИК

Он спал очень крепко и проснулся ровно в половине десятого; мигом приподнялся, сел на постель и тотчас же начал думать о смерти "этой женщины".

Потрясающее вчерашнее впечатление при внезапном известии об этой смерти оставило в нем какое-то смятение и даже боль. Это смятение и боль были только заглушены в нем на время одной странной идеей вчера, при Павле Павловиче. Но теперь, при пробуждении, все, что было девять лет назад, предстало вдруг перед ним с чрезвычайною яркостью.

Эту женщину, покойную Наталью Васильевну, жену "этого Трусоцкого", он любил и был ее любовником, когда по своему делу (и тоже по поводу процесса об одном наследстве) он оставался в Т. целый год, – хотя собственно дело и не требовало такого долгого срока его присутствия; настоящей же причиной была эта связь. Связь и любовь эта до того сильно владели им, что он был как бы в рабстве у Натальи Васильевны и, наверно, решился бы тотчас на что-нибудь даже из самого чудовищного и бессмысленного, если б этого потребовал один только малейший каприз этой женщины. Ни прежде, ни потом никогда не было с ним ничего подобного. В конце года, когда разлука была уже неминуема, Вельчанинов был в таком отчаянии при приближении рокового срока, – в отчаянии, несмотря на то что разлука предполагалась на самое короткое время, – что предложил Наталье Васильевне похитить ее, увезти от мужа, бросить все и уехать с ним за границу навсегда. Только насмешки и твердая настойчивость этой дамы (вполне одобрявшей этот проект вначале, но, вероятно, только от скуки или чтобы посмеяться) могли остановить его и понудить уехать одного. И что же? Не прошло еще двух месяцев после разлуки, как он в Петербурге уже задавал себе тот вопрос, который так и остался для него навсегда не разрешенным: любил ли в самом деле он эту женщину, или все это было только одним "наваждением"? И вовсе не от легкомыслия или под влиянием начавшейся в нем новой страсти зародился в нем этот вопрос: в эти первые два месяца в Петербурге он был в каком-то исступлении и вряд ли заметил хоть одну женщину, хотя тотчас же пристал к прежнему обществу и успел увидеть сотню женщин. Впрочем, он отлично хорошо знал, что очутись он тотчас опять в Т., то немедленно подпадет снова под все гнетущее обаяние этой женщины, несмотря на все зародившиеся вопросы. Даже пять лет спустя он был в том же самом убеждении. Но пять лет спустя он уже признавался в этом себе с негодованием и даже об самой "женщине этой" вспоминал с ненавистью. Он стыдился своего т–ского года; он не мог понять даже возможности такой "глупой" страсти для него, Вельчанинова! Все воспоминания об этой страсти обратились для него в позор; он краснел до слез и мучился угрызениями. Правда, еще через несколько лет он уже несколько успел себя успокоить; он постарался все это забыть – и почти успел. И вот вдруг, девять лет спустя, все это так внезапно и странно воскресает перед ним опять после вчерашнего известия о смерти Натальи Васильевны.

Теперь, сидя на своей постели, с смутными мыслями, беспорядочно толпившимися в его голове, он чувствовал и сознавал ясно только одно, – что, несмотря на все вчерашнее "потрясающее впечатление" при этом известии, он все–таки очень спокоен насчет того, что она умерла. "Неужели я о ней даже и не пожалею?" – спрашивал он себя. Правда, он уже не ощущал к ней теперь ненависти и мог беспристрастнее, справедливее судить о ней. По его мнению, уже давно, впрочем, сформировавшемуся в этот девятилетний срок разлуки, Наталья Васильевна принадлежала к числу самых обыкновенных провинциальных дам из "хорошего" провинциального общества, и – "кто знает, может, так оно и было, и только я один составил из нее такую фантазию?" Он, впрочем, всегда подозревал, что в этом мнении могла быть и ошибка; почувствовал это и теперь. Да и факты противоречили; этот Багаутов был несколько лет тоже с нею в связи и, кажется, тоже "под всем обаянием". Багаутов, действительно, был молодой человек из лучшего петербургского общества и, так как он "человек пустейший" (говорил об нем Вельчанинов), то, стало быть, мог сделать свою карьеру только в одном Петербурге. Но вот, однако же, он пренебрег Петербургом, то есть главнейшею своею выгодою, и потерял же пять лет в Т. единственно для этой женщины! Да и воротился наконец в Петербург, может, потому только, что и его тоже выбросили, как "старый, изношенный башмак". Значит, было же в этой женщине что–то такое необыкновенное – дар привлечения, порабощения и владычества!

А между тем, казалось бы, она и средств не имела, чтобы привлекать и порабощать: "собой была даже и не так чтобы хороша; а может быть, и просто нехороша". Вельчанинов застал ее уже двадцати восьми лет. Не совсем красивое ее лицо могло иногда приятно оживляться, но глаза были нехороши: какая–то излишняя твердость была в ее взгляде. Она была очень худа. Умственное образование ее было слабое; ум был бесспорный и проницательный, но почти всегда односторонний. Манеры светской провинциальной дамы и при этом, правда, много такту; изящный вкус, но преимущественно в одном только уменье одеться. Характер решительный и владычествующий; примирения наполовину с нею быть не могло ни в чем: "или все, или ничего". В делах затруднительных твердость и стойкость удивительные. Дар великодушия и почти всегда с ним же рядом – безмерная несправедливость. Спорить с этой барыней было невозможно: дважды два для нее никогда ничего не значили. Никогда ни в чем не считала она себя несправедливою или виноватою. Постоянные и бесчисленные измены ее мужу нисколько не тяготили ее совести. По сравнению самого Вельчанинова, она была как "хлыстовская богородица", которая в высшей степени сама верует в то, что она и в самом деле богородица, – в высшей степени веровала и Наталья Васильевна в каждый из своих поступков. Любовнику она была верна – впрочем, только до тех пор, пока он не наскучил. Она любила мучить любовника, но любила и награждать. Тип был страстный, жестокий и чувственный. Она ненавидела разврат, осуждала его с неимоверным ожесточением и – сама была развратна. Никакие факты не могли бы никогда привести ее к сознанию в своем собственном разврате. "Она, наверно, искренно не знает об этом", – думал Вельчанинов об ней еще в Т. (Заметим мимоходом, сам участвуя в ее разврате.) "Это одна из тех женщин, – думал он, – которые как будто для того и родятся, чтобы быть неверными женами. Эти женщины никогда не падают в девицах; закон природы их – непременно быть для этого замужем. Муж – первый любовник, но не иначе, как после венца. Никто ловче и легче их не выходит замуж. В первом любовнике всегда муж виноват. И все происходит в высшей степени искренно; они до конца чувствуют себя в высшей степени справедливыми и, конечно, совершенно невинными".

Вельчанинов был убежден, что действительно существует такой тип таких женщин; но зато был убежден, что существует и соответственный этим женщинам тип мужей, которых единое назначение заключается только в том, чтобы соответствовать этому женскому типу. По его мнению, сущность таких мужей состоит в том, чтоб быть, так сказать, "вечными мужьями" или, лучше сказать, быть в жизни только мужьями и более уж ничем. "Такой человек рождается и развивается единственно для того, чтобы жениться, а женившись, немедленно обратиться в придаточное своей жены, даже и в том случае, если б у него случился и свой собственный, неоспоримый характер. Главный признак такого мужа – известное украшение. Не быть рогоносцем он не может, точно так же как не может солнце не светить; но он об этом не только никогда не знает, но даже и никогда не может узнать по самым законам природы". Вельчанинов глубоко верил, что существуют эти два типа и что Павел Павлович Трусоцкий в Т. был совершенным представителем одного из них. Вчерашний Павел Павлович, разумеется, был не тот Павел Павлович, который был ему известен в Т. Он нашел, что он до невероятности изменился, но Вельчанинов знал, что он и не мог не измениться и что все это было совершенно естественно; господин Трусоцкий мог быть всем тем, чем был прежде, только при жизни жены, а теперь это была только часть целого, выпущенная вдруг на волю, то есть что-то удивительное и ни на что не похожее.

Что же касается до т-ского Павла Павловича, то вот что упомнил о нем и припомнил теперь Вельчанинов:

"Конечно, Павел Павлович в Т. был только муж", и ничего более. Если, например, он был, сверх того, и чиновник, то единственно потому, что для него и служба обращалась, так сказать, в одну из обязанностей его супружества; он служил для жены и для ее светского положения в Т., хотя и сам по себе был весьма усердным чиновником. Ему было тогда тридцать пять лет и обладал он некоторым состоянием, даже и не совсем маленьким. На службе особенных способностей не выказывал, но не выказывал и неспособности. Водился со всем, что было высшего в губернии, и слыл на прекрасной ноге. Наталью Васильевну в Т. совершенно уважали; она, впрочем, и не очень это ценила, принимая как должное, но у себя умела всегда принять превосходно, причем Павел Павлович был так ею вышколен, что мог иметь облагороженные манеры даже и при приеме самых высших губернских властей. Может быть (казалось Вельчанинову), у него был и ум; но так как Наталья Васильевна не очень любила, когда супруг ее много говорил, то ума и нельзя было очень заметить. Может быть, он имел много прирожденных хороших качеств, равно как и дурных. Но хорошие качества были как бы под чехлом, а дурные поползновения были заглушены почти окончательно. Вельчанинов помнил, например, что у господина Трусоцкого рождалось иногда поползновение посмеяться над своим ближним; но это было ему строго запрещено. Любил он тоже иногда что-нибудь рассказать; но и над этим наблюдалось: рассказать позволялось только что-нибудь понезначительнее и покороче. Он склонен был к приятельскому кружку вне дома и даже – выпить с приятелем; но последнее даже в корень было истреблено. И при этом черта: взглянув снаружи, никто не мог бы сказать, что это муж под башмаком; Наталья Васильевна казалась совершенно послушною женой и даже, может быть, сама была в этом уверена. Могло быть, что Павел Павлович любил Наталью Васильевну без памяти; но заметить этого не мог никто, и даже было невозможно, вероятно, тоже по домашнему распоряжению самой Натальи Васильевны. Несколько раз в продолжение своей т-ской жизни спрашивал себя Вельчанинов: подозревает ли его этот муж хоть сколько-нибудь в связи с своей женой? Несколько раз он спрашивал об этом серьезно Наталью Васильевну и всегда получал в ответ, высказанный с некоторой досадой, что муж ничего не знает, и никогда ничего не может узнать, и что "все, что есть – совсем не его дело". Еще черта с ее стороны: над Павлом Павловичем она никогда не смеялась и ни в чем не находила его ни смешным, ни очень дурным, и даже очень бы заступилась за него, если бы кто осмелился оказать ему какую-нибудь неучтивость. Не имея детей, она, естественно, должна была обратиться преимущественно в светскую женщину; но и свой дом был ей необходим. Светские удовольствия никогда не царили над нею вполне, и дома она очень любила заниматься хозяйством и рукодельями. Павел Павлович вспомнил вчера об их семейных чтениях в Т. по вечерам; это бывало: читал Вельчанинов, читал и Павел Павлович; к удивлению Вельчанинова, он очень хорошо умел читать вслух. Наталья Васильевна при этом что-нибудь вышивала и выслушивала чтение всегда спокойно и ровно. Читались романы Диккенса, что-нибудь из русских журналов, а иногда что-нибудь и из "серьезного". Наталья Васильевна высоко ценила образованность Вельчанинова, но молчаливо, как дело поконченное и решенное, о котором уже нечего больше и говорить; вообще же ко всему книжному и ученому относилась равнодушно, как совершенно к чему-то постороннему, хотя, может быть, и полезному; Павел же Павлович иногда с некоторым жаром.

Т-ская связь порвалась вдруг, достигнув со стороны Вельчанинова самого полного верха и даже почти безумия. Его просто и вдруг прогнали, хотя все устроилось так, что он уехал совершенно не ведая, что уже выброшен, "как старый, негодный башмак". Тут в Т., месяца за полтора до его отбытия, появился один молоденький артиллерийский офицерик, только что выпущенный из корпуса, и повадился ездить к Трусоцким; вместо троих очутилось четверо. Наталья Васильевна принимала мальчика благосклонно, но обращалась с ним как с мальчиком. Вельчанинову было решительно ничего невдомек, да и не до того ему было тогда, так как ему вдруг объявили о необходимости разлуки. Одною из сотни причин для непременного и скорейшего его отъезда, выставленных Натальей Васильевной, была и та, что ей показалось, будто она беременна; а потому и естественно, что ему надо непременно и сейчас же скрыться хоть месяца на три или на четыре, чтобы через девять месяцев мужу труднее было в чем-нибудь усумниться, если б и вышла потом какая-нибудь клевета. Аргумент был довольно натянутый. После бурного предложения Вельчанинова бежать в Париж или в Америку он уехал один в Петербург, "без сомнения, на одну только минутку", то есть не более как на три месяца, иначе он не уехал бы ни за что, несмотря ни на какие причины и аргументы. Ровно через два месяца он получил в Петербурге от Натальи Васильевны письмо с просьбою не приезжать никогда, потому что она уже любила другого; про беременность же свою уведомляла, что она ошиблась. Уведомление об ошибке было лишнее, ему все уже было ясно: он вспомнил про офицерика. Тем дело и кончилось навсегда. Слышал как-то он потом, уже несколько лет спустя, что там очутился Багаутов и пробыл целые пять лет. Такую безмерную продолжительность связи он объяснил себе, между прочим, и тем, что Наталья Васильевна, верно, уже сильно постарела, а потому и сама стала привязчивее.

Он просидел на своей кровати почти час; наконец опомнился, позвонил Мавру с кофеем, выпил наскоро, оделся и ровно в одиннадцать часов отправился к Покрову отыскивать Покровскую гостиницу. Насчет собственно Покровской гостиницы в нем сформировалось теперь особое, уже утрешнее впечатление. Между прочим, ему было даже несколько совестно за вчерашнее свое обращение с Павлом Павловичем, и это надо было теперь разрешить.

Всю вчерашнюю фантасмагорию с замком у дверей он объяснял случайностию, пьяным видом Павла Павловича и, пожалуй, еще кое-чем, но, в сущности, не совсем точно знал, зачем он идет теперь завязывать какие-то новые отношения с прежним мужем, тогда как все так естественно и само собою между ними покончилось. Его что-то влекло; было тут какое-то особое впечатление, и вследствие этого впечатления его влекло...

V

ЛИЗА

Павел Павлович "удирать" и не думал, да и бог знает для чего Вельчанинов ему сделал вчера этот вопрос; подлинно сам был в затмении. По первому спросу в мелочной лавочке у Покрова ему указали Покровскую гостиницу, в двух шагах в переулке. В гостинице объяснили, что господин Трусоцкий "стали" теперь тут же на дворе, во флигеле, в меблированных комнатах у Марьи Сысоевны. Поднимаясь по узкой, залитой и очень нечистой каменной лестнице флигеля во второй этаж, где были эти комнаты, он вдруг услышал плач. Плакал как будто ребенок, лет семи-восьми; плач был тяжелый, слышались заглушаемые, но прорывающиеся рыдания, а вместе с ними топанье ногами и тоже как бы заглушаемые, но яростные окрики, какой-то сиплой фистулой, но уже взрослого человека. Этот взрослый человек, казалось, унимал ребенка и очень не желал, чтобы плач слышали, но шумел больше его. Окрики были безжалостные, а ребенок точно как бы умолял о прощении. Вступив в небольшой коридор, по обеим сторонам которого было по две двери, Вельчанинов встретил одну очень толстую и рослую бабу, растрепанную

40

по-домашнему, и спросил ее о Павле Павловиче. Она ткнула пальцем на дверь, из-за которой слышен был плач. Толстое и багровое лицо этой сорокалетней бабы было в некотором негодовании.

– Вишь, ведь потеха ему! – пробасила она вполголоса и прошла на лестницу. Вельчанинов хотел было постучаться, но раздумал и прямо отворил дверь к Павлу Павловичу. В небольшой комнате, грубо, но обильно меблированной простой крашеной мебелью, посредине стоял Павел Павлович, одетый лишь до половины, без сюртука и без жилета, и с раздраженным красным лицом унимал криком, жестами, а может быть (показалось Вельчанинову) и пинками, маленькую девочку, лет восьми, одетую бедно, хотя и барышней, в черном шерстяном коротеньком платьице. Она, казалось, была в настоящей истерике, истерически всхлипывала и тянулась руками к Павлу Павловичу, как бы желая охватить его, обнять его, умолить и упросить о чем-то. В одно мгновение все изменилось: увидев гостя, девочка вскрикнула и стрельнула в соседнюю крошечную комнатку, а Павел Павлович, на мгновение озадаченный, тотчас же весь растаял в улыбке, точь-в-точь как вчера, когда Вельчанинов вдруг отворил дверь к нему на лестницу.

– Алексей Иванович! – вскричал он в решительном удивлении. – Никоим образом не мог ожидать... но вот сюда, сюда! Вот здесь, на диван, или сюда, в кресла, а я... – И он бросился одевать сюртук, забыв надеть жилет.

– Не церемоньтесь, оставайтесь в чем вы есть, – Вельчанинов уселся на стул.

– Нет, уж позвольте-с поцеремониться; вот я теперь и поприличнее. Да куда ж вы уселись в углу? Вот сюда, в кресла, к столу бы... Ну, не ожидал, не ожидал!

Он тоже уселся на краешке плетеного стула, но не рядом с "неожиданным" гостем, а поворотив стул углом, чтобы сесть более лицом к Вельчанинову.

– Почему ж не ожидали? Ведь я именно назначил вчера, что приду к вам в это время?

– Думал, что не придете-с; и как сообразил все вчерашнее проснувшись, так решительно уж отчаялся вас увидеть, даже навсегда-с.

Вельчанинов меж тем осмотрелся кругом. Комната была в беспорядке, кровать не убрана, платье раскидано, на столе стаканы с выпитым кофеем, крошки хлеба и бутылка шампанского, до половины не допитая, без пробки и со стаканом подле. Он накосился взглядом в соседнюю комнату, но там все было тихо; девочка притаилась и замерла.

– Неужто вы пьете это теперь? – указал Вельчанинов на шампанское.

– Остатки-с... – сконфузился Павел Павлович.

– Ну переменились же вы!

41

– Дурные привычки и вдруг-с. Право, с того срока; не лгу-с! Удержать себя не могу. Теперь не беспокойтесь, Алексей Иванович, я теперь не пьян и не стану нести околесины, как вчера у вас-с, но верно вам говорю: все с того срока-с! И скажи мне кто-нибудь еще полгода назад, что я вдруг так расшатаюсь, как вот теперь-с, покажи мне тогда меня самого в зеркале – не поверил бы!

– Стало быть, вы были же вчера пьяны?

– Был-с, – вполголоса признался Павел Павлович, конфузливо опуская глаза, и видите ли-с: не то что пьян, а уж несколько позже-с. Я это для того объяснить желаю, что позже у меня хуже-с: хмелю уж немного, а жестокость какая-то и безрассудство остаются, да и горе сильнее ощущаю. Для горя-то, может, и пью-с. Тут-то я и накуролесить могу совсем даже глупо-с и обидеть лезу. Должно быть, себя очень странно вам представил вчера?

– Вы разве не помните?

– Как не помнить, все помню-с...

– Видите, Павел Павлович, я совершенно так же подумал и объяснил себе, – примирительно сказал Вельчанинов, – сверх того, я сам вчера был с вами несколько раздражителен и... излишне нетерпелив, в чем сознаюсь охотно. Я не совсем иногда хорошо себя чувствую, и нечаянный приход ваш ночью...

– Да, ночью, ночью! – закачал головой Павел Павлович, как бы удивляясь и осуждая. – И как это меня натолкнуло! Ни за что бы я к вам не зашел, если б вы только сами не отворили-с; от дверей бы ушел-с. Я к вам, Алексей Иванович, с неделю тому назад заходил и вас не застал, но потом, может быть, и никогда не зашел бы в другой раз-с. Все-таки и я немножко горд тоже, Алексей Иванович, хоть и сознаю себя... в таком состоянии. Мы и на улице встречались, да все думаю: а ну как не узнает, а ну как отвернется, девять лет не шутка, – и не решался подойти. А вчера с Петербургской стороны брел, да и час забыл-с. Все от этого (он указал на бутылку), да от чувства-с. Глупо! очень-с! и будь человек не таков, как вы, – потому что ведь пришли же вы ко мне даже после вчерашнего, вспомня старое, – так я бы даже надежду потерял знакомство возобновить.

Вельчанинов слушал со вниманием. Человек этот говорил, кажется, искренно и с некоторым даже достоинством; а между. тем он ничему не верил с самой той минуты, как вошел к нему.

– Скажите, Павел Павлович, вы здесь, стало быть, не один? Чья это девочка, которую я застал при вас давеча?

Павел Павлович даже удивился и поднял брови, но ясно и приятно посмотрел на Вельчанинова.

– Как чья девочка? да ведь это Лиза! – проговорил он, приветливо улыбаясь.

— Какая Лиза? — пробормотал Вельчанинов, и что-то вдруг как бы дрогнуло в нем. Впечатление было слишком внезапное. Давеча, войдя и увидев Лизу, он хоть и подивился, но не ощутил в себе решительно никакого предчувствия, никакой особенной мысли.

— Да наша Лиза, дочь наша Лиза! — улыбался Павел Павлович.

— Как дочь? Да разве у вас с Натальей... с покойной Натальей Васильевной были дети? — недоверчиво и робко спросил Вельчанинов каким-то уж очень тихим голосом.

— Да как же-с? Ах, боже мой, да ведь и в самом деле от кого же вы могли знать? Что ж это я! это уже после вас нам бог даровал!

Павел Павлович привскочил даже со стула от некоторого волнения, впрочем тоже как бы приятного.

— Я ничего не слыхал, — сказал Вельчанинов и — побледнел.

— Действительно, действительно, от кого же вам было и узнать-с! — повторил Павел Павлович расслабленно-умиленным голосом. — Мы ведь и надежду с покойницей потеряли, сами ведь вы помните, и вдруг благословляет господь, и что со мной тогда было, — это ему только одному известно! ровно, кажется, через год после вас! или нет, не через год, далеко нет, постойте-с: вы ведь от нас тогда, если не ошибаюсь памятью, в октябре или даже в ноябре выехали?

— Я уехал из Т. в начале сентября, двенадцатого сентября; и хорошо помню...

— Неужели в сентябре? гм... что ж это я? — очень удивился Павел Павлович. — Ну, так если так, то позвольте же: вы выехали сентября двенадцатого-с, а Лиза родилась мая восьмого, это, стало быть, сентябрь – октябрь – ноябрь – декабрь – январь – февраль – март – апрель, — через восемь месяцев с чем-то-с, вот-с! и если б вы только знали, как покойница...

— Покажите же мне... позовите же ее... — каким-то срывавшимся голосом пролепетал Вельчанинов.

— Непременно-с! — захлопотал Павел Павлович, тотчас же прерывая то, что хотел сказать, как вовсе ненужное, — сейчас, сейчас вам представлю-с! — и торопливо отправился в комнату к Лизе.

Прошло, может быть, целых три или четыре минуты, в комнатке скоро и быстро шептались, и чуть-чуть послышались звуки голоса Лизы; "она просит, чтобы ее не выводили", — думал Вельчанинов. Наконец вышли.

— Вот-с, все конфузится, — сказал Павел Павлович, — стыдливая такая, гордая-с... и вся-то в покойницу!

Лиза вышла уже без слез, с опущенными глазами; отец вел ее за руку. Это была высоконькая, тоненькая и очень хорошенькая девочка. Она быстро подняла свои большие голубые глаза на гостя, с любопытством, но угрюмо посмотрела на него и тотчас же опять опустила глаза. Во взгляде ее была та детская важность, когда дети, оставшись одни с незнакомым, уйдут в угол и оттуда важно и недоверчиво поглядывают на нового, никогда еще и не бывшего гостя; но была, может быть, и другая, как бы уж и не детская мысль, – так показалось Вельчанинову. Отец подвел ее к нему вплоть.

– Вот этот дяденька мамашу знал прежде, друг наш был, ты не дичись, протяни руку-то.

Девочка слегка поклонилась и робко протянула руку.

– У нас Наталья Васильевна-с не хотела учить ее приседать в знак приветствия, а так на английский манер слегка наклониться и протянуть гостю руку, – прибавил он в объяснение Вельчанинову, пристально в него всматриваясь.

Вельчанинов знал, что он всматривается, но совсем уже не заботился скрывать свое волнение; он сидел на стуле не шевелясь, держал руку Лизы в своей руке и пристально вглядывался в ребенка. Но Лиза была чем-то очень озабочена и, забыв свою руку в руке гостя, не сводила глаз с отца. Она боязливо прислушивалась ко всему, что он говорил. Вельчанинов тотчас же признал эти большие голубые глаза, но всего более поразили его удивительная, необычайно нежная белизна ее лица и цвет волос; эти признаки были слишком для него значительны. Оклад лица и склад губ, напротив того, резко напоминал Наталью Васильевну. Павел Павлович между тем давно уже начал что-то рассказывать, казалось с чрезвычайным жаром и чувством, но Вельчанинов совсем не слыхал его. Он захватил только одну последнюю фразу:

– ... так что вы, Алексей Иванович, даже и вообразить не можете нашей радости при этом даре господнем-с! Для меня она все составила своим появлением, так что если б и исчезло по воле божьей мое тихое счастье, – так вот, думаю, останется мне Лиза; вот что по крайней мере я твердо знал-с!

– А Наталья Васильевна? – спросил Вельчанинов.

– Наталья Васильевна? – покривился Павел Павлович. – Ведь вы ее знаете, помните-с, она много высказывать не любила, но зато как прощалась с нею на смертном одре... тут-то вот все и высказалось-с! И вот я вам сказал сейчас "на смертном одре-с"; а меж тем вдруг, за день уже до смерти, волнуется, сердится, – говорит, что ее лекарствами залечить хотят, что у ней одна только простая лихорадка, и оба наши доктора ничего не смыслят, и как только вернется Кох (помните, штаб-лекарь-то наш, старичок), так она через две недели встанет с постели! Да куда, уже за пять аж только часов до отхода вспоминала, что через три недели непременно надо тетку, именинницу, посетить, в имении ее, Лизину крестную мать-с...

Вельчанинов вдруг поднялся со стула, все еще не выпуская ручку

44

Лизы. Ему, между прочим, показалось, что в горячем взгляде девочки, устремленном на отца, было что-то укорительное.

– Она не больна? – как-то странно, торопливо спросил он.

– Кажется бы, нет-с, но... обстоятельства-то вот наши так здесь сошлись, – проговорил Павел Павлович с горестною заботливостью, – ребенок странный и без того-с нервный, после смерти матери больна была две недели, истерическая-с. Давеча ведь какой у нас плач был, как вы вошли-с, – слышишь, Лиза, слышишь? – а ведь из-за чего-с? Все в том, что я ухожу и ее оставляю, значит, дескать, что уж и не люблю больше так, как ее при мамаше любил, – вот в чем обвиняет меня. И забредет же в голову такая фантазия такому еще ребенку-с, которому бы только в игрушки играть. А здесь и поиграть-то ей не с кем.

– Так как же вы... вы здесь разве совсем только вдвоем?

– Совсем одинокие-с; служанка только разве прислужить придет, раз на дню.

– А уходите, ее одну так и оставляете?

– А то как же-с? А вчера уходил, так даже запер ее, вот в той комнатке, из-за того у нас и слезы вышли сегодня. Да ведь что же было делать, посудите сами: третьего дня сошла она вниз без меня, а мальчик ей в голову камнем пустил. А то заплачет да и бросится у всех на дворе расспрашивать: куда я ушел? а ведь это нехорошо-с. Да и я-то хорош: уйду на час, а приду на другой день поутру, так и вчера сошлось. Хорошо еще, что хозяйка без меня отперла ей, слесаря призывала замок отворить, – даже срам-с, – подлинно сам себя извергом чувствую-с. Все от затмения-с...

– Папаша! – робко и беспокойно проговорила девочка.

– Ну, вот и опять! опять ты за то же! что я давеча говорил?

– Я не буду, я не буду, – в страхе, торопливо складывая перед ним руки, повторила Лиза.

– Так не может продолжаться у вас, при такой обстановке, – нетерпеливо заговорил вдруг Вельчанинов голосом власть имеющего. – Ведь вы... ведь вы человек с состоянием же; как же вы у так – во-первых, в этом флигеле и при такой обстановке?

– Во флигеле-то-с? да ведь через неделю, может, уже и уедем-с, а денег и без того много потратили, хотя бы и с состоянием-с...

– Ну, довольно, довольно, – прервал его Вельчанинов все с более и более возраставшим нетерпением, как бы явно говоря: "Нечего говорить, все знаю, что ты скажешь, и знаю, с каким намерением ты говоришь!" – Слушайте, я вам делаю предложение: вы сейчас сказали, что останетесь неделю, пожалуй, может, и две. У меня здесь есть один дом, то есть такое семейство, где я как в родном своем углу, – вот уже двадцать лет. Это семейство одних Погорельцевых. Погорельцев Александр Павлович,

45

тайный советник; даже вам, пожалуй, пригодится по вашему делу. Они теперь на даче. У них богатейшая своя дача. Клавдия Петровна Погорельцева мне как сестра, как мать. У них восемь человек детей. Дайте я сейчас же свезу к ним Лизу... я для того, чтоб времени не терять. Они с радостью примут, на все это время, обласкают, как родную дочь, как родную дочь!

Он был в ужасном нетерпении и не скрывал этого.

— Это как-то уж невозможно-с, — проговорил Павел Павлович, с ужимкою и хитро, как показалось Вельчанинову, засматривая ему в глаза.

— Почему? Почему невозможно?

— Да как же-с, отпустить так ребенка, и вдруг-с — положим, с таким искренним благоприятелем, как вы, я не про то-с, но все-таки в дом незнакомый, и такого уж высшего общества-с, где я еще и не знаю, как примут.

— Да я же сказал вам, что я у них как родной, — почти в гневе закричал Вельчанинов. — Клавдия Петровна за счастье почтет по одному моему слову. Как бы мою дочь... да черт возьми, ведь вы сами же знаете, что вы только так, чтобы болтать... чего же уж тут говорить!

Он даже топнул ногой.

— Я к тому, что не странно ли очень уж будет-с? Все-таки надо бы и мне хоть раз-другой к ней наведаться, а то как же совсем без отца-то-с? хе-хе... и в такой важный дом-с.

— Да это простейший дом, а вовсе не "важный"! — кричал Вельчанинов, — говорю вам, там детей много. Она там воскреснет, все для этого... А вас я сам завтра же отрекомендую, коли хотите. Да и непременно даже нужно будет вам съездить поблагодарить; каждый день будем ездить, если хотите...

— Все как-то-с...

— Вздор! Главное в том, что вы сами это знаете! Слушайте, заходите ко мне сегодня с вечера и ночуйте, пожалуй, а поутру пораньше и поедем, чтобы в двенадцать там быть.

— Благодетель вы мой! Даже и ночевать у вас... — с умилением согласился вдруг Павел Павлович, — подлинно благодеяние оказываете... а где ихняя дача-с?

— Дача их в Лесном.

— Только вот как же ее костюм-с? Потому-с в такой знатный дом, да еще на даче-с, сами знаете... Сердце отца-с!

— А какой ее костюм? Она в трауре. Разве может быть у ней другой костюм? Самый приличный, какой только можно вообразить! Только вот белье бы почище, косыночку... (Косыночка и выглядывавшее белье были действительно очень грязны.)

— Сейчас же, непременно переодеться, — захлопотал Павел Павлович, —

а прочее необходимое белье мы ей тоже сейчас соберем; оно у Марьи Сысоевны в стирке–с.

– Так велеть бы послать за коляской, – перебил Вельчанинов, – и скорей, если б возможно.

Но оказалось препятствие: Лиза решительно воспротивилась, все время она со страхом прислушивалась, и если бы Вельчанинов, уговаривая Павла Павловича, имел время пристально к ней приглядеться, то увидел бы совершенное отчаяние на ее личике.

– Я не поеду, – сказала она твердо и тихо.

– Вот, вот видите–с, вся в мамашу!

– Я не в мамашу, я не в мамашу! – выкрикивала Лиза, в отчаянии ломая свои маленькие руки и как бы оправдываясь перед отцом в страшном упреке, что она в мамашу. – Папаша, папаша, если вы меня кинете...

Она вдруг накинулась на испугавшегося Вельчанинова.

– Если вы возьмете меня, так я...

Но она не успела ничего выговорить далее; Павел Павлович схватил ее за руку, чуть не за шиворот, и уже с нескрываемым озлоблением потащил ее в маленькую комнатку. Там опять несколько минут происходило шептанье, слышался заглушенный плач. Вельчанинов хотел было уже идти туда сам, но Павел Павлович вышел к нему и с искривленной улыбкой объявил, что сейчас она выйдет–с. Вельчанинов старался не глядеть на него и смотрел в сторону.

Явилась и Марья Сысоевна, та самая баба, которую встретил он, входя давеча в коридор, и стала укладывать в хорошенький маленький сак, принадлежавший Лизе, принесенное для нее белье.

– Вы, что ли, батюшка, девочку–то отвезете? – обратилась она к Вельчанинову, – семейство, что ли, у вас? Хорошо, батюшка, сделаете: ребенок смирный, от содома избавите.

– Уж вы, Марья Сысоевна, – пробормотал было Павел Павлович.

– Что Марья Сысоевна! Меня и все так величают. Аль у тебя не содом? Прилично ли робеночку с понятием на такой срам смотреть? Коляску–то привели вам, батюшка, – до Лесного, что ли?

– Да, да.

– Ну и в добрый час!

Лиза вышла бледненькая, с потупленными глазками, и взяла сак. Ни одного взгляда в сторону Вельчанинова; она сдержала себя и не бросилась, как давеча, обнимать отца, даже при прощанье; видимо, даже не хотела поглядеть на него. Отец прилично поцеловал ее в головку и погладил; у ней закривилась при этом губка и задрожал подбородок, но глаз она на отца все–таки не подняла. Павел Павлович был как будто бледен, и руки у него дрожали – это ясно заметил Вельчанинов, хотя всеми силами старался не смотреть на него. Одного ему хотелось:

поскорей уж уехать. "А там что ж, чем же я виноват? – думал он. – Так должно было быть". Сошли вниз, тут расцеловалась с Лизой Марья Сысоевна, и, только уже усевшись в коляску, Лиза подняла глаза на отца – и вдруг всплеснула руками и вскрикнула; еще миг, и она бы бросилась к нему из коляски, но лошади уже тронулись.

VI

НОВАЯ ФАНТАЗИЯ ПРАЗДНОГО ЧЕЛОВЕКА

– Уж не дурно ли вам? – испугался Вельчанинов. – Я велю остановить, я велю вынести воды...

Она вскинула на него глазами и горячо, укорительно поглядела.

– Куда вы меня везете? – проговорила она резко и отрывисто.

– Это прекрасный дом, Лиза. Они теперь на прекрасной даче; там много детей, они вас там будут любить, они добрые... Не сердитесь на меня, Лиза, я вам добра хочу...

Странен бы показался он в эту минуту кому-нибудь из знавших его, если бы кто из них мог его видеть.

– Как вы, – как вы, – как вы... у, какие вы злые! – сказала Лиза, задыхаясь от подавляемых слез и засверкав на него озлобленными прекрасными глазами.

– Лиза, я...

– Вы злые, злые, злые! – Она ломала свои руки.

Вельчанинов совсем потерялся.

– Лиза, милая, если б вы знали, в какое отчаяние вы меня вводите!

– Это правда, что он завтра приедет? Правда? – спросила она повелительно.

– Правда, правда! Я его сам привезу; я его возьму и привезу.

– Он обманет, – прошептала Лиза, опуская глаза в землю.

– Разве он вас не любит, Лиза?

– Не любит.

– Он вас обижал? Обижал?

Лиза мрачно посмотрела на него и промолчала. Она опять отвернулась от него и сидела, упорно потупившись. Он начал ее уговаривать, он говорил ей с жаром, он был сам в лихорадке. Лиза слушала недоверчиво, враждебно, но слушала. Внимание ее обрадовало его чрезвычайно: он даже стал объяснять ей, что такое пьющий человек. Он говорил, что сам ее любит и будет наблюдать за отцом. Лиза подняла наконец глаза и пристально на него поглядела. Он стал рассказывать, как он знал еще ее мамашу, и видел, что завлекает ее рассказами. Мало-помалу она начала понемногу отвечать на его вопросы, – но осторожно и односложно, с упорством. На главные вопросы она все-таки ничего не ответила: она упорно молчала обо всем, что касалось прежних ее отношений к отцу. Говоря с нею, Вельчанинов взял ее ручку в свою, как давеча, и не выпускал ее; она не отнимала. Девочка, впрочем, не все молчала; она все-таки проговорилась в неясных ответах, что отца она больше любила, чем мамашу, потому что он всегда прежде ее больше любил, а мамаша прежде ее меньше любила; но что когда мамаша умирала, то очень ее целовала и плакала, когда все вышли из комнаты и они остались вдвоем... и что она теперь ее больше всех любит, больше всех, всех на свете, и каждую ночь больше всех любит ее. Но девочка была действительно гордая: спохватившись о том, что она проговорилась, она вдруг опять замкнулась и примолкла; даже с ненавистью взглянула на Вельчанинова, заставившего ее проговориться. Под конец пути истерическое состояние ее почти прошло, но она стала ужасно задумчива и смотрела как дикарка, угрюмо, с мрачным, предрешенным упорством. Что же касается до того, что ее везут теперь в незнакомый дом, в котором она никогда не бывала, то это, кажется, мало ее покамест смущало. Мучило ее другое, это видел Вельчанинов; он угадывал, что ей стыдно его, что ей именно стыдно того, что отец так легко ее с ним отпустил, как будто бросил ее ему на руки.

"Она больна, – думал он, – может быть, очень; ее измучили... О пьяная, подлая тварь! Я теперь понимаю его!" Он торопил кучера; он надеялся на дачу, на воздух, на сад, на детей, на новую, незнакомую ей жизнь, а там, потом... Но в том, что будет после, он уже не сомневался нисколько; там были полные, ясные надежды. Об одном только он знал совершенно: что никогда еще он не испытывал того, что ощущает теперь, и что это останется при нем на всю его жизнь! "Вот цель, вот жизнь!" – думал он восторженно.

Много мелькало в нем теперь мыслей, но он не останавливался на них и упорно избегал подробностей: без подробностей все становилось ясно, все было нерушимо. Главный план его сложился сам собою: "Можно будет подействовать на этого мерзавца, – мечтал он, – соединенными силами, и он оставит в Петербурге у Погорельцевых Лизу, хотя сначала только на время, на срок, и уедет один; а Лиза останется мне; вот и все, чего же тут более? И... и, конечно, он сам этого желает; иначе зачем бы ему ее мучить". Наконец приехали. Дача Погорельцевых была действительно прелестное местечко; встретила их прежде всех шумная ватага детей, высыпавшая на крыльцо дачи. Вельчанинов уже слишком

49

давно тут не был, и радость детей была неистовая: его любили. Постарше тотчас же закричали ему, прежде чем он вышел из коляски:

— А что процесс, что ваш процесс? — Это подхватили и самые маленькие и со смехом визжали вслед за старшими. Его здесь дразнили процессом. Но, увидев Лизу, тотчас же окружили ее и стали ее рассматривать с молчаливым и пристальным детским любопытством. Вышла Клавдия Петровна, а за нею ее муж. И она и муж ее тоже начали, с первого слова и смеясь, вопросом о процессе.

Клавдия Петровна была дама лет тридцати семи, полная и еще красивая брюнетка, с свежим и румяным лицом. Муж ее был лет пятидесяти пяти, человек умный и хитрый, но добряк прежде всего. Их дом был в полном смысле "родной угол" для Вельчанинова, как сам он выражался. Но тут скрывалось еще особое обстоятельство: лет двадцать назад эта Клавдия Петровна чуть было не вышла замуж за Вельчанинова, тогда еще почти мальчика, еще студента. Любовь была первая, пылкая, смешная и прекрасная. Кончилось, однако же, тем, что она вышла за Погорельцева. Лет через пять опять встретились, и все кончилось ясной и тихою дружбой. Осталась навсегда какая-то теплота в их отношениях, какой-то особенный свет, озарявший эти отношения. Тут все было чисто и безупречно в воспоминаниях Вельчанинова и тем дороже для него, что, может быть, единственно только тут это и было. Здесь, в этой семье, он был прост, наивен, добр, нянчил детей, не ломался никогда, сознавался во всем и исповедовался во всем. Он клялся не раз Погорельцевым, что поживет еще немного в свете, а там переедет к ним совсем и станет жить с ними, уже не разлучаясь. Про себя он думал об этом намерении вовсе не шутя.

Он довольно подробно изложил им о Лизе все, что было надо; но достаточно было одной его просьбы, безо всяких особенных изложений. Клавдия Петровна расцеловала "сиротку" и обещала сделать все с своей стороны. Дети подхватили Лизу и увели играть в сад. Через полчаса живого разговора Вельчанинов встал и стал прощаться. Он был в таком нетерпении, что всем это стало заметно. Все удивились; не был три недели и теперь уезжает через полчаса. Он смеялся и клялся, что приедет завтра. Ему заметили, что он в слишком сильном волнении; он вдруг взял за руки Клавдию Петровну и под предлогом, что забыл сказать что-то очень важное, отвел ее в другую комнату.

— Помните вы, что я вам говорил, — вам одной, и чего даже муж ваш не знает, — о т-ском годе моей жизни?

— Слишком помню; вы часто об этом говорили.

— Я не говорил, а я исповедовался, и вам одной, вам одной! Я никогда не называл вам фамилии этой женщины; она — Трусоцкая, жена этого Трусоцкого. Это она умерла, а Лиза, ее дочь, — моя дочь!

50

– Это наверно? Вы не ошибаетесь? – спросила Клавдия Петровна с некоторым волнением.

– Совершенно, совершенно не ошибаюсь! – восторженно проговорил Вельчанинов.

И он рассказал сколько мог вкратце, спеша и волнуясь ужасно, – все. Клавдия Петровна и прежде знала это все, но фамилии этой дамы не знала. Вельчанинову до того становилось всегда страшно при одной мысли, что кто-нибудь из знающих его встретит когда-нибудь m-me Трусоцкую и подумает, что он мог так любить эту женщину, что даже Клавдии Петровне, единственному своему другу, он не посмел открыть до сих пор имени "этой женщины".

– И отец ничего не знает? – спросила та, выслушав рассказ.

– Н–нет, он знает... Это–то меня и мучит, что я еще не разглядел тут всего! – горячо продолжал Вельчанинов. – Он знает, знает; я это заметил сегодня и вчера. Но мне надо знать, сколько именно он тут знает? Я потому и спешу теперь. Сегодня вечером он придет. Недоумеваю, впрочем, откуда бы ему знать, – то есть все–то знать? Про Багаутова он знает все, в этом нет сомнения. Но про меня? Вы знаете, как в этом случае жены умеют заверить своих мужей! Сойди сам ангел с небеси – муж и тому не поверит, а поверит ей! Не качайте головой, не осуждайте меня, я сам себя осуждаю и осудил во всем давно, давно!.. Видите, давеча у него я до того был уверен, что он знает все, что компрометировал перед ним себя сам. Верите ли: мне так стыдно и тяжело, что я его вчера так грубо встретил. (Я вам потом все еще подробнее расскажу!) Он и зашел вчера ко мне из непобедимого злобного желания дать мне знать, что он знает свою обиду и что ему известен обидчик! Вот вся причина его глупого прихода в пьяном виде. Но это так естественно с его стороны! Он именно зашел укорить! Вообще я слишком горячо вел это давеча и вчера! Неосторожно, глупо! Сам себя ему выдал! Зачем он в такую расстроенную минуту подъехал? Говорю же вам, что он даже Лизу мучил, мучил ребенка, и, наверно, тоже, чтоб укорить, чтоб зло сорвать хоть на ребенке! Да, он озлоблен, – как он ни ничтожен, но он озлоблен; очень даже. Само собою, это не более как шут, хотя прежде, ей–богу, он имел вид порядочного человека, насколько мог, но ведь это так естественно, что он пошел беспутничать! Тут, друг мой, по–христиански надо взглянуть! И знаете, милая, добрая моя, – я хочу к нему совсем перемениться: я хочу обласкать его. Это будет даже "доброе дело" с моей стороны. Потому что ведь все–таки я же перед ним виноват! Послушайте, знаете, я вам еще скажу: мне раз в Т. вдруг четыре тысячи рублей понадобились, и он мне выдал их в одну минуту, безо всякого документа, с искреннею радостью, что мог угодить, и ведь я же взял тогда, я ведь из рук его взял, я деньги брал от него, слышите, брал как у друга!

– Только будьте осторожнее, – с беспокойством заметила на все это Клавдия Петровна, – и как вы восторженны, я, право, боюсь за вас! Конечно, Лиза теперь и моя дочь, но тут так много, так много еще неразрешенного! А главное, будьте теперь осмотрительнее; вам непременно надо быть осмотрительнее, когда вы в счастье или в таком восторге; вы слишком великодушны, когда вы в счастье, – прибавила она с улыбкою.

Все вышли провожать Вельчанинова; дети привели Лизу, с которой играли в саду. Они смотрели на нее теперь, казалось, еще с большим недоумением, чем давеча. Лиза задичилась совсем, когда Вельчанинов поцеловал ее при всех, прощаясь, и с жаром повторил обещание приехать завтра с отцом. До последней минуты она молчала и на него не смотрела, но тут вдруг схватила его за рукав и потянула куда–то в сторону, устремив на него умоляющий взгляд; ей хотелось что–то сказать ему. Он тотчас отвел ее в другую комнату.

– Что такое, Лиза? – нежно и ободрительно спросил он, но она, все еще боязливо оглядываясь, потащила его дальше в угол; ей хотелось совсем от всех спрятаться.

– Что такое, Лиза, что такое?

Она молчала и не решалась; неподвижно глядела в его глаза своими голубыми глазами, и во всех чертах ее личика выражался один только безумный страх.

– Он... повесится! – прошептала она как в бреду.

– Кто повесится? – спросил Вельчанинов в испуге.

– Он, он! Он ночью хотел на петле повеситься! – торопясь и задыхаясь говорила девочка. – Я сама видела! Он давеча хотел на петле повеситься, он мне говорил, говорил! Он и прежде хотел, всегда хотел... Я видела ночью...

– Не может быть! – прошептал Вельчанинов в недоумении. Она вдруг бросилась целовать ему руки; она плакала, едва переводя дыхание от рыданий, просила и умоляла его, но он ничего не мог понять из ее истерического лепета. И навсегда потом остался ему памятен, мерещился наяву и снился во сне этот измученный взгляд замученного ребенка, в безумном страхе и с последней надеждой смотревший на него.

“И неужели, неужели она так его любит? – ревниво и завистливо думал он, с лихорадочным нетерпением возвращаясь в город. – Она давеча сама сказала, что мать больше любит... может быть, она его ненавидит, а вовсе не любит!..” “И что такое “повесится”? Что такое она говорила? Ему, дураку, повеситься?.. Надо узнать; надо непременно узнать! Надо все как можно скорее решить, – решить окончательно!”

VII

МУЖ И ЛЮБОВНИК ЦЕЛУЮТСЯ

Он ужасно спешил "узнать". "Давеча меня ошеломило; давеча некогда было соображать, – думал он, вспоминая первую встречу свою с Лизой, – ну а теперь – надо узнать". Чтобы поскорее узнать, он в нетерпении велел было прямо везти себя к Трусоцкому, но тотчас одумался: "Нет, пусть лучше он сам ко мне придет, а я тем временем поскорее с этими проклятыми делами покончу".

За дела он принялся лихорадочно; но в этот раз сам почувствовал, что очень рассеян и что ему нельзя сегодня заниматься делами. В пять часов, когда уже он отправился обедать, вдруг, в первый раз, пришла ему в голову смешная мысль: что ведь и в самом деле он, может быть, только мешает дело делать, вмешиваясь сам в эту тяжбу, сам суетясь и толкаясь по присутственным местам и ловя своего адвоката, который стал от него прятаться. Он весело рассмеялся над своим предположением. "А ведь приди вчера мне в голову эта мысль, я бы ужасно огорчился", – прибавил он еще веселее. Несмотря на веселость, он становился все рассеяннее и нетерпеливее: стал, наконец, задумчив; и хоть за многое цеплялась его беспокойная мысль, в целом ничего не выходило из того, что ему было нужно.

"Мне его нужно, этого человека! – решил он наконец. – Его надо разгадать, а уж потом и решать. Тут – дуэль!"

Воротясь домой в семь часов, он Павла Павловича у себя не застал и пришел от того в крайнее удивление, потом в гнев, потом даже в уныние; наконец, стал и бояться. "Бог знает, бог знает, чем это кончится!" – повторял он, то расхаживая по комнате, то протягиваясь на диване и все смотря на часы. Наконец, уже около девяти часов, появился и Павел Павлович. "Если бы этот человек хитрил, то никогда бы лучше не подсидел меня, как теперь, – до того я в эту минуту расстроен", – подумал он, вдруг совершенно ободрившись и ужасно повеселев.

На бойкий и веселый вопрос: зачем долго не приходил, – Павел Павлович криво улыбнулся, развязно, не по-вчерашнему, уселся и как-то небрежно отбросил на другой стул свою шляпу с крепом. Вельчанинов тотчас заметил эту развязность и принял к сведенью.

Спокойно и без лишних слов, без давешнего волнения, рассказал он, в виде отчета, как он отвез Лизу, как ее мило там приняли, как это ей будет полезно, и мало-помалу, как бы совсем и забыв о Лизе, незаметно свел речь исключительно только на Погорельцевых, – то есть какие это милые люди, как он с ними давно знаком, какой хороший и даже влиятельный человек Погорельцев и тому подобное. Павел Павлович слушал рассеянно и изредка исподлобья с брезгливой и плутоватой усмешкой поглядывал на рассказчика.

— Пылкий вы человек, — пробормотал он, как-то особенно скверно улыбаясь.

— Однако вы сегодня какой-то злой, — с досадой заметил Вельчанинов.

— А отчего же бы мне злым не быть-с, подобно всем другим? вскинулся вдруг Павел Павлович, точно выскочил из-за угла; даже точно только того и ждал, чтобы выскочить.

— Полная ваша воля, — усмехнулся Вельчанинов, — я подумал, не случилось ли с вами чего?

— И случилось-с! — воскликнул тот, точно хвастаясь, что случилось.

— Что ж это такое?

Павел Павлович несколько подождал отвечать:

— Да вот-с все наш Степан Михайлович чудасит... Багаутов, изящнейший петербургский молодой человек, высшего общества-с.

— Не приняли вас опять, что ли?

— Н-нет, именно в этот-то раз и приняли, в первый раз допустили-с, и черты созерцал... только уж у покойника!

— Что-о-о! Багаутов умер? — ужасно удивился Вельчанинов, хотя, казалось, и нечему было ему-то так удивиться.

— Он-с! Неизменный и шестилетний друг! Еще вчера чуть не в полдень помер, а я и не знал! Я, может, в самую-то эту минуту и заходил тогда о здоровье наведаться. Завтра вынос и погребение, уж в гробике лежит-с. Гроб обит бархатом цвету масака, позумент золотой... от нервной горячки помер-с. Допустили, допустили, созерцал черты! Объявил при входе, что истинным другом считался, потому и допустили. Что ж он со мной изволил теперь сотворить, истинный-то и шестилетний друг, я вас спрашиваю? Я, может, единственно для него одного и в Петербург ехал!

— Да за что же вы на него-то сердитесь, — засмеялся Вельчанинов, — ведь он же не нарочно умер!

— Да ведь я и сожалея говорю; друг-то драгоценный; ведь он вот что для меня значил-с.

И Павел Павлович вдруг, совсем неожиданно, сделал двумя пальцами рога над своим лысым лбом и тихо, продолжительно захихикал. Он просидел так, с рогами и хихикая, целые полминуты, с каким-то упоением самой ехидной наглости смотря в глаза Вельчанинову. Тот остолбенел как бы при виде какого-то призрака. Но столбняк его продолжался лишь одно только самое маленькое мгновение; насмешливая и до наглости спокойная улыбка неторопливо появилась на его губах.

— Это что ж такое означало? — спросил он небрежно, растягивая слова.

– Это означало рога-с, – отрезал Павел Павлович, отнимая наконец свои пальцы от лба.

– То есть... ваши рога?

– Мои собственные, благоприобретенные! – ужасно скверно скривился опять Павел Павлович.

Оба помолчали.

– Храбрый вы, однако же, человек! – проговорил Вельчанинов.

– Это оттого, что я рога-то вам показал? Знаете ли что, Алексей Иванович, вы бы меня лучше чем-нибудь угостили! Ведь угощал же я вас в Т., целый год-с, каждый божий день-с... Пошлите-ка за бутылочкой, в горле пересохло.

– С удовольствием; вы бы давно сказали. Вам чего?

– Да что: вам, говорите: нам; вместе ведь выпьем, неужто нет? – с вызовом, но в то же время и с странным каким-то беспокойством засматривал ему в глаза Павел Павлович.

– Шампанского?

– А то чего же? До водки еще черед не дошел-с...

Вельчанинов неторопливо встал, позвонил вниз Мавру и распорядился.

– На радость веселой встречи-с, после девятилетней разлуки, – ненужно и неудачно подхихикивал Павел Павлович, – теперь вы, и один уж только вы, у меня и остались истинным другом-с! Нет Степана Михайловича Багаутова! Это как у поэта:

Нет великого Патрокла, Жив презрительный Ферсит!

И при слове "Ферсит" он пальцем ткнул себе в грудь. "Да ты, свинья, объяснился бы скорее, а намеков я не люблю", – думал про себя Вельчанинов. Злоба кипела в нем, и он давно уже едва себя сдерживал.

– Вы мне вот что скажите, – начал он досадливо, – если вы так прямо обвиняете Степана Михайловича (он уже теперь не назвал его просто Багаутовым), то ведь вам же, кажется, радость, что обидчик ваш умер; чего ж вы злитесь?

– Какая же радость-с? Почему же радость?

– Я по вашим чувствам сужу.

– Хе-хе, на этот счет вы в моих чувствах ошибаетесь-с, по изречению одного мудреца: "Хорош враг мертвый, но еще лучше живой", хи-хи!

– Да вы живого-то лет пять, я думаю, каждый день видели, было время наглядеться, – злобно и нагло заметил Вельчанинов.

– А разве тогда... разве я тогда знал-с? – вскинулся вдруг Павел Павлович, опять точно из-за угла выскочил, даже как бы с какою-то радостью, что ему наконец сделали вопрос, которого он так давно ожидал. – За кого же вы меня, Алексей Иванович, стало быть, почитаете?

И во взгляде его блеснуло вдруг какое-то совершенно новое и

55

неожиданное выражение, как бы преобразившее совсем в другой вид злобное и доселе только подло кривлявшееся его лицо.

– Так неужели же вы ничего не знали! – проговорил озадаченный Вельчанинов с самым внезапным удивлением.

– Так неужто же знал–с? Неужто знал! О, порода – Юпитеров наших! У вас человек все равно, что собака, и вы всех по своей собственной натуришке судите! Вот вам–с! Проглотите–ка! и он с бешенством стукнул по столу кулаком, но тотчас же сам испугался своего стука и уже поглядел боязливо.

Вельчанинов приосанился.

– Послушайте, Павел Павлович, мне решительно ведь все равно, согласитесь сами, знали вы там или не знали? Если вы не знали, то это делает вам во всяком случае честь, хотя... впрочем, я даже не понимаю, почему вы меня выбрали своим конфидентом?..

– Я не об вас... не сердитесь, не об вас... – бормотал Павел Павлович, смотря в землю.

Мавра вошла с шампанским.

– Вот и оно! – закричал Павел Павлович, видимо обрадовавшись исходу. Стаканчиков, матушка, стаканчиков; чудесно! Больше ничего от вас, милая, не потребуется. И уж откупорено? Честь вам и слава, милое существо! Ну, отправляйтесь!

И, вновь ободрившись, он опять с дерзостью посмотрел на Вельчанинова.

– А признайтесь, – хихикнул он вдруг, – что вам ужасно все это любопытно–с, а вовсе не "решительно все равно", как вы изволили выговорить, так что вы даже и огорчились бы, если бы я сию минуту встал и ушел–с, ничего вам не объяснивши.

– Право, не огорчился бы.

"Ой, лжешь!" – говорила улыбка Павла Павловича.

– Ну–с, приступим! – и он розлил вино в стаканы.

– Выпьем тост, – провозгласил он, поднимая стакан, – за здоровье в бозе почившего друга Степана Михайловича!

Он поднял стакан и выпил.

– Я такого тоста не стану пить, – поставил свой стакан Вельчанинов.

– Почему же? Тостик приятный.

– Вот что: вы, войдя теперь, пьяны не были?

– Ничего особенного, но мне показалось, что вчера и особенно сегодня утром вы искренно сожалели о покойной Наталье Васильевне.

– А кто вам сказал, что я не искренно сожалею о ней и теперь? – тотчас же выскочил опять Павел Павлович, точно опять дернули его за пружинку.

— Я и не к тому; но согласитесь сами, вы могли ошибиться насчет Степана Михайловича, а это — дело важное.

Павел Павлович хитро улыбнулся и подмигнул.

— А уж как бы вам хотелось узнать про то, как сам-то я узнал про Степана Михайловича!

Вельчанинов покраснел:

— Повторяю вам опять, что мне все равно. "А не вышвырнуть ли его сейчас вон, вместе с бутылкой?" — яростно подумал он и покраснел еще больше.

— Ничего-с! — как бы ободряя его, проговорил Павел Павлович и налил себе еще стакан.

— Я вам сейчас объясню, как я "все" узнал-с, и тем удовлетворю ваши пламенные желания... потому что пламенный вы человек, Алексей Иванович, страшно пламенный человек-с! хе-хе! дайте только мне папиросочку, потому что я с марта месяца...

— Вот вам папироска.

— Развратился я с марта месяца, Алексей Иванович, и вот как все это произошло-с, прослушайте-ка-с. Чахотка, как вы сами знаете, милейший друг, — фамильярничал он все больше и больше, — есть болезнь любопытная-с. Сплошь да рядом чахоточный человек умирает, почти и не подозревая, что он завтра умрет-с. Говорю вам, что за пять еще часов Наталья Васильевна располагалась недели через две к своей тетеньке верст за сорок отправиться. Кроме того, вероятно, известна вам привычка, или, лучше сказать, повадка, общая многим дамам, а может, и кавалерам-с: сохранять у себя старый хлам по части переписки любовной-с. Всего вернее бы в печь, не так ли-с? Нет, всякий-то лоскуточек бумажки у них в ящичках и в несессерах бережно сохраняется; даже поднумеровано по годам, по числам и по разрядам. Утешает это, что ли, уж очень — не знаю-с; а должно быть, для приятных воспоминаний. Располагаясь за пять часов до кончины ехать на праздник к тетеньке, Наталья Васильевна, естественно, и мысли о смерти не имела, даже до самого последнего часу-с, и все Коха ждала. Так и случилось-с, что померла Наталья Васильевна, а ящичек черного дерева, с перламутровой инкрустацией и с серебром-с, остался у ней в бюро. И красивенький такой ящичек, с ключом-с, фамильный, от бабушки ей достался. Ну-с — в этом вот ящичке все и открылось-с, то есть все-с, безо всякого исключения, по дням и по годам, за все двадцатилетие. А так как Степан Михайлович решительную склонность к литературе имел, даже страстную повесть одну в журнал отослал, то его произведений в шкатулочке чуть не до сотни нумеров оказалось, — правда, что за пять лет-с. Иные нумера так с собственноручными пометками Натальи Васильевны. Приятно супругу, как вы думаете-с?

Вельчанинов быстро сообразил и припомнил, что он никогда ни одного письма, ни одной записки не написал к Наталье Васильевне. А из Петербурга хотя и написал два письма, но на имя обоих супругов, как и было условлено. На последнее же письмо Натальи Васильевны, в котором ему предписывалась отставка, он и не отвечал.

Кончив рассказ, Павел Павлович молчал целую минуту, назойливо улыбаясь и напрашиваясь.

– Что же вы ничего мне не ответили на вопросик–то–с? – проговорил он наконец с явным мучением.

– На какой это вопросик?

– Да вот о приятных–то чувствах супруга–с, открывающего шкатулочку.

– Э, какое мне дело! – желчно махнул рукой Вельчанинов, встал и начал ходить по комнате.

– И бьюсь об заклад, вы теперь думаете: "Свинья же ты, что сам на рога свои указал", хе–хе! Брезгливейший человек... вы–с.

– Ничего я про это не думаю. Напротив, вы слишком раздражены смертью вашего оскорбителя и к тому же вина много выпили. Ничего я не вижу во всем этом необыкновенного; слишком понимаю, для чего вам нужен был живой Багаутов, и готов уважать вашу досаду; но...

– А для чего нужен был мне Багаутов, по вашему мнению–с?

– Это ваше дело.

– Бьюсь об заклад, что вы дуэль подразумевали–с?

– Черт возьми! – все более и более не сдерживался Вельчанинов. – Я думал, что как всякий порядочный человек... в подобных случаях – не унижается до комической болтовни, до глупых кривляний, до смешных жалоб и гадких намеков, которыми сам себя еще больше марает, а действует явно, прямо, открыто, как порядочный человек!

– Хе–хе, да, может, я и не порядочный человек–с?

– Это опять–таки ваше дело... а, впрочем, на какой же черт после этого надо было вам живого Багаутова?

– Да хоть бы только поглядеть на дружка–с. Вот бы взяли с ним бутылочку да и выпили вместе.

– Он бы с вами и пить не стал.

– Почему? Noblesse oblige?[4] Ведь вот пьете же вы со мной–с; чем он вас лучше?

– Я с вами не пил.

– Почему же такая вдруг гордость–с?

Вельчанинов вдруг нервно и раздражительно расхохотался:

---

[4] Здесь: Честь не позволяет? (франц.).

– Фу, черт! да вы решительно "хищный тип" какой–то! Я думал, что вы только "вечный муж", и больше ничего!

– Это как же так "вечный муж", что такое? – насторожил вдруг уши Павел Павлович.

– Так, один тип мужей... долго рассказывать. Убирайтесь–ка лучше, да и пора вам; надоели вы мне!

– А хищно–то что ж? Вы сказали хищно?

– Я сказал, что вы "хищный тип", – в насмешку вам сказал.

– Какой такой "хищный тип–с"? Расскажите, пожалуйста, Алексей Иванович, ради бога–с, или ради Христа–с.

– Ну да довольно же, довольно! – ужасно вдруг опять рассердился и закричал Вельчанинов – пора вам, убирайтесь!

– Нет, не довольно–с! – вскочил и Павел Павлович, – даже хоть и надоел я вам, так и тут не довольно, потому что мы еще прежде должны с вами выпить и чокнуться! Выпьем, тогда я уйду–с, а теперь не довольно!

– Павел Павлович, можете вы сегодня убраться к черту или нет?

– Я могу убраться к черту–с, но сперва мы выпьем! Вы сказали, что не хотите пить именно со мной; ну, а я хочу, чтобы вы именно со мной–то и выпили!

Он уже не кривлялся более, он уже не подхихикивал. Все в нем опять вдруг как бы преобразилось и до того стало противоположно всей фигуре и всему тону еще сейчашнего Павла Павловича, что Вельчанинов был решительно озадачен.

– Эй, выпьем, Алексей Иванович, эй, не отказывайте! – продолжал Павел Павлович, схватив крепко его за руку и странно смотря ему в лицо. Очевидно, дело шло не об одной только выпивке.

– Да, пожалуй, – пробормотал тот, – где же... тут бурда...

– Ровно на два стакана осталось, бурда чистая–с, но мы выпьем и чокнемся–с! Вот–с, извольте принять ваш стакан.

Они чокнулись и выпили.

– Ну, а коли так, коли так... ах. – Павел Павлович вдруг схватился за лоб рукой и несколько мгновений оставался в таком положении. Вельчанинову померещилось, что он вот–вот да и выговорит сейчас самое последнее слово. Но Павел Павлович ничего ему не выговорил; он только посмотрел на него и тихо, во весь рот, улыбнулся опять давешней хитрой и подмигивающей улыбкой.

– Чего вы от меня хотите, пьяный вы человек! Дурачите вы меня! – неистово закричал Вельчанинов, затопав ногами.

– Не кричите, не кричите, зачем кричать? – торопливо замахал рукой Павел Павлович. – Не дурачу, не дурачу! Вы знаете ли, что вы теперь – вот чем для меня стали.

И вдруг он схватил его руку и поцеловал. Вельчанинов не успел опомниться.

– Вот вы мне теперь кто-с! А теперь – я ко всем чертям!

– Подождите, постойте! – закричал опомнившийся Вельчанинов. – Я забыл вам сказать...

Павел Павлович повернулся от дверей.

– Видите, – забормотал Вельчанинов чрезвычайно скоро, краснея и смотря совсем в сторону, – вам бы следовало завтра непременно быть у Погорельцевых... познакомиться и поблагодарить, – непременно...

– Непременно, непременно, уж как и не понять–с! – с чрезвычайною готовностью подхватил Павел Павлович, быстро махая рукой в знак того, что и напоминать бы не надо.

– И к тому же вас и Лиза очень ждет. Я обещал...

– Лиза, – вернулся вдруг опять Павел Павлович, – Лиза? Знаете ли вы, что такое была для меня Лиза-с, была и есть-с? Была и есть! – закричал он вдруг почти в исступлении, – но... Хе! Это после–с; все будет после–с... а теперь – мне мало уж того, что мы с вами выпили, Алексей Иванович, мне другое удовлетворение необходимо–с!..

Он положил на стул шляпу и, как давеча, задыхаясь немного, смотрел на него.

– Поцелуйте меня, Алексей Иванович, – предложил он вдруг.

– Вы пьяны? – закричал тот и отшатнулся.

– Пьян–с, а вы все–таки поцелуйте меня, Алексей Иванович, эй, поцелуйте! Ведь поцеловал же я вам сейчас ручку!

Алексей Иванович несколько мгновений молчал, как будто от удару дубиной по лбу. Но вдруг он наклонился к бывшему ему по плечо Павлу Павловичу и поцеловал его в губы, от которых очень пахло вином. Он не совсем, впрочем, был уверен, что поцеловал его.

– Ну уж теперь, теперь... – опять в пьяном исступлении крикнул Павел Павлович, засверкав своими пьяными глазами, – теперь вот что–с: я тогда подумал – "неужто и этот? уж если этот, думаю, если уж и он тоже, так кому же после этого верить!"

Павел Павлович вдруг залился слезами.

– Так понимаете ли, какой вы теперь друг для меня остались?!

И он выбежал с своей шляпой из комнаты. Вельчанинов опять простоял несколько минут на одном месте, как и после первого посещения Павла Павловича.

"Э, пьяный шут, и больше ничего!" – махнул он рукой.

"Решительно больше ничего!" – энергически подтвердил он, когда уже разделся и лег в постель.

VIII

ЛИЗА БОЛЬНА

На другой день поутру, в ожидании Павла Павловича, обещавшего не запоздать, чтобы ехать к Погорельцевым, Вельчанинов ходил по комнате, прихлебывал свой кофе, курил и каждую минуту сознавался себе, что он похож на человека, проснувшегося утром и каждый миг вспоминающего о том, как он получил накануне пощечину. "Гм... он слишком понимает, в чем дело, и отмстит мне Лизой!" – думал он в страхе.

Милый образ бедного ребенка грустно мелькнул перед ним. Сердце его забилось сильнее от мысли, что он сегодня же, скоро, через два часа, опять увидит свою Лизу. "Э, что тут говорить! – решил он с жаром, – теперь в этом вся жизнь и вся моя цель! Что там все эти пощечины и воспоминания!.. И для чего я только жил до сих пор? Беспорядок и грусть... а теперь – все другое, все по-другому!"

Но, несмотря на свой восторг, он задумывался все более и более.

"Он замучает меня Лизой, – это ясно! И Лизу замучает. Вот на этом-то он меня и доедет, за все. Гм... без сомнения, я не могу же позволить вчерашних выходок с его стороны, – покраснел он вдруг, – и... и вот, однако же, он не идет, а уж двенадцатый час!"

Он ждал долго, до половины первого, и тоска его возрастала все более и более. Павел Павлович не являлся. Наконец давно уж шевелившаяся мысль о том, что тот не придет нарочно, единственно для того, чтобы выкинуть еще выходку по-вчерашнему, раздражила его вконец: "Он знает, что я от него завишу, и что будет теперь с Лизой! И как я явлюсь к ней без него!"

Наконец он не выдержал и ровно в час пополудни поскакал сам к Покрову. В номерах ему объявили, что Павел Павлович дома и не ночевал, а пришел лишь поутру в девятом часу, побыл всего четверть часика да и опять отправился. Вельчанинов стоял у двери Павла Павловичева номера, слушал говорившую ему служанку и машинально вертел ручку запертой двери и потягивал ее взад и вперед. Опомнившись, он плюнул, оставил замок и попросил сводить его к Марье Сысоевне. Но та, услыхав о нем, и сама охотно вышла.

Это была добрая баба, "баба с благородными чувствами", как выразился о ней Вельчанинов, когда передавал потом свой разговор с нею Клавдии Петровне. Расспросив коротко о том, как он отвез вчера "дево'чку", Марья Сысоевна тотчас же пустилась в рассказы о Павле Павловиче. По ее словам, "не будь только робеночка, давно бы она его выжила. Его и из гостиницы сюда выжили, потому что очень уж безобразничал. Ну, не грех ли, с собой девку ночью привел, когда тут же робеночек с понятием! Кричит: "Это вот тебе будет мать, коли я того захочу!" Так верите ли, чего уж девка, а и та ему плюнула в харю. Кричит: "Ты, говорит, мне не дочь, в... док".

– Что вы? – испугался Вельчанинов.

– Сама слышала. Оно хоть и пьяный человек, ровно как в бесчувствии, да все же при робенке не годится; хоть и малолеток, а все умом про себя дойдет! Плачет дев`очка, совсем, вижу, замучилась. А намедни тут на дворе у нас грех вышел: комиссар, что ли, люди сказывали, номер в гостинице с вечера занял, а к утру и повесился. Сказывали, деньги прогулял. Народ сбежался, Павла-то Павловича самого дома нет, а робенок без призору ходит, гляжу, и она там в коридоре меж народом, да из-за других и выглядывает, чудно так на висельника-то глядит. Я ее поскорей сюда отвела. Что ж ты думаешь, – вся дрожью дрожит, почернела вся, и только что привела – она и грохнулась. Билась-билась, насилу очнулась. Родимчик, что ли, а с того часу и хворать начала. Узнал он, пришел – исщипал ее всю – потому он не то чтобы драться, а все больше щипится, а потом нахлестался винища-то, пришел да и пужает ее: "Я, говорит, тоже повешусь, от тебя повешусь; вот на этом самом, говорит, шнурке, на сторе повешусь"; и петлю при ней делает. А та-то себя не помнит – кричит, ручонками его обхватила: "Не буду, кричит, никогда не буду". Жалость!

Вельчанинов хотя и ожидал кой-чего очень странного, но эти рассказы его так поразили, что он даже и не поверил. Марья Сысоевна много еще рассказывала; был, например, один случай, что если бы не Марья Сысоевна, то Лиза из окна бы, может, выбросилась. Он вышел из номера сам точно пьяный. "Я убью его палкой, как собаку, по голове!" – мерещилось ему. И он долго повторял это про себя.

Он нанял коляску и отправился к Погорельцевым. Еще не выезжая из города, коляска принуждена была остановиться на перекрестке, у мостика через канаву, через который пробиралась большая похоронная процессия. И с той и с другой стороны моста стеснилось несколько поджидавших экипажей; останавливался и народ. Похороны были богатые, и поезд провожавших карет был очень длинен, и вот в окошке одной из этих провожавших карет мелькнуло вдруг перед Вельчаниновым лицо Павла Павловича. Он не поверил бы, если бы Павел Павлович не выставился сам из окна и не закивал ему улыбаясь. По-видимому, он ужасно был рад, что узнал Вельчанинова; даже начал делать из кареты ручкой. Вельчанинов выскочил из коляски и, несмотря на тесноту, на городовых и на то что карета Павла Павловича въезжала уже на мост, подбежал к самому окошку. Павел Павлович сидел один.

– Что с вами, – закричал Вельчанинов, – зачем вы не пришли? как вы здесь?

– Долг отдаю-с, – не кричите, не кричите, – долг отдаю, – захихикал Павел Павлович, весело прищуриваясь, – бренные останки истинного друга провожаю, Степана Михайловича.

– Нелепость это все, пьяный вы, безумный человек! – еще сильнее прокричал озадаченный было на миг Вельчанинов. – Выходите сейчас и садитесь со мной; сейчас!

– Не могу-с, долг-с...

– Я вас вытащу! – вопил Вельчанинов.

– А я закричу-с! А я закричу-с! – все так же весело подхихикивал Павел Павлович – точно с ним играют, – прячась, впрочем, в задний угол кареты.

– Берегись, берегись, задавят! – закричал городовой. Действительно, при спуске с моста чья-то посторонняя карета, прорвавшая поезд, наделала тревоги. Вельчанинов принужден был отскочить; другие экипажи и народ тотчас же оттеснили его далее. Он плюнул и пробрался к своей коляске.

"Все равно, такого и без того нельзя с собой везти!" – подумал он с продолжавшимся тревожным изумлением.

Когда он передал Клавдии Петровне рассказ Марьи Сысоевны и странную встречу на похоронах, та сильно задумалась: "Я за вас боюсь, – сказала она ему, – вы должны прервать с ним всякие отношения, и чем скорее, тем лучше".

– Шут он пьяный, и больше ничего! – запальчиво вскричал Вельчанинов, – стану я его бояться! И как я прерву отношения, когда тут Лиза. Вспомните про Лизу!

Между тем Лиза лежала больная; вчера вечером с нею началась лихорадка, и из города ждали одного известного доктора, за которым чем свет послали нарочного. Все это окончательно расстроило Вельчанинова. Клавдия Петровна повела его к больной.

– Я вчера к ней очень присматривалась, – заметила она, остановившись перед комнатой Лизы, – это гордый и угрюмый ребенок; ей стыдно, что она у нас и что отец ее так бросил; вот в чем вся болезнь, по-моему.

– Как бросил? Почему вы думаете, что бросил?

– Уж одно то, как он отпустил ее сюда, совсем в незнакомый дом, и с человеком... тоже почти незнакомым или в таких отношениях...

– Да я ее сам взял, силой взял; я не нахожу...

– Ах, боже мой, это уж Лиза, ребенок, находит! По-моему, он просто никогда не приедет.

Увидев Вельчанинова одного, Лиза не изумилась; она только скорбно улыбнулась и отвернула свою горевшую в жару головку к стене. Она ничего не отвечала на робкие утешения и на горячие обещания Вельчанинова завтра же наверно привезти ей отца. Выйдя от нее, он вдруг заплакал.

Доктор приехал только к вечеру. Осмотрев больную, он с первого слова всех напугал, заметив, что напрасно его не призвали раньше. Когда ему объявили, что больная заболела всего только вчера вечером, он сначала не поверил. "Все зависит от того, как пройдет эта ночь", – решил он наконец и, сделав свои распоряжения, уехал, обещав прибыть завтра как можно раньше. Вельчанинов хотел было непременно остаться ночевать; но Клавдия Петровна сама упросила его еще раз "попробовать привезти сюда этого изверга".

– Еще раз? – в исступлении переговорил Вельчанинов. – Да я его теперь свяжу и в своих руках привезу!

Мысль связать и привезти Павла Павловича в руках овладела им вдруг до крайнего нетерпения. "Ничем, ничем не чувствую я теперь себя пред ним виноватым! – говорил он Клавдии Петровне, прощаясь с нею. – Отрекаюсь от всех моих вчерашних низких, плаксивых слов, которые здесь говорил!" – прибавил он в негодовании.

Лиза лежала с закрытыми глазами и, по-видимому, спала; казалось, ей стало лучше. Когда Вельчанинов нагнулся осторожно к ее головке, чтобы, прощаясь, поцеловать хоть краешек ее платья, – она вдруг открыла глаза, точно поджидала его, и прошептала: "Увезите меня".

Это была тихая, скорбная просьба, безо всякого оттенка вчерашней раздражительности, но вместе с тем послышалось и что-то такое, как будто она и сама была вполне уверена, что просьбу ее ни за что не исполнят. Чуть только Вельчанинов, совсем в отчаянии, стал уверять ее, что это невозможно, она молча закрыла глаза и ни слова более не проговорила, как будто и не слушала и не видела его.

Въехав в город, он прямо велел везти себя к Покрову. Было уже десять часов; Павла Павловича в номерах не было. Вельчанинов прождал его целые полчаса, расхаживая по коридору в болезненном нетерпении. Марья Сысоевна уверила его, наконец, что Павел Павлович вернется разве только к утру чем свет. "Ну так и я приеду чем свет", – решил Вельчанинов и вне себя отправился домой.

Но каково же было его изумление, когда он, еще не входя к себе, услышал от Мавры, что вчерашний гость уже с десятого часу его ожидает.

"И чай изволили у нас кушать, и за вином опять посылали, за тем самым, синюю бумажку выдали".

IX

ПРИВИДЕНИЕ

Павел Павлович расположился чрезвычайно комфортно. Он сидел на вчерашнем стуле, курил папироски и только что налил себе четвертый, последний стакан из бутылки. Чайник и стакан с недопитым чаем стояли тут же подле него на столе. Раскрасневшееся лицо его сияло благодушием. Он даже снял с себя фрак, по-летнему, и сидел в жилете.

– Извините, вернейший друг! – вскричал он, завидев Вельчанинова и схватываясь с места, чтоб надеть фрак, – снял для пущего наслаждения минутой...

Вельчанинов грозно к нему приблизился.

– Вы не совершенно еще пьяны? Можно еще с вами поговорить?

Павел Павлович несколько оторопел.

– Нет, не совершенно... Помянул усопшего, но – не совершенно-с...

– Поймете вы меня?

– С тем и явился, чтобы вас понимать-с.

– Ну так я же вам прямо начинаю с того, что вы – негодяй! – закричал Вельчанинов сорвавшимся голосом.

– Если с этого начинаете-с, то чем кончите-с? – чуть-чуть протестовал было Павел Павлович, видимо сильно струсивший, но Вельчанинов кричал не слушая:

– Ваша дочь умирает, она больна; бросили вы ее или нет?

– Неужто уж умирает-с?

– Она больна, больна, чрезвычайно опасно больна!

– Может, припадочки-с...

– Не говорите вздору! Она чрез-вы-чайно опасно больна! Вам следовало ехать уж из того одного...

– Чтоб возблагодарить-с, за гостеприимство возблагодарить! Слишком понимаю-с! Алексей Иванович, дорогой, совершенный, – ухватил он его вдруг за руку обеими своими руками и с пьяным чувством, чуть не со слезами, как бы испрашивая прощения, выкрикивал: – Алексей Иванович, не кричите, не кричите! Умри я, провались я сейчас пьяный в Неву – что ж из того-с, при настоящем значении дел-с? А к господину Погорельцеву и всегда поспеем-с...

Вельчанинов спохватился и капельку сдержал себя.

– Вы пьяны, а потому я не понимаю, в каком смысле вы говорите, – заметил он строго, – и объясниться всегда с вами готов; даже рад поскорей... Я и ехал... Но прежде всего знайте, что я принимаю меры: вы сегодня должны у меня ночевать! Завтра утром я вас беру, и мы едем. Я вас не выпущу! – завопил он опять, – я вас скручу и в руках привезу!.. Удобен вам этот диван? – указал он ему, задыхаясь, на широкий и мягкий диван, стоявший напротив того дивана, на котором спал он сам, у другой стены.

– Помилуйте, да я и везде–с...

– Не везде, а на этом диване! Берите, вот вам простыня, одеяло, подушка (все это Вельчанинов вытащил из шкафа и, торопясь, выбрасывал Павлу Павловичу, покорно подставившему руку) – стелите сейчас, сте-ли-те же!

Навьюченный Павел Павлович стоял среди комнаты как бы в нерешимости, с длинной, пьяной улыбкой на пьяном лице; но при вторичном грозном окрике Вельчанинова вдруг, со всех ног бросился хлопотать, отставил стол и пыхтя стал расправлять и настилать простыню. Вельчанинов подошел ему помочь; он был отчасти доволен покорностию и испугом своего гостя.

– Допивайте ваш стакан и ложитесь, – скомандовал он опять; он чувствовал, что не мог не командовать, – это вы сами за вином распорядились послать?

– Сам–с, за вином... Я, Алексей Иванович, знал, что вы уже более не пошлете–с.

– Это хорошо, что вы знали, но нужно, чтоб вы еще больше узнали. Объявляю вам еще раз, что я теперь принял меры: кривляний ваших больше не потерплю, пьяных вчерашних поцелуев не потерплю!

– Я ведь и сам, Алексей Иванович, понимаю, что это всего один только раз было возможно–с, – ухмыльнулся Павел Павлович.

Услышав ответ, Вельчанинов, шагавший по комнате, почти торжественно остановился вдруг перед Павлом Павловичем:

– Павел Павлович, говорите прямо! Вы умны, я опять сознаюсь в этом, но уверяю вас, что вы на ложной дороге! Говорите прямо, действуйте прямо, и, честное слово даю вам, – я отвечу на все, что угодно!

Павел Павлович ухмыльнулся снова своей длинной улыбкой, которая одна уже так бесила Вельчанинова.

– Стойте! – закричал тот опять. – Не прикидывайтесь, я насквозь вас вижу! Повторяю: даю вам честное слово, что я готов вам ответить на все, и вы получите всякое возможное удовлетворение, то есть всякое, даже и невозможное! О, как бы я желал, чтоб вы меня поняли!..

– Если уж вы так добры–с, – осторожно придвинулся к нему Павел Павлович, – то вот–с очень меня заинтересовало то, что вы вчера упомянули про хищный тип–с!..

Вельчанинов плюнул и пустился опять, еще скорее, шагать по комнате.

– Нет–с, Алексей Иванович, вы не плюйтесь, потому что я очень заинтересован и именно пришел проверить–с... У меня язык плохо вяжется, но вы простите–с. Я ведь об "хищном" этом типе и об "смирном–с" сам в журнале читал, в отделении критики–с, – припомнил сегодня поутру... только забыл–с, а по правде, тогда и не понял–с. Я вот именно желал разъяснить: Степан Михайлович Багаутов, покойник–с, – что он, "хищный" был или "смирный–с"? Как причислить–с?

Вельчанинов все еще молчал, не переставая шагать.

– Хищный тип это тот, – остановился он вдруг в ярости, – это тот человек, который скорей бы отравил в стакане Багаутова, когда стал бы с ним "шампанское пить" во имя приятной с ним встречи, как вы со мной вчера пили, – а не поехал бы его гроб на кладбище провожать, как вы давеча поехали, черт знает из каких ваших сокрытых, подпольных, гадких стремлений и марающих вас самих кривляний! Вас самих!

– Это точно, что не поехал бы–с, – подтвердил Павел Павлович, – только как уж вы, однако, на меня–то–с...

– Это не тот человек, – горячился и кричал Вельчанинов не слушая, – не тот, который напредставит сам себе бог знает чего, итоги справедливости и юстиции подведет, обиду свою как урок заучит, ноет, кривляется, ломается, на шее у людей виснет – и глядь – на то все и время свое употребил! Правда, что вы хотели повеситься? Правда?

– В хмелю, может, сбредил что, – не помню–с. Нам, Алексей Иванович, как–то и неприлично уж яд–то подсыпать. Кроме того, что чиновник на хорошем счету, – у меня и капитал ведь найдется–с, а может, к тому жениться опять захочу–с.

– Да и в каторгу сошлют.

– Ну да–с, и эта вот неприятность тоже–с, хотя нынче, в судах, много облегчающих обстоятельств подводят. А я вам, Алексей Иванович, один анекдотик преуморительный, давеча в карете вспомнил–с, хотел сообщить–с. Вот вы сказали сейчас: "У людей на шее виснет". Семена Петровича Ливцова, может, припомните–с, к нам в Т. при вас заезжал; ну, так брат его младший, тоже петербургский молодой человек считается, в В–ом при губернаторе служил и тоже блистал–с разными качествами–с. Поспорил он раз с Голубенко, полковником, в собрании, в присутствии дам и дамы его сердца, и счел себя оскорбленным, но обиду скушал и затаил; а Голубенко тем временем даму сердца его отбил и руку ей предложил. Что ж вы думаете? Этот Ливцов – даже искренно ведь в дружбу с Голубенкой вошел, совсем помирился, да мало того–с – в шафера к нему сам напросился, венец держал, а как приехали из–под венца, он подошел поздравлять и целовать Голубенку да при всем–то благородном обществе и при губернаторе, сам во фраке и завитой–с, – как пырнет его в живот ножом – так Голубенко и покатился! Это собственный–то шафер, стыд–то какой–с! Да это еще что–с! Главное, что ножом–то пырнул да и

67

бросился кругом: "Ах, что я сделал! Ах, что такое я сделал!" – слезы льются, трясется, всем на шею кидается, даже к дамам–с: "Ах, что я сделал! Ах, что, дескать, такое я теперь сделал!" – хе–хе–хе! уморил–с. Вот только разве жаль Голубенку; да и то выздоровел–с.

– Я не вижу, для чего вы мне рассказали, – строго нахмурился Вельчанинов.

– Да все к тому же–с, что пырнул же ведь ножом–с, – захихикал Павел Павлович, – ведь уж видно, что не тип–с, а сопля–человек, когда уж самое приличие от страху забыл и к дамам на шею кидается в присутствии губернатора–с,– а ведь пырнул же–с,достиг своего! Вот я только про это–с.

– Убир–райтесь вы к черту, – завопил вдруг не своим голосом Вельчанинов, точно как бы что сорвалось в нем, – убир–райтесь с вашею подпольною дрянью, сам вы подпольная дрянь – пугать меня вздумал – мучитель ребенка, – низкий человек, – подлец, подлец, подлец! – выкрикивал он, себя не помня и задыхаясь на каждом слове.

Павла Павловича всего передернуло, даже хмель соскочил; губы его задрожали:

– Это меня–то вы, Алексей Иванович, подлецом называете, вы–с и меня–с?

Но Вельчанинов уже очнулся.

– Я готов извиниться, – ответил он, помолчав и в мрачном раздумье, – но в таком только случае, если вы сами и сейчас же захотите действовать прямо.

– А я бы и во всяком случае извинился на вашем месте, Алексей Иванович.

– Хорошо, пусть так, – помолчал еще немного Вельчанинов, – извиняюсь перед вами; но согласитесь сами, Павел Павлович, что после всего этого я уже ничем более не считаю себя перед вами обязанным, то есть я в отношении всего дела говорю, а не про один теперешний случай.

– Ничего–с, что считаться? – ухмыльнулся Павел Павлович, смотря, впрочем, в землю.

– А если так, то тем лучше, тем лучше! Допивайте ваше вино и ложитесь, потому что я все–таки вас не пущу...

– Да что ж вино–с... – немного как бы смутился Павел Павлович, однако подошел к столу и стал допивать свой давно уже налитый последний стакан. Может, он уже и много пил перед этим, так что теперь рука его дрожала, и он расплескал часть вина на пол, на рубашку и на жилет, но все–таки допил до дна, – точно как будто и не мог оставить невыпитым, и, почтительно поставив опорожненный стакан на стол, покорно пошел к своей постели раздеваться.

– А не лучше ли... не ночевать? – проговорил он вдруг с чего–то, уже сняв один сапог и держа его в руках.

– Нет, не лучше! – гневливо ответил Вельчанинов, неустанно шагавший по комнате, не взглядывая на него.

Тот разделся и лег. Чрез четверть часа улегся и Вельчанинов и потушил свечу.

Он засыпал беспокойно. Что-то новое, еще более спутавшее дело, вдруг откудова-то появившееся, тревожило его теперь, и он чувствовал в то же время, что ему почему-то стыдно было этой тревоги. Он уже стал было забываться, но какой-то шорох вдруг его разбудил. Он тотчас же оглянулся на постель Павла Павловича. В комнате было темно (гардины были совсем спущены), но ему показалось, что Павел Павлович не лежит, а привстал и сидит на постели.

– Чего вы? – окликнул Вельчанинов.

– Тень-с, – подождав немного, чуть слышно выговорил Павел Павлович.

– Что такое, какая тень?

– Там, в той комнате, в дверь, как бы тень видел-с.

– Чью тень? – спросил, помолчав немного, Вельчанинов.

– Натальи Васильевны-с.

Вельчанинов привстал на ковер и сам заглянул через переднюю в ту комнату, двери в которую всегда стояли отперты. Там на окнах гардин не было, а были только сторы, и потому было гораздо светлее.

– В той комнате нет ничего, а вы пьяны, ложитесь! – сказал Вельчанинов, лег и завернулся в одеяло. Павел Павлович не сказал ни слова и улегся тоже.

– А прежде вы никогда не видали тени? – спросил вдруг Вельчанинов, минут уж десять спустя.

– Однажды как бы и видел-с, – слабо и тоже помедлив откликнулся Павел Павлович. Затем опять наступило молчание.

Вельчанинов не мог бы сказать наверно, спал он или нет, но прошло уже с час – и вдруг он опять обернулся: шорох ли какой его опять разбудил – он тоже не знал, но ему показалось, что среди совершенной темноты что-то стояло над ним, белое, еще не доходя до него, но уже посредине комнаты. Он присел на постели и целую минуту всматривался.

– Это вы, Павел Павлович? – проговорил он ослабевшим голосом. Этот собственный голос его, раздавшийся вдруг в тишине и в темноте, показался ему как-то странным.

Ответа не последовало, но в том, что стоял кто-то, уже не было никакого сомнения.

– Это вы... Павел Павлович? – повторил он громче и даже так громко, что если б Павел Павлович спокойно спал на своей постели, то непременно бы проснулся и дал ответ.

Но ответа опять не последовало, зато показалось ему, что эта белая и чуть различаемая фигура еще ближе к нему придвинулась. Затем произошло нечто странное: что-то вдруг в нем как бы сорвалось, точь-в-точь как давеча, и он закричал из всех сил самым нелепым, бешеным голосом, задыхаясь чуть не на каждом слове:

– Если вы, пьяный шут, осмелитесь только подумать – что вы можете – меня испугать, – то я обернусь к стене, завернусь с головой и ни разу не обернусь во всю ночь, – чтобы тебе доказать, во что я ценю – хоть бы вы простояли до утра... шутом... и на вас плюю!

И он, яростно плюнув в сторону предполагаемого Павла Павловича, вдруг обернулся к стене, завернулся, как сказал, в одеяло и как бы замер в этом положении не шевелясь. Настала мертвая тишина. Придвигалась ли тень или стояла на месте – он не мог узнать, но сердце его билось – билось – билось... Прошло по крайней мере полных минут пять; и вдруг, в двух шагах от него, раздался слабый, совсем жалобный голос Павла Павловича:

– Я, Алексей Иванович, встал поискать... – (и он назвал один необходимейший домашний предмет) – я там не нашел у себя-с... хотел потихоньку подле вас посмотреть-с, у постели-с.

– Что же вы молчали... когда я кричал? – прерывающимся голосом спросил Вельчанинов, переждав с полминуты.

– Испугался-с. Вы так закричали... я и испугался-с.

– Там в углу налево, к дверям, в шкапике, зажгите свечу...

– Да я и без свечки-с... – смиренно промолвил Павел Павлович, направляясь в угол, – вы уж простите, Алексей Иванович, что вас так потревожил-с... совсем вдруг так осмелел-с...

Но тот уже ничего не ответил. Он все продолжал лежать лицом к стене и пролежал так всю ночь, ни разу не обернувшись. Уж хотелось ли ему так исполнить слово и показать презрение? Он сам не знал, что с ним делается; нервное расстройство его перешло, наконец, почти в бред, и он долго не засыпал. Проснувшись на другое утро, в десятом часу, он вдруг вскочил и присел на постели, точно его подтолкнули, – но Павла Павловича уже не было в комнате! Оставалась одна только пустая, неубранная постель, а сам он улизнул чем свет.

– Я так и знал! – хлопнул себя Вельчанинов ладонью но лбу.

X

НА КЛАДБИЩЕ

Опасения доктора оправдались, и Лизе вдруг сделалось хуже, – так худо, как и не воображали накануне Вельчанинов и Клавдия Петровна. Вельчанинов поутру застал больную еще в памяти, хотя вся она горела в жару; он уверял потом, что она ему улыбнулась и даже протянула ему свою горячую ручку. Правда ли это было, или только он сам выдумал себе это невольно, в утешение, – проверить ему было некогда; к ночи больная была уже без памяти, и так продолжалось во все время болезни. На десятый день своего переезда на дачу она умерла.

Это было скорбное время для Вельчанинова; Погорельцевы даже боялись за него. Большую часть этих тяжелых дней он прожил у них. В самые последние дни болезни Лизы он по целым часам просиживал один, где–нибудь в углу, и, по–видимому, ни об чем не думал; Клавдия Петровна подходила его развлекать, но он отвечал мало, иногда видимо тяготясь с нею разговаривать. Клавдия Петровна даже не ожидала, что на него "все это произведет такое впечатление". Всего больше развлекали его дети; он с ними даже иногда смеялся; но каждый почти час вставал со стула и на цыпочках шел взглянуть на больную. Иногда ему казалось, что она его узнает. Надежды на выздоровление он не имел никакой, как и все, но от комнаты, в которой умирала Лиза, не отходил и обыкновенно сидел в комнате рядом.

Раза два, впрочем, и в эти дни он вдруг обнаруживал чрезвычайную деятельность: вдруг подымался, бросался в Петербург к докторам, приглашал самых известнейших и составлял консилиумы. Второй, последний консилиум был накануне смерти больной. Дня за три до этого Клавдия Петровна заговорила с Вельчаниновым настойчиво о необходимости отыскать где–нибудь наконец господина Трусоцкого: "в случае несчастия Лизу и похоронить без него нельзя было". Вельчанинов промямлил, что он ему напишет. Тогда старик Погорельцев объявил, что он сам разыщет его через полицию. Вельчанинов написал наконец уведомление в двух строчках и отвез его в Покровскую гостиницу. Павла Павловича по обыкновению не было дома, и он вручил письмо для передачи Марье Сысоевне.

Наконец, умерла Лиза, в прекрасный летний вечер, вместе с закатом солнца, и тут только как бы очнулся Вельчанинов. Когда мертвую убрали, нарядив ее в праздничное белое платьице одной из дочерей Клавдии Петровны, и положили в зале на столе, с цветами в сложенных ручках, –

он подошел к Клавдии Петровне и, сверкая глазами, объявил ей, что он сейчас же привезет и "убийцу". Не слушая советов повременить до завтра, он немедленно отправился в город.

Он знал, где застать Павла Павловича; не за одними докторами отправлялся он в Петербург. Иногда в эти дни ему казалось, что привези он к умиравшей Лизе отца, и она, услыхав его голос, очнется; тогда он как отчаянный пускался его разыскивать. Павел Павлович квартировал по-прежнему в номерах, но в номерах и спрашивать было нечего: "по три дня не ночует и не приходит, – рапортовала Марья Сысоевна, – а придет невзначай пьяный, часу не пробудет и опять потащится; совсем растрепался". Половой из Покровской гостиницы сообщил Вельчанинову, между прочим, что Павел Павлович, еще прежде, посещал каких-то девиц на Вознесенском проспекте. Вельчанинов немедленно разыскал девиц. Задаренные и угощенные особы припомнили тотчас своего гостя, главное, по его шляпе с крепом, причем тут же его обругали, конечно, за то, что он к ним больше не ходил. Одна из них, Катя, взялась "во всякое время Павла Павловича разыскать, потому что он от Машки Простаковой теперь не выходит, а денег у него и дна нет, а Машка эта – не Простакова, а Прохвостова, и в больнице лежала, и захоти только она, Катя, так сейчас же ее в Сибирь спрячет, всего одно слово скажет". Катя, однако же, не разыскала в тот раз, но зато крепко обещалась в другой. Вот на ее-то содействие и надеялся теперь Вельчанинов.

Прибыв в город уже в десять часов, он немедленно ее вытребовал, заплатив кому следовало за ее отсутствие, и отправился с нею на поиски. Он еще и сам не знал, что собственно он теперь сделает с Павлом Павловичем: убьет ли его за что-то или просто ищет его, чтобы сообщить о смерти дочери и о необходимости его содействия при погребении? На первый раз вышла неудача: оказалось, что Машка Прохвостова раздралась с Павлом Павловичем еще третьего дня и что какой-то казначей "Павлу Павловичу голову скамейкой прошиб". Одним словом, долго он не отыскивался, и наконец уже только в два часа пополуночи Вельчанинов, при выходе из одного указанного ему заведения, вдруг и неожиданно сам на него натолкнулся.

Павла Павловича подводили к этому заведению две дамы совершенно пьяного; одна из дам придерживала его под руку, а сзади сопутствовал им один рослый и размашистый претендент, кричавший во все горло и страшно грозивший Павлу Павловичу какими-то ужасами. Он кричал, между прочим, что тот его "эксплуатировал и отравил ему жизнь". Дело, кажется, шло о каких-то деньгах; дамы очень трусили и спешили. Завидев Вельчанинова, Павел Павлович кинулся к нему с распростертыми руками и закричал, точно его резали:

– Братец родной, защити!

При виде атлетической фигуры Вельчанинова претендент мигом стушевался; торжествующий Павел Павлович простер ему вслед свой кулак и завопил в знак победы; тут Вельчанинов яростно схватил его за плечи и, сам не зная для чего, стал трясти обеими руками, так что у того зубы застучали. Павел Павлович тотчас же перестал кричать и с тупоумным пьяным испугом смотрел на своего истязателя. Вероятно не зная, что с ним делать далее, Вельчанинов крепко нагнул его и посадил на тротуарную тумбу.

– Лиза умерла! – проговорил он ему.

Павел Павлович, все еще не спуская с него глаз, сидел на тумбе, поддерживаемый одною из дам. Он понял наконец, и лицо его как-то вдруг осунулось.

– Умерла... – как-то странно прошептал он. Усмехнулся ли он спьяна своею скверною длинною улыбкой, или у него скривилось что-то в лице, – Вельчанинов не мог разобрать, но мгновение спустя Павел Павлович поднял с усилием свою дрожавшую правую руку, чтоб перекреститься; крест, однако ж, не сложился, и дрожавшая рука опустилась. Немного погодя он медленно привстал с тумбы, схватился за свою даму и, опираясь на нее, пошел своей дорогой далее, как бы в забытьи, – точно и не было тут Вельчанинова. Но тот ухватил его опять за плечо.

– Понимаешь ли ты, пьяный изверг, что без тебя ее и похоронить нельзя будет! – прокричал он задыхаясь.

Тот повернул к нему голову.

– Артиллерии... прапорщика... помните? – промямлил он тупо ворочавшимся языком.

– Что-о-о? – завопил Вельчанинов, болезненно вздрогнув.

– Вот тебе и отец! Ищи его... хоронить...

– Лжешь! – закричал Вельчанинов как потерянный. – Ты со злости... я так и знал, что ты это мне приготовишь!

Не помня себя, он занес свой страшный кулак над головою Павла Павловича. Еще мгновение – и он, может быть, убил бы его одним ударом; дамы взвизгнули и отлетели прочь, но Павел Павлович не смигнул даже глазом. Какое-то исступление самой зверской злобы исказило ему все лицо.

– А знаешь ты, – произнес он гораздо тверже, почти как не пьяный, – нашу русскую .... ? (И он проговорил самое невозможное в печати ругательство.) Ну так и убирайся к ней! – Затем с силою рванулся из рук Вельчанинова, оступился и чуть не упал. Дамы подхватили его и в этот раз уже побежали, визжа и почти волоча Павла Павловича за собою. Вельчанинов не преследовал.

Назавтра, в час пополудни, на дачу Погорельцевых явился один весьма

73

приличный чиновник средних лет, в вицмундире и вежливо вручил Клавдии Петровне адресованный на ее имя пакет от имени Павла Павловича Трусоцкого. В пакете заключалось письмо со вложением трехсот рублей и с необходимыми свидетельствами о Лизе. Павел Павлович писал коротко, чрезвычайно почтительно и весьма прилично. Он весьма благодарил ее превосходительство Клавдию Петровну за ее добродетельное участие к сироте, за которое может ей воздать только один бог. Неясно упоминал, что крайнее нездоровье не позволит ему явиться лично похоронить нежно им любимую и несчастную дочь, и возлагал в этом все надежды на ангельскую доброту души ее превосходительства. Триста же рублей назначались, как разъяснил он далее в письме, – на похороны и вообще на расходы, причиненные болезнию. Если же бы и осталось что из этой суммы, то покорнейше и почтительнейше просит употребить их на вечное поминовение за упокой души усопшей Лизы. Чиновник, доставивший письмо, не мог ничего более объяснить; даже оказалось из некоторых его слов, что он только по усиленной просьбе Павла Павловича взялся доставить лично пакет ее превосходительству. Погорельцев почти обиделся выражением "о расходах, причиненных болезнию", и определил, оставив пятьдесят рублей на погребение, – так как нельзя же было воспретить отцу хоронить свое дитя, – остальные двести пятьдесят рублей возвратить немедленно господину Трусоцкому. Клавдия Петровна решила окончательно возвратить не двести пятьдесят рублей, а расписку из кладбищенской церкви в получении этих денег на вечное поминовение души усопшей отроковицы Елизаветы. Расписка была выдана потом Вельчанинову для вручения немедленно; он отослал ее по почте в номер.

После похорон он исчез с дачи. Целые две недели слонялся он по городу, безо всякой цели, один, и натыкался на людей в задумчивости. Иногда же по целым дням лежал, протянувшись у себя на диване, забывая о самых обыкновенных вещах. Погорельцевы много раз присылали звать его к себе; он обещал и тотчас же забывал. Клавдия Петровна даже приезжала к нему сама, но не заставала его дома. То же случилось и с его адвокатом; а между тем адвокату было что сообщить: тяжебное дело было им весьма ловко улажено, и противники соглашались на мировую с вознаграждением весьма незначительной долею оспариваемого ими наследства. Оставалось получить только согласие самого Вельчанинова. Застав его наконец у себя, адвокат был удивлен чрезвычайною вялостью и равнодушием, с которыми он, еще недавно такой беспокойный клиент, его выслушал.

Настали самые жаркие июльские дни, но Вельчанинов забывал самое время. Его горе наболело в его душе, как созревший нарыв, и выяснялось ему поминутно в мучительно-сознательной мысли. Главное страдание его состояло в том, что Лиза не успела узнать его и умерла, не зная, как он мучительно любил ее! Вся цель его жизни, мелькнувшая перед ним в таком радостном свете, вдруг померкла в вечной тьме. Эта цель состояла бы именно в том, – поминутно думал он об этом теперь, – чтобы Лиза каждый день, каждый час и всю жизнь беспрерывно ощущала его любовь на себе. "Выше нет никакой цели ни у кого из людей и не может быть! – задумывался он иногда в мрачном восторге. – Если и есть другие цели, то ни одна из них не может быть святее этой!" "Любовью Лизы, – мечтал он, – очистилась и искупилась бы вся моя прежняя смрадная и бесполезная жизнь; взамен меня, праздного, порочного и отжившего, – я взлелеял бы для жизни чистое и прекрасное существо, и за это существо все было бы мне прощено, и все бы я сам простил себе".

Все эти сознательные мысли представлялись ему всегда нераздельно с ярким, всегда близким и всегда поражавшим его душу воспоминанием об умершем ребенке. Он воссоздавал себе ее бледное личико, припоминал каждое выражение его; он вспоминал ее и в гробу, в цветах, и прежде бесчувственную, в жару, с открытыми и неподвижными глазами. Он вспомнил вдруг, что, когда она лежала уже на столе, он заметил у ней один бог знает от чего почерневший в болезни пальчик; это так его поразило тогда, и так жалко ему стало этот бедный пальчик, что тут и вошло ему тогда в голову, в первый раз, отыскать сейчас же и убить Павла Павловича, – до того же времени он "был как бесчувственный". Гордость ли оскорбленная замучила это детское сердечко, три ли месяца страданий от отца, переменившего вдруг любовь на ненависть и оскорбившего ее позорным словом, смеявшегося над ее испугом и выбросившего ее, наконец, к чужим людям? Все это он представлял себе беспрерывно и варьировал на тысячу ладов. "Знаете ли, что такое была для меня Лиза?" – припомнил он вдруг восклицание пьяного Трусоцкого и чувствовал, что это восклицание было уже не кривлянье, а правда и что тут была любовь. "Как же мог быть так жесток этот изверг к ребенку, которого так любил, и вероятно ли это?" Но каждый раз он поскорее бросал этот вопрос и как бы отмахивался от него; что–то ужасное было в этом вопросе, что–то невыносимое для него и – нерешенное.

В один день, и почти сам не помня как, он забрел на кладбище, на котором похоронили Лизу, и отыскал ее могилку. Ни разу с самых похорон он не был на кладбище; ему все казалось, что будет уже слишком много муки, и он не смел пойти. Но странно, когда он приник на ее могилку и поцеловал ее, ему вдруг стало легче. Был ясный вечер, солнце закатывалось; кругом, около могил, росла сочная, зеленая трава; недалеко в шиповнике жужжала пчела; цветы и венки, оставленные на могилке Лизы после погребения детьми и Клавдией Петровной, лежали тут же, с облетевшими наполовину листочками. Какая–то даже надежда в первый

75

раз после долгого времени освежила ему сердце. "Как легко!" – подумал он, чувствуя эту тишину кладбища и глядя на ясное, спокойное небо. Прилив какой–то чистой безмятежной веры во что–то наполнил ему душу. "Это Лиза послала мне, это она говорит со мной", – подумалось ему.

Совсем уже смеркалось, когда он пошел с кладбища обратно домой. Не так далеко от кладбищенских ворот, по дороге, в низеньком деревянном домике, помещалось что–то вроде харчевни или распивочной; в отворенных окнах виднелись посетители, сидевшие за столами. Ему вдруг показалось, что один из них, помещавшийся у самого окна, – Павел Павлович и что он тоже видит его и любопытно его высматривает из окошка. Он пошел далее и вскоре услышал, что его догоняют; за ним бежал и в самом деле Павел Павлович; должно быть, примирительное выражение в лице Вельчанинова привлекло и ободрило его, когда он наблюдал из окошка. Поравнявшись, он, робея, улыбнулся, но уже не прежней пьяной улыбкой; он даже и совсем не был пьян.

– Здравствуйте, – сказал он.

– Здравствуйте, – отвечал Вельчанинов.

XI

ПАВЕЛ ПАВЛОВИЧ ЖЕНИТСЯ

Ответив это "здравствуйте", он сам себе удивился. Ужасно странно показалось ему, что встречает теперь этого человека вовсе без злобы и что в его чувствах к нему в эту минуту что–то совсем другое и даже какой–то позыв к чему–то новому.

– Вечер какой приятный, – проговорил, засматривая ему в глаза, Павел Павлович.

– Вы еще не уехали, – промолвил Вельчанинов, как бы не спрашивая, а только обдумывая и продолжая идти.

– Затянулось у меня, но – место я получил–с, с повышением–с. Отъезжаю послезавтра наверно.

– Получили место? – на этот раз уже спросил он.

– Почему же бы и нет–с? – покривился вдруг Павел Павлович.

– Я только так сказал... – отговорился Вельчанинов и, нахмурившись, покосился на Павла Павловича. К его удивлению, одежда, шляпа с крепом и весь вид г–на Трусоцкого были несравненно приличнее, чем две недели назад. "Зачем он сидел в этой распивочной?" – все думалось ему.

– Я вам, Алексей Иванович, намеревался и про другую мою радость сообщить, – начал опять Павел Павлович.

– Радость?

– Я женюсь–с.

– Как?

– После скорби и радость–с, так всегда в жизни–с; я, Алексей Иванович, очень бы желал–с... но – не знаю, может, вы теперь спешите, потому что у вас такой вид–с...

– Да, я спешу и... да, я нездоров.

Ему ужасно вдруг захотелось отделаться; готовность к какому–то новому чувству вмиг исчезла.

– А я бы желал–с...

Павел Павлович не договорил, чего он желал; Вельчанинов промолчал.

– В таком случае уже после–с, если только повстречаемся...

– Да, да, после, после, – скороговоркой бормотал Вельчанинов, не глядя на него и не останавливаясь. Еще помолчали с минуту; Павел Павлович все еще продолжал идти подле.

– В таком случае до свиданья–с, – вымолвил он наконец.

– До свиданья; желаю...

Вельчанинов воротился домой опять совсем расстроенный. Столкновение с "этим человеком" было ему не под силу. Ложась спать, он опять подумал: "Зачем он был у кладбища?"

На другой день поутру он решился наконец съездить к Погорельцевым, решился неохотно; ему слишком тяжело было теперь чье–нибудь участие, даже и от Погорельцевых. Но они так о нем беспокоились, что непременно надо было поехать. Ему вдруг представилось, что ему станет почему–то очень стыдно при первой с ними встрече. "Ехать или не ехать?" – думал он, спеша окончить завтрак, как вдруг, к чрезвычайному его изумлению, к нему вошел Павел Павлович.

Несмотря на вчерашнюю встречу, Вельчанинов и представить не мог, что этот человек когда–нибудь опять зайдет к нему, и был так озадачен, что глядел на него и не знал, что сказать. Но Павел Павлович распорядился сам, поздоровался и уселся на том же самом стуле, на котором сидел три недели назад в последнее свое посещение. Вельчанинову вдруг особенно ярко припомнилось то посещение. Беспокойно и с отвращением смотрел он на гостя.

– Удивляетесь–с? – начал Павел Павлович, угадавший взгляд Вельчанинова.

Вообще он казался гораздо развязнее, чем вчера, и в то же время проглядывало, что он и робел еще больше вчерашнего. Наружный вид его был особенно любопытен. Г–н Трусоцкий был не только прилично, но и франтовски одет – в легком летнем пиджаке, в светлых брюках в обтяжку, в светлом жилете; перчатки, золотой лорнет, для чего–то вдруг появившийся, белье – были безукоризненны; от него даже пахло духами. Во всей фигуре его было что–то и смешное и в то же время наводившее на какую–то странную и неприятную мысль.

– Конечно, Алексей Иванович, – продолжал он коробясь, – я вас удивил приходом–с, и – чувствую–с. Но между людьми, я так думаю–с, всегда сохраняется, – а по–моему, так и должно храниться–с, – нечто высшее, так ли–с? То есть высшее относительно всех условий и даже самых неприятностей, могущих выйти... так ли–с?

– Павел Павлович, скажите все поскорее и без церемоний, – нахмурился Вельчанинов.

– В двух словах–с, – заспешил Павел Павлович, – я женюсь и отправляюсь теперь к невесте, сейчас–с. Они тоже на даче–с. Я желал бы получить глубокую честь, чтобы осмелиться познакомить вас с этим домом–с, и пришел–с с необычайною просьбою (Павел Павлович покорно нагнул голову) просить вас, чтобы мне сопутствовать–с...

– Куда сопутствовать? – Вельчанинов вытаращил глаза.

– К ним–с, то есть на дачу–с. Простите, я как в лихорадке говорю и, может, спутал; но и так уж вашего отказа боюсь–с...

И он плачевно посмотрел на Вельчанинова.

– Вы хотите, чтобы я с вами ехал теперь к вашей невесте? – переговорил Вельчанинов, быстро его оглядывая и не веря ни ушам, ни глазам своим.

– Да–с, – ужасно оробел вдруг Павел Павлович. – Вы не рассердитесь, Алексей Иванович, тут не дерзость–с; я только покорнейше и необычайно прошу. Я помечтал, что, может быть, вы и не захотели бы при этом отказать...

– Во–первых, это вовсе невозможно, – беспокойно заворочался Вельчанинов.

– Это только мое чрезмерное желание и не более–с, – продолжал тот умолять, – я не скрою тоже, что есть тут и причина–с. Но о причине этой хотел бы открыть лишь после–с, а теперь лишь необычайно прошу–с...

И он даже встал со стула от почтения.

– Но во всяком случае это невозможно же, согласитесь сами... – Вельчанинов тоже встал с места.

– Это очень возможно–с, Алексей Иванович, – я при этом вас располагал познакомить–с, так, как приятеля–с; а во–вторых, вы ведь и без того там знакомы–с; ведь это к Захлебинину, на дачу. Статский советник Захлебинин–с.

– Как так? – вскричал Вельчанинов. Это был тот самый статский советник, которого он с месяц назад все искал и не заставал дома, действовавший, как оказалось, в пользу противной стороны в его тяжбе.

– Ну да, ну да, – улыбался Павел Павлович, как бы ободренный чрезвычайным удивлением Вельчанинова, – тот самый, вот еще помните, когда вы тогда шли с ним и разговаривали, а я глядел на вас и стоял напротив; я тогда выжидал, чтобы к нему подойти после вас. Назад лет двадцать вместе даже служили-с, а тогда, когда я подойти хотел после вас-с, у меня еще не было мысли. Теперь только внезапно пришла, с неделю назад-с.

– Но послушайте, ведь это, кажется, весьма порядочное семейство? – наивно удивился Вельчанинов.

– Так почему же-с, если порядочное? – покривился Павел Павлович.

– Нет, разумеется, я не про то... но сколько я заметил, там бывши...

– Они помнят, они помнят-с, как вы были, – радостно подхватил Павел Павлович, – только вы семейства не могли тогда увидеть-с; а сам он помнит-с и вас уважает. Я им почтительно об вас говорил.

– Но как же, если вы только три месяца вдовеете?

– Да ведь не сейчас свадьба-то-с; свадьба через девять или через десять месяцев будет, так что ровно год траура и пройдет-с. Поверьте, что все хорошо-с. Во-первых, Федосей Петрович меня даже с малолетства знает, знал покойную супругу мою, знает, как я жил, на каком счету-с, и, наконец, у меня есть состояние, а теперь вот и место с повышением получаю, – так это все и на весу-с.

– Что ж, это дочь его?

– Я вам все это расскажу в подробности-с, – приятно съежился Павел Павлович, – позвольте папиросочку закурю. К тому же вы сами сегодня увидите. Во-первых, такие дельцы, как Федосей Петрович, здесь, в Петербурге, иногда очень на службе ценятся, если успеют обратить внимание-с. Но ведь кроме жалованья и пуще того – прибавочных, наградных, дополнительных, столовых или там единовременных пособий-с – ничего ведь и нет-с, то есть основного-то-с, составляющего капитал. Живут хорошо, а скопить никак невозможно, если при семействе-с. Сообразите сами: восемь девиц у Федосея Петровича и один только сын малолеток. Умри он сейчас – останется ведь только пенсия жиденькая-с. А тут восемь девиц, – нет, вы только сообразите-с, сообразите-с: ведь это если каждой по башмакам, так и тут что составит! Из восьми девиц пять уж невест-с, старшей-то двадцать четыре года (прелестнейшая девица, сами увидите-с!), а шестой – пятнадцать лет, еще в гимназии учится. Ведь для пяти-то старших девиц надо женихов приискать, что по возможности заблаговременнее делать следует, отцу-с надо, стало быть, вывозить-с, – чего же это стоит, я вас спрошу-с? И вдруг я появляюсь, еще первый жених у них в доме–с, и им известен заведомо, то есть в том смысле, что при действительном состоянии–с.Ну вот и все–с.

Павел Павлович объяснял с упоением.

– Вы к старшей посватались?

– Н–нет–с, я... не к старшей; я вот к этой шестой посватался, вот которая еще продолжает учение в гимназии.

– Как? – невольно усмехнулся Вельчанинов. – Да ведь вы же говорите, ей пятнадцать лет!

– Пятнадцать–с теперь; но через девять месяцев ей будет шестнадцать, шестнадцать лет и три месяца, так почему же–с? А так как теперь все это неприлично–с, то гласного покамест и нет ничего, а только с родителями... Поверьте, что все хорошо–с!

– Стало быть, еще не решено?

– Нет, решено, все решено–с. Поверьте, что все хорошо–с.

– А она знает?

– То есть это только вид такой, для приличия, что будто и не говорят; а ведь как же не знать–с? – приятно прищурился Павел Павлович. – Что же, осчастливите, Алексей Иванович? – ужасно робко закончил он.

– Да зачем мне–то туда? Впрочем, – прибавил он торопливо, – так как я во всяком случае не поеду, то и не выставляйте мне никаких причин.

– Алексей Иванович...

– Да неужели же я с вами рядом сяду и поеду, подумайте!

Отвратительное и неприязненное ощущение возвратилось опять к нему после минутного развлечения болтовней Павла Павловича о невесте. Еще бы, кажется, минута, и он прогнал бы его вовсе. Он злился даже на себя за что–то.

– Сядьте, Алексей Иванович, сядьте рядом и не раскаетесь! – проникнутым голосом умолял Павел Павлович. – Нет–нет–нет! – замахал он руками, поймав нетерпеливый и решительный жест Вельчанинова. – Алексей Иванович, Алексей Иванович, подождите предрешать–с! Я вижу, что вы, может быть, превратно меня поняли: ведь я слишком хорошо понимаю, что ни вы мне, ни я вам – мы не товарищи–с; я ведь не до того уж нелеп–с, чтобы уж этого не понять–с. И что теперешняя услуга, о которой прошу, ни к чему в дальнейшем вам не вменяется. Да и сам я послезавтра уеду совсем–с, совершенно–с; значит, как бы и не было ничего. Пусть этот день будет один только случай–с. Я к вам шел и надежду основал на благородстве особенных чувств вашего сердца, Алексей Иванович, – именно на тех самых чувствах, которые в последнее время могли быть в вашем сердце возбуждены–с... Ясно ведь, кажется, я говорю или еще нет–с?

Волнение Павла Павловича возросло до чрезвычайности. Вельчанинов странно глядел на него.

– Вы просите о какой-то услуге с моей стороны, – спросил он задумываясь, – и ужасно настаиваете, – это мне подозрительно; я хочу больше знать.

– Вся услуга лишь в том, что вы со мной поедете. А потом, когда приедем обратно, я все разверну перед вами как на исповеди. Алексей Иванович, доверьтесь!

Но Вельчанинов все еще отказывался, и тем упорнее, что ощущал в себе одну какую-то тяжелую, злобную мысль. Эта злая мысль уже давно зашевелилась в нем, с самого начала, как только Павел Павлович возвестил о невесте: простое ли это было любопытство, или какое-то совершенно еще неясное влечение, но его тянуло – согласиться. И чем больше тянуло, тем более он оборонялся. Он сидел, облокотясь на руку, и раздумывал. Павел Павлович юлил около него и упрашивал.

– Хорошо, поеду, – согласился он вдруг беспокойно и почти тревожно, вставая с места. Павел Павлович обрадовался чрезмерно.

– Нет уж вы, Алексей Иванович, теперь приоденьтесь, – юлил он радостно вокруг одевавшегося Вельчанинова, – получше, по-вашему оденьтесь.

"И чего он сам туда лезет, странный человек?" – думал про себя Вельчанинов.

– А ведь я не одной этой услуги от вас, Алексей Иванович, ожидаю-с. Уж коли дали согласие, так уж будьте и руководителем-с.

– Например?

– Например, большой вопрос-с: креп-с? Что приличнее: снять или с крепом остаться?

– Как хотите.

– Нет, я вашего решения желаю-с, как бы вы поступили сами, то есть если бы имели креп-с? Моя собственная мысль была, что если сохранить, так это на постоянство чувств-с укажет-с, а стало быть, лестно отрекомендует.

– Разумеется, снимите.

– Неужто уж и разумеется? – Павел Павлович задумался. – Нет, уж я бы лучше сохранил-с...

– Как хотите. "Однако он мне не доверяет, это хорошо", – подумал Вельчанинов.

Они вышли; Павел Павлович с довольством приглядывался к принарядившемуся Вельчанинову; даже как будто больше почтения и важности проявилось в его лице. Вельчанинов дивился на него и еще больше на себя самого. У ворот стояла поджидавшая их превосходная коляска.

– А у вас уже и коляска была готова? Стало быть, вы были уверены, что я поеду?

— Коляску я взял для себя-с, но почти уверен был, что вы согласитесь поехать, — ответил Павел Павлович с видом совершенно счастливого человека.

— Эй, Павел Павлович, — как-то раздражительно засмеялся Вельчанинов, когда уже уселись и тронулись, — не слишком ли вы во мне уверены?

— Но ведь не вам же, Алексей Иванович, не вам же сказать мне за это, что я дурак? — твердо и проникнутым голосом ответил Павел Павлович.

"А Лиза?" — подумал Вельчанинов и тотчас же бросил об этом думать, как бы испугавшись какого-то кощунства. И вдруг ему показалось, что он сам так мелок, так ничтожен в эту минуту; показалось, что мысль, его соблазнявшая, — такая маленькая, такая скверненькая мысль... и во что бы то ни стало захотелось ему опять все бросить и хоть сейчас выйти из коляски, даже если б надо было для этого прибить Павла Павловича. Но тот заговорил, и соблазн опять охватил его сердце.

— Алексей Иванович, знаете вы толк в драгоценных вещах-с?

— В каких драгоценных вещах?

— В бриллиантовых-с.

— Знаю.

— Я бы хотел подарочек свезти. Руководите: надо или нет?

— По-моему — не надо.

— А я так бы очень хотел-с, — заворочался Павел Павлович, — только вот что же бы купить-с? Весь ли прибор, то есть брошь, серьги, браслет, или одну только вещицу?

— Вы сколько хотите заплатить?

— Да уж рублей четыреста или пятьсот-с.

— Ух!

— Много, что ли? — встрепенулся Павел Павлович.

— Купите один браслет, во сто рублей.

Павел Павлович даже огорчился. Ему ужасно как хотелось заплатить дороже и купить "весь" прибор. Он настаивал. Заехали в магазин. Кончилось тем, однако же, что купили только один браслет и не тот, который хотелось Павлу Павловичу, а тот, на который указал Вельчанинов. Павлу Павловичу хотелось взять оба. Когда купец, запросивший сто семьдесят пять рублей за браслет, спустил за сто пятьдесят, — то ему стало даже досадно; он с приятностию заплатил бы и двести, если бы с него запросили, так уж хотелось ему заплатить подороже.

— Это ничего, что я так подарками спешу, — изливался он в упоении, когда опять поехали, — там ведь не высший свет, там просто-с. Невинность любит подарочки, — хитро и весело улыбнулся он. — Вы вот усмехнулись давеча, Алексей Иванович, на то, что пятнадцать лет; а ведь мне это-то и в голову стукнуло, – именно, что вот в гимназию еще ходит, с мешочком на руке, в котором тетрадки и перушки, хе–хе! Мешочек–то и пленил мои мысли! Я, собственно, для невинности, Алексей Иванович. Дело для меня не столько в красоте лица, сколько в этом–с. Хихикают там с подружкой в уголку, и как смеются, и боже мой! А чему–с: весь–то смех из того, что кошечка с комода на постельку соскочила и клубочком свернулась... Так тут ведь свежим яблочком пахнет–с! Аль снять уж креп?

– Как хотите.

– Сниму! – Он снял шляпу, сорвал креп и выбросил на дорогу. Вельчанинов видел, что лицо его засияло самой ясной надеждой, когда он надел опять шляпу на свою лысую голову.

“Да неужто он и в самом деле такой? – подумал он в настоящей уже злобе, – неужто тут нет никакой штуки в том, что он меня пригласил? Неужто и в самом деле на благородство мое рассчитывает? – продолжал он, почти обидевшись последним предположением. – Что это, шут, дурак или “вечный муж”? Да невозможно же, наконец!..”

XII

У ЗАХЛЕБИНИНЫХ

Захлебинины были действительно “очень порядочное семейство”, как выразился давеча Вельчанинов, а сам Захлебинин был весьма солидный чиновник и на виду. Правда была и все то, что говорил Павел Павлович насчет их доходов: “Живут, кажется, хорошо, а умри человек, и ничего не останется”.

Старик Захлебинин прекрасно и дружески встретил Вельчанинова и из прежнего “врага” совершенно обратился в приятеля.

– Поздравляю, так–то лучше, – заговорил он с первого слова, с приятным и осанистым видом, – я сам на мировой настаивал, а Петр Карлович (адвокат Вельчанинова) золотой на этот счет человек. Что ж? Тысяч шестьдесят получите и без хлопот, без проволочек, без ссор! А на три года могло затянуться дело!

Вельчанинов тотчас был представлен и m–me Захлебининой, весьма расплывшейся пожилой даме, с простоватым и усталым лицом. Стали выплывать и девицы, одна за другой или парами. Но что–то очень уж много явилось девиц; мало–помалу собралось их до десяти или до двенадцати, – Вельчанинов и сосчитать не мог; одни входили, другие выходили. Но в числе их было много дачных соседок–подружек. Дача Захлебининых – большой деревянный дом, в неизвестном, но причудливом вкусе, с разновременными пристройками – пользовалась большим садом; но в этот сад выходили еще три или четыре другие дачи с разных сторон, так что большой сад был общий, что, естественно, и способствовало сближению девиц с дачными соседками. Вельчанинов с первых же слов разговора заметил, что его уже здесь ожидали и что приезд его в качестве Павла Павловичева друга, желающего познакомиться, был чуть ли не торжественно возвещен. Зоркий и опытный в этих делах его взгляд скоро отличил тут даже нечто особенное: по слишком любезному приему родителей, по некоторому особенному виду девиц и их наряду (хотя, впрочем, день был праздничный) у него замелькало подозрение, что Павел Павлович схитрил и очень могло быть, что внушил здесь, не говоря, разумеется, прямых слов, нечто вроде предположения об нем как о скучающем холостяке, "хорошего общества", с состоянием и который, очень и очень может быть, наконец, вдруг решится "положить предел" и устроиться, – "тем более что и наследство получил". Кажется, старшая m-lle Захлебинина, Катерина Федосеевна, именно та, которой было двадцать четыре года и о которой Павел Павлович выразился как о прелестной особе, была несколько настроена на этот тон. Она особенно выдавалась перед сестрами своим костюмом и какою–то оригинальною уборкою своих пышных волос. Сестры же и все другие девицы глядели так, как будто и им уже было твердо известно, что Вельчанинов знакомится "для Кати" и приехал ее "посмотреть". Их взгляды и некоторые даже словечки, промелькнувшие невзначай в продолжение дня, подтвердили ему потом эту догадку. Катерина Федосеевна была высокая, полная до роскоши блондинка, с чрезвычайно милым лицом, характера, очевидно, тихого и непредприимчивого, даже сонливого. "Странно, что такая засиделась, – невольно подумал Вельчанинов, с удовольствием к ней приглядываясь, – пусть без приданого и скоро совсем расплывется, но покамест на это столько любителей..." Все остальные сестры были тоже не совсем дурны собой, а между подружками мелькало несколько забавных и даже хорошеньких личик. Это стало его забавлять; а впрочем, он и вошел с особенными мыслями.

Надежда Федосеевна, шестая, гимназистка и предполагаемая невеста Павла Павловича, заставила себя подождать. Вельчанинов ждал ее с нетерпением, чему сам дивился, и усмехался про себя. Наконец она показалась, и не без эффекта, в сопровождении одной бойкой и вострой подружки, Марьи Никитишны, брюнетки с смешным лицом и которой, как оказалось сейчас же, чрезвычайно боялся Павел Павлович. Эта Марья Никитишна, девушка лет уже двадцати трех, зубоскалка и даже умница, была гувернанткой маленьких детей в одном соседнем и знакомом семействе и давно уже считалась как родная у Захлебининых, а девицами ценилась ужасно. Видно было, что она особенно необходима теперь и Наде. С первого взгляда разглядел Вельчанинов, что девицы были все против Павла Павловича, даже и подружки, а во вторую минуту после выхода Нади он решил, что и она его ненавидит. Заметил тоже, что Павел Павлович совершенно этого не примечает или не хочет примечать. Бесспорно, Надя была лучше всех сестер – маленькая брюнетка, с видом дикарки и с смелостью нигилистки; вороватый бесенок с огненными глазками, с прелестной улыбкой, хотя часто и злой, с удивительными губками и зубками, тоненькая, стройненькая, с зачинавшеюся мыслью в горячем выражении лица, в то же время почти совсем еще детского. Пятнадцать лет сказывались в каждом ее шаге, в каждом слове. Оказалось потом, что и действительно Павел Павлович увидал ее в первый раз с клеенчатым мешочком в руках; но теперь уже она его не носила.

Подарок браслета совершенно не удался и произвел впечатление даже неприятное. Павел Павлович, только лишь завидел вошедшую невесту, тотчас же подошел к ней ухмыляясь. Дарил он под предлогом "приятного удовольствия, ощущенного им в предыдущий раз по поводу спетого Надеждой Федосеевной приятного романса за фортепьянами..." Он сбился, не докончил и стоял как потерянный, протягивая и втыкая в руку Надежды Федосеевны футляр с браслетом, который та не хотела брать, и, покраснев от стыда и гнева, отводила свои руки назад. Дерзко оборотилась она к мамаше, на лице которой выражалось замешательство, и громко сказала:

– Я не хочу брать, maman!

– Возьми и поблагодари, – промолвил отец с покойною строгостью, но и он был тоже недоволен. – Лишнее, лишнее! – пробормотал он назидательно Павлу Павловичу. Надя, нечего делать, футляр взяла и, опустив глазки, присела, как приседают маленькие девочки, то есть вдруг бултыхнулась вниз и вдруг тотчас же привскочила, как на пружинке. Одна из сестер подошла посмотреть, и Надя передала ей футляр, еще и не раскрытый, тем показывая, что сама и глядеть не хочет. Браслет вынули, и он стал обходить всех из рук в руки; но все смотрели молча, а иные так и насмешливо. Одна только мамаша промямлила, что браслет очень мил. Павел Павлович готов был провалиться сквозь землю.

Выручил Вельчанинов.

Он вдруг громко и охотно заговорил, схватив первую попавшуюся мысль, и не прошло еще пяти минут, как он уже овладел вниманием всех бывших в гостиной. Он великолепно изучил искусство болтать в светском обществе, то есть искусство казаться совершенно простодушным и показывать в то же время вид, что и слушателей своих считает за таких же простодушных, как сам, людей. Чрезвычайно натурально мог прикинуться

85

он, когда надо, веселейшим и счастливейшим человеком. Очень ловко умел тоже вставить между словами острое и задирающее словцо, веселый намек, смешной каламбур, но совершенно как бы невзначай, как бы и не замечая, — тогда как и острота, и каламбур, и самый-то разговор, может быть, давным-давно уже были заготовлены и заучены и уже не раз употреблялись. Но в настоящую минуту к его искусству присоединилась и сама природа: он чувствовал, что настроен, что его что-то влечет; чувствовал в себе полнейшую и победительную уверенность, что через несколько минут все эти глаза будут обращены на него, все эти люди будут слушать только его одного, говорить только с ним, смеяться только тому, что он скажет. И действительно, вскоре послышался смех, мало-помалу в разговор ввязались и другие, — а он в совершенстве овладел умением затягивать в разговор и других, — раздавались уже по три и по четыре говорившие голоса разом. Скучное и усталое. лицо госпожи Захлебининой озарилось почти радостью; то же было и с Катериной Федосеевной, которая слушала и смотрела как очарованная. Надя зорко вглядывалась в него исподлобья; заметно было, что она против него уже предубеждена. Это еще более подожгло Вельчанинова. "Злая" Марья Никитишна сумела-таки ввернуть в разговор одну довольно чувствительную колкость на его счет; она выдумала и утверждала, что будто бы Павел Павлович отрекомендовал его здесь вчера своим другом детства, и таким образом прибавляла к его годам, ясно намекнув на это, целых семь лет лишних. Но и злой Марье Никитишне он понравился. Павел Павлович решительно был озадачен. Он, конечно, имел понятие о средствах, которыми обладает его друг, и вначале даже был рад его успеху, сам подхихикивал и вмешивался в разговор; но почему-то он мало-помалу стал впадать как бы в раздумье, даже, наконец, в уныние, что ясно выражалось в его встревоженной физиономии.

— Ну, вы такой гость, которого и занимать не надо, — весело порешил наконец старик Захлебинин, вставая со стула, чтобы отправиться к себе наверх, где у него, несмотря на праздничный день, уже приготовлено было несколько деловых бумаг для просмотру, — а ведь, представьте, я вас считал самым мрачным ипохондриком из всех молодых людей. Вот как ошибаешься!

В зале стоял рояль; Вельчанинов спросил, кто занимается музыкой, и вдруг обратился к Наде.

— А вы, кажется, поете?

— Кто вам сказал? — отрезала Надя.

— Павел Павлович говорил давеча.

— Неправда; я только на смех пою; у меня и голосу нет.

— Да и у меня голосу нет, а пою же.

— Так вы споете нам? Ну так и я вам спою, — сверкнула глазками Надя, —

только не теперь, а после обеда. Я терпеть не могу музыки, – прибавила она, – надоели эти фортопьяны; у нас ведь с утра до ночи все играют и поют – одна Катя чего стоит.

Вельчанинов тотчас привязался к слову, и оказалось, что Катерина Федосеевна одна из всех серьезно занимается на фортепьяно. Он тотчас к ней обратился с просьбой сыграть. Всем, видимо, стало приятно, что он обратился к Кате, а maman так даже покраснела от удовольствия. Катерина Федосеевна встала улыбаясь, и пошла к роялю, и вдруг, себе неожиданно, тоже вся закраснелась, и ужасно ей вдруг стало стыдно, что вот она такая большая, и уже двадцати четырех лет, и такая полная, а краснеет как девочка, – и все это было написано на ее лице, когда она садилась играть. Сыграла она что–то из Гайдна и сыграла отчетливо, хотя и без выражения; но она оробела. Когда она кончила, Вельчанинов стал ужасно хвалить ей не ее, а Гайдна и особенно ту маленькую вещицу, которую она сыграла, – и ей, видимо, стало так приятно, и она так благодарно и счастливо слушала похвалы не себе, а Гайдну, что Вельчанинов невольно посмотрел на нее и ласковее и внимательнее. "Э, да ты славная?" – засветилось в его взгляде – и все как бы разом поняли этот взгляд, а особенно сама Катерина Федосеевна.

– У вас славный сад, – обратился он вдруг ко всем, смотря на стеклянные двери балкона, – знаете, пойдемте–ка все в сад!

– Пойдемте, пойдемте! – раздались радостные взвизги, точно он угадал самое главное всеобщее желание.

В саду прогуляли до обеда. Госпожа Захлебинина, которой давно уже хотелось пойти заснуть, тоже не удержалась и вышла погулять со всеми, но благоразумно осталась посидеть и отдохнуть на балконе, где тотчас и задремала. В саду взаимные отношения Вельчанинова и всех девиц стали еще дружественнее. Он заметил, что с соседних дач присоединилось два-три очень молодых человека; один был студент, а другой и просто гимназист. Эти тотчас же подскочили каждый к своей девице, и видно было, что и пришли для них; третий же "молодой человек", очень мрачный и взъерошенный двадцатилетний мальчик, в огромных синих очках, стал торопливо и нахмуренно шептаться о чем–то с Марьей Никитишной и Надей. Он строго осматривал Вельчанинова и, казалось, считал себя обязанным относиться к нему с необыкновенным презрением. Некоторые девицы предлагали поскорее начать играть. На вопрос Вельчанинова, во что они играют, отвечали, что во все игры и в горелки, но что вечером будут играть в пословицы, то есть все садятся и один на время отходит; все же сидящие выбирают пословицу, например: "Тише едешь, дальше будешь", и когда того призовут, то каждый или каждая по порядку должны приготовить и сказать ему по одной фразе. Первый непременно говорит такую фразу, в которой есть слово "тише", второй –

такую, в которой есть слово "едешь", и т. д. А тот должен непременно подхватить все эти словечки и по ним угадать пословицу.

– Это должно быть очень забавно, – заметил Вельчанинов.

– Ах нет, прескучно, – ответили два–три голоса разом.

– А то мы в театр тоже играем, – заметила Надя, обращаясь к нему. – Вот видите это толстое дерево, около которого скамьей обведено: там, за деревом, будто бы кулисы и там актеры сидят, ну там король, королева, принцесса, молодой человек – как кто захочет; каждый выходит, когда ему вздумается, и говорит, что на ум придет, ну что–нибудь и выходит.

– Да это славно! – похвалил еще раз Вельчанинов.

– Ах нет, прескучно! Сначала каждый раз весело выходит, а под конец каждый раз бестолково, потому что никто не умеет кончить; разве вот с вами будет занимательнее. А то мы думали про вас, что вы друг Павла Павловича, а выходит, что он просто нахвастал. Я очень рада, что вы приехали... по одному случаю, – весьма серьезно и внушительно посмотрела она на Вельчанинова и тотчас же отошла к Марье Никитишне.

– В пословицы вечером будут играть, – вдруг конфиденциально шепнула Вельчанинову одна подружка, которую он до сих пор едва даже заметил и ни слова еще с нею не выговорил, – вечером над Павлом Павловичем все станут смеяться, так и вы тоже.

– Ах, как хорошо, что вы приехали, а то у нас все так скучно, – дружески проговорила ему другая подружка, которую он уже и совсем до сих пор не заметил, бог знает вдруг откуда явившаяся, рыженькая, с веснушками и с ужасно смешно разгоревшимся от ходьбы и от жару лицом.

Беспокойство Павла Павловича возрастало все более и более. В саду под конец Вельчанинов совершенно уже успел сойтись с Надей; она уже не выглядывала, как давеча, исподлобья и отложила, кажется, мысль его осматривать подробнее, а хохотала, прыгала, взвизгивала и раза два даже схватила его за руку; она была счастлива ужасно, на Павла же Павловича продолжала не обращать ни малейшего внимания, как бы не замечая его. Вельчанинов убедился, что существует положительный заговор против Павла Павловича; Надя с толпой девушек отвлекала Вельчанинова в одну сторону, а другие подружки под разными предлогами заманивали Павла Павловича в другую; но тот вырывался и тотчас же опрометью прибегал прямо к ним, то есть к Вельчанинову и Наде, и вдруг вставлял свою лысую и беспокойно подслушивающую голову между ними. Под конец он уже даже и не стеснялся; наивность его жестов и движений была иногда удивительная. Не мог не обратить еще раз особенного внимания Вельчанинов и на Катерину Федосеевну; ей, конечно, уже стало ясно теперь, что он вовсе не для нее приехал, а слишком уже заинтересовался Надей; но лицо ее было так же мило и благодушно, как давеча. Она, казалось, уже тем одним была счастлива, что находится тоже подле них и слушает то, что говорит новый гость; сама же, бедненькая, никак не умела ловко вмешаться в разговор.

— А какая славная у вас сестрица Катерина Федосеевна! — сказал Вельчанинов вдруг потихоньку Наде.

— Катя—то! Да добрее разве может быть душа, как у ней? Наш общий ангел, я в нее влюблена, — отвечала та восторженно.

Настал наконец и обед в пять часов, и тоже очень заметно было, что обед устроен не по—обыкновенному, а нарочно для гостя. Явилось два—три кушанья, очевидно прибавочные к обычному столу, довольно мудреные, а одно из них так и совсем какое—то странное, так что его и назвать никто бы не мог. Кроме обыкновенных столовых вин, появилась тоже, очевидно, придуманная для гостя бутылка токайского; под конец обеда для чего—то подали и шампанское. Старик Захлебинин, выпив лишнюю рюмку, был в самом благодушном настроении и готов был смеяться всему, что говорил Вельчанинов. Кончилось тем, что Павел Павлович наконец не выдержал: увлекшись соревнованием, он вдруг задумал тоже сказать какой—нибудь каламбур и сказал: на конце стола, где он сидел подле m—me Захлебининой, послышался вдруг громкий смех обрадовавшихся девиц.

— Папаша, папаша! Павел Павлович тоже каламбур сказал, — кричали две средние Захлебинины в один голос, — он говорит, что мы "девицы, на которых нужно дивиться..."

— А, и он каламбурит! Ну, какой же он сказал каламбур? — степенным голосом отозвался старик, покровительственно обращаясь к Павлу Павловичу и заранее улыбаясь ожидаемому каламбуру.

— Да вот же он и говорит, что мы "девицы, на которых нужно дивиться".

— Д—да! Ну так что ж? — старик все еще не понимал и еще добродушнее улыбался в ожидании.

— Ах, папаша, какой вы, не понимаете! Ну девицы и потом дивиться; девицы похоже на дивиться, девицы, на которых нужно дивиться...

— А—а—а! — озадаченно протянул старик. — Гм! Ну, — он в другой раз получше скажет! — и старик весело рассмеялся.

— Павел Павлович, нельзя же иметь все совершенства разом! — громко поддразнила Марья Никитишна. — Ах, боже мой, он костью подавился! — воскликнула она и вскочила со стула.

Поднялась даже суматоха, но Марье Никитишне только того и хотелось. Павел Павлович только захлебнулся вином, за которое он схватился, чтобы скрыть свой конфуз, но Марья Никитишна уверяла и клялась на все стороны, что это "рыбья кость, что она сама видела и что от этого умирают".

— Постучать по затылку! — крикнул кто—то.

– В самом деле и самое лучшее! – громко одобрил Захлебинин, но уже явились и охотницы: Марья Никитишна, рыженькая подружка (тоже приглашенная к обеду) и, наконец, сама мать семейства, ужасно перепугавшаяся, – все хотели стукать Павла Павловича по затылку. Выскочивший из-за стола Павел Павлович отвертывался и целую минуту должен был уверять, что он только поперхнулся вином и что кашель сейчас пройдет, – пока наконец-то догадались, что все это – проказы Марьи Никитишны.

– Ну, однако, уж ты, забияка!.. – строго заметила m-me Захлебинина Марье Никитишне, – но тотчас не выдержала и расхохоталась так, как с нею редко случалось, что тоже произвело своего рода эффект. После обеда все вышли на балкон пить кофе.

– И какие славные стоят дни! – благосклонно похвалил природу старик, с удовольствием смотря в сад, – только бы вот дождя... Ну, а я пойду отдохнуть. С богом, с богом, веселитесь! И ты веселись! – стукнул он, выходя, по плечу Павла Павловича.

Когда все опять сошли в сад, Павел Павлович вдруг подбежал к Вельчанинову и дернул его за рукав.

– На одну минутку-с, – прошептал он в нетерпении.

Они вышли в боковую, уединенную дорожку сада.

– Нет, уж здесь извините-с, нет, уж здесь я не дам-с... – яростно захлебываясь, прошептал он, ухватив Вельчанинова за рукав.

– Что? Чего? – спрашивал Вельчанинов, сделав большие глаза. Павел Павлович молча смотрел на него, шевелил губами и яростно улыбнулся.

– Куда же вы? Где же вы тут? Все уж готово! – послышались зовущие и нетерпеливые голоса девиц. Вельчанинов пожал плечами и воротился к обществу. Павел Павлович тоже бежал за ним.

– Бьюсь об заклад, что он у вас платка носового просил, – сказала Марья Никитишна, – прошлый раз он тоже забыл.

– Вечно забудет! – подхватила средняя Захлебинина.

– Платок забыл! Павел Павлович платок забыл! Maman, Павел Павлович опять платок носовой забыл, maman, у Павла Павловича опять насморк! – раздавались голоса.

– Так чего же он не скажет! Какой вы, Павел Павлович, щепетильный! – нараспев протянула m-me Захлебинина, – с насморком опасно шутить; я вам сейчас пришлю платок. И с чего у него все насморк! – прибавила она уходя, обрадовавшись случаю воротиться домой.

– У меня два платка-с и нет насморка-с! – прокричал ей вслед Павел Павлович, но та, видно, не разобрала, и через минуту, когда Павел Павлович трусил вслед за всеми и все поближе к Наде и Вельчанинову, запыхавшаяся горничная догнала его и принесла-таки ему платок.

– Играть, играть, в пословицы играть! – кричали со всех сторон, точно и бог знает чего ждали от "пословиц".

Выбрали место и уселись на скамейках; досталось отгадывать Марье Никитишне; потребовали, чтоб она ушла как можно дальше и не подслушивала; в отсутствие ее выбрали пословицу и роздали слова. Марья Никитишна воротилась и мигом отгадала. Пословица была: "Страшен сон, да милостив бог".

За Марьей Никитишной последовал взъерошенный молодой человек в синих очках. От него потребовали еще больше предосторожности, – чтоб он стал у беседки и оборотился лицом совсем к забору. Мрачный молодой человек исполнял свою должность с презрением и даже как будто ощущал некоторое нравственное унижение. Когда его кликнули, он ничего не мог угадать, обошел всех и выслушал, что ему говорили по два раза, долго и мрачно соображал, но ничего не выходило. Его пристыдили. Пословица была: "За богом молитва, а за царем служба не пропадают!"

– И пословица-то мерзость! – с негодованием проворчал уязвленный юноша, ретируясь на свое место.

– Ах, как скучно! – послышались голоса.

Пошел Вельчанинов; его спрятали еще дальше всех; он тоже не угадал.

– Ах, как скучно! – послышалось еще больше голосов.

– Ну теперь я пойду, – сказала Надя.

– Нет, нет, теперь Павел Павлович пойдет, очередь Павлу Павловичу, – закричали все и оживились немножко.

Павла Павловича отвели к самому забору, в угол, и поставили туда лицом, а чтобы он не оглянулся, приставили за ним смотреть рыженькую. Павел Павлович, уже ободрившийся и почти снова развеселившийся, намерен был свято исполнить свой долг и стоял как пень, смотря на забор и не смея обернуться. Рыженькая сторожила его в двадцати шагах позади, ближе к обществу, у беседки, и о чем-то перемигивалась в волнении с девицами; видно было, что и все чего-то ожидали с некоторым даже беспокойством; что-то приготовлялось. Вдруг рыженькая замахала из-за беседки руками. Мигом все вскочили и бросились бежать куда-то сломя голову.

– Бегите, бегите и вы! – шептали Вельчанинову десять голосов чуть не в ужасе оттого, что он не бежит.

– Что такое? Что случилось? – спрашивал он, поспевая за всеми.

– Тише, не кричите! Пусть он там стоит и смотрит на забор, а мы все убежим. Вот и Настя бежит.

Рыженькая (Настя) бежала сломя голову, точно бог знает что случилось, и махала руками. Прибежали наконец все за пруд, совсем на другой конец сада. Когда дошел сюда и Вельчанинов, то увидел, что

Катерина Федосеевна сильно спорила со всеми девицами и особенно с Надей и с Марьей Никитишной.

– Катя, голубчик, не сердись! – целовала ее Надя.

– Ну хорошо, я мамаше не скажу, но сама уйду, потому что это очень нехорошо. Что он, бедный, должен там у забора почувствовать.

Она ушла – из жалости, но все остальные пребыли неумолимы и безжалостны по-прежнему. От Вельчанинова строго потребовали, чтобы и он, когда воротится Павел Павлович, не обращал на него внимания, как будто ничего и не случилось. "А мы все давайте играть в горелки!" – прокричала в упоении рыженькая.

Павел Павлович присоединился к обществу по крайней мере только через четверть часа. Две трети этого времени он, наверное простоял у забора. Горелки были в полном ходу и удались отлично, – все кричали и веселились. Обезумев от ярости, Павел Павлович прямо подскочил к Вельчанинову и опять схватил его за рукав.

– На одну минуточку-с!

– О господи, что он все с своими минуточками!

– Опять платок просит, – прокричали им вслед.

– Ну уж этот раз это вы-с; тут уж теперь вы-с, вы причиной-с!.. – Павел Павлович даже стучал зубами, выговаривая это.

Вельчанинов прервал его и мирно посоветовал ему быть веселее, а то его совсем задразнят: "Оттого вас и дразнят, что вы злитесь, когда всем весело". К его удивлению, слова и совет ужасно поразили Павла Павловича; он тотчас притих, до того даже, что воротился к обществу как виноватый и покорно принял участие в общих играх; затем его несколько времени не беспокоили и играли с ним, как со всеми, – и не прошло получасу, как он опять почти что развеселился. Во всех играх он ангажировал себе в пару, когда надо было, преимущественно изменницу рыженькую или одну из сестер Захлебининых. Но, к еще пущему своему удивлению, Вельчанинов заметил, что Павел Павлович ни разу почти не осмелился сам заговорить с Надей, хотя беспрерывно юлил подле или невдалеке от нее; по крайней мере свое положение не примечаемого и презираемого ею он принимал как бы так и должное, натуральное. Но под конец с ним все-таки опять сыграли штучку.

Игра была "прятаться". Спрятавшийся мог, впрочем, перебегать по всему тому месту, где позволено было ему спрятаться. Павлу Павловичу, которому удалось схоронить себя, влезши в густой куст, вдруг вздумалось, перебегая, вскочить в дом. Раздались крики, его увидели; он по лестнице поспешно улизнул в антресоли, зная там одно местечко за комодом, где хотел притаиться. Но рыженькая взлетела вслед за ним, подкралась на цыпочках к двери и защелкнула ее на замок. Все тотчас, как давеча, перестали играть и опять убежали за пруд, на другой конец сада. Минут через десять Павел Павлович, почувствовав, что его никто не ищет, выглянул из окошка. Никого не было. Кричать он не стал, чтобы не разбудить родителей; горничной и служанке дано было строгое приказание не являться и не отзываться на зов Павла Павловича. Могла бы отпереть ему Катерина Федосеевна, но она, возвратясь в свою комнатку и сев помечтать, неожиданно тоже заснула. Он просидел таким образом около часу. Наконец стали появляться, как бы невзначай, проходя, по две и по три девицы.

— Павел Павлович, что вы к нам нейдете? Ах, как там весело! Мы в театр играем. Алексей Иванович "молодого человека" представлял.

— Павел Павлович, что же вы нейдете, на вас нужно дивиться! — замечали проходившие другие девицы.

— Чему опять дивиться? — раздался вдруг голос m—me Захлебининой, только что проснувшейся и решившейся наконец пройтись по саду и взглянуть на "детские" игры в ожидании чаю.

— Да вот Павел Павлович, — указали ей на окно, в которое выглядывало, искаженно улыбаясь, лицо, побледневшее от злости, — лицо Павла Павловича.

— И охота человеку сидеть одному, когда всем так весело! — покачала головою мать семейства.

Тем временем Вельчанинов удостоился наконец получить от Нади объяснение ее давешних слов о том, что она "рада его приезду по одному случаю". Объяснение произошло в уединенной аллее. Марья Никитишна нарочно вызвала Вельчанинова, участвовавшего в каких—то играх и уже начинавшего сильно тосковать, и привела его в эту аллею, где и оставила его одного с Надей.

— Я совершенно убедилась, — затрещала она смелой и быстрой скороговоркой, — что вы вовсе не такой друг Павла Павловича, как он об вас нахвастал. Я рассчитала, что только вы один можете оказать мне одну чрезвычайно важную услугу; вот его давешний скверный браслет, — вынула она футляр из кармашка, — я вас покорнейше буду просить возвратить ему немедленно, потому что сама я ни за что и никогда не заговорю с ним теперь во всю жизнь. Впрочем, можете сказать ему это от моего имени и прибавьте, чтоб он не смел вперед соваться с подарками. Об остальном я уже дам ему знать через других. Угодно вам сделать мне удовольствие, исполнить мое желание?

— Ах, ради бога, избавьте! — почти вскричал Вельчанинов, замахав руками.

— Как! Как избавьте? — неимоверно удивилась Надя его отказу и вытаращила на него глаза. Весь подготовленный тон ее порвался в один миг, и она чуть уж не плакала. Вельчанинов рассмеялся.

93

– Я не то чтобы... я очень бы рад... но у меня с ним свои счеты...

– Я знала, что вы ему не друг и что он налгал! – пылко и скоро перебила его Надя. – Я никогда не выйду за него замуж, знайте это! Никогда! Я не понимаю даже, как он осмелился... Только вы все–таки должны передать ему его гадкий браслет, а то как же мне быть? Я непременно, непременно хочу, чтоб он сегодня же, в тот же день, получил обратно и гриб съел. А если он нафискалит папаше, то увидит, как ему достанется.

Из–за куста вдруг и совсем неожиданно выскочил взъерошенный молодой человек в синих очках.

– Вы должны передать браслет, – неистово накинулся он на Вельчанинова, – уже во имя одних только прав женщины, если вы сами стоите на высоте вопроса...

Но он не успел докончить; Надя рванула его изо всей силы за рукав и оттащила от Вельчанинова.

– Господи, как вы глупы, Предпосылов! – закричала она. Ступайте вон! Ступайте вон, ступайте вон и не смейте подслушивать, я вам приказала далеко стоять!.. – затопала она на него ножками, и когда уже тот улизнул опять в свои кусты, она все–таки продолжала ходить поперек дорожки, как бы вне себя, взад и вперед, сверкая глазками и сложив перед собою обе руки ладошками.

– Вы не поверите, как они глупы! – остановилась она вдруг перед Вельчаниновым. – Вам вот смешно, а мне–то каково!

– Это ведь не он, не он? – смеялся Вельчанинов.

– Разумеется, не он, и как только вы могли это подумать! улыбнулась и закраснелась Надя. – Это только его друг. Но каких он выбирает друзей, я не понимаю, они все там говорят, что это "будущий двигатель", а я ничего не понимаю... Алексей Иванович, мне не к кому обратиться; последнее слово, отдадите вы или нет?

– Ну хорошо, отдам, давайте.

– Ах, вы милый, ах, вы добрый! – обрадовалась вдруг она, передавая ему футляр. – Я вам за это целый вечер петь буду, потому что я прекрасно пою, знайте это, а я давеча налгала, что музыки не люблю. Ах, кабы вы еще хоть разочек приехали, как бы я была рада, я бы вам все, все, все рассказала, и много бы кроме того, потому что вы такой добрый, такой добрый, как – как Катя!

И действительно, когда воротились домой, к чаю, она ему спела два романса голосом совсем еще не обработанным и только что начинавшимся, но довольно приятным и с силой. Павел Павлович, когда все воротились из саду, солидно сидел с родителями за чайным столом, на котором уже кипел большой семейный самовар и расставлены были фамильные чайные чашки северского фарфора. Вероятно, он рассуждал с стариками о весьма серьезных вещах – так как послезавтра он уезжал на целые девять месяцев. На вошедших из сада, и преимущественно на Вельчанинова, он даже и не поглядел; очевидно было тоже, что он не "нафискалил" и что все покамест было спокойно.

Но когда Надя стала петь, явился тотчас и он. Надя нарочно не ответила на один его прямой вопрос, но Павла Павловича это не смутило и не поколебало; он стал за спинкой ее стула, и весь вид его показывал, что это его место и что он его никому не уступит.

– Алексею Ивановичу петь, maman, Алексей Иванович хочет спеть! – закричали почти все девицы, теснясь к роялю, за который самоуверенно усаживался Вельчанинов, располагаясь сам себе аккомпанировать. Вышли и старики и Катерина Федосеевна, сидевшая с ними и разливавшая чай.

Вельчанинов выбрал один, почти никому теперь не известный романс Глинки:

Когда в час веселый откроешь ты губки
И мне заворкуешь нежнее голубки...

Он спел его, обращаясь к одной только Наде, стоявшей у самого его локтя и всех к нему ближе. Голосу у него давно уже не было, но видно было по остаткам, что прежде был недурной. Этот романс Вельчанинову удалось слышать в первый раз лет двадцать перед этим, когда он был еще студентом, от самого Глинки, в доме одного приятеля покойного композитора, на литературно-артистической холостой вечеринке. Расходившийся Глинка сыграл и спел все свои любимые вещи из своих сочинений, в том числе этот романс. У него тоже не оставалось тогда голосу, но Вельчанинов помнил чрезвычайное впечатление, произведенное тогда именно этим романсом. Какой-нибудь искусник, салонный певец, никогда бы не достиг такого эффекта. В этом романсе напряжение страсти идет, возвышаясь и увеличиваясь с каждым стихом, с каждым словом; именно от силы этого необычайного напряжения малейшая фальшь, малейшая утрировка и неправда, которые так легко сходят с рук в опере, – тут погубили и исказили бы весь смысл. Чтобы пропеть эту маленькую, но необыкновенную вещицу, нужна была непременно – правда, непременно настоящее, полное вдохновение, настоящая страсть или полное поэтическое ее усвоение. Иначе романс не только совсем бы не удался, но мог даже показаться безобразным и чуть ли не каким-то бесстыдным: невозможно было бы выказать такую силу напряжения страстного чувства, не возбудив отвращения, а правда и простодушие спасали все. Вельчанинов помнил, что этот романс ему и самому когда-то удавался. Он почти усвоил манеру пения Глинки; но теперь с первого же звука, с первого стиха и настоящее вдохновение зажглось в его душе и дрогнуло в голосе. С каждым словом романса все сильнее и смелее прорывалось и обнажалось чувство, в последних стихах послышались крики страсти, и когда он допел, сверкающим взглядом обращаясь к Наде, последние слова романса:

Теперь я смелее гляжу тебе в очи,
Уста приближаю и слушать нет мочи,
  Хочу целовать, целовать, целовать!
  Хочу целовать, целовать, целовать!

— то Надя вздрогнула почти от испуга, даже капельку отшатнулась назад; румянец залил ее щеки, и в то же мгновение как бы что-то отзывчивое промелькнуло Вельчанинову в застыдившемся и почти оробевшем ее личике. Очарование, а в то же время и недоумение проглядывали и на лицах всех слушательниц; всем как бы казалось, что невозможно и стыдно так петь, а в то же время все эти личики и глазки горели и сверкали и как будто ждали и еще чего-то. Особенно между этими лицами промелькнуло перед Вельчаниновым лицо Катерины Федосеевны, сделавшееся чуть не прекрасным.

— Ну романс! — пробормотал несколько опешенный старик Захлебинин. — Но... не слишком ли сильно? Приятно, но сильно...

— Сильно... — отозвалась было и m-me Захлебинина, но Павел Павлович ей не дал докончить: он вдруг выскочил вперед и, как помешанный, забывшись до того, что сам своей рукой схватил за руку Надю и отвел ее от Вельчанинова, подскочил к нему и потерянно смотрел на него, шевеля трясущимися губами.

— На одну минутку-с, — едва выговорил он наконец.

Вельчанинов ясно видел, что еще минута, и этот господин может решиться на что-нибудь в десять раз еще нелепее; он взял его поскорее за руку и, не обращая внимания на всеобщее недоумение, вывел на балкон и даже сошел с ним несколько шагов в сад, в котором уже почти совсем стемнело.

— Понимаете ли, что вы должны сейчас же, сию же минуту со мною уехать! — проговорил Павел Павлович.

— Нет, не понимаю...

— Помните ли, — продолжал Павел Павлович своим исступленным шепотом, — помните, как вы потребовали от меня тогда, чтобы я сказал вам все, все-с, откровенно-с, "самое последнее слово...", помните ли-с? Ну, так пришло время сказать это слово-с... поедемте-с!

Вельчанинов подумал, взглянул еще раз на Павла Павловича и согласился уехать.

Внезапно возвещенный их отъезд взволновал родителей и возмутил всех девиц ужасно.

— Хотя бы по другой чашке чаю... — жалобно простонала m–me Захлебинина.

— Ну уж ты, чего взволновался? — с строгим и недовольным тоном обратился старик к ухмылявшемуся и отмалчивавшемуся Павлу Павловичу.

— Павел Павлович, зачем вы увозите Алексея Ивановича? — жалобно заворковали девицы, в то же время ожесточенно на него посматривая. Надя же так злобно на него поглядела, что он весь покривился, но – не сдался.

— А ведь и в самом деле Павел Павлович – спасибо ему – напомнил мне о чрезвычайно важном деле, которое я мог упустить, — смеялся Вельчанинов, пожимая руку хозяину, откланиваясь хозяйке и девицам и как бы особенно перед всеми ими Катерине Федосеевне, что было опять всеми замечено.

— Мы вам благодарны за посещение и вам всегда рады, все, — веско заключил Захлебинин.

— Ах, мы так рады... — с чувством подхватила мать семейства.

— Приезжайте, Алексей Иванович! приезжайте! — слышались многочисленные голоса с балкона, когда он уже уселся с Павлом Павловичем в коляску; чуть ли не было одного голоска, проговорившего потише других: "Приезжайте, милый, милый Алексей Иванович!"

"Это рыженькая!" – подумал Вельчанинов.

XIII

НА ЧЬЕМ КРАЮ БОЛЬШЕ

Он мог подумать о рыженькой, а между тем досада и раскаяние давно уже томили его душу. Да и во весь этот день, казалось бы так забавно проведенный, – тоска почти не оставляла его. Перед тем как петь романс, он уже не знал, куда от нее деваться; может, оттого и пропел с таким увлечением.

"И я мог так унизиться... оторваться от всего!" – начал было он упрекать себя, но поспешно прервал свои мысли. Да и унизительно показалось ему плакаться; гораздо приятнее было на кого–нибудь поскорей рассердиться.

– Дур–рак! – злобно прошептал он, накосившись на сидевшего с ним рядом в коляске и примолкшего Павла Павловича.

Павел Павлович упорно молчал, может быть сосредоточиваясь и приготовляясь. С нетерпеливым жестом снимал он иногда с себя шляпу и вытирал себе лоб платком.

– Потеет! – злобился Вельчанинов.

Однажды только Павел Павлович отнесся с вопросом к кучеру: "Будет гроза или нет?"

– И–и какая! Непременно будет; весь день парило. – Действительно, небо темнело и вспыхивали отдаленные молнии. В город въехали уже в половине одиннадцатого.

– Я ведь к вам–с, – предупредительно обратился Павел Павлович к Вельчанинову уже неподалеку от дома.

– Понимаю; но я вас уведомляю, что чувствую себя серьезно нездоровым...

– Не засижусь, не засижусь!

Когда стали входить в ворота, Павел Павлович забежал на минутку в дворницкую к Мавре.

– Чего вы туда забегали? – строго спросил Вельчанинов, когда тот догнал его и вошли в комнаты.

– Ничего–с, так–с... извозчик–с...

– Я вам пить не дам!

Ответа не последовало. Вельчанинов зажег свечи, а Павел Павлович тотчас же уселся в кресло. Вельчанинов нахмуренно остановился перед ним.

– Я вам тоже обещал сказать и мое "последнее" слово, – начал он с внутренним, еще подавляемым раздражением, – вот оно, это слово: считаю по совести, что все дела между нами обоюдно покончены, так что нам не об чем даже и говорить; слышите – не об чем; а потому не лучше ли вам сейчас уйти, а я за вами дверь запру.

– Поквитаемтесь, Алексей Иванович! – проговорил Павел Павлович, но как–то особенно кротко смотря ему в глаза.

– По–кви–таемтесь? – удивился ужасно Вельчанинов: – Странное слово вы выговорили! В чем же "поквитаемтесь"? Ба! Да это уж не то ли ваше "последнее слово", которое вы мне давеча обещали... открыть?

– Оно самое–с.

– Не в чем нам более сквитываться, мы – давно сквитались! – гордо произнес Вельчанинов.

– Неужели вы так думаете–с? – проникнутым голосом проговорил Павел Павлович, как–то странно сложив перед собою руки, пальцы в пальцы, и держа их перед грудью. Вельчанинов не ответил ему и пошел шагать но комнате. "Лиза? Лиза?" – стонало в его сердце.

— А впрочем, чем же вы хотели сквитаться? – нахмуренно обратился он к нему после довольно продолжительного молчания. Тот все это время провожал его по комнате глазами, держа перед собою по–прежнему сложенные руки.

— Не ездите туда более–с, – почти прошептал он умоляющим голосом и вдруг встал со стула.

— Как? Так вы только про это? – Вельчанинов злобно рассмеялся. – Однако ж дивили вы меня целый день сегодня! – начал было он ядовито, но вдруг все лицо его изменилось: – Слушайте меня, – грустно и с глубоким откровенным чувством проговорил он, – я считаю, что никогда и ничем я не унижал себя так, как сегодня, – во–первых, согласившись ехать с вами, и потом – тем, что было там... Это было так мелочно, так жалко... я опоганил и оподлил себя, связавшись... и позабыв... Ну да что! – спохватился он вдруг, – слушайте: вы напали на меня сегодня невзначай, на раздраженного и больного... ну да нечего оправдываться! Туда я более не поеду и уверяю вас, что не имею никаких там интересов, – заключил он решительно.

— Неужели, неужели? – не скрывая своего радостного волнения, вскричал Павел Павлович. Вельчанинов с презрением посмотрел на него и опять пошел расхаживать по комнате.

— Вы, кажется, во что бы то ни стало решились быть счастливым? – не утерпел он наконец не заметить.

— Да–с, – тихо и наивно подтвердил Павел Павлович.

“Что мне в том, – думал Вельчанинов, – что он шут и зол только по глупости? Я его все–таки не могу не ненавидеть, – хотя бы он и не стоил того!”

— Я “вечный муж–с”! – проговорил Павел Павлович с приниженно-покорною усмешкой над самим собой. – Я это словечко давно уже знал от вас, Алексей Иванович, еще когда вы жили с нами там–с. Я много ваших слов тогда запомнил, в тот год. В прошлый раз, когда вы сказали здесь “вечный муж”, я и сообразил–с.

Мавра вошла с бутылкой шампанского и с двумя стаканами.

— Простите, Алексей Иванович, вы знаете, что без этого я не могу–с. Не сочтите за дерзость; посмотрите как на постороннего и вас не стоящего–с...

— Да... – с отвращением позволил Вельчанинов, – но уверяю вас, что я чувствую себя нездоровым...

— Скоро, скоро, сейчас, в одну минуту! – захлопотал Павел Павлович. – Всего один только стаканчик, потому что горло...

Он с жадностию и залпом выпил стакан и сел, – чуть не с нежностью посматривая на Вельчанинова. Мавра ушла.

— Экая мерзость! – шептал Вельчанинов.

– Это только подружки–с, – бодро проговорил вдруг Павел Павлович, совершенно оживившись.

– Как! Что? Ах да, вы все про то...

– Только подружки–с! И притом так еще молодо; из грациозности куражимся, вот–с! Даже прелестно. А там – там вы знаете: рабом ее стану; увидит почет, общество... совершенно перевоспитается–с.

“Однако ж ему надо браслет отдать!” – нахмурился Вельчанинов, ощупывая футляр в кармане своего пальто.

– Вы вот говорите–с, что вот я решился быть счастливым? Мне надо жениться, Алексей Иванович, – конфиденциально и почти трогательно продолжал Павел Павлович, – иначе что же из меня выйдет? Сами видите–с! – указал он на бутылку. – А это лишь одна сотая качеств–с. Я совсем не могу без женитьбы–с и –без новой веры–с;уверую и воскресну–с.

– Да мне–то для чего вы это сообщаете? – чуть не фыркнул со смеха Вельчанинов. Дико, впрочем, все это казалось ему.

– Да скажите же мне наконец, – вскричал он, – для чего вы меня туда таскали? Я–то на что вам там надобился?

– Чтобы испытать–с... – как–то вдруг смутился Павел Павлович.

– Что испытать?

– Эффект–с... Я, вот видите ли, Алексей Иванович, всего только неделю как... там ищу–с (он конфузился все более и более). Вчера встретил вас и подумал: “Я ведь никогда еще ее не видал в постороннем, так сказать, обществе–с, то есть мужском–с, кроме моего–с...” Глупая мысль–с, сам теперь чувствую; излишняя–с. Слишком уж захотелось–с, от скверного моего характера–с... – Он вдруг поднял голову и покраснел.

“Неужели он всю правду говорит?” – дивился Вельчанинов до столбняка.

– Ну и что ж? – спросил он.

Павел Павлович сладко и как–то хитро улыбнулся.

– Одно лишь прелестное детство–с! Все подружки–с! Простите меня только за мое глупое поведение сегодня перед вами, Алексей Иванович; никогда не буду–с; да и более никогда этого не будет.

– Да и меня там не будет, – усмехнулся Вельчанинов.

– Я отчасти на этот счет и говорю–с.

Вельчанинов немножко покоробился.

– Однако ж ведь не один я на свете, – раздражительно заметил он.

Павел Павлович опять покраснел.

– Мне это грустно слышать, Алексей Иванович, и я так, поверьте, уважаю Надежду Федосеевну...

– Извините, извините, я ничего не хотел, – мне вот только странно немного, что вы так преувеличенно оценили мои средства... – и... так искренно на меня понадеялись...

– Именно потому и понадеялся–с, что это было после всего–с... что уже было–с.

– Стало быть, вы и теперь считаете меня, коли так, за благороднейшего человека? – остановился вдруг Вельчанинов. Он бы сам в другую минуту ужаснулся наивности своего внезапного вопроса.

– Всегда и считал–с, – опустил глаза Павел Павлович.

– Ну да, разумеется... я не про то, то есть не в том смысле, – я хотел только сказать, что, несмотря ни на какие... предубеждения...

– Да–с, несмотря и на предубеждения–с.

– А когда в Петербург ехали? – не мог уже сдержаться Вельчанинов, сам чувствуя всю чудовищность своего любопытства.

– И когда в Петербург ехал, за наиблагороднейшего человека считал вас–с. Я всегда уважал вас, Алексей Иванович, – Павел Павлович поднял глаза и ясно, уже нисколько не конфузясь, глядел на своего противника. Вельчанинов вдруг струсил: ему решительно не хотелось, чтобы что-нибудь случилось или чтобы что–нибудь перешло за черту, тем более что сам вызвал.

– Я вас любил, Алексей Иванович, – произнес Павел Павлович, как бы вдруг решившись, – и весь тот год в Т. любил–с. Вы не заметили–с, – продолжал он немного вздрагивавшим голосом, к решительному ужасу Вельчанинова, – я стоял слишком мелко в сравнении с вами–с, чтобы дать вам заметить. Да и не нужно, может быть, было–с. И во все эти девять лет я об вас запомнил–с, потому что я такого года не знал в моей жизни, как тот. (Глаза Павла Павловича как–то особенно заблистали.) Я многие ваши слова и изречения запомнил–с, ваши мысли–с. Я об вас как об пылком к доброму чувству и образованном человеке всегда вспоминал–с, высокообразованном–с и с мыслями–с. "Великие мысли происходят не столько от великого ума, сколько от великого чувства–с" – вы сами это сказали, может, забыли, а я запомнил–с. Я на вас всегда как на человека с великим чувством, стало быть, и рассчитывал–с... а стало быть, и верил–с – несмотря ни на что–с... – Подбородок его вдруг затрясся. Вельчанинов был в совершенном испуге; этот неожиданный тон надо было прекратить во что бы ни стало.

– Довольно, пожалуйста, Павел Павлович, – пробормотал он, краснея и в раздраженном нетерпении, – и зачем, зачем, – вскричал он вдруг, – зачем привязываетесь вы к больному, раздраженному человеку, чуть не в бреду человеку, и тащите его в эту тьму... тогда как – все призрак, и мираж, и ложь, и стыд, и неестественность, и – не в меру, – а это главное, это всего стыднее, что не в меру! И все вздор: оба мы порочные, подпольные, гадкие люди... И хотите, хотите, я сейчас докажу вам, что вы меня не только не любите, а ненавидите, изо всех сил, и что вы лжете, сами не зная того: вы взяли меня и повезли туда вовсе не для смешной этой цели, чтобы невесту испытать (придет же в голову!), – а просто увидели меня вчера и озлились и повезли меня, чтобы мне показать и сказать: "Видишь какая! Моя будет; ну–ка попробуй тут теперь!" Вы вызов мне сделали! Вы, может быть, сами не знали, а это было так, потому что вы все это чувствовали... А без ненависти такого вызова сделать нельзя; стало быть, вы меня ненавидели! – Он бегал по комнате, выкрикивая это, и всего более мучило и обижало его унизительное сознание, что он сам до такой степени снисходит до Павла Павловича.

– Я помириться с вами желал, Алексей Иванович! – вдруг решительно произнес тот скорым шепотом, и подбородок его снова запрыгал. Неистовая ярость овладела Вельчаниновым, как будто никогда и никто еще не наносил ему подобной обиды!

– Говорю же вам еще раз, – завопил он, – что вы на больного и раздраженного человека... повисли, чтобы вырвать у него какое–нибудь несбыточное слово, в бреду! Мы... да мы люди разных миров, поймите же это, и... и... между нами одна могила легла! – неистово прошептал он – и вдруг опомнился...

– А почем вы знаете, – исказилось вдруг и побледнело лицо Павла Павловича, – почем вы знаете, что значит эта могилка здесь... у меня–с! – вскричал он, подступая к Вельчанинову и с смешным, но ужасным жестом ударяя себя кулаком в сердце. – Я знаю эту здешнюю могилку–с, и мы оба по краям этой могилы стоим, только на моем краю больше, чем на вашем, больше–с... – шептал он как в бреду, все продолжая себя бить в сердце, – больше–с, больше–с – больше–с... – Вдруг необыкновенный удар в дверной колокольчик заставил очнуться обоих. Позвонили так сильно, что, казалось, кто–то дал себе слово сорвать с первого удара звонок.

– Ко мне так не звонят, – в замешательстве проговорил Вельчанинов.

– Да ведь и не ко мне же–с, – робко прошептал Павел Павлович, тоже очнувшийся и мигом обратившийся в прежнего Павла Павловича. Вельчанинов нахмурился и пошел отворить дверь.

– Господин Вельчанинов, если не ошибаюсь? – послышался молодой, звонкий и необыкновенно самоуверенный голос из передней.

– Чего вам?

– Я имею точное сведение, – продолжал звонкий голос, – что некто Трусоцкий находится в настоящую минуту у вас. Я должен непременно его сейчас видеть. – Вельчанинову, конечно, было бы приятно – сейчас же вывихнуть хорошим пинком этого самоуверенного господина на лестницу. Но он подумал, посторонился и пропустил его.

– Вот господин Трусоцкий, войдите...

XIV

САШЕНЬКА И НАДЕНЬКА

В комнату вошел очень молодой человек, лет девятнадцати, даже, может быть, и несколько менее, – так уж моложаво казалось его красивое, самоуверенно вздернутое лицо. Он был недурно одет, по крайней мере все на нем хорошо сидело; ростом повыше среднего; черные, густые, разбитые космами волосы и большие, смелые, темные глаза – особенно выдавались в его физиономии. Только нос был немного широк и вздернут кверху; не будь этого, был бы совсем красавчик. Вошел он важно.

– Я, кажется, имею – случай – говорить с господином Трусоцким, – произнес он размеренно и с особенным удовольствием отмечая слово "случай", то есть тем давая знать, что никакой чести и никакого удовольствия в разговоре с господином Трусоцким для него быть не может.

Вельчанинов начинал понимать; кажется, и Павлу Павловичу что-то уже мерещилось. В лице его выразилось беспокойство; он, впрочем, себя поддержал.

– Не имея чести вас знать, – осанисто отвечал он, – полагаю, что не могу иметь с вами и никакого дела-с.

– Вы сперва выслушаете, а потом уже скажете ваше мнение, – самоуверенно и назидательно произнес молодой человек и, вынув черепаховый лорнет, висевший у него на шнурке, стал разглядывать в него бутылку шампанского, стоявшую на столе. Спокойно кончив осмотр бутылки, он сложил лорнет и, обращаясь снова к Павлу Павловичу, произнес:

– Александр Лобов.

– А что такое это Александр Лобов-с?

– Это я. Не слыхали?

– Нет-с.

– Впрочем, где же вам знать. Я с важным делом, собственно до вас касающимся; позвольте, однако ж, сесть, я устал...

– Садитесь, – пригласил Вельчанинов, – но молодой человек успел усесться еще и до приглашения. Несмотря на возраставшую боль в груди, Вельчанинов интересовался этим маленьким нахалом. В хорошеньком, детском и румяном его личике померещилось ему какое-то отдаленное сходство с Надей.

– Садитесь и вы, – предложил юноша Павлу Павловичу, указывая ему небрежным кивком головы место напротив.

– Ничего-с, постою.

– Устанете. Вы, господин Вельчанинов, можете, пожалуй, не уходить.

– Мне и некуда уходить, я у себя.

– Как хотите. Я, признаюсь, даже желаю, чтобы вы присутствовали при моем объяснении с этим господином. Надежда Федосеевна довольно лестно вас мне отрекомендовала.

– Ба! Когда это она успела?

– Да сейчас после вас же, я ведь тоже оттуда. Вот что, господин Трусоцкий, – повернулся он к стоявшему Павлу Павловичу, – мы, то есть я и Надежда Федосеевна, – цедил он сквозь зубы, небрежно разваливаясь в креслах, – давно уже любим друг друга и дали друг другу слово. Вы теперь между нами помеха; я пришел вам предложить, чтобы вы очистили место. Угодно вам будет согласиться на мое предложение?

Павел Павлович даже покачнулся; он побледнел, но ехидная улыбка тотчас же выдавилась на его губах.

– Нет-с, нимало не угодно-с, – отрезал он лаконически.

– Вот как! – повернулся в креслах юноша, заломив нога за ногу.

– Даже не знаю, с кем и говорю-с, – прибавил Павел Павлович, – думаю даже, что и не об чем нам и продолжать.

Высказав это, он тоже нашел нужным присесть.

– Я сказал, что устанете, – небрежно заметил юноша, – я имел сейчас случай известить вас, что мое имя Лобов и что я и Надежда Федосеевна, мы дали друг другу слово, – следовательно, вы не можете говорить, как сейчас сказали, что не знаете, с кем имеете дело; не можете тоже думать, что нам не об чем с вами продолжать разговор: не говоря уже обо мне, – дело касается Надежды Федосеевны, к которой вы так нагло пристаете. А уж одно это составляет достаточную причину для объяснений.

Все это он процедил сквозь зубы, как фат, чуть-чуть даже удостаивая выговаривать слова; даже опять вынул лорнет и на минутку на что-то направил его, пока говорил.

– Позвольте, молодой человек... – раздражительно воскликнул было Павел Павлович, но "молодой человек" тотчас же осадил его.

– Во всякое другое время я, конечно бы, запретил вам называть меня "молодым человеком", но теперь, сами согласитесь, что моя молодость есть мое главное перед вами преимущество и что вам и очень бы хотелось, например, сегодня, когда вы дарили ваш браслет, быть при этом хоть капельку помоложе.

– Ах ты пескарь! – прошептал Вельчанинов.

– Во всяком случае, милостивый государь, – с достоинством поправился Павел Павлович, – я все-таки не нахожу выставленных вами причин, – причин неприличных и весьма сомнительных, – достаточными, чтобы продолжать об них прение-с. Вижу, что все это дело детское и пустое; завтра же справлюсь у почтеннейшего Федосея Семеновича, а теперь прошу вас уволить–с.

– Видите ли вы склад этого человека! – вскричал тотчас же, не выдержав тона, юноша, горячо обращаясь к Вельчанинову. – Мало того, что его оттуда гонят, выставляя ему язык, – он еще хочет завтра на нас доносить старику! Не доказываете ли вы этим, упрямый человек, что вы хотите взять девушку насильно, покупаете ее у выживших из ума людей, которые вследствие общественного варварства сохраняют над нею власть? Ведь уж достаточно, кажется, она показала вам, что вас презирает; ведь вам возвратили же ваш сегодняшний неприличный подарок, ваш браслет? Чего же вам больше?

– Никакого браслета никто мне не возвращал, да и не может этого быть, – вздрогнул Павел Павлович.

– Как не может? Разве господин Вельчанинов вам не передал?

“Ах, черт бы тебя взял!” – подумал Вельчанинов.

– Мне действительно, – проговорил он хмурясь, – Надежда Федосеевна поручила давеча передать вам, Павел Павлович, этот футляр. Я не брал, но она – просила... вот он... мне досадно...

Он вынул футляр и положил его в смущении перед оцепеневшим Павлом Павловичем.

– Почему же вы до сих пор не передали? – строго обратился молодой человек к Вельчанинову.

– Не успел, стало быть, – нахмурился тот.

– Это странно.

– Что–о–о?

– Уж по крайней мере странно, согласитесь сами. Впрочем, я согласен признать, что тут – недоразумение.

Вельчанинову ужасно захотелось сейчас же встать и выдрать мальчишку за уши, но он не мог удержаться и вдруг фыркнул на него от смеха; мальчик тотчас же и сам засмеялся. Не то было с Павлом Павловичем; если бы Вельчанинов мог заметить его ужасный взгляд на себе, когда он расхохотался над Лобовым, – то он понял бы, что этот человек в это мгновение переходит за одну роковую черту... Но Вельчанинов, хотя взгляда и не видал, но понял, что надо поддержать Павла Павловича.

– Послушайте, господин Лобов, – начал он дружественным тоном, – не входя в рассуждение о прочих причинах, которых я не хочу касаться, я бы заметил вам только то, что Павел Павлович все–таки приносит с собою, сватаясь к Надежде Федосеевне, – во–первых, полную о себе известность в этом почтенном семействе; во–вторых, отличное и почтенное свое положение; наконец, состояние, а следовательно, он естественно должен удивляться, смотря на такого соперника, как вы, – человека, может быть, и с большими достоинствами, но до того уже молодого, что вас он никак не может принять за соперника серьезного... а потому и прав, прося вас окончить.

— Что это такое значит "до того молодого"? Мне уж месяц, как минуло девятнадцать лет. По закону я давно могу жениться. Вот вам и все.

— Но какой же отец решится отдать за вас свою дочь теперь — будь вы хоть размиллионер в будущем или там какой-нибудь будущий благодетель человечества? Человек девятнадцати лет даже и за себя самого — отвечать не может, а вы решаетесь еще брать на совесть чужую будущность, то есть будущность такого же ребенка, как вы! Ведь это не совсем тоже благородно, как вы думаете? Я позволил себе высказать потому, что вы сами давеча обратились ко мне как к посреднику между вами и Павлом Павловичем.

— Ах да, кстати, ведь его зовут Павлом Павловичем! — заметил юноша. — Как же это мне все мерещилось, что Васильем Петровичем? Вот что-с, — оборотился он к Вельчанинову, — вы меня не удивили нисколько; я знал, что вы все такие! Странно, однако ж, что об вас мне говорили как об человеке даже несколько новом. Впрочем, это все пустяки, а дело в том, что тут не только нет ничего неблагородного с моей стороны, как вы позволили себе выразиться, но даже совершенно напротив, что и надеюсь вам растолковать: мы, во-первых, дали друг другу слово, и, кроме того, я прямо ей обещался, при двух свидетелях, в том, что если она когда полюбит другого или просто раскается, что за меня вышла, и захочет со мной развестись, то я тотчас же выдаю ей акт в моем прелюбодеянии, — и тем поддержу, стало быть, где следует, ее просьбу о разводе. Мало того: в случае, если бы я впоследствии захотел на попятный двор и отказался бы выдать этот акт, то, для ее обеспечения, в самый день нашей свадьбы, я выдам ей вексель в сто тысяч рублей на себя, так что в случае моего упорства насчет выдачи акта она сейчас же может передать мой вексель — и меня под сюркуп [5] ! Таким образом все обеспечено, и ничьей будущностью я не рискую. Ну-с, это, во-первых.

— Бьюсь об заклад, что это тот — как его — Предпосылов вам выдумал? — вскричал Вельчанинов.

— Хи-хи-хи! — ядовито захихикал Павел Павлович.

— Чего этот господин хихикает? Вы угадали, — это мысль Предпосылова; и согласитесь, что хитро. Нелепый закон совершенно парализован. Разумеется, я намерен любить ее всегда, а она ужасно хохочет, — но ведь все-таки ловко, и согласитесь, что уж благородно, что этак не всякий решится сделать?

---

[5] (франц.- surcoupe)—карточный термин, здесь в смысле: привелчь к ответственности.

– По–моему, не только не благородно, но даже гадко.

Молодой человек вскинул плечами.

– Опять–таки вы меня не удивляете, – заметил он после некоторого молчания, – все это слишком давно перестало меня удивлять. Предпосылов, так тот прямо бы вам отрезал, что подобное ваше непонимание вещей самых естественных происходит от извращения самых обыкновенных чувств и понятий ваших – во–первых, долгою нелепою жизнию, а во–вторых, долгою праздностью. Впрочем, мы, может быть, еще не понимаем друг друга; мне все–таки об вас говорили хорошо... Лет пятьдесят вам, однако, уже есть?

– Перейдите, пожалуйста, к делу.

– Извините за нескромность и не досадуйте; я без намерения. Продолжаю: я вовсе не будущий размиллионер, как вы изволили выразиться (и что у вас за идея была!). Я весь тут, как видите, но зато в будущности моей я совершенно уверен. Героем и благодетелем ничьим не буду, а себя и жену обеспечу. Конечно, у меня теперь ничего нет, я даже воспитывался в их доме, с самого детства...

– Как так?

– А так, что я сын одного отдаленного родственника жены этого Захлебинина, и когда все мои померли и оставили меня восьми лет, то старик меня взял к себе и потом отдал в гимназию. Этот человек даже добрый, если хотите знать...

– Я это знаю–с...

– Да; но слишком уж древняя голова. Впрочем, добрый. Теперь, конечно, я давно уже вышел из–под его опеки, желая сам заработывать жизнь и быть одному себе обязанным.

– А когда вы вышли? – полюбопытствовал Вельчанинов.

– Да уж месяца с четыре будет.

– А, ну так это все теперь и понятно: друзья с детства! Что же, вы место имеете?

– Да, частное, в конторе одного нотариуса, на двадцати пять в месяц. Конечно, только покамест, но когда я делал там предложение, то и того не имел. Я тогда служил на железной дороге, на десяти рублях, но все это только покамест.

– А разве вы делали и предложение?

– Формальное предложение, и давно уже, недели с три.

– Ну и что ж?

– Старик очень рассмеялся, а потом очень рассердился, ее так заперли наверху в антресолях. Но Надя геройски выдержала. Впрочем, вся неудача была оттого, что он еще прежде на меня зуб точил за то, что я в департаменте место бросил, куда он меня определил четыре месяца назад, еще до железной дороги. Он старик славный, я опять повторю, дома простой и веселый, но чуть в департаменте, вы и представить не можете! Это Юпитер какой–то сидит! Я, естественно, дал ему знать, что его манеры мне перестают нравиться, но тут главное все вышло из–за помощника столоначальника: этот господин вздумал нажаловаться, что я будто бы ему "нагрубил", а я ему всего только и сказал, что он неразвит. Я бросил их всех и теперь у нотариуса.

— А в департаменте много получали?

— Э, сверхштатным! Старик же и давал на содержание, я говорю вам, он добрый; но мы все–таки не уступим. Конечно, двадцать пять рублей не обеспечение, но я вскорости надеюсь принять участие в управлении расстроенными имениями графа Завилейского, тогда прямо на три тысячи; не то в присяжные поверенные. Нынче людей ищут... Ба! какой гром, гроза будет, хорошо, что я до грозы успел; я ведь пешком оттуда, почти все бежал.

— Но позвольте, когда же вы успели, коли так, переговорить с Надеждой Федосеевной, — если к тому же вас и не принимают?

— Ах, да ведь через забор можно! рыженькую–то заметили давеча? — засмеялся он. — Ну вот и она тут хлопочет и Марья Никитишна; только змея эта Марья Никитишна!.. чего морщитесь? Не боитесь ли грому?

— Нет, я нездоров, очень нездоров... — Вельчанинов действительно, мучаясь от своей внезапной боли в груди, привстал с кресла и попробовал походить по комнате.

— Ах, так я вам, разумеется, мешаю, — не беспокойтесь, сейчас! — и юноша вскочил с места.

— Не мешаете, ничего, — поделикатничал Вельчанинов.

— Какое ничего, когда "у Кобыльникова живот болит", — помните у Щедрина? Вы любите Щедрина?

— Да...

— И я тоже. Ну–с, Василий... ах да, бишь, Павел Павлович, кончимте–с! — почти смеясь, обратился он к Павлу Павловичу. — Формулирую для вашего понимания еще раз вопрос: согласны ли вы завтра же отказаться официально перед стариками и в моем присутствии от всяких претензий ваших насчет Надежды Федосеевны?

— Не согласен нимало–с, — с нетерпеливым и ожесточенным видом поднялся и Павел Павлович, — и к тому же еще раз прошу меня избавить–с... потому что все это детство и глупости–с.

— Смотрите! — погрозил ему пальцем юноша с высокомерной улыбкой, — не ошибитесь в расчете! Знаете ли, к чему ведет подобная ошибка в расчете? А я так предупреждаю вас, что через девять месяцев, когда вы уже там израсходуетесь, измучаетесь и сюда воротитесь, — вы здесь сами от Надежды Федосеевны принуждены будете отказаться, а не откажетесь, — так вам же хуже будет; вот до чего вы дело доведете! Я вас должен предуведомить, что вы теперь как собака на сене, – извините, это только сравнение, – ни себе, ни другим. По гуманности повторяю: размыслите, принудьте себя хоть раз в жизни основательно размыслить.

– Прошу вас избавить меня от морали, – яростно вскричал Павел Павлович, – а насчет ваших скверных намеков я завтра же приму свои меры–с, строгие меры–с!

– Скверных намеков? Да вы про что ж это? Сами вы скверный, если это у вас в голове. Впрочем, я согласен подождать до завтра, но если... Ах, опять этот гром! До свиданья, очень рад знакомству, – кивнул он Вельчанинову и побежал, видимо спеша предупредить грозу и не попасть под дождь.

XV

СКВИТАЛИСЬ

– Видели–с? видели–с? – подскочил Павел Павлович к Вельчанинову, едва только вышел юноша.

– Да, не везет вам! – невзначай проговорился Вельчанинов. Он бы не сказал этих слов, если б не мучила и не злила его так эта возраставшая боль в груди. Павел Павлович вздрогнул, как от обжога.

– Ну–с, а вы–с – знать меня жалеючи браслета не возвращали – хе?

– Я не успел...

– От сердца жалеючи, как истинный друг истинного друга?

– Ну да, жалел, – озлобился Вельчанинов.

Он, однако же, рассказал ему вкратце о том, как получил давеча браслет обратно и как Надежда Федосеевна почти насильно заставила его принять участие...

– Понимаете, что я ни за что бы не взял; столько и без того неприятностей!

– Увлеклись и взялись! – прохихикал Павел Павлович.

– Глупо это с вашей стороны; впрочем, вас извинить надо. Сами ведь видели сейчас, что не я в деле главный, а другие!

– Все-таки увлеклись–с.

Павел Павлович сел и налил свой стакан.

– Вы полагаете, что я мальчишке–то уступлю–с? В бараний рог согну, вот что–с! Завтра же поеду и все согну. Мы душок этот выкурим, из детской–то–с...

Он выпил почти залпом стакан и налил еще; вообще стал действовать с необычной до сих пор развязностью.

– Ишь, Наденька с Сашенькой, милые деточки, – хи-хи-хи!

Он не помнил себя от злобы. Раздался опять сильнейший удар грома; ослепительно сверкнула молния, и дождь пролился как из ведра. Павел Павлович встал и запер отворенное окно.

– Давеча он вас спрашивает: "Не боитесь ли грому" – хи-хи! Вельчанинов грому боится! У Кобыльникова – как это – у Кобыльникова... А про пятьдесят-то лет – а? Помните-с? – ехидничал Павел Павлович.

– Вы, однако же, здесь расположились, – заметил Вельчанинов, едва выговаривая от боли слова, – я лягу... вы как хотите.

– Да и собаку в такую погоду не выгонят! – обидчиво подхватил Павел Павлович, впрочем почти радуясь, что имеет право обидеться.

– Ну да, сидите, пейте... хоть ночуйте! – промямлил Вельчанинов, протянулся на диване и слегка застонал.

– Ночевать-с? А вы – не побоитесь-с?

– Чего? – приподнял вдруг голову Вельчанинов.

– Ничего-с, так-с. В прошлый раз вы как бы испугались-с, али мне только померещилось...

– Вы глупы! – не выдержал Вельчанинов и злобно повернулся к стене.

– Ничего-с, – отозвался Павел Павлович.

Больной как-то вдруг заснул, через минуту как лег. Все неестественное напряжение его в этот день, и без того уже при сильном расстройстве здоровья за последнее время, как-то вдруг порвалось, и он обессилел, как ребенок. Но боль взяла-таки свое и победила усталость и сон; через час он проснулся и с страданием приподнялся с дивана. Гроза утихла; в комнате было накурено, бутылка стояла пустая, а Павел Павлович спал на другом диване. Он лежал навзничь, головой на диванной подушке, совсем не раздетый и в сапогах. Его давешний лорнет, выскользнув из кармана, тянулся на снурке чуть не до полу. Шляпа валялась подле, на полу же. Вельчанинов угрюмо поглядел на него и не стал будить. Скрючившись и шагая по комнате, потому что лежать сил уже не было, он стонал и раздумывал о своей боли.

Он боялся этой боли в груди, и не без причины. Припадки эти зародились в нем уже давно, но посещали его очень редко, – через год, через два. Он знал, что это от печени. Сначала как бы скоплялось в какой-нибудь точке груди, под ложечкой или выше, еще тупое, не сильное, но раздражающее вдавление. Непрестанно увеличиваясь в продолжение иногда десяти часов сряду, боль доходила наконец до такой силы, давление становилось до того невыносимым, что больному начинала мерещиться смерть. В последний бывший с ним назад тому с год припадок, после десятичасовой и наконец унявшейся боли, он до того

110

вдруг обессилел, что, лежа в постели, едва мог двигать рукой, и доктор позволил ему в целый день всего только несколько чайных ложек слабого чаю и щепоточку размоченного в бульоне хлеба, как грудному ребенку. Появлялась эта боль от разных случайностей, но всегда при расстроенных уже прежде нервах. Странно тоже и проходила; иногда случалось захватывать ее в самом начале, в первые полчаса, простыми припарками, и все проходило разом, иногда же, как в последний припадок, ничто не помогало, и боль унялась от многочисленных и постепенных приемов рвотного. Доктор признался потом, что был уверен в отраве. Теперь до утра еще было далеко, за доктором ему не хотелось посылать ночью; да и не любил он докторов. Наконец он не выдержал и стал громко стонать. Стоны разбудили Павла Павловича: он приподнялся на диване и некоторое время сидел, прислушиваясь со страхом и в недоумении следя глазами за Вельчаниновым, чуть не бегавшим по обеим комнатам. Выпитая бутылка, видно тоже не по-всегдашнему, сильно на него подействовала, и долго он не мог сообразиться; наконец понял и бросился к Вельчанинову; тот что-то промямлил ему в ответ.

– Это у вас от печени-с, я это знаю! – оживился вдруг ужасно Павел Павлович, – это у Петра Кузьмича у Полосухина-с точно так же бывало, от печени-с. Это припарками бы-с. Петр Кузьмич всегда припарками... Умереть ведь можно-с! Сбегаю-ка я к Мавре, – а?

– Не надо, не надо, – раздражительно отмахивался Вельчанинов, – ничего не надо.

Но Павел Павлович, бог знает почему, был почти вне себя, как будто дело шло о спасении родного сына. Он не слушался и изо всех сил настаивал на необходимости припарок и, сверх того, двух-трех чашек слабого чаю, выпитых вдруг, – "но не просто горячих-с, а кипятку-с!" – Он побежал-таки к Мавре, не дождавшись позволения, вместе с нею разложил в кухне, всегда стоявшей пустою, огонь, вздул самовар; тем временем успел и уложить больного, снял с него верхнее платье, укутал в одеяло и всего в каких-нибудь двадцать минут состряпал и чай и первую припарку.

– Это гретые тарелки-с, раскаленные-с! – говорил он чуть не в восторге, накладывая разгоряченную и обернутую в салфетку тарелку на больную грудь Вельчанинова. – Других припарок нет-с, и доставать долго-с, а тарелки, честью клянусь вам-с, даже и всего лучше будут-с; испытано на Петре Кузьмиче-с, собственными глазами и руками-с. Умереть ведь можно-с. Пейте чай, глотайте, – нужды нет, что обожжетесь; жизнь дороже... щегольства-с...

Он затормошил совсем полусонную Мавру; тарелки переменялись каждые три-четыре минуты. После третьей тарелки и второй чашки чаю-кипятка, выпитого залпом, Вельчанинов вдруг почувствовал облегчение.

— А уж если раз пошатнули боль, то и слава богу–с, и добрый знак–с! – вскричал Павел Павлович и радостно побежал за новой тарелкой и за новым чаем.

— Только бы боль–то сломить! Боль–то бы нам только назад повернуть! – повторял он поминутно.

Через полчаса боль совсем ослабела, но больной был уже до того измучен, что, как ни умолял Павел Павлович, – не согласился выдержать "еще тарелочку–с". Глаза его смыкались от слабости.

— Спать, спать, – повторил он слабым голосом.

— И то! – согласился Павел Павлович.

— Вы ночуйте... который час?

— Скоро два, без четверти–с.

— Ночуйте.

— Ночую, ночую.

Через минуту больной опять кликнул Павла Павловича.

— Вы, вы, – пробормотал он, когда тот подбежал и наклонился над ним, – вы – лучше меня! Я понимаю все, все... благодарю.

— Спите, спите, – прошептал Павел Павлович и поскорей, на цыпочках, отправился к своему дивану.

Больной, засыпая, слышал еще, как Павел Павлович потихоньку стлал себе наскоро постель, снимал с себя платье и наконец, загасив свечи и чуть дыша, чтоб не зашуметь, протянулся на своем диване.

Без сомнения, Вельчанинов спал и заснул очень скоро после того, как потушили свечи; он ясно припомнил это потом. Но во все время своего сна, до самой той минуты, когда он проснулся, он видел во сне, что он не спал и что будто бы никак не может заснуть, несмотря на всю свою слабость. Наконец, приснилось ему, что с ним будто бы начинается бред наяву и что он никак не может разогнать толпящихся около него видений, несмотря на полное сознание, что это один только бред, а не действительность. Видения все были знакомые; комната его была будто бы вся наполнена людьми, а дверь в сени стояла отпертою; люди входили толпами и теснились на лестнице. За столом, выставленным на средину комнаты, сидел один человек – точь–в–точь как тогда, в приснившемся ему с месяц назад таком же сне. Как и тогда, этот человек сидел, облокотясь на стол, и не хотел говорить; но теперь он был в круглой шляпе с крепом. "Как? неужели это был и тогда Павел Павлович?" – подумал Вельчанинов, – но, заглянув в лицо молчавшего человека, он убедился, что этот кто–то совсем другой. "Зачем же у него креп?" – недоумевал Вельчанинов. Шум, говор и крик людей, теснившихся у стола, были ужасны. Казалось, эти люди еще сильнее были озлоблены на Вельчанинова, чем тогда в том сне; они грозили ему руками и об чем–то изо всех сил кричали ему, но об чем именно – он никак не мог разобрать.

"Да ведь это бред, ведь я знаю! — думалось ему, — я знаю, что я не мог заснуть и встал теперь, потому что не мог лежать от тоски!.." Но, однако же, крики, и люди, и жесты их, и все — было так явственно, так действительно, что иногда его брало сомнение: "Неужели же это и в самом деле бред? Чего хотят от меня эти люди, боже мой! Но если б это был не бред, то возможно ли, чтоб такой крик не разбудил до сих пор Павла Павловича? ведь вот он спит же вот тут на диване?" Наконец, вдруг что-то случилось, опять как и тогда, в том сне; все устремились на лестницу и ужасно стеснились в дверях, потому что с лестницы валила в комнату новая толпа. Эти люди что-то с собой несли, что-то большое и тяжелое; слышно было, как тяжело отдавались шаги носильщиков по ступенькам лестницы и торопливо перекликались их запыхавшиеся голоса. В комнате все закричали: "Несут, несут!", все глаза засверкали и устремились на Вельчанинова; все, грозя и торжествуя, указывали ему на лестницу. Уже нисколько не сомневаясь более в том, что все это не бред, а правда, он стал на цыпочки, чтоб разглядеть поскорее, через головы людей, — что они такое несут? Сердце его билось — билось — билось, и вдруг — точь-в-точь, как тогда, в том сне, — раздались три сильнейшие удара в колокольчик. И опять-таки это был до того ясный, до того действительный до осязания звон, что, уж конечно, такой звон не мог присниться только во сне!.. Он закричал и проснулся.

Но он не бросился, как тогда, бежать к дверям. Какая мысль направила его первое движение и была ли у него в то мгновение хоть какая-нибудь мысль, — но как будто кто-то подсказал ему, что надо делать: он схватился с постели, бросился с простертыми вперед руками, как бы обороняясь и останавливая нападение, прямо в ту сторону, где спал Павел Павлович. Руки его разом столкнулись с другими, уже распростертыми над ним руками, и он крепко схватил их; кто-то, стало быть, уже стоял над ним, нагнувшись. Гардины были спущены, но было не совершенно темно, потому что из другой комнаты, в которой не было таких гардин, уже проходил слабый свет. Вдруг что-то ужасно больно обрезало ему ладонь и пальцы левой руки, и он мгновенно понял, что схватился за лезвие ножа или бритвы и крепко сжал его рукой... В тот же миг что-то веско и однозвучно шлепнулось на пол.

Вельчанинов был, может быть, втрое сильнее Павла Павловича, но борьба между ними продолжалась долго, минуты три полных. Он скоро пригнул его к полу и вывернул ему назад руки, но для чего-то ему непременно захотелось связать эти вывернутые назад руки. Он стал искать ощупью, правой рукой, — придерживая раненой левой убийцу, — шнура с оконной занавески и долго не мог найти, но наконец захватил и сорвал с окна. Сам он удивлялся потом неестественной силе, которая для того потребовалась. Во все эти три минуты ни тот, ни другой не проговорили ни слова; только слышно было их тяжелое дыхание и глухие звуки борьбы. Наконец, скрутив и связав Павлу Павловичу руки назад, Вельчанинов бросил его на полу; встал, отдернул с окна занавеску и приподнял стору. На уединенной улице было уже светло. Отворив окно, он простоял несколько мгновений, глубоко вдыхая воздух. Был уже пятый час в начале. Затворив окно, он неторопливо пошел к шкафу, достал чистое полотенце и туго-натуго обвил им свою левую руку, чтоб унять текущую из нее кровь. Под ноги ему попалась развернутая бритва, лежавшая на ковре; он поднял ее, свернул, уложил в бритвенный ящик, забытый с утра на маленьком столике, подле самого дивана, на котором спал Павел Павлович, и запер ящик в бюро на ключ. И уже исполнив все это, он подошел к Павлу Павловичу и стал его рассматривать.

Тем временем тот успел уже привстать с усилием с ковра и усесться в кресло. Он был не одет, в одном белье, даже без сапог. Рубашка его на спине и на рукавах была смочена кровью; но кровь была не его, а из порезанной руки Вельчанинова. Конечно, это был Павел Павлович, но почти можно было не узнать его в первую минуту, если б встретить такого нечаянно, – до того изменилась его физиономия. Он сидел, неловко выпрямляясь в креслах от связанных назад рук, с исказившимся и измученным, позеленевшим лицом, и изредка вздрагивал. Пристально, но каким-то темным, как бы еще не различающим всего взглядом посмотрел он на Вельчанинова. Вдруг он тупо улыбнулся и, кивнув на графин с водой, стоявший на столе, проговорил коротким полушепотом:

– Водицы бы-с.

Вельчанинов налил ему и стал его поить из своих рук. Павел Павлович накинулся с жадностью на воду; глотнув раза три, он приподнял голову, очень пристально посмотрел в лицо стоявшему перед ним со стаканом в руке Вельчанинову, но не сказал ничего и принялся допивать. Напившись, он глубоко вздохнул. Вельчанинов взял свою подушку, захватил свое верхнее платье и отправился в другую комнату, заперев Павла Павловича в первой комнате на замок.

Давешняя его боль прошла совсем, но слабость он вновь ощутил чрезвычайную после теперешнего, мгновенного напряжения бог знает откуда пришедшей к нему силы. Он попытался было сообразить происшествие, но мысли его еще плохо вязались; толчок был слишком силен. Глаза его то смыкались, иногда даже минут на десять, то вдруг он вздрагивал, просыпался, вспоминал все, приподнимал свою болевшую и обернутую в мокрое от крови полотенце руку и принимался жадно и лихорадочно думать. Он решил ясно только одно: что Павел Павлович действительно хотел его зарезать, но что, может быть, еще за четверть часа сам не знал, что зарежет. Бритвенный ящик, может, только с вечера скользнул мимо его глаз, не возбудив никакой при этом мысли, и остался лишь у него в памяти. (Бритвы же и всегда лежали в бюро, на замке, и только в вчерашнее утро Вельчанинов их вынул, чтоб подбрить лишние волосы около усов и бакенбард, что иногда делывал.)

"Если б он давно уже намеревался меня убить, то наверно бы приготовил заранее нож или пистолет, а не рассчитывал бы на мои бритвы, которых никогда и не видал, до вчерашнего вечера", – придумалось ему между прочим.

Пробило наконец шесть часов утра. Вельчанинов очнулся, оделся и пошел к Павлу Павловичу. Отпирая двери, он не мог понять: для чего он запирал Павла Павловича и зачем не выпустил его тогда же из дому? К удивлению его, арестант был уже совсем одет; вероятно, нашел как-нибудь случай распутаться. Он сидел в креслах, но тотчас же встал, как вошел Вельчанинов. Шляпа была уже у него в руках. Тревожный взгляд его, как бы спеша, проговорил:

"Не начинай говорить; нечего начинать; не за чем говорить..."

– Ступайте! – сказал Вельчанинов. – Возьмите ваш футляр, – прибавил он ему вслед. .

Павел Павлович воротился уже от дверей, захватил со стола футляр с браслетом, сунул его в карман и вышел на лестницу. Вельчанинов стоял в дверях, чтоб запереть за ним. Взгляды их в последний раз встретились; Павел Павлович вдруг приостановился, оба секунд с пять поглядели друг другу в глаза – точно колебались; наконец, Вельчанинов слабо махнул на него рукой.

– Ну ступайте! – сказал он вполголоса и запер дверь на замок.

XVI

АНАЛИЗ

Чувство необычайной, огромной радости овладело им; что-то кончилось, развязалось; какая-то ужасная тоска отошла и рассеялась совсем. Так ему казалось. Пять недель продолжалась она. Он поднимал руку, смотрел на смоченное кровью полотенце и бормотал про себя: "Нет, уж теперь совершенно все кончилось!" И во все это утро, в первый раз в эти три недели, он почти и не подумал о Лизе, – как будто эта кровь из порезанных пальцев могла "поквитать" его даже и с этой тоской.

Он сознал ясно, что миновал страшную опасность. "Эти люди, – думалось ему, – вот эти-то самые люди, которые еще за минуту не знают, зарежут они или нет, – уж как возьмут раз нож в свои дрожащие руки и как почувствуют первый брызг горячей крови на своих пальцах, то мало того что зарежут, – голову совсем отрежут "напрочь", как выражаются каторжные. Это так".

Он не мог оставаться дома и вышел на улицу в убеждении, что необходимо сейчас что–то сделать или что непременно сейчас что–то с ним само собой сделается; он ходил по улицам и ждал. Ужасно хотелось ему с кем–нибудь встретиться, с кем–нибудь заговорить, хоть с незнакомым, и только это навело его наконец на мысль о докторе и о том, что руку надо бы перевязать как следует. Доктор, прежний его знакомый, осмотрев рану, с любопытством спросил: "Как это могло случиться?" Вельчанинов отшучивался, хохотал и чуть–чуть не рассказал всего, но удержался. Доктор принужден был пощупать ему пульс и, узнав о вчерашнем припадке ночью, уговорил его принять теперь же какого–то бывшего под рукой успокоительного лекарства. Насчет пореза он тоже его успокоил: "Особенно дурных последствий быть не может". Вельчанинов захохотал и стал уверять его, что уже оказались превосходные последствия. Неудержимое желание рассказать все повторилось с ним в этот день еще раза два, – однажды даже с совсем незнакомым человеком, с которым сам он первый завел разговор в кондитерской. Он терпеть не мог до сих пор заводить разговоры с людьми незнакомыми в публичных местах.

Он заходил в магазины, купил газету, зашел к своему портному и заказал себе платье. Мысль посетить Погорельцевых продолжала быть ему неприятною, и он не думал о них, да и не мог он ехать на дачу: он как бы все чего–то ожидал здесь в городе. Обедал с наслаждением, заговорил с слугой и с обедавшим соседом и выпил полбутылки вина. О возможности возвращения вчерашнего припадка он и не думал; он был убежден, что болезнь прошла совершенно в ту самую минуту, когда он, заснув вчера в таком бессилии, через полтора часа вскочил с постели и с такою силою бросил своего убийцу об пол. К вечеру, однако же голова его стала кружиться и как будто что–то похожее на вчерашний бред во сне стало овладевать им мгновениями. Он воротился домой уже в сумерки и почти испугался своей комнаты, войдя в нее. Страшно и жутко показалось ему в его квартире. Несколько раз прошелся он по ней и даже зашел в свою кухню, куда никогда почти не заходил. "Здесь они вчера грели тарелки", – подумалось ему. Двери он накрепко запер и раньше обыкновенного зажег свечи. Запирая двери, он вспомнил, что полчаса тому, проходя мимо дворницкой, он вызвал Мавру и спросил ее: "Не заходил ли без него Павел Павлович?" – точно и в самом деле тот мог зайти.

Запершись тщательно, он отпер бюро, вынул ящик с бритвами и развернул "вчерашнюю" бритву, чтоб посмотреть на нее. На белом

116

костяном черенке остались чутошные следы крови. Он положил бритву опять в ящик и опять запер его в бюро. Ему хотелось спать; он чувствовал, что необходимо сейчас же лечь, – иначе он назавтра никуда не будет годиться. Завтрашний день представлялся ему почему–то как роковой и "окончательный" день. Но все те же мысли, которые его и на улице, весь день, ни на мгновение не покидали, толпились и стучали в его больной голове и теперь, неустанно и неотразимо, и он все думал – думал – думал, и долго еще ему не пришлось заснуть...

"Если уж решено, что он встал меня резать нечаянно, – все думал и думал он, – то вспадала ли ему эта мысль на ум хоть раз прежде, хотя бы только в виде мечты в злобную минуту?"

Он решил вопрос странно, – тем, что Павел Павлович хотел его убить, но что мысль об убийстве ни разу не вспадала будущему убийце на ум. Короче: "Павел Павлович хотел убить, но не знал, что хочет убить. Это бессмысленно, но это так, – думал Вельчанинов. Не места искать и не для Багаутова он приехал сюда – хотя и искал здесь места, и забегал к Багаутову, и взбесился, когда тот помер; Багаутова он презирал как щепку. Он для меня сюда поехал, и приехал с Лизой..."

"А ожидал ли я сам, что он... зарежет меня?" Он решил, что да, ожидал, именно с той самой минуты, как увидел его в карете, за гробом Багаутова, "я чего–то как бы стал ожидать... но, разумеется, не этого, разумеется, не того, что зарежет!.."

"И неужели, неужели правда была все то, – восклицал он опять, вдруг подымая голову с подушки и раскрывая глаза, – все то, что этот... сумасшедший натолковал мне вчера о своей ко мне любви, когда задрожал у него подбородок и он стукал в грудь кулаком?

Совершенная правда! – решал он, неустанно углубляясь и анализируя. – Этот Квазимодо из Т. слишком достаточно был глуп и благороден для того, чтоб влюбиться в любовника своей жены, в которой он в двадцать лет ничего не приметил! Он уважал меня девять лет, чтил память мою и мои "изречения" запомнил, – господи, а я–то не ведал ни о чем! Не мог он лгать вчера! Но любил ли он меня вчера, когда изъяснялся в любви и сказал: "поквитаемтесь"? Да, со злобы любил, эта любовь самая сильная...

А ведь могло быть, а ведь было наверно так, что я произвел на него колоссальное впечатление в Т., именно колоссальное и "отрадное", и именно с таким Шиллером в образе Квазимодо и могло это произойти! Он преувеличил меня во сто раз, потому что я слишком уж поразил его в его философском уединении... Любопытно бы знать, чем именно поразил? Право, может быть, свежими перчатками и умением их надевать. Квазимоды любят эстетику, ух любят! Перчаток слишком достаточно для иной благороднейшей души, да еще из "вечных мужей". Остальное они сами дополнят раз в тысячу и подерутся даже за вас, если вы того захотите. Средства–то обольщения мои как высоко он ставит! Может быть, именно средства обольщения и поразили его всего более. А крик–то его тогда: "Если уж и этот, так в кого же после этого верить!" После этакого крика зверем сделаешься!..

Гм! Он приехал сюда, чтоб "обняться со мной и заплакать", как он сам подлейшим образом выразился, то есть он ехал, чтоб зарезать меня, а думал, что едет "обняться и заплакать"... Он и Лизу привез. А что: если б я с ним заплакал, он, может, и в самом бы деле простил меня, потому что ужасно ему хотелось простить!.. Все это обратилось при первом столкновении в пьяное ломание и в карикатуру и в гадкое бабье вытье об обиде. (Рога–то, рога–то над лбом себе сделал!) Для того и пьяный приходил, чтоб хоть ломаясь, да высказать; непьяный он бы не смог... А любил–таки поломаться, ух любил! Ух как был рад, когда заставил поцеловаться с собой! Только не знал тогда, чем он кончит: обнимется или зарежет? Вышло, конечно, что всего лучше и то и другое, вместе. Самое естественное решение! Да–с, природа не любит уродов и добивает их "естественными решеньями". Самый уродливый урод – это урод с благородными чувствами: я это по собственному опыту знаю, Павел Павлович! Природа для урода не нежная мать, а мачеха. Природа родит урода, да вместо того чтоб пожалеть его, его ж и казнит, – да и дельно. Объятия и слезы всепрощения даже и порядочным людям в наш век даром с рук не сходят, а не то что уж таким, как мы с вами, Павел Павлович!

Да, он был достаточно глуп, чтоб повезти меня и к невесте, – господи! Невеста! Только у такого Квазимодо и могла зародиться мысль о "воскресении в новую жизнь" – посредством невинности мадемуазель Захлебининой! Но вы не виноваты, Павел Павлович, не виноваты: вы урод, а потому и все у вас должно быть уродливо – и мечты и надежды ваши. Но хоть и урод, а усумнился же в мечте, почему и потребовалась высокая санкция Вельчанинова, с благоговением уважаемого. Надо было одобрение Вельчанинова, подтверждение от него, что мечта не мечта, а настоящая вещь. Он меня из благоговейного уважения ко мне повез и в благородство чувств моих веруя, – веруя, может быть, что мы там под кустом обнимемся и заплачем, неподалеку от невинности. Да! должен же был, обязан же был, наконец, этот " вечный муж" хоть когда–нибудь да наказать себя за все окончательно, и чтоб наказать себя, он и схватился за бритву, – правда, нечаянно, но все–таки схватился! "Все–таки пырнул же ножом, все–таки ведь кончил же тем, что пырнул, в присутствии губернатора!" А кстати, была ли у него хоть какая–нибудь мысль в этом роде, когда он мне рассказывал свой анекдот про шафера? А было ли в самом деле что–нибудь тогда ночью, когда он вставал с постели и стоял среди комнаты? Гм. Нет, он в шутку тогда стоял. Он встал за своим делом, а как увидел, что я его струсил, он и не отвечал мне десять минут, потому что очень уж приятно было ему, что я струсил его... Тут-то, может быть, ему и в самом деле что-нибудь в первый раз померещилось, когда он стоял тогда в темноте...

А все-таки не забудь я вчера на столе эти бритвы — ничего бы, пожалуй, и не было. Так ли? Так ли? Ведь избегал же он меня прежде, ведь не ходил же ко мне по две недели; ведь прятался же он от меня, меня жалеючи! Ведь выбрал же вначале Багаутова, а не меня! Ведь вскочил же ночью тарелки греть, думая сделать диверсию — от ножа к умилению!.. И себя и меня спасти хотел — гретыми тарелками!.."

И долго еще работала в этом роде больная голова этого бывшего "светского человека", пересыпая из пустого в порожнее, пока он успокоился. Он проснулся на другой день с тою же больною головою, но с совершенно новым и уже совершенно неожиданным ужасом.

Этот новый ужас происходил от непременного убеждения, в нем неожиданно укрепившегося, в том, что он, Вельчанинов (и светский человек), сегодня же сам, своей волей, кончит все тем, что пойдет к Павлу Павловичу, — зачем? для чего? — ничего он этого не знал и с отвращением знать не хотел, а знал только то, что зачем-то потащится.

Сумасшествие это — иначе он и назвать не мог — развилось, однако же до того, что получило, насколько можно, разумный вид и довольно законный предлог: ему еще как бы грезилось, что Павел Павлович воротится в свой номер, запрется накрепко и — повесится, как тот казначей, про которого рассказывала Марья Сысоевна. Эта вчерашняя мечта перешла в нем мало-помалу в бессмысленное, но неотразимое убеждение. "Зачем этому дураку вешаться?" — перебивал он себя поминутно. Ему вспоминались давнишние слова Лизы... "А впрочем, я на его месте, может, и повесился бы..." — придумалось ему один раз.

Кончилось тем, что он, вместо того чтоб идти обедать, направился-таки к Павлу Павловичу. "Я только у Марьи Сысоевны спрошу", — решил он. Но, еще не успев выйти на улицу, он вдруг остановился под воротами.

— Неужели ж, неужели ж, — вскрикнул он, побагровев от стыда, — неужели ж я плетусь туда, чтоб "обняться и заплакать"? Неужели только этой бессмысленной мерзости недоставало ко всему сраму?

Но от "бессмысленной мерзости" спасло его провидение всех порядочных и приличных людей. Только что он вышел на улицу, с ним вдруг столкнулся Александр Лобов. Юноша был впопыхах и в волнении.

— А я к вам! Приятель-то ваш, Павел Павлович, каково?

— Повесился? — дико пробормотал Вельчанинов.

— Кто повесился? Зачем? — вытаращил глаза Лобов.

— Ничего... я так; продолжайте!

— Фу, черт, какой, однако же, у вас смешной оборот мыслей! Совсемтаки не повесился (почему повесился?). Напротив – уехал. Я только что сейчас его в вагон посадил и отправил. Фу, как он пьет, я вам скажу! Мы три бутылки выпили, Предпосылов тоже, – но как он пьет, как он пьет! Песни пел в вагоне, об вас вспоминал, ручкой делал, кланяться вам велел. А подлец он, как вы думаете, – а?

Молодой человек был действительно хмелен; раскрасневшееся лицо, блиставшие глаза и плохо слушавшийся язык сильно об этом свидетельствовали. Вельчанинов захохотал во все горло:

– Так они кончили–таки, наконец, брудершафтом! – ха–ха! Обнялись и заплакали! Ах вы, Шиллеры–поэты!

– Не ругайтесь, пожалуйста. Знаете, он там совсем отказался. Вчера там был и сегодня был. Нафискалил ужасно. Надю заперли, – сидит в антресолях. Крик, слезы, но мы не уступим! Но как он пьет, я вам скажу, как он пьет! И знаете, какой он моветон, то есть не моветон, а как это?.. И все про вас вспоминал, но какое сравнение с вами! Вы все–таки порядочный человек и в самом деле принадлежали когда–то к высшему обществу и только теперь принуждены уклониться, – по бедности, что ли... Черт знает, я его плохо разобрал.

– А, так это он вам в таких выражениях про меня рассказал?

– Он, он, не сердитесь. Быть гражданином – лучше высшего общества. Я к тому, что в наш век в России не знаешь, кого уважать. Согласитесь, что это сильная болезнь века, когда не знаешь, кого уважать, – не правда ли?

– Правда, правда, что ж он?

– Он? Кто? Ах, да! Почему он все говорил "пятидесятилетний, но промотавшийся Вельчанинов"? почему но промотавшийся, а не и промотавшийся! Смеется, тысячу раз повторил. В вагон сел, песню запел и заплакал – просто отвратительно; так даже жалко, – спьяну. Ах, не люблю дураков! Нищим пустился деньги раскидывать, за упокой души Лизаветы – жена, что ль, его?

– Дочь.

– Что это у вас рука?

– Порезал.

– Ничего, пройдет. Знаете, черт с ним, хорошо, что уехал, но бьюсь об заклад, что он там, куда приедет, тотчас же опять женится, – не правда ли?

– Да ведь и вы хотите жениться?

– Я? Я другое дело, – какой вы, право! Если вы пятидесятилетний, так уж он, наверно, шестидесятилетний; тут нужна логика, батюшка! И знаете, прежде, давно уже, я был чистый славянофил по убеждениям, но теперь мы ждем зари с запада... Ну, до свидания; хорошо, что столкнулся с вами не заходя; не зайду, не просите, некогда!..

И он бросился было бежать.

– Ах, да что ж я, – воротился он вдруг, – ведь он меня с письмом к вам прислал! Вот письмо. Зачем вы не пришли провожать?

Вельчанинов воротился домой и распечатал адресованный на его имя конверт.

В конверте ни одной строчки не было от Павла Павловича, но находилось какое-то другое письмо. Вельчанинов узнал эту руку. Письмо было старое, на пожелтевшей от времени бумаге, с выцветшими чернилами, писанное лет десять назад к нему в Петербург, два месяца спустя после того, как он выехал тогда из Т. Но письмо это не пошло к нему; вместо него он получил тогда другое; это ясно было по смыслу пожелтевшего письма. В этом письме Наталья Васильевна, прощаясь с ним навеки – точно так же как и в полученном тогда письме – и признаваясь ему, что любит другого, не скрывала, однако же, о своей беременности. Напротив, в утешение ему сулила, что она найдет случай передать ему будущего ребенка, уверяла, что отныне у них другие обязанности, что дружба их теперь навеки закреплена, – одним словом, логики было мало, но цель была все та же: чтоб он избавил ее от любви своей. Она даже позволяла ему заехать в Т. через год – взглянуть на дитя. Бог знает почему она раздумала и выслала другое письмо вместо этого.

Вельчанинов, читая, был бледен, но представил себе и Павла Павловича, нашедшего это письмо и читавшего его в первый раз перед раскрытым фамильным ящичком черного дерева с перламутровой инкрустацией.

"Должно быть, тоже побледнел, как мертвец, – подумал он, заметив свое лицо нечаянно в зеркале, – должно быть, читал, и закрывал глаза, и вдруг опять открывал в надежде, что письмо обратится в простую белую бумагу... Наверно, раза три повторил опыт!.."

XVII

ВЕЧНЫЙ МУЖ

Прошло почти ровно два года после описанного нами приключения. Мы встречаем господина Вельчанинова в один прекрасный летний день в вагоне одной из вновь открывшихся наших железных дорог. Он ехал в Одессу, чтоб повидаться, для развлечения, с одним приятелем, а вместе с тем и по другому, тоже довольно приятному обстоятельству; через этого приятеля он надеялся уладить себе встречу с одною из чрезвычайно интересных женщин, с которою ему давно уже желалось познакомиться. Не вдаваясь в подробности, ограничимся лишь замечанием, что он сильно переродился, или, лучше сказать, исправился, в эти последние два года. От прежней ипохондрии почти и следов не осталось. От разных "вспоминаний" и тревог – последствий болезни, – начавших было осаждать его два года назад в Петербурге, во время неудававшегося процесса, – уцелел в нем лишь некоторый потаенный стыд от сознания бывшего малодушия. Его вознаграждала отчасти уверенность, что этого уже больше не будет и что об этом никто и никогда не узнает. Правда, он тогда бросил общество, стал даже плохо одеваться, куда–то от всех спрятался, – и это, конечно, было всеми замечено. Но он так скоро явился с повинною, а вместе с тем и с таким вновь возрожденным и самоуверенным видом, что "все" тотчас же ему простили его минутное отпадение; даже те из них, с которыми он перестал было кланяться, первые же и узнали его и протянули ему руку, и притом без всяких докучных вопросов, – как будто он все время был где–то далеко в отлучке по своим домашним делам, до которых никому из них нет дела, и только что сейчас воротился. Причиною всех этих выгодных и здравых перемен к лучшему был, разумеется, выигранный процесс. Вельчанинову досталось всего шестьдесят тысяч рублей, – дело бесспорно невеликое, но для него очень важное: во–первых, он тотчас же почувствовал себя опять на твердой почве, – стало быть, утолился нравственно; он знал теперь уже наверно, что этих последних денег своих не промотает "как дурак", как промотал свои первые два состояния, и что ему хватит на всю жизнь. "Как бы там ни трещало у них общественное здание и что бы они там ни трубили, – думал он иногда, приглядываясь и прислушиваясь ко всему чудесному и невероятному, совершающемуся кругом него и по всей России, – во что бы там ни перерождались люди и мысли, у меня все–таки всегда будет хоть этот тонкий и вкусный обед, за который я теперь сажусь, а стало быть, я ко всему приготовлен". Эта нежная до сладострастия мысль мало–помалу овладевала им совершенно и произвела в нем переворот даже физический, не говоря уже о нравственном: он смотрел теперь совсем другим человеком в сравнении с тем "хомяком", которого мы описывали за два года назад и с которым уже начинали случаться такие неприличные истории, – смотрел весело, ясно, важно. Даже злокачественные морщинки, начинавшие скопляться около его глаз и на лбу, почти разгладились; даже цвет его лица изменился, – он стал белее, румянее. В настоящую минуту он сидел на комфортном месте в вагоне первого класса, и в уме его наклевывалась одна милая мысль: на следующей станции предстояло разветвление пути, и шла новая дорога вправо. "Если б бросить, на минутку, прямую дорогу и увлечься вправо, то не более как через две станции можно бы было посетить еще одну знакомую даму, только что возвратившуюся из-за границы и находящуюся теперь в приятном для него, но весьма скучном для нее уездном уединении; а стало быть, являлась возможность употребить время не менее интересно, чем и в Одессе, тем более что и там не уйдет..." Но он все еще колебался и не решался окончательно; он "ждал толчка". Между тем станция приближалась; толчок тоже не замедлил.

На этой станции поезд останавливался на сорок минут и предлагался обед пассажирам. У самого входа в залу для пассажиров первого и второго классов столпилось, как водится, множество нетерпеливой и торопившейся публики и, – может быть, тоже как водится, – произошел скандал. Одна дама, вышедшая из вагона второго класса и замечательно хорошенькая, но что-то уж слишком пышно разодетая для путешественницы, почти тащила обеими руками за собою улана, очень молоденького и красивого офицерика, который вырывался у нее из рук. Молоденький офицерик был сильно хмелен, а дама, по всей вероятности его старшая родственница, не отпускала его от себя, должно быть из опасения, что он прямо так и бросится к буфету с напитками. Между тем с уланом, в тесноте, столкнулся купчик, тоже закутивший, и даже до безобразия. Этот купчик застрял на станции второй уже день, пил и сыпал деньгами, окруженный разным товариществом, и все не успевал попасть в поезд, чтоб отправиться далее. Вышла ссора, офицер кричал, купчик бранился, дама была в отчаянии и, увлекая улана от ссоры, восклицала ему умоляющим голосом: "Митенька! Митенька!" Купчику показалось это слишком уже скандальным; правда, и все смеялись, но купчик обиделся уже более за оскорбленную, как показалось ему почему-то, нравственность.

– Вишь, "Митенька!.." – произнес он укорительно, передразнив тоненький голосок барыни. – И в публике уже не стыдятся!

И подойдя, качаясь, к бросившейся на первый стул даме, успевшей усадить рядом с собой и улана, он презрительно осмотрел обоих и протянул нараспев:

– Шлюха ты, шлюха, хвост отшлепала!

Дама взвизгнула и жалостно осматривалась, ожидая избавления. Ей и стыдно-то было, и боялась-то она, а к довершению всего офицер сорвался со стула и, завопив, ринулся было на купчика, но поскользнулся и шлепнулся назад на стул. Хохот кругом усиливался, а помочь никто и не думал; но помог Вельчанинов: он вдруг схватил купчика за шиворот и, повернув, оттолкнул его шагов на пять от испуганной женщины. Тем скандал и кончился; купчик был сильно опешен и толчком и внушительной фигурой Вельчанинова; его тотчас же увели товарищи. Осанистая физиономия изящно одетого барина возымела внушительное влияние и на насмешников: смех прекратился. Дама, краснея и чуть не со

123

слезами, начала изливаться в уверениях о своей благодарности. Улан бормотал: "балдарю, балдарю!" – и хотел было протянуть Вельчанинову руку, но вместо того вдруг вздумал улечься на стульях и протянулся на них с ногами.

– Митенька! – укоризненно простонала дама, всплеснув руками.

Вельчанинов был доволен и приключением и его обстановкой. Дама интересовала его; это была, как видно, богатенькая провинциалочка, хотя и пышно, но безвкусно одетая и с манерами несколько смешными, – именно соединяла в себе все, гарантирующее успех столичному фату при известных целях на женщину. Завязался разговор; дама горячо рассказывала и жаловалась на своего мужа, который "вдруг из вагона куда-то скрылся, и от этого все и произошло, потому что он вечно, когда надо тут быть, куда-то и скроется..."

– По надобности... – пробормотал улан.

– Ах, Митенька! – всплеснула опять она руками.

"Ну достанется же мужу!" – подумал Вельчанинов.

– Как его зовут? я пойду и отыщу его, – предложил он.

– Пал Палыч, – отозвался улан.

– Вашего супруга зовут Павлом Павловичем? – с любопытством спросил Вельчанинов, и вдруг знакомая ему лысая голова просунулась между ним и дамой. В одно мгновение представился ему сад у Захлебининых, невинные игры и докучливая лысая голова, беспрерывно просовывавшаяся между ним и Надеждой Федосеевной.

– Вот вы, наконец! – истерически вскричала супруга.

Это был сам Павел Павлович; в удивлении и страхе глядел он на Вельчанинова, оторопев перед ним, как перед привидением. Столбняк его был таков, что некоторое время он, по-видимому, не понимал ничего из того, что толковала ему раздражительной и быстрой скороговоркой оскорбленная супруга. Наконец, он вздрогнул и сообразил разом весь свой ужас: и свою вину, и о Митеньке, и об том, что этот "мсье" – дама почему-то так назвала Вельчанинова – "был для нас ангелом-хранителем и спасителем, а вы – вы вечно уйдете, когда вам надо тут быть..." Вельчанинов вдруг захохотал.

– Да ведь мы с ним друзья, друзья с детства! – восклицал он удивленной даме, фамильярно и покровительственно обхватив правой рукой плечи улыбавшегося бледной улыбкой Павла Павловича. – Не говорил он вам об Вельчанинове?

– Нет, никогда не говорил, – оторопела несколько супруга.

– Так представьте же меня, вероломный друг, вашей супруге!

– Это, Липочка, действительно господин Вельчанинов-с, вот-с... – начал было и постыдно оборвался Павел Павлович. Супруга вспыхнула и злобно сверкнула на него глазами, очевидно за "Липочку".

– И представьте, и не уведомил, что женился, и на свадьбу не позвал, но вы, Олимпиада...

– Семеновна, – подсказал Павел Павлович.

– Семеновна! – отозвался вдруг заснувший было улан.

– Вы уж простите его, Олимпиада Семеновна, для меня, ради встречи друзей... Он – добрый муж!

И Вельчанинов дружески хлопнул Павла Павловича по плечу.

– Я, душенька, я только на минутку... отстал... – начал было оправдываться Павел Павлович.

– И бросили жену на позор! – тотчас же подхватила Липочка. – Когда надо, вас нет, где не надо – вы тут...

– Где не надо – тут, где не надо... где не надо... – поддакивал улан.

Липочка почти задыхалась от волнения; она и сама знала, что это нехорошо при Вельчанинове, и краснела, но не могла совладать.

– Где не надо, вы слишком уж осторожны, слишком осторожны! – вырвалось у ней.

– Под кроватью... любовников ищет... под кроватью – где не надо... где не надо... – ужасно разгорячился вдруг и Митенька.

Но с Митенькой уже нечего было делать. Все кончилось, впрочем, приятно; последовало полное знакомство. Павла Павловича усали за кофеем и за бульоном. Олимпиада Семеновна объяснила Вельчанинову, что они едут теперь из О., где служит ее муж, на два месяца в их деревню, что это недалеко, от этой станции всего сорок верст, что у них там прекрасный дом и сад, что к ним приедут гости, что у них есть и соседи, и если б Алексей Иванович был так добр и захотел их посетить "в их уединении", то она бы встретила его "как ангела-хранителя", потому что она не может вспомнить без ужасу, что бы было, если б... и так далее, и так далее, – одним словом, "как ангела-хранителя..."

– И спасителя, и спасителя, – с жаром настаивал улан.

Вельчанинов вежливо поблагодарил и ответил, что он всегда готов, что он совершенно праздный и незанятой человек и что приглашение Олимпиады Семеновны ему слишком лестно. Затем тотчас же завел веселенький разговор, в который удачно вставил два или три комплимента. Липочка покраснела от удовольствия и, только что воротился Павел Павлович, восторженно объявила ему, что Алексей Иванович так добр, что принял ее приглашение прогостить у них в деревне весь месяц и обещался приехать через неделю. Павел Павлович улыбнулся потерянно и промолчал. Олимпиада Семеновна вскинула на него плечиками и возвела глаза к небу. Наконец, расстались: еще раз благодарность, опять "ангел-хранитель", опять "Митенька", и Павел Павлович увел наконец усаживать супругу и улана в вагон. Вельчанинов закурил сигару и стал прохаживаться по галерее перед воксалом; он знал, что Павел Павлович сейчас опять прибежит к нему поговорить до звонка. Так и случилось. Павел Павлович немедленно явился перед ним с тревожным вопросом в глазах и во всей физиономии. Вельчанинов засмеялся: "дружески" взял его за локоть и, притянув к ближайшей скамейке, сел и усадил его с собою рядом. Сам он молчал; ему хотелось, чтоб заговорил Павел Павлович первый.

— Так вы к нам-с? — пролепетал тот, совершенно откровенно приступая к делу.

— Так я и знал! Не переменился нисколько! — расхохотался Вельчанинов. — Ну неужели же вы, — хлопнул он его опять по плечу, — неужели же вы хоть минуту могли подумать серьезно, что я в самом деле могу к вам приехать в гости, да еще на месяц – ха–ха!

Павел Павлович весь так и встрепенулся.

— Так вы – не приедете-с! — вскричал он, нисколько не скрывая своей радости.

— Не приеду, не приеду! — самодовольно смеялся Вельчанинов. Впрочем, он и сам не понимал, почему ему так уж особенно смешно, но чем дальше, тем ему становилось смешнее.

— Неужели... неужели вы в самом деле говорите-с? — И, сказав это, Павел Павлович даже привскочил с места, в трепетном ожидании.

— Да уж сказал, что не приеду, — ну чудак же вы человек!

— Как же мне... если так-с, как же сказать-то Олимпиаде Семеновне, когда вы через неделю не пожалуете, а она будет ждать-с?

— Экая трудность! Скажите, что я ногу сломал или в этом роде.

— Не поверят-с, — жалостным голоском протянул Павел Павлович.

— И вам достанется? — все смеялся Вельчанинов. — Но я замечаю, мой бедный друг,что вы-таки трепещете перед вашей прекрасной супругой,а?

Павел Павлович попробовал улыбнуться, но не вышло. Что Вельчанинов отказывался приехать – это, конечно, было хорошо, но что он фамильярничает насчет супруги – это было уже дурно. Павел Павлович покоробился; Вельчанинов это заметил. Между тем прозвонил уже второй звонок; в отдалении послышался тонкий голосок из вагона, тревожно вызывавший Павла Павловича. Тот засуетился на месте, но не побежал на призыв, видимо ожидая еще чего–то от Вельчанинова, — конечно, еще раз заверения, что он к ним не приедет.

— Как бывшая фамилия вашей супруги? — осведомился Вельчанинов, как бы не замечая совсем тревоги Павла Павловича.

— У нашего благочинного взял-с, — ответил тот, в смятении посматривая на вагоны и прислушиваясь.

— А, понимаю, за красоту.

Павел Павлович опять покоробился.

— А кто же у вас этот Митенька?

– А это так–с; дальний наш родственник один, то есть мой–с, сын двоюродной моей сестры, покойницы–с, Голубчиков–с, за порядки разжаловали, а теперь опять произведен; мы его и экипировали... Несчастный молодой человек–с...

"Ну так–так, все в порядке; полная обстановка!" – подумал Вельчанинов.

– Павел Павлович! – раздался опять отдаленный призыв из вагона и уже с слишком раздражительной ноткой в голосе,

– Пал Палыч! – послышался другой, сиплый, голос.

Павел Павлович опять засуетился и заметался, но Вельчанинов крепко прихватил его за локоть и остановил.

– А хотите, я сейчас пойду и расскажу вашей супруге, как вы меня зарезать хотели, – а?

– Что вы, что вы–с! – испугался ужасно Павел Павлович. – Да боже вас сохрани–с.

– Павел Павлович! Павел Павлович! – послышались опять голоса.

– Ну уж ступайте! – выпустил его наконец Вельчанинов, продолжая благодушно смеяться.

– Так не приедете–с? – чуть не в отчаянии в последний раз шептал Павел Павлович и даже руки сложил перед ним, как в старину, ладошками.

– Да клянусь же вам, не приеду! Бегите, беда ведь будет! И он размашисто протянул ему руку, – протянул и вздрогнул: Павел Павлович не взял руки, даже отдернул свою. Раздался третий звонок.

В одно мгновение произошло что–то странное с обоими; оба точно преобразились. Что–то как бы дрогнуло и вдруг порвалось в Вельчанинове, еще только за минуту так смеявшемся. Он крепко и яростно схватил Павла Павловича за плечо.

– Уж если я, я протягиваю вам вот эту руку, – показал он ему ладонь своей левой руки, на которой явственно остался крупный шрам от пореза, – так уж вы–то могли бы взять ее! – прошептал он дрожавшими и побледневшими губами.

Павел Павлович тоже побледнел, и у него тоже губы дрогнули. Какие–то конвульсии вдруг пробежали по лицу его.

– А Лиза–то–с? – пролепетал он быстрым шепотом, – и вдруг запрыгали его губы, щеки и подбородок, и слезы хлынули из глаз. Вельчанинов стоял перед ним как столб.

– Павел Павлович! Павел Павлович! – вопили из вагона, точно там кого резали, – и вдруг раздался свисток.

Павел Павлович очнулся, всплеснул руками и бросился бежать сломя голову; поезд уже тронулся, но он как–то успел уцепиться и вскочил–таки в свой вагон на лету. Вельчанинов остался на станции и только к вечеру отправился в дорогу, дождавшись нового поезда и по прежнему пути. Вправо, к уездной знакомке, он не поехал, – слишком уж был не в духе. И как жалел потом!

ГОСПОДИН ПРОХАРЧИН

В квартире Устиньи Федоровны, в уголке самом темном и скромном, помещался Семен Иванович Прохарчин, человек уже пожилой, благомыслящий и непьющий. Так как господин Прохарчин, при мелком чине своем, получал жалованья в совершенную меру своих служебных способностей, то Устинья Федоровна никаким образом не могла иметь с него более пяти рублей за квартиру помесячно. Говорили иные, что у ней был тут свой особый расчет; но как бы там ни было, а господин Прохарчин, словно в отместку всем своим злоязычникам, попал даже в ее фавориты, разумея это достоинство в значении благородном и честном. Нужно заметить, что Устинья Федоровна, весьма почтенная и дородная женщина, имевшая особенную наклонность к скоромной пище и кофею и через силу перемогавшая посты, держала у себя несколько штук таких постояльцев, которые платили даже и вдвое дороже Семена Ивановича, но, не быв смирными и будучи, напротив того, все до единого "злыми надсмешниками" над ее бабьим делом и сиротскою беззащитностью, сильно проигрывали в добром ее мнении, так что не плати они только денег за свои помещения, так она не только жить пустить, но и видеть–то не захотела бы их у себя на квартире. В фавориты же Семен Иванович попал с того самого времени, как свезли на Волково [6] увлеченного пристрастием к крепким напиткам отставного, или, может быть, гораздо лучше будет сказать, одного исключенного человека. Увлеченный и исключенный хотя и ходил с подбитым, по словам его, за храбрость глазом и имел одну ногу, там как–то тоже из–за храбрости сломанную, – но тем не менее умел снискать и воспользоваться всем тем благорасположением, к которому только способна была Устинья Федоровна, и, вероятно, долго бы прожил еще в качестве самого верного ее приспешника и приживальщика, если б не опился, наконец, самым

---

[6] Волковское кладбище (ранее официально Волково кладбище) – кладбище, расположенное во Фрунзенском районе Санкт–Петербурга.

глубоким, плачевнейшим образом. Случилось же это все еще на Песках[7], когда Устинья Федоровна держала всего только трех постояльцев, из которых, при переезде на новую квартиру, где образовалось заведение на более обширную ногу и пригласилось около десятка новых жильцов, уцелел всего только один господин Прохарчин.

Сам ли господин Прохарчин имел свои неотъемлемые недостатки, товарищи ль его обладали таковыми же каждый, – но дела с обеих сторон пошли с самого начала как будто неладно. Заметим здесь, что все до единого из новых жильцов Устиньи Федоровны жили между собою словно братья родные; некоторые из них вместе служили; все вообще поочередно каждое первое число проигрывали друг другу свои жалованья в банчишку, в преферанс и на биксе[8]; любили под веселый час все вместе гурьбой насладиться, как говорилось у них, шипучими мгновениями жизни; любили иногда тоже поговорить о высоком, и хотя в последнем случае дело редко обходилось без спора, но так как предрассудки были из всей этой компания изгнаны, то взаимное согласие в таких случаях не нарушалось нисколько. Из жильцов особенно замечательны были: Марк Иванович, умный и начитанный человек; потом еще Оплеваниев–жилец; потом еще Преполовенко–жилец, тоже скромный и хороший человек; потом еще был один Зиновий Прокофьевич, имевший непременною целью попасть в высшее общество; наконец, писарь Океанов, в свое время едва не отбивший пальму первенства фаворитства у Семена Ивановича; потом еще другой писарь Судьбин; Кантарев–разночинец; были еще и другие. Но всем этим людям Семен Иванович был как будто не товарищ. Зла ему, конечно, никто не желал, тем более что все еще в самом начале умели отдать Прохарчину справедливость и решили, словами Марка Ивановича, что он, Прохарчин, человек хороший и смирный, хотя и не светский, верен, не льстец, имеет, конечно, своя недостатки, но если пострадает когда, то не от чего иного, как от недостатка собственного своего воображения. Мало того: хотя лишенный таким образом собственного своего воображения, господин Прохарчин фигурою своей и манерами не мог, например, никого поразить с особенно выгодной для себя точки зрения (к чему любят придраться насмешники), но и фигура сошла ему с рук, как будто ни в чем не бывало; причем Марк Иванович, будучи умным человеком, принял формально защиту Семена Ивановича и объявил довольно удачно и в прекрасном, цветистом слоге, что Прохарчин человек пожилой и солидный и уже давным–давно оставил за собой свою пору элегий. Итак, если Семен Иванович не умел уживаться с людьми, то единственно потому, что был сам во всем виноват.

---

[7] Пески – исторический район Санкт–Петербурга.

[8] Бикс – маленький наклонный биллиард.

Первое, на что обратили внимание, было, без сомнения, скопидомство и скаредность Семена Ивановича. Это тотчас заметили и приняли в счет, ибо Семен Иванович никак, ни за что и никому не мог одолжить своего чайника на подержание, хотя бы то было на самое малое время; и тем более был несправедлив в этом деле, что сам почти совсем не пил чаю, а пил, когда была надобность, какой-то довольно приятный настой из полевых цветов и некоторых целебного свойства трав, всегда в значительном количестве у него запасенный. Впрочем, он и ел тоже совсем не таким образом, как обыкновенно едят всякие другие жильцы. Никогда, например, он не позволял себе сесть всего обеда, предлагаемого каждодневно Устиньей Федоровной его товарищам. Обед стоил полтину; Семен Иванович употреблял только двадцать пять копеек медью и никогда не восходил выше, и потому брал по порциям или одни щи с пирогом, или одну говядину; чаще же всего не ел ни щей, ни говядины, а съедал в меру ситного с луком, с творогом, с огурцом рассольным или с другими приправами, что было несравненно дешевле, и только тогда, когда уже невмочь становилось, обращался опять к своей половине обеда…

Здесь биограф сознается, что он ни за что бы не решился говорить о таких нестоящих, низких и даже щекотливых, скажем более, даже обидных для иного любителя благородного слога подробностях, если б во всех этих подробностях не заключалась одна особенность, одна господствующая черта в характере героя сей повести; ибо господин Прохарчин далеко не был так скуден, как сам иногда уверял, чтоб даже харчей не иметь постоянных и сытных, но делал противное, не боясь стыда и людских пересудов, собственно для удовлетворения своих странных прихотей, из скопидомства и излишней осторожности, что, впрочем, гораздо яснее будет видно впоследствии. Но мы остережемся наскучить читателю описанием всех прихотей Семена Ивановича и не только пропускаем, например, любопытное и очень смешное для читателя описание всех нарядов его, но даже, если б только не показание самой Устиньи Федоровны, навряд ли упомянули бы мы и о том, что Семен Иванович во всю жизнь свою никак не мог решиться отдать свое белье в стирку или решался, но так редко, что в промежутках можно было совершенно забыть о присутствии белья на Семене Ивановиче. В показании же хозяйкином значилось, что "Семен-от Иванович, млад-голубчик, согрей его душеньку, гноил у ней угол два десятка лет, стыда не имея, ибо не только все время земного жития своего постоянно и с упорством чуждался носков, платков и других подобных предметов, но даже сама Устинья Федоровна собственными глазами видела, с помощью ветхости ширм, что ему, голубчику, нечем было подчас своего белого тельца прикрыть". Такие толки пошли уже по кончине Семена Ивановича.

Но при жизни своей (и здесь то был один из главнейших пунктов раздора) он никаким образом не мог потерпеть, несмотря даже на самые приятные отношения товарищества, чтоб кто-нибудь, не спросясь, совал свой любопытный нос к нему в угол, хотя бы то было даже и с помощью ветхости ширм. Человек был совсем несговорчивый, молчаливый и на праздную речь неподатливый. Советников не любил никаких, выскочек тоже не жаловал и всегда, бывало, тут же на месте укорит насмешника или советника-выскочку, пристыдит его, и дело с концом. "Ты мальчишка, ты свистун, а не советник, вот как; знай, сударь, свой карман да лучше сосчитай, мальчишка, много ли ниток на твои онучки пошло, вот как!" Семен Иванович был простой человек и всем решительно говорил ты. Тоже никак не мог он стерпеть, когда кто-нибудь, зная всегдашний норов его, начнет, бывало, из одного баловства приставать и расспрашивать, что у него лежит в сундучке... У Семена Ивановича был один сундучок. Сундук этот стоял у него под кроватью и оберегаем был как зеница ока; и хотя все знали, что в нем, кроме старых тряпиц, двух или трех пар изъянившихся сапогов и вообще всякого случившегося хламу и дрязгу, ровно не было ничего, но господин Прохарчин ценил это движимое свое весьма высоко, и даже слышали раз, как он, не довольствуясь своим старым, но довольно крепким замком, поговаривал завести другой, какой-то особенный, немецкой работы, с разными затеями и с потайною пружиною. Когда же один раз Зиновий Прокофьевич, увлеченный своим молодоумием, обнаружил весьма неприличную и грубую мысль, что Семен Иванович, вероятно, таит и откладывает в свой сундук, чтоб оставить потомкам, то все, кто тут ни были около, принуждены были в столбняк стать от необыкновенных последствий выходки Зиновья Прокофьевича. Во-первых, господин Прохарчин на такую обнаженную и грубую мысль даже выражений приличных не мог сразу найти. Долгое время из уст его сыпались слова без всякого смысла, и наконец только разобрали, что Семен Иванович, во-первых, корит Зиновья Прокофьича одним его давнопрошедшим скаредным делом; потом распознали, будто Семен Иванович предсказывает, что Зиновий Прокофьич ни за что не попадет в высшее общество, а что вот портной, которому он должен за платье, его прибьет, непременно прибьет за то, что долго мальчишка не платит, и что, "наконец, ты, мальчишка, – прибавил Семен Иванович, – вишь, там хочешь в гусарские юнкера перейти, так вот не перейдешь, гриб съешь[9], а что вот тебя, мальчишку, как начальство узнает про все, возьмут да в писаря отдадут; вот, мол, как, слышь ты, мальчишка!" Потом Семен Иванович успокоился, но, полежав часов пять, к величайшему и всеобщему изумлению, как будто надумался и вдруг опять, сначала один,

---

[9] В просторечии – не дождешься ожидаемого, обманешься.

а потом обращаясь к Зиновию Прокофьичу, начал его вновь укорять и стыдить. Но тем дело опять не кончилось, и повечеру, когда Марк Иванович и Преполовенко-жилец затеяли чай, пригласив к себе в товарищи писаря Океанова, Семен Иванович слез с постели своей, нарочно подсел к ним, дав свои двадцать или пятнадцать копеек, и под видом того, что захотел вдруг пить чаю, начал весьма пространно входить в материю и изъяснять, что бедный человек всего только бедный человек, а более ничего, а что, бедному человеку, ему копить не из чего. Тут господин Прохарчин даже признался, единственно потому, что вот теперь оно к слову пришлось, что он, бедный человек, еще третьего дня у него, дерзкого человека, занять хотел денег рубль, а что теперь не займет, чтоб не хвалился мальчишка, что вот, мол, как, а жалованье у меня-де такое, что и корму не купишь; и что, наконец, он, бедный человек, вот такой, как вы его видите, сам каждый месяц своей золовке[10] по пяти рублей в Тверь отсылает, и что не отсылай он в Тверь золовке по пяти рублей в месяц, так умерла бы золовка, а если б умерла бы золовка-нахлебница, то Семен Иванович давно бы себе новую одежу состроил... И так долго и пространно говорил Семен Иванович о бедном человеке, о рублях и золовке, и повторял одно и то же для сильнейшего внушения слушателям, что наконец сбился совсем, замолчал и только три дня спустя, когда уже никто и не думал его задирать и все об нем позабыли, прибавил в заключение что-то вроде того, что когда Зиновий Прокофьич вступит в гусары, так отрубят ему, дерзкому человеку, ногу в войне и наденут ему вместо ноги деревяшку, и придет Зиновий Прокофьич и скажет: "Дай, добрый человек, Семен Иванович, хлебца!" – так не даст Семен Иванович хлебца и не посмотрит на буйного человека Зиновия Прокофьевича, и что вот, дескать, как, мол; поди-ка ты с ним.

Все это, как и следовало тому быть, показалось весьма любопытным и вместе с тем страх как забавным. Долго не думая, все хозяйкины жильцы соединились для дальнейших исследований и, собственно из одного любопытства, решились наступить на Семена Ивановича гурьбою и окончательно. И так как господин Прохарчин в свое последнее время, то есть с самых тех пор, как стал жить в компании, тоже чрезвычайно как полюбил обо всем узнавать, расспрашивать и любопытствовать, что, вероятно, делал для каких-то собственных тайных причин, то сношения обеих враждебных сторон начинались без всяких предварительных приготовлений и без тщетных усилий, но как будто случаем и сами собою. Для начатия сношений у Семена Ивановича был всегда в запасе свой особый, довольно хитрый, а весьма, впрочем, замысловатый маневр,

---

[10] Золовка обычно – сестра мужа, но в некоторых областях золовкой называют также и жену брата.

частию уже известный читателю: слезет, бывало, с постели своей около того времени, как надо пить чай, и, если увидит, что собрались другие где-нибудь в кучку для составления напитка, подойдет к ним как скромный, умный и ласковый человек, даст свои законные двадцать копеек и объявит, что желает участвовать. Тут молодежь перемигивалась и, таким образом согласясь меж собой на Семена Ивановича, начинала разговор сначала приличный и чинный. Потом какой-нибудь повострее пускался, как будто ни в чем не бывал, рассказывать про разные новости, и чаще всего о материях лживых и совершенно неправдоподобных. То, например, что будто бы слышал кто-то сегодня, как его превосходительство сказали самому Демиду Васильевичу, что, по их мнению, женатые чиновники "выйдут" посолиднее неженатых и к повышению чином удобнее, ибо смирные и в браке значительно более приобретают способностей, и что потому он, то есть рассказчик, чтоб удобнее отличиться и приобрести, стремится как можно скорее сочетаться браком с какой-нибудь Февроньей Прокофьевной. То, например, что будто бы неоднократно замечено про разных иных из их братьи, что лишены они всякой светскости и хороших, приятных манер, а следовательно, и не могут нравиться в обществе дамам, и что потому, для искоренения сего злоупотребления, последует немедленно вычет у получающих жалованье, и на складочную сумму устроится такой зал, где будут учить танцевать, приобретать все признаки благородства и хорошее обращение, вежливость, почтение к старшим, сильный характер, доброе, признательное сердце и разные приятные манеры. То, наконец, говорили, что будто бы выходит такое, что некоторые чиновники, начиная с самых древнейших, должны для того, чтоб немедленно сделаться образованными, какой-то экзамен по всем предметам держать[11] и что, таким образом, прибавлял рассказчик, многое выйдет на чистую воду и некоторым господам придется положить и свои карты на стол, – одним словом, рассказывались тысяча таких или тому подобных пренелепейших толков. Для вида все тотчас верили, принимали участие, расспрашивали, на себя смекали, а некоторые, приняв грустный вид, начинали покачивать головами и советов повсюду искать, как будто в том смысле, что, дескать, что же им будет делать, если их постигнет? Само собой разумеется, что и тот человек, который был бы гораздо менее добродушен и смирен, чем господин Прохарчин, смешался и запутался бы от такого всеобщего толка. Кроме того, по всем признакам можно совершенно безошибочно заключить, что Семен Иванович был чрезвычайно туп и туг на всякую

---

[11] По указу 1809 года, подготовленному Сперанским, чиновники должны были сдавать экзамены для получения гражданских чинов. Однако указ этот практически не применялся и существовал только на бумаге.

новую, для его разума непривычную мысль и что, получив, например, какую-нибудь новость, всегда принужден был сначала ее как будто переваривать и пережевывать, толку искать, сбиваться и путаться и, наконец, разве одолевать ее, но и тут какие-то совершенно особенным, ему только одному свойственным образом... Открылись, таким образом, в Семене Ивановиче вдруг разные любопытные и доселе не подозреваемые свойства... Пошли пересуды и говор, и все это как было и с прибавлениями дошло, наконец, своим путем в канцелярию. Способствовало эффекту и то, что господин Прохарчин вдруг, ни с того ни с сего, быв с незапамятных времен почти все в одном и том же лице, переменил физиономию: лицо стал иметь беспокойное, взгляды пугливые, робкие и немного подозрительные; стал чутко ходить, вздрагивать и прислушиваться и, к довершению всех новых качеств своих, страх как полюбил отыскивать истину. Любовь к истине довел он, наконец, до того, что рискнул раза два справиться о вероятности ежедневно десятками получаемых им новостей даже у самого Демида Васильевича, и если мы здесь умалчиваем о последствиях этой выходки Семена Ивановича, то не от чего иного, как от сердечного сострадания к его репутации. Таким образом, нашли, что он мизантроп и пренебрегает приличиями общества. Нашли потом, что много в нем фантастического, и тут тоже совсем не ошиблись, ибо неоднократно замечено было, что Семен Иванович иногда совсем забывается и, сидя на месте с разинутым ртом и с поднятым в воздух пером, как будто застывший или окаменевший, походит более на тень разумного существа, чем на то же разумное существо. Случалось нередко, что какой-нибудь невинно зазевавшийся господин, вдруг встречая его беглый, мутный и чего-то ищущий взгляд, приходил в трепет, робел и немедленно ставил на нужной бумаге или жида [12], или какое-нибудь совершенно ненужное слово. Неблагопристойность поведения Семена Ивановича смущала и оскорбляла истинно благородных людей... Наконец никто уже более не стал сомневаться в фантастическом направлении головы Семена Ивановича, когда, в одно прекрасное утро, пронесся по всей канцелярии слух, что господин Прохарчин испугал даже самого Демида Васильевича, ибо, встретив его в коридоре, был так чуден и странен, что принудил его отступить... Проступок Семена Ивановича дошел, наконец, и до него самого. Услышав о нем, он немедленно встал, бережно прошел между столами и стульями, достиг передней, собственноручно снял шинель, надел, вышел – и исчез на неопределенное время. Оробел ли он, влекло ль его что другое – не знаем, но ни дома, ни в канцелярии на время его не нашлось...

---

[12] Жид – жидкое пятно, клякса.

Мы не будем объяснять судьбы Семена Ивановича прямо фантастическим его направлением; но, однако ж, не можем не заметить читателю, что герой наш – человек несветский, совсем смирный и жил до того самого времени, как попал в компанию, в глухом, непроницаемом уединении, отличался тихостию и даже как будто таинственностью; ибо все время последнего житья своего на Песках лежал на кровати за ширмами, молчал и сношений не держал никаких. Оба старые его сожителя жили совершенно так же, как он: оба были тоже как будто таинственны и тоже пятнадцать лет пролежали за ширмами. В патриархальном затишье тянулись один за другим счастливые, дремотные дни и часы, и так как все вокруг тоже шло своим добрым чередом и порядком, то ни Семен Иванович, ни Устинья Федоровна уж и не помнили даже хорошенько, когда их и судьба–то свела. "А не то десять лет, не то уж за пятнадцать, не то уж и все те же двадцать пять, – говорила она подчас своим новым жильцам, – как он, голубчик, у меня основался, согрей его душеньку". И потому весьма естественно, что пренеприятно был изумлен непривычный к компании герой нашей повести, когда, ровно год тому назад, очутился он, солидный и скромный, вдруг посреди шумливой и беспокойной ватаги целого десятка молодых ребят, своих новых сожителей и товарищей.

Исчезновение Семена Ивановича наделало немалой суматохи в углах. Одно то, что он был фаворит; во–вторых же, паспорт его, бывший под сохранением хозяйки, оказался на ту пору ненароком затерянным. Устинья Федоровна взвыла, – к чему прибегала во всех критических случаях; ровно два дня корила, поносила жильцов; причитала, что загоняли у ней жильца, как цыпленка, и что сгубили его "все те же злые надсмешники", а на третий выгнала всех искать и добыть беглеца во что бы то ни стало, живого иль мертвого. Повечеру пришел первый писарь Судьбин и объявил, что след отыскался, что видел он беглеца на Толкучем[13] и по другим местам, ходил за ним, близко стоял, но говорить не посмел, а был неподалеку от него и на пожаре, когда загорелся дом в Кривом переулке[14]. Полчаса спустя явились Океанов и Кантарев-разночинец, подтвердили Судьбина слово в слово: тоже недалеко стояли; близко, всего только в десяти шагах от него ходили, но говорить опять не посмели, а заметили оба, что ходил Семен Иванович с попрошайко-пьянчужкой. Собрались наконец и остальные жильцы и, внимательно выслушав, решили, что Прохарчин должен быть теперь недалеко и не

---

[13] Толкучий рынок в Петербурге находился внутри Апраксина двора.
[14] Кривой переулок в Петербурге 1840–х годов находился между Фонтанкой и Загородным проспектом. Ныне это Большой и Малый Казачьи переулки.

замедлит прийти; но что они и прежде все знали, что ходит он с попрошайкой-пьянчужкой. Попрошайка-пьянчужка был человек совсем скверный, буйный и льстивый, и по всему было видно, что он как-нибудь там обольстил Семена Ивановича. Явился он ровно за неделю до исчезновения Семена Ивановича, вместе с Ремневым-товарищем, проживал малое время в углах, рассказал, что страдает за правду, что прежде служил по уездам, что наехал на них ревизор, что пошатнули как-то за правду его и компанию, что явился он в Петербург и пал в ножки к Порфирию Григорьевичу, что поместили его, по ходатайству, в одну канцелярию, но что, по жесточайшему гонению судьбы, упразднили его и отсюда, затем что уничтожилась сама канцелярия, получив изменение; а в преобразовавшийся новый штат чиновников его не приняли, сколько по прямой неспособности к служебному делу, столько и по причине способности к одному другому, совершенно постороннему делу, – вместе же со всем этим за любовь к правде и, наконец, по козням врагов. Кончив историю, в продолжение которой господин Зимовейкин неоднократно лобызал своего сурового и небритого друга Ремнева, он поочередно поклонился всем бывшим в комнате в ножки, не забыв и Авдотью-работницу, назвал их всех благодетелями и объяснил, что он человек недостойный, назойливый, подлый, буйный и глупый, а чтоб не взыскали добрые люди на его горемычной доле и простоте. Испросив покровительства, господин Зимовейкин оказался весельчаком, стал очень рад, целовал у Устиньи Федоровны ручки, несмотря на скромные уверения ее, что рука у ней подлая, не дворянская, а к вечеру обещал всему обществу показать свой талант в одном замечательном характерном танце. Но назавтра же дело его окончилось плачевной развязкой. Иль оттого, что характерный танец оказался уж слишком характерным, иль оттого, что он Устинью Федоровну, по словам ее, как-то "опозорил и опростоволосил, а ей к тому же сам Ярослав Ильич знаком, и если б захотела она, то давно бы сама была обер-офицерской женой", – только Зимовейкину пришлось уплывать восвояси. Он ушел, опять воротился, был опять с бесчестием изгнан, втеряся потом во внимание и милость Семена Ивановича, лишил его мимоходом новых рейтуз и наконец явился теперь опять в качестве обольстителя Семена Ивановича.

Лишь только хозяйка узнала, что Семен Иванович был жив и здоров и что паспорта искать теперь нечего, то немедленно оставила горевать и пошла успокоиться. Тем временем кое-кто из жильцов решились сделать торжественный прием беглецу: испортили задвижку и отодвинули ширмы от кровати пропавшего, немножко поизмяли постель, взяли известный сундук, поместили его на кровати в ногах, а на кровать положили золовку, то есть куклу, форму, сделанную из старого хозяйкина платка, чепца и салопа[15], но только совершенно наподобие золовки, так что можно было совсем обмануться. Кончив работу, стали ждать, с тем чтоб, по прыбытии Семена Ивановича, объявить ему, что пришла из уезда золовка и поместилась у него за ширмами, бедная. Но ждали–ждали, ждали–ждали… Уже, в ожидании, Марк Иванович прометал и проставил полмесячное жалованье Преполовенке и Кантареву – жильцам; уже весь нос покраснел вспух у Океанова за игрой в носки и в три листика; уже Авдотья–работница почти совсем выспалась и два раза собиралась вставать, дрова таскать, печку топить, и весь до нитки промок Зиновий Прокофьевич, поминутно выбегая во двор наведываться о Семене Ивановиче; но не явилось еще никого – ни Семена Ивановича, ни попрошайки–пьянчужки. Наконец, все спать полегли, оставив на всякий случай золовку за ширмами; и только в четыре часа раздался стук у ворот, но зато такой сильный, что совершенно вознаградил ожидавших за все тяжкие труды, ими понесенные. Это был он, он самый, Семен Иванович, господин Прохарчин, но только в таком положении, что все ахнули и никому и в мысль не пришло о золовке. Пропавший явился без памяти. Его ввели или, лучше сказать, внес его на плечах весь измокший и издрогший, оборванный ночной ванька–извозчик. На вопрос хозяйки, где же он так, горемычный, наклюкался, ванька отвечал: "да не пьян, и маковой не было; это уж тебя заверяю, а, верно, так, омрак нашел, или столбняком, как там ни есть, прихватило, или, може, кондрашка [16] пришиб". Стали рассматривать, для удобства прислонив виноватого к печке, и увидели, что действительно хмелю тут не было, да и кондрашка не трогал, а был другой какой ни есть грех, затем что Семен Иванович и языком не ворочал, а как будто судорогой его какой дергало, и только хлопал глазами, в недоумении установляясь то на того, то на другого ночным образом костюмированного зрителя. Стали потом спрашивать ваньку, отколева взял? "Да от каких–то, – отвечал он, – из Коломны, шут их знает, господа не господа, а гулявшие, веселые господа; так–таки вот такого и сдали; подрались они, что ли, или судорогой какой его передернуло, бог знает какого тут было; а господа веселые, хорошие!" Взяли Семена Ивановича, приподняли на пару–другую дюжих плеч и снесли на кровать. Когда же Семен Иванович, помещаясь на постель, ощупал собою золовку и упер ноги в свой заветный сундук, то вскрикнул благим матом, уселся почти на корячки и, весь дрожа и трепеща, загреб и заместил сколько мог руками и телом пространства на своей кровати, тогда как, трепещущим, но странно–решительным взором окидывая

_____

[15] Салоп (фр. salope) – верхняя женская одежда, широкая длинная накидка с прорезами для рук или с небольшими рукавами.

[16] Кондрашка – удар. (Прим. Достоевского.)

137

присутствующих, казалось, изъяснял, что скорее умрет, чем уступит кому-нибудь хоть сотую капельку из бедной своей благостыни...

Семен Иванович пролежал дня два или три, плотно обставленный ширмами и отделенный таким образом от всего божьего света и всех напрасных его тревволнений. Как следует, назавтра же все о нем позабыли; время летело меж тем своим чередом, часы сменялись часами, день другим. Полусон, полубред налегли на отяжелевшую, горячую голову больного; но он лежал смирно, не стонал и не жаловался; напротив, притих, молчал и крепился, приплюснув себя к постели своей, словно как заяц припадает от страха к земле, заслышав охоту. Порой наставала в квартире долгая, тоскливая тишина, – знак, что все жильцы удалялись по должности, и просыпавшийся Семен Иванович мог сколько угодно развлекать тоску свою, прислушиваясь к близкому шороху в кухне, где хлопотала хозяйка, или к мерному отшлепыванию стоптанных башмаков Авдотьи-работницы по всем комнатам, когда она, охая и кряхтя, прибирала, притирала и приглаживала во всех углах для порядка. Целые часы проходили таким образом, дремотные, ленивые, сонливые, скучные, словно вода, стекавшая звучно и мерно в кухне с залавка в лохань. Наконец, приходили жильцы, поочередно или кучками, и Семен Иванович очень удобно мог слышать, как они бранили погоду, хотели есть, как шумели, курили, бранились, дружились, играли в карты и стучали чашками, собираясь пить чай. Семен Иванович машинально делал усилие привстать и присоединиться законным образом для составления напитка, но тут же впадал в усыпление и грезил, что уже давно сидит за чайным столом, участвует и беседует и что Зиновий Прокофьевич успел уже, пользуясь случаем, вклеить в разговор какой-то проект о золовках и о нравственном отношении к ним различных хороших людей. Тут Семен Иванович поспешил было оправдаться и возразить, но разом слетевшая со всех языков могуче-форменная фраза "неоднократно замечено" окончательно осекла все его возражения, и Семен Иванович ничего не мог придумать лучшего, как начать снова грезить о том, что сегодня первое число и что он получает целковики в своей канцелярии. Развернув бумажку на лестнице, он быстро оглянулся кругом и поспешил как можно скорее отделить целую половину из законного возмездия, им полученного, и припрятать эту половину в сапог, потом, тут же на лестнице и вовсе не обращая внимания на то, что действует на своей постели, во сне, решил, пришед домой, немедленно воздать что следует за харчи и постой хозяйке своей, потом накупить кой-чего необходимого и показать кому следует, как будто без намерения и нечаянно, что подвергся вычету, что остается ему и всего ничего и что вот и золовке-то послать теперь нечего, причем погоревать тут же о золовке, много говорить о ней завтра и послезавтра, и дней через десять еще повторить мимоходом об ее нищете, чтоб не забыли товарищи. Решив таким образом, он увидел, что и Андрей Ефимович, тот самый маленький, вечно молчаливый лысый человечек, который помещался в канцелярии за целые три комнаты от места сиденья Семена Ивановича и в двадцать лет не сказал с ним ни слова, стоит тут же на лестнице, тоже считает свои рубля серебром и, тряхнув головою, говорит ему: "денежки–с! Их не будет, и каши не будет–с, – сурово прибавляет он, сходя с лестницы, и уже на крыльце заключает, – а у меня, сударь, семеро–с". Тут лысый человечек, тоже, вероятно, нисколько не замечая, что действует как призрак, а вовсе не наяву и в действительности, показал ровно аршин с вершком от полу и, махнув рукой в нисходящей линии, пробормотал, что старший ходит в гимназию; затем, с негодованием взглянув на Семена Ивановича, как будто бы именно господин Прохарчин виноват был в том, что у него целых семеро, нахлобучил на глаза свою шляпенку, тряхнул шинелью, поворотил налево и скрылся. Семен Иванович весьма испугался, и хотя был совершенно уверен в невинности своей насчет неприятного стечения числа семерых под одну кровлю, но на деле как будто бы именно так выходило, что виноват не кто другой, как Семен Иванович. Испугавшись, он принялся бежать, ибо показалось ему, что лысый господин воротился, догоняет его и хочет, обшарив, отнять все возмездие, опираясь на свое неотъемлемое число семерых и решительно отрицая всякое возможное отношение каких бы то ни было золовок к Семену Ивановичу. Господин Прохарчин бежал, бежал, задыхался... рядом с ним бежало тоже чрезвычайно много людей, и все они побрякивали своими возмездиями в задних карманах своих кургузых фрачишек; наконец весь народ побежал, загремели пожарные трубы, и целые волны народа вынесли его почти на плечах на тот самый пожар, на котором он присутствовал в последний раз вместе с попрошайкой-пьянчужкой. Пьянчужка, – иначе господин Зимовейкин – находился уже там, встретил Семена Ивановича, страшно захлопотал, взял его за руку и повел в самую густую толпу. Так же, как и тогда наяву, кругом них гремела и гудела необозримая толпа народа, запрудив меж двумя мостами всю набережную Фонтанки, все окрестные улицы и переулки; так же, как и тогда, вынесло Семена Ивановича вместе с пьянчужкой за какой–то забор, где притиснули их, как в клещах, на огромном дровяном дворе, полном зрителями, собравшимися с улиц, с Толкучего рынка и из всех окрестных домов, трактиров и кабаков. Семен Иванович видел все так же и по–тогдашнему чувствовал; в вихре горячки и бреда начали мелькать перед ним разные странные лица. Он припомнил из них кой–кого. Один был тот самый, чрезвычайно внушавший всем господин, в сажень ростом и с аршинными усищами, помещавшийся во время пожара за спиной Семена Ивановича и задававший сзади ему поощрения, когда наш герой, с своей стороны, почувствовав нечто вроде восторга, затопал ножонками, как будто желая таким образом аплодировать молодецкой пожарной работе, которую совершенно видел с своего возвышения. Другой – тот самый дюжий парень, от которого герой наш обрел тумака в виде подсадки на другой забор, когда было совсем расположился лезть через него, может быть, кого-то спасать. Мелькнула перед ним и фигура того старика с геморроидальным лицом, в ветхом, чем-то подпоясанном ватном халатишке, отлучившегося было еще до пожара в лавочку за сухарями и табаком своему жильцу и пробивавшегося теперь, с молочником и с четверкой в руках, сквозь толпу, до дома, где горели у него жена, дочка и тридцать с полтиною денег в углу под периной. Но всего внятнее явилась ему та бедная, грешная баба, о которой он уже не раз грезил во время болезни своей, – представилась так, как была тогда – в лаптишках, с костылем, с плетеной котомкой за спиною и в рубище. Она кричала громче пожарных и народа, размахивая костылем и руками, о том, что выгнали ее откуда-то дети родные и что пропали при сем случае тоже два пятака. Дети и пятаки, пятаки и дети вертелись на ее языке в непонятной, глубокой бессмыслице, от которой все отступились после тщетных усилий понять; но баба не унималась, все кричала, выла, размахивала руками, не обращая, казалось, никакого внимания ни на пожар, на который занесло ее народом с улицы, ни на весь люд-людской, около нее бывший, ни на чужое несчастие, ни даже на головешки и искры, которые уже начали было пудрить весь около стоявший народ. Наконец, господин Прохарчин почувствовал, что на него начинает нападать ужас; ибо видел ясно, что все это как будто неспроста теперь делается и что даром ему не пройдет. И действительно, тут же недалеко от него взмостился на дрова какой-то мужик, в разорванном, ничем не подпоясанном армяке, с опаленными волосами и бородой, и начал подымать весь божий народ на Семена Ивановича. Толпа густела-густела, мужик кричал, и, цепенея от ужаса, господин Прохарчин вдруг припомнил, что мужик – тот самый извозчик, которого он ровно пять лет назад надул бесчеловечнейшим образом, скользнув от него до расплаты в сквозные ворота и подбирая под себя на бегу свои пятки так, как будто бы бежал босиком по раскаленной плите. Отчаянный господин Прохарчин хотел говорить, кричать, но голос его замирал. Он чувствовал, как вся разъяренная толпа обвивает его подобно пестрому змею, давит, душит. Он сделал невероятное усилие и – проснулся. Тут он увидел, что горит, что горит весь его угол, горят его ширмы, вся квартира горит, вместе с Устиньей Федоровной и со всеми ее постояльцами, что горят его кровать, подушка, одеяло, сундук и, наконец, его драгоценный тюфяк. Семен Иванович вскочил, вцепился в тюфяк и побежал, волоча его за собою. Но в хозяйкиной комнате, куда было забежал наш герой так, как был, без приличия, босой и в рубашке, его перехватили, скрутили и победно снесли обратно за ширмы, которые, между прочим, совсем не горели, а горела скорее голова Семена Ивановича, и уложили в постель. Подобно тому укладывает в свой походный ящик оборванный, небритый и суровый артист—шарманщик своего пульчинеля[17], набуянившего, переколотившего всех, продавшего душу черту и наконец оканчивающего существование свое до нового представления в одном сундуке вместе с тем же чертом, с арапами, с Петрушкой, с мамзель Катериной и счастливым любовником ее, капитаном—исправником.

Немедленно все обступили Семена Ивановича, старый и малый, поместившись рядком вокруг его кровати и устремив на больного полные ожидания лица. Между тем он очнулся, но, от совести ль, или иного чего, начал вдруг изо всех сил натягивать на себя одеяло, желая, вероятно, укрыться под ним от внимания сочувствователей. Наконец Марк Иванович первый прервал молчание и, как умный человек, начал весьма ласково говорить, что Семену Ивановичу нужно совсем успокоиться, что болеть скверно и стыдно, что так делают только дети маленькие, что нужно выздоравливать, а потом и служить. Окончил Марк Иванович шуточкой, сказав, что больным не означен еще вполне оклад жалованья, и так как он твердо знает, что и чины идут весьма небольшие, то, по его разумению, по крайней мере такое звание или состояние не приносит больших, существенных выгод. Одним словом, видно было, что все принимали действительное участие в судьбе Семена Ивановича и весьма сердобольничали. Но он с непонятною грубостью продолжал лежать на кровати, молчать и упорно все более и более натягивать на себя одеяло. Марк Иванович, однако, не признал себя побежденным и, скрепив сердце, сказал опять что—то очень сладенькое Семену Ивановичу, зная, что так и должно поступать с больным человеком; но Семен Иванович не хотел и почувствовать; напротив, промычал что—то сквозь зубы с самым недоверчивым видом и вдруг начал совершенно неприязненным образом косить исподлобья направо и налево глазами, казалось, желая взглядом своим обратить в прах всех сочувствователей. Тут уж нечего было останавливаться: Марк Иванович не вытерпел и, видя, что человек просто дал себе слово упорствовать, оскорбясь и рассердившись совсем, объявил напрямки и уже без сладких околичностей, что пора вставать, что лежать на двух боках нечего, что кричать днем и ночью о пожарах, золовках,

---

[17] Пульчинель (итал. pulchinella) и другие перечисляемые далее лица — традиционные персонажи кукольной комедии, разыгрывавшейся петербургскими шарманщиками (см. о них рассказ Дмитрия Васильевича Григоровича "Петербургские шарманщики" (1843), написанный для изданной Николаем Алексеевичем Некрасовым "Физиологии Петербурга" (1844)).

пьянчужках, замках, сундуках и черт знает об чем еще — глупо, неприлично и оскорбительно для человека, ибо если Семен Иванович спать не желает, так чтобы другим не мешал и чтоб он, наконец, это все изволил намотать себе на ус. Речь произвела свое действие, ибо Семен Иванович, немедленно обернувшись к оратору, с твердостью объявил, хотя еще слабым и хриплым голосом, что "ты, мальчишка, молчи! празднословный ты человек, сквернослов ты! слышь, каблук! князь ты, а? понимаешь штуку?" Услышав такое, Марк Иванович вспылил, но, заметив, что действует с больным человеком, великодушно перестал обижаться, а, напротив, попробовал его пристыдить, но осекся и тут; ибо Семен Иванович сразу заметил, что шутить с собой не позволит, даром что Марк Иванович стихи сочинил. Последовало двухминутное молчание; наконец, опомнившись от своего изумления, Марк Иванович прямо, ясно, весьма красноречиво, хотя не без твердости, объявил, что Семен Иванович должен знать, что он меж благородных людей и что, "милостивый государь, должны понимать, как поступают с благородным лицом". Марк Иванович умел при случае красноречиво сказать и любил внушить своим слушателям. С своей стороны, Семен Иванович говорил и поступал, вероятно от долгой привычки молчать, более в отрывистом роде, и кроме того, когда, например, случалось ему вести долгую фразу, то, по мере углубления в нее, каждое слово, казалось, рождало еще по другому слову, другое слово, тотчас при рождении, по третьему, третье по четвертому и т. д., так что набивался полон рот, начиналась перхота, и набивные слова принимались наконец вылетать в самом живописном беспорядке. Вот почему Семен Иванович, будучи умным человеком, говорил иногда страшный вздор. "Врешь ты, — отвечал он теперь, — детина, гулявый ты парень! а вот как наденешь суму, — побираться пойдешь; ты ж вольнодумец, ты ж потаскун; вот оно тебе, стихотворец!"

— Да вы это все еще бредите, что ли, Семен Иванович?

— А, слышь, — отвечал Семен Иванович, — бредит дурак, пьянчужка бредит, пес бредит, а мудрый благоразумному служит. Ты, слышь, дела ты не знаешь, потаскливый ты человек, ученый ты, книга ты писаная! А вот возьмешь, сгоришь, так не заметишь, как голова отгорит, вот, слышал историю?!

— Да... то есть как же... то есть как же вы это говорите, Семен Иванович, что голова отгорит?..

Марк Иванович и не докончил, ибо все увидели ясно, что Семен Иванович еще не отрезвился и бредит; но хозяйка не вытерпела и тут же заметила, что дом в Кривом переулке ономнясь от лысой девки сгорел; что лысая девка там такая была; она свечку зажгла и чулан запалила; а у ней не случится, и что в углах будет цело.

— Да ведь, Семен Иванович! — закричал вне себя Зиновий Прокофьевич,

142

перебивая хозяйку. – Семен Иванович, такой вы, сякой, прошедший вы, простой человек, шутки тут, что ли, с вами шутят теперь про вашу золовку или экзамены с танцами? так оно, что ли? Этак вы думаете?

– Ну, слышь ты теперь, – отвечал наш герой, приподымаясь с постели, собрав последние силы и вконец озлясь на сочувствователей, – шут кто? Ты шут, пес шут, шутовской человек, а шутки делать по твоему, сударь, приказу не буду; слышь, мальчишка, не твой, сударь, слуга!

Тут Семен Иванович хотел еще что–то сказать, но в бессилии упал на постель. Сочувствователи остались в недоумении, все разинули рты, ибо смекнули теперь, во что Семен Иванович ногой ступил, и не знали с чего начать; вдруг дверь в кухне скрипнула, отворилась и пьянчужка-приятель, – иначе господин Зимовейкин, – робко просунул голову, осторожно обнюхивая, по своему обычаю, местность. Его точно ждали; все разом замахали ему, чтоб шел поскорее, и Зимовейкин, чрезвычайно обрадовавшись, не снимая шинели, поспешно и в полной готовности протолкался к постели Семена Ивановича.

Видно было, что Зимовейкин провел всю ночь в бдении и в каких–то важных трудах. Правая сторона его лица была чем–то заклеена; опухшие веки были влажны от гноившихся глаз; фрак и все платье было изорвано, причем вся левая сторона одеяния была как будто опрыскана чем–то крайне дурным, может быть грязью из какой–нибудь лужи. Подмышкой у него была чья–то скрипка, которую он куда–то нес продавать. По-видимому, не ошиблись, призвав его на помощь, ибо тотчас, узнав, в чем вся сила, обратился он к накуролесившему Семену Ивановичу и с видом такого человека, который имеет превосходство и, сверх того, знает штуку, сказал: “Что ты, Сенька? вставай! что ты, Сенька, Прохарчин-мудрец, благоразумию послужи! Не то стащу, если куражиться будешь; не куражься!” Такая краткая, но сильная речь удивила присутствующих; еще более все удивлялись, когда заметили, что Семен Иванович, услышав все это и увидав перед собою такое лицо, до того оторопел и пришел в смущение и робость, что едва–едва и только сквозь зубы, шепотом, решился пробормотать необходимое возражение. “Ты, несчастный, ступай, – сказал он, – ты, несчастный, вор ты! слышь, понимаешь? туз ты, князь, тузовый ты человек!”

– Нет, брат, – протяжно отвечал Зимовейкин, сохраняя все присутствие духа, – нехорошо, ты, брат-мудрец, Прохарчин, прохарчинский ты человек! – продолжал Зимовейкин, немного пародируя Семена Ивановича и с удовольствием озираясь кругом. – Ты не куражься! Смирись, Сеня, смирись, не то донесу, все, братец ты мой, расскажу, понимаешь?

Кажется, Семен Иванович все разобрал, ибо вздрогнул, когда выслушал заключение речи, и вдруг начал быстро и с совершенно потерянным видом озираться кругом. Довольный эффектом, господин Зимовейкин хотел продолжать, но Марк Иванович тотчас же предупредил его рвение и, выждав время, пока Семен Иванович притих, присмирел и почти совсем успокоился, начал долго и благоразумно внушать беспокойному, что "питать подобные мысли, как у него теперь в голове, во-первых, бесполезно, во-вторых, не только бесполезно, но даже и вредно; наконец, не столько вредно, сколько даже совсем безнравственно; и причина тому та, что Семен Иванович всех в соблазн вводит и дурной пример подает". От такой речи все ожидали благоразумного следствия. К тому же Семен Иванович был теперь совсем тих и возражал умеренно. Начался скромный спор. Адресовались к нему братски, осведомляясь, чего он так заробел? Семен Иванович ответил, но иносказательно. Ему возразили; Семен Иванович возразил. Возразили еще по разу с обеих сторон, а потом уж вмешались все, и старый и малый, ибо речь началась вдруг о таком дивном и странном предмете, что решительно не знали, как это все выразить. Спор наконец дошел до нетерпения, нетерпение до криков, крики даже до слез, и Марк Иванович отошел наконец с пеной бешенства у рта, объявив, что не знал до сих пор такого гвоздя-человека [18]. Оплеваниев плюнул, Океанов перепугался, Зиновий Прокофьевич прослезился, а Устинья Федоровна завыла совсем, причитая, что "уходит жилец и рехнулся, что умрет он, млад, без паспорта, не скажется, а она сирота, и что ее затаскают". Одним словом, все, наконец, увидели ясно, что посев был хорош, что все, что ни вздумалось сеять, сторицею взошло, что почва была благодатная и что Семену Ивановичу удалось отработать в их компании свою голову на славу и на самый безвозвратный манер . Все замолчали, ибо если видели, что Семен Иванович от всего заробел, то на этот раз заробели и сами сочувствователи...

– Как! - закричал Марк Иванович, – да чего ж вы боитесь-то? чего ж вы ряхнулись-то? Кто об вас думает, сударь вы мой? Имеете ли право бояться-то? Кто вы? что вы? Нуль, сударь, блин круглый, вот что! Что вы стучите-то? Бабу на улице придавило, так и вас переедет? пьяница какой-нибудь карман не сберег, так и вам фалды отрежут? Дом сгорел, так и у вас голова отгорит, а? Так, что ли, сударь? Так ли, батюшка? так ли?

– Ты, ты, ты глуп! - бормотал Семен Иванович. - Нос отъедят, сам с хлебом съешь, не заметишь[19]...

– Каблук, пусть каблук, – кричал Марк Иванович, не вслушавшись, – каблуковой я человек, пожалуй. Да ведь мне не экзамен держать, не жениться, не танцам учиться; подо мной, сударь, место не сломится. Что,

---

[18] Гвоздь-человек – упорный человек, долбящий одно и то же.

[19]Намек на повесть Николая Васильевича Гоголя "Нос" (1836) с характерным для нее сложным сочетанием "обыденности", фантастики и авторской иронии.

батюшка? Так вам и места широкого нет? Пол там под вами провалится, что ли?

— А что? тебя, что ли, спросят? Закроют, и нет.

— Нет. Что закроют?! Что там еще у вас, а?

— А вот пьянчужку ссадили…

— Ссадили; да ведь то же пьянчужка, а вы да я человек!

— Ну, человек. А она стоит, да и нет…

— Нет! Да кто она-то?

— Да она, канцелярия… кан-це-ля-рия!!!

— Да, блаженный вы человек! да ведь она нужна, канцелярия-то…

— Она нужна, слышь ты; и сегодня нужна, завтра нужна, а вот послезавтра как-нибудь там и не нужна. Вот, слышал историю…

— Да ведь вам жалованье ж дадут годовое! Фома, Фома вы такой, неверный вы человек! по старшинству в ином месте уважат…

— Жалованье? А я вот проел жалованье, воры придут, деньги возьмут; а у меня золовка, слышь ты? золовка! гвоздырь ты…

— Золовка! человек вы…

— Человек; а я человек, а ты, начитанный, глуп; слышь, гвоздырь, гвоздыревый ты человек, вот что! А я не по шуткам твоим говорю; а оно место такое есть, что возьмет да и уничтожается место. И Демид, слышь ты, Демид Васильевич говорит, что уничтожается место…

— Ах вы, Демид, Демид! греховодник, да ведь…

— Да, хлоп, да и баста, и будешь без места; подь ты с ним, вот…

— Да вы, наконец, просто врете или ряхнулись совсем! Вы нам просто скажите; уж что? признайтесь, коль грех такой есть! стыдиться-то нечего! ряхнулся, батюшка, а?

— Ряхнулся! с ума сошел! — раздалось кругом, и все ломали руки с отчаяния, а Марка Ивановича уже обхватила в обе руки хозяйка, затем чтоб он не растерзал как-нибудь Семена Ивановича. — Язычник ты, языческая ты душа, мудрец ты! — умолял Зимовейкин. — Сеня, необидчивый ты человек, миловидный, любезный! ты прост, ты добродетельный… слышал? Это от добродетели твоей происходит; а буйный и глупый-то я, побирушка-то я; а вот же добрый человек меня не оставил небось; честь, вишь, делают; вот им и хозяйке спасибо; видишь ты, вот в поклон земной правлю, вот оно, вот; долг, долг исправляю, хозяюшка! — Тут действительно Зимовейкин и даже с каким-то педантским достоинством исполнил кругом свой поклон до земли. После того Семен Иванович хотел было опять продолжать говорить, но в этот раз ему уже не дали; все вступились, стали его умолять, заверять, утешать и достигли того, что Семен Иванович даже устыдился совсем и наконец слабым голосом попросил объясниться.

145

– Да вот; оно хорошо, – сказал он, – миловидный я, смирный, слышь, и добродетелен, предан и верен; кровь, знаешь, каплю последнюю, слышь ты, мальчишка, туз… пусть оно стоит, место-то; да я ведь бедный; а вот как возьмут его, слышь ты, тузовый, – молчи теперь, понимай, – возьмут, да и того… оно, брат, стоит, а потом и не стоит… понимаешь? а я, брат, и с сумочкой, слышь ты?

– Сенька! – завопил в исступлении Зимовейкин, покрывая в этот раз голосом весь поднявшийся шум. – Вольнодумец ты! Сейчас донесу! Что ты? кто ты? буян, что ли, бараний ты лоб? Буйному, глупому, слышь ты, без абшида[20] с места укажут; ты кто?!

– Да вот оно и того…

– Что того?! Да вот, поди ты с ним!..

– Что поди ты с ним?

– Да вот он вольный, я вольный; а как лежишь–лежишь, и того…

– Чего?

– Ан и вольнодумец…

– Воль–но–ду–мец! Сенька, ты вольнодумец!!

– Стой! – закричал господин Прохарчин, махнув рукою и прерывая начавшийся крик. – Я не того… Ты пойми, ты пойми только, баран ты: я смирный, сегодня смирный, завтра смирный, а потом и несмирный, сгрубил; пряжку тебе, и пошел вольнодумец!..[21]

– Да что ж вы? – прогремел наконец Марк Иванович, вскочив со стула, на котором было сел отдохнуть, и подбежав к кровати весь в волнении, в исступлении, весь дрожа от досады и бешенства, – что ж вы? баран вы! ни кола ни двора. Что вы, один, что ли, на свете? для вас свет, что ли, сделан? Наполеон вы, что ли, какой? что вы? кто вы? Наполеон вы, а? Наполеон или нет?! Говорите же, сударь, Наполеон или нет?..

Но господин Прохарчин уже и не отвечал на этот вопрос. Не то чтоб устыдился, что он Наполеон, или струсил взять на себя такую ответственность, – нет, он уж и не мог более ни спорить, ни дела говорить… Последовал болезненный кризис. Дробные слезы хлынули вдруг из его блистающих лихорадочным огнем серых глаз. Костлявыми, исхудалыми от болезни руками закрыл он свою горячую голову, приподнялся на кровати и, всхлипывая, стал говорить, что он совсем бедный, что он такой несчастный, простой человек, что он глупый и темный, чтоб простили ему добрые люди, сберегли, защитили, накормили б, напоили его, в беде не оставили, и бог знает что еще причитал Семен Иванович. Причитая же, он с диким страхом глядел кругом, как будто ожидая, что вот–вот сейчас потолок упадет или пол провалится. Всем

---

[20] Абшид (нем. Abshied) – предупреждение об увольнении.
[21] Пряжка в просторечии – символ солдатской службы.

стало жалко, глядя на бедного, и у всех смягчились сердца. Хозяйка, рыдая, как баба, и причитая про свое сиротство, сама уложила больного в постель. Марк Иванович, видя бесполезность трогать Наполеонову память, тоже немедленно впал в добродушие и начал тоже оказывать помощь. Другие, чтоб что-нибудь в свою очередь сделать, предложили малинный настой, говоря, что он немедленно и от всего помогает и что будет очень приятен больному; но Зимовейкин тотчас же всех опровергнул, включив, что в таком деле нет лучше доброго приема какой-нибудь ромашки забористой. Что же касается до Зиновья Прокофьевича, то, имея доброе сердце, он рыдал и заливался слезами, раскаиваясь, что пугал Семена Ивановича разными небылицами, и, вникнув в последние слова больного, что он совсем бедный и чтоб его накормили, пустился созидать подписку, ограничиваясь ею покамест в углах. Все охали и ахали, всем было и жалко и горько, и все меж тем дивились, что вот как же это таким образом мог совсем заробеть человек? И из чего ж заробел? Добро бы был при месте большом, женой обладал, детей поразвел; добро б его там под суд какой ни есть притянули; а то ведь и человек совсем дрянь, с одним сундуком и с немецким замком, лежал с лишком двадцать лет за ширмами, молчал, свету и горя не знал, скопидомничал, и вдруг вздумалось теперь человеку, с пошлого, праздного слова какого-нибудь, совсем перевернуть себе голову, совсем забояться о том, что на свете вдруг стало жить тяжело... А и не рассудил человек, что и всем тяжело! "Прими он вот только это в расчет, – говорил потом Океанов, – что вот всем тяжело, так сберег бы человек свою голову, перестал бы куролесить и потянул бы свое кое-как, куда следует". Целый день только и толку было, что о Семене Ивановиче. Приходили к нему, справлялись о нем, утешали его; но к вечеру ему стало не до утешений. Открылся у бедного бред, жар; впал он в беспамятство, так что чуть было уж не хотели пуститься за доктором; жильцы все согласились и дали себе взаимное слово охранять и упокоивать Семена Ивановича поочередно всю ночь, и что случится, то всех будить разом. С этою целью, чтоб не заснуть, засели в картишки, приставив к больному пьянчужку-приятеля, который квартировал весь день в углах, у постели больного, и попросился заночевать. Так как игра велась на мелок и не представляла совсем интереса, то скоро соскучились. Игру бросили, потом о чем-то заспорили, потом начали шуметь и стучать, наконец разошлись по углам, долго еще в сердцах перекликались и переговаривались, и так как вдруг все стали сердиты, то уж не захотели дежурить и заснули. Скоро в углах стало тихо, как в пустом погребе, тем более что был холод ужаснейший. Из последних заснувших был Океанов, "и не то, – как говорил он потом, – во сне, не то было оно наяву, но привиделось мне, что близ меня, этак перед самым утренним часом, разговаривали два человека". Океанов рассказывал, что он узнал

Зимовейкина и что Зимовейкин стал возле него будить старого друга Ремнева, что они долго шепотом говорили; потом Зимовейкин вышел, и слышно было, как он пытался отпереть в кухне дверь ключом. Ключ же, уверяла потом хозяйка, лежал у нее под подушками и пропал в эту ночь. Наконец, показывал Океанов, слышалось ему, как будто оба они пошли к больному за ширмы и засветили там свечку. Более, говорит, ничего не знаю, глаза завело; а проснулся потом вместе со всеми, когда все, кто ни были в углах, разом повскочили с постелей, затем что за ширмами раздался такой крик, что встрепенулся бы мертвый, – и тут многим показалось, что вдруг там же свечка потухла. Поднялась суматоха; у всех сердце упало; бросились как ни попало на крик, но в это время за ширмами поднялась возня, крик, брань и драка. Вздули огонь и увидели, что дерутся друг с другом Зимовейкин и Ремнев, что оба друг друга корят и ругают; а как осветили их, то один закричал: "Не я, а разбойник!", а другой, именно Зимовейкин, закричал: "Не тронь, неповинен; сейчас присягну!" На обоих образа не было человеческого; но в первую минуту не до них было дело: больного не оказалось на прежнем месте за ширмами. Тотчас же разлучили бойцов, оттащили их и увидели, что господин Прохарчин лежит под кроватью, должно быть в совершенном беспамятстве, стащив на себя и одеяло и подушку, так что на кровати оставался один только голый, ветхий и масляный тюфяк (простыни же на нем никогда не бывало). Вытащили Семена Ивановича, протянули его на тюфяк, но сразу заметили, что много хлопотать было нечего, что капут совершенный; руки его костенеют, а сам еле держится. Стали над ним: он все еще помаленьку дрожал и трепетал всем телом, что–то силился сделать руками, языком не шевелил, но моргал глазами совершенно подобным образом, как, говорят, моргает вся еще теплая, залитая кровью и живущая голова, только что отскочившая от палачова топора.

Наконец все стало тише и тише; замерли и предсмертный трепет и судороги; господин Прохарчин протянул ноги и отправился по своим добрым делам и грехам. Испугался ли Семен Иванович чего, сон ли ему приснился такой, как потом Ремнев уверял, или был другой какой грех – неизвестно; дело только в том, что хотя бы теперь сам экзекутор явился в квартире и лично за вольнодумство, буянство и пьянство объявил бы абшид Семену Ивановичу, если б даже теперь в другую дверь вошла какая ни есть попрошайка–салопница, под титулом золовки Семена Ивановича, если б даже Семен Иванович тотчас получил двести рублей награждения или дом, наконец, загорелся и начала гореть голова на Семене Ивановиче, он, может быть, и пальцем не удостоил бы пошевелить теперь при подобных известиях. Покамест сошел первый столбняк, покамест присутствующие обрели дар слова к бросились в суматоху, предположения, сомнения и крики, покамест Устинья Федоровна тащила из—под кровати сундук, обшаривала впопыхах под подушкой, под тюфяком и даже в сапогах Семена Ивановича, покамест принимали в допрос Ремнева с Зимовейкиным, жилец Океанов, бывший доселе самый недальний, смиреннейший и тихий жилец, вдруг обрел все присутствие духа, попал на свой дар и талант, схватил шапку и под шумок ускользнул из квартиры. И когда все ужасы безначалия достигли своего последнего периода в взволнованных и доселе смиренных углах, дверь отворилась и внезапно, как снег на голову, появились сперва один господин благородной наружности с строгим, но недовольным лицом, за ним Ярослав Ильич, за Ярославом Ильичом его причет и все кто следует и сзади всех – смущенный господин Океанов. Господин строгой, но благородной наружности подошел прямо к Семену Ивановичу, пощупал его, сделал гримасу, вскинул плечами и объявил весьма известное, именно, что покойник уже умер, прибавив только от себя, что то же со сна случилось на днях с одним весьма почтенным и большим господином, который тоже взял да и умер. Тут господин с благородной, но недовольной осанкой отошел от кровати, сказал, что напрасно его беспокоили, и вышел. Тотчас же заместил его Ярослав Ильич (причем Ремнева и Зимовейкина сдали кому следует на руки), расспросил кой—кого, ловко овладел сундуком, который хозяйка уже пыталась вскрывать, поставил сапоги на прежнее место, заметив, что они все в дырьях и совсем не годятся, потребовал назад подушку, подозвал Океанова, спросил ключ от сундука, который нашелся в кармане пьянчужки—приятеля, и торжественно, при ком следует, вскрыл добро Семена Ивановича. Все было налицо: две тряпки, одна пара носков, полуплаток, старая шляпа, несколько пуговиц, старые подошвы и сапожные голенища, – одним словом, шильцо, мыльцо, белое белильцо, то есть дрянь, ветошь, сор, мелюзга, от которой пахло залавком[22]; хорош был один только немецкий замок. Позвали Океанова, сурово переговорили с ним; но Океанов был готов под присягу идти. Потребовали подушку, осмотрели ее: она была только грязна, но во всех других отношениях совершенно походила на подушку. Принялись за тюфяк, хотели было его приподнять, остановились было немножко подумать, но вдруг, совсем неожиданно, что—то тяжелое, звонкое хлопнулось об пол. Нагнулись, обшарили и увидели сверток бумажный, а в свертке с десяток целковиков. "Эге—ге—ге!" – сказал Ярослав Ильич, показывая в тюфяке одно худое место, из которого торчали волосья и хлопья. Осмотрели худое место и уверились, что оно сейчас только сделано ножом, а было в поларшина длиною; засунули руку в изъян и вытащили, вероятно, впопыхах брошенный там хозяйский кухонный нож, которым взрезан был тюфяк. Не успел Ярослав

---

[22] Залавок – старинный поставец, сундук.

Ильич вытащить нож из изъянного места и опять сказать "эге-ге!" – как тотчас же выпал другой сверток, а за ним поодиночке выкатились два полтинника, один четвертак, потом какая-то мелочь и один старинный здоровенный пятак. Все это тотчас же переловили руками. Тут увидели, что недурно бы было вспороть совсем тюфяк ножницами. Потребовали ножницы ...

Между тем нагоревший сальный огарок освещал чрезвычайно любопытную для наблюдателя сцену. Около десятка жильцов группировалось у кровати в самых живописных костюмах, все неприглаженные, небритые, немытые, заспанные, так, как были, отходя на грядущий сон. Иные были совершенно бледны, у других на лбу пот показывался, иных дрожь пронимала, других жар. Хозяйка, совсем оглупевшая, тихо стояла, сложив руки и ожидая милостей Ярослава Ильича. Сверху, с печки, с испуганным любопытством глядели головы Авдотьи-работницы и хозяйкиной кошки-фаворитки; кругом были разбросаны изорванные и разбитые ширмы; раскрытый сундук показывал свою неблагородную внутренность; валялись одеяло и подушка, покрытые хлопьями из тюфяка, и, наконец, на деревянном трехногом столе заблистала постепенно возраставшая куча серебра и всяких монет. Один только Семен Иванович сохранил вполне свое хладнокровие, смирно лежал на кровати и, казалось, совсем не предчувствовал своего разорения. Когда же принесены были ножницы и помощник Ярослава Ильича, желая подслужиться, немного нетерпеливо тряхнул тюфяк, чтоб удобнее высвободить его из-под спины обладателя, то Семен Иванович, зная учтивость, сначала уступил немножко места, скатившись на бочок, спиною к искателям; потом, при втором толчке, поместился ничком, наконец еще уступил, и так как недоставало последней боковой доски в кровати, то вдруг совсем неожиданно бултыхнулся вниз головою, оставив на вид только две костлявые, худые, синие ноги, торчавшие кверху, как два сучка обгоревшего дерева. Так как господин Прохарчин уже второй раз в это утро наведывался под свою кровать, то немедленно возбудил подозрение, и кое-кто из жильцов, под предводительством Зиновия Прокофьевича, полезли туда же с намерением посмотреть, не скрыто ли и там кой-чего. Но искатели только напрасно перестукались лбами, и так как Ярослав Ильич тут же прикрикнул на них и велел немедленно освободить Семена Ивановича из скверного места, то двое из благоразумнейших взяли каждый в обе руки по ноге, вытащили неожиданного капиталиста на свет божий и положили его поперек кровати. Между тем волосья и хлопья летели кругом, серебряная куча росла – и боже! чего, чего не было тут... Благородные целковики, солидные, крепкие полуторарублевики, хорошенькая монета полтинник, плебеи-четвертачки, двугривеннички, даже малообещающая, старушечья мелюзга гривенники и пятаки серебром, – вс° в особых бумажках, в самом методическом и солидном порядке. Были и редкости: два какие-то жетона, один наполеондор[23], одна неизвестно какая, но только очень редкая монетка... Некоторые из рубликов относились тоже к глубокой древности; истертые и изрубленные елизаветинские, немецкие крестовики[24], петровские монеты, екатерининские; были, например, теперь весьма редкие монетки, старые пятиалтыннички, проколотые для ношения в ушах, все совершенно истертые, но с законным количеством точек; даже медь была, но вся уже зеленая, ржавая... Нашли одну красную бумажку[25] – но более не было. Наконец, когда кончилась вся анатомия и, неоднократно встряхнув тюфячий чехол, нашли, что ничего не гремит, сложили все деньги на стол и принялись считать. С первого взгляда можно было даже совсем обмануться и смекнуть прямо на миллион – такая была огромная куча! Но миллиона не было, хотя и вышла, впрочем, сумма чрезвычайно значительная, – ровно две тысячи четыреста девяносто семь рублей с полтиною, так что если б осуществилась вчера подписка у Зиновия Прокофьевича, то, может быть, было бы всего ровно две тысячи пятьсот рублей ассигнациями. Денежки забрали, к сундуку покойного приложили печать, хозяйкины жалобы выслушали и указали ей, когда и куда следует представить свидетельство насчет должишка покойного. С кого следовало взяли подписку; заикнулись было тут о золовке; но, уверившись, что золовка была в некотором смысле миф, то есть произведение недостаточности воображения Семена Ивановича, в чем, по справкам, не раз упрекали покойного, – то тут же идею оставили, как бесполезную, вредную и в ущерб доброго имени его, господина Прохарчина, относящуюся; тем дело и кончилось. Когда же первый страх поопал, когда схватились за ум и узнали, что был такое покойник, то присмирели, притихнули все и стали как-то с недоверчивостью друг на друга поглядывать. Некоторые приняли чрезвычайно близко к сердцу поступок Семена Ивановича и даже как будто обиделись... Такой капитал! Этак натаскал человек! Марк Иванович, не теряя присутствия духа, пустился было объяснять, почему так вдруг заробелось Семену Ивановичу; но его уж не слушали. Зиновий Прокофьевич что-то был очень задумчив, Океанов подпил немножко, остальные как-то прижались, а маленький человечек Кантарев, отличавшийся воробьиным носом, к вечеру съехал с квартиры, весьма тщательно заклеив и завязав все свои сундучки, узелки и холодно объясняя любопытствующим, что время тяжелое, а что приходится здесь не по карману платить. Хозяйка же без

---

[23] Наполеондор – золотая французская монета достоинством в 20 франков.
[24] Серебряные талеры, имевшие на обороте изображение креста.
[25] Десять рублей.

умолку выла, и причитая и кляня Семена Ивановича за то, что он обидел ее сиротство. Осведомились у Марка Ивановича, зачем же это покойник свои деньги в ломбард не носил? – Прост, матушка, был; воображения на то не хватило, – отвечал Марк Иванович.

– Ну да и вы просты, матушка, – включал Океанов, – двадцать лет крепился у вас человек, с одного щелчка покачнулся, а у вас щи варились, некогда было!.. Э–ах, матушка!..

– Ох уж ты мне, млад–млад! – продолжала хозяйка, – да что ломбард! принеси–ка он мне свою горсточку да скажи мне: возьми, млад–Устиньюшка, вот тебе благостыня, а держи ты младого меня на своих харчах, поколе мать сыра земля меня носит, – то, вот тебе образ, кормила б его, поила б его, ходила б за ним. Ах, греховодник, обманщик такой! Обманул, надул сироту!..

Приблизились снова к постели Семена Ивановича. Теперь он лежал как следует, в лучшем, хотя, впрочем, и единственном своем одеянии, запрятав окостенелый подбородок за галстух, который навязан был немножко неловко, обмытый, приглаженный и не совсем лишь выбритый, затем что бритвы в углах не нашлось: единственная, принадлежавшая Зиновию Прокофьевичу, иззубрилась еще прошлого года и выгодно была продана на Толкучем; другие ж ходили в цирюльню. Беспорядок все еще не успели прибрать. Разбитые ширмы лежали по–прежнему и, обнажая уединение Семена Ивановича, словно были эмблемы того, что смерть срывает завесу со всех наших тайн, интриг, проволочек. Начинка из тюфяка, тоже не прибранная, густыми кучами лежала кругом. Весь этот внезапно остывший угол можно было бы весьма удобно сравнить поэту с разоренным гнездом "домовитой" ласточки [26]: все разбито и истерзано бурею, убиты птенчики с матерью, и развеяна кругом их теплая постелька из пуха, перышек, хлопок… Впрочем, Семен Иванович смотрел скорее как старый самолюбец и вор–воробей. Он теперь притихнул, казалось, совсем притаился, как будто и не он виноват, как будто не он пускался на штуки, чтоб надуть и провести всех добрых людей, без стыда и без совести, неприличнейшим образом. Он теперь уж не слушал рыданий и плача осиротевшей и разобиженной хозяйки своей. Напротив, как опытный, тертый капиталист, который и в гробу не желал бы потерять минуты в бездействии, казалось, весь был предан каким–то спекулятивным расчетам. В лице его появилась какая–то глубокая дума, а губы были стиснуты с таким значительным видом, которого никак нельзя было бы подозревать при жизни принадлежностью Семена Ивановича. Он как будто бы поумнел. Правый глазок его был как–то плутовски прищурен;

---

[26] Слова о домовитой ласточке – цитата из стихотворения Гавриила Романовича Державина "Ласточка" (1792).

казалось, Семен Иванович хотел что-то сказать, что-то сообщить весьма нужное, объясниться, да и не теряя времени, а поскорее, затем, что дела навязались, а некогда было... И как будто бы слышалось: "Что, дескать, ты? перестань, слышь ты, баба ты глупая! не хнычь! ты, мать, проспись, слышь ты! Я, дескать, умер; теперь уж не нужно; что, заправду! Хорошо лежать-то... Я, то есть, слышь, и не про то говорю; ты, баба, туз, тузовая ты, понимай; оно вот умер теперь; а ну как этак, того, то есть оно, пожалуй, и не может так быть, а ну как этак, того, и не умер – слышь ты, встану, так что-то будет, а?"

ДВА САМОУБИЙСТВА

Недавно как-то мне случилось говорить с одним из наших писателей (большим художником) о комизме в жизни, о трудности определить явление, назвать его настоящим словом. Я именно заметил ему перед этим, что я, чуть не сорок лет знающий "Горе от ума", только в этом году понял как следует один из самых ярких типов этой комедии, Молчалина, и понял именно, когда он же, то есть этот самый писатель, с которым я говорил, разъяснил мне Молчалина, вдруг выведя его в одном из своих сатирических очерков. (Об Молчалине я еще когда-нибудь поговорю, тема знатная).

– А знаете ли вы, – вдруг сказал мне мой собеседник, видимо давно уже и глубоко пораженный своей идеей, – знаете ли, что, что бы вы ни написали, что бы ни вывели, что бы ни отметили в художественном произведении, – никогда вы не сравняетесь с действительностью. Что бы вы ни изобразили – все выйдет слабее, чем в действительности. Вы вот думаете, что достигли в произведении самого комического в известном явлении жизни, поймали самую уродливую его сторону, – ничуть! Действительность тотчас же представит вам в этом же роде такой фазис какой вы и еще и не предлагали и превышающий все, что могло создать ваше собственное наблюдение и воображение!..

Это я знал еще с 46-го года, когда начал писать, а может быть и раньше, – и факт этот не раз поражал меня и ставил меня в недоумение о полезности искусства при таком видимом его бессилии. Действительно, проследите иной, даже вовсе и не такой яркий на первый взгляд факт действительной жизни, – и если только вы в силах и имеете глаз, то

153

найдете в нем глубину, какой нет у Шекспира. Но ведь в том—то и весь вопрос: чей глаз и кто в силах? Ведь не только чтоб создавать и писать художественные произведения, но и чтоб только приметить факт, нужно тоже в своем роде художника. Для иного наблюдателя все явления жизни проходят в самой трогательной простоте и до того понятны, что и думать не о чем, смотреть даже не на что и не стоит. Другого же наблюдателя те же самые явления до того иной раз озаботят, что (случается даже и нередко) – не в силах, наконец, их обобщить и упростить, вытянуть в прямую линию и на том успокоиться, – он прибегает к другого рода упрощению и просто—запросто сажает себе пулю в лоб, чтоб погасить свой измученный ум вместе со всеми вопросами разом. Это только две противуположности, но между ними помещается весь наличный смысл человеческий. Но, разумеется, никогда нам не исчерпать всего явления, не добраться до конца и начала его. Нам знакомо одно лишь насущное видимо—текущее, да и то понаглядке, а концы и начала – это все еще пока для человека фантастическое.

Кстати, один из уважаемых моих корреспондентов сообщил мне еще летом об одном странном и неразгаданном самоубийстве, и я все хотел говорить о нем. В этом самоубийстве все, и снаружи и внутри, – загадка. Эту загадку я, по свойству человеческой природы, конечно, постарался как—нибудь разгадать, чтоб на чем—нибудь "остановиться и успокоиться". Самоубийца - молодая девушка лет двадцати трех или четырех не больше, дочь одного слишком известного русского эмигранта и родившаяся за границей, русская по крови, но почти уже совсем не русская по воспитанию. В газетах, кажется, смутно упоминалось о ней в свое время, но очень любопытны подробности: "Она намочила вату хлороформом, обвязала себе этим лицо и легла на кровать... Так и умерла. Перед смертью написала следующую записку:

„Je m'en vais entreprendre un long voyage. Si cela ne réussit pas qu'on se rassemble pour fêter ma resurrection avec du Cliquot. Si cela réussit, je prie qu'on ne me laisse enterrer que tout a fait morte, puisqu'il est tres désagréable de se réveiller dans un cercueil sous terre. Ce n'est pas Chic!"“

То есть по—русски:

"Предпринимаю длинное путешествие. Если самоубийство не удастся, то пусть соберутся все отпраздновать мое воскресение из мертвых бокалами Клико. А если удастся, то я прошу только, чтоб схоронили меня, вполне убедясь, что я мертвая, потому что совсем неприятно проснуться в гробу под землею. Очень даже не шикарно выйдет!"

В этом гадком, грубом шике, по—моему, слышится вызов может быть негодование, злоба, – но на что же? Просто грубые натуры истребляют себя самоубийством лишь от материальной, видимой, внешней причины, а по тону записки видно, что у нее не могло быть такой причины. На что же могло быть негодование?.. на простоту представляющегося, на бессодержательность жизни? Это те, слишком известные, судьи и отрицатели жизни, негодующие на "глупость" появления человека на земле, на бестолковую случайность этого появления, на тиранию косной причины, с которою нельзя помириться? Тут слышится душа именно возмутившаяся против "прямолинейности" явлений, не вынесшая этой прямолинейности, сообщившейся ей в доме отца еще с детства. И безобразнее всего то, что ведь она, конечно, умерла без всякого отчетливого сомнения. Сознательного сомнения, так называемых вопросов, вероятнее всего, не было в душе ее; всему она, чему научена была с детства, верила прямо, на слово, и это вернее всего. Значит, просто умерла от "холодного мрака и скуки", с страданием, так сказать, животным и безотчетным, просто стало душно жить, вроде того, как бы воздуху недостало. Душа не вынесла прямолинейности безотчетно и безотчетно потребовала чего–нибудь более сложного…

С месяц тому назад, во всех петербургских газетах появилось несколько коротеньких строчек мелким шрифтом об одном петербургском самоубийстве: выбросилась из окна, из четвертого этажа, одна бедная молодая девушка, швея, – "потому что никак не могла приискать себе для пропитания работы". Прибавлялось, что выбросилась она и упала на землю, держа в руках образ. Этот образ в руках – странная и неслыханная еще в самоубийстве черта! Это уж какое–то кроткое, смиренное самоубийство. Тут даже, видимо, не было никакого ропота или попрека: просто – стало нельзя жить. "Бог не захотел" и – умерла, помолившись. Об иных вещах, как они с виду ни просты, долго не перестается думать, как–то мерещится, и даже точно вы в них виноваты. Эта кроткая, истребившая себя душа невольно мучает мысль. Вот эта–то смерть и напомнила мне о сообщенном мне еще летом самоубийстве дочери эмигранта. Но какие, однако же, два разные создания, точно обе с двух разных планет! И какие две разные смерти! А которая из этих душ больше мучилась на земле, если только приличен и позволителен такой праздный вопрос?

ЁЛКА И СВАДЬБА

Из записок неизвестного

На днях я видел свадьбу… но нет! Лучше я вам расскажу про елку. Свадьба хороша; она мне очень понравилась, но другое происшествие лучше. Не знаю, каким образом, смотря на эту свадьбу, я вспомнил про эту елку. Это вот как случилось. Ровно лет пять назад, накануне Нового года, меня пригласили на детский бал. Лицо приглашавшее было одно известное деловое лицо, со связями, с знакомством, с интригами, так что можно было подумать, что детский бал этот был предлогом для родителей сойтись в кучу и потолковать об иных интересных материях невинным, случайным, нечаянным образом. Я был человек посторонний; материй у меня не было никаких, и потому я провел вечер довольно независимо. Тут был и еще один господин, у которого, кажется, не было ни роду, ни племени, но который, подобно мне, попал на семейное счастье… Он прежде всех бросился мне на глаза. Это был высокий, худощавый мужчина, весьма серьезный, весьма прилично одетый. Но видно было, что ему вовсе не до радостей и семейного счастья; когда он отходил куда-нибудь в угол, то сейчас же переставал улыбаться и хмурил свои густые черные брови. Знакомых, кроме хозяина, на всем бале у него не было ни единой души. Видно было, что ему страх скучно, но что он выдерживал храбро, до конца, роль совершенно развлеченного и счастливого человека. Я после узнал, что это один господин из провинции, у которого было какое-то решительное, головоломное дело в столице, который привез нашему хозяину рекомендательное письмо, которому хозяин наш покровительствовал вовсе не con amore [27] и которого пригласил из учтивости на свой детский бал. В карты не играли, сигары ему не предложили, в разговоры с ним никто не пускался, может быть издали узнав птицу по перьям, и потому мой господин принужден был, чтоб только куда-нибудь девать руки, весь вечер гладить свои бакенбарды. Бакенбарды были действительно весьма хороши. Но он гладил их до того усердно, что, глядя на него, решительно можно было подумать, что сперва произведены на свет одни бакенбарды, а потом уж приставлен к ним господин, чтобы их гладить.

Кроме этой фигуры, таким образом принимавшей участие в семейном счастии хозяина, у которого было пятеро сытеньких мальчиков, понравился мне еще один господин. Но этот уже был совершенно другого

---

[27] из любви (итал.).

свойства. Это было лицо. Звали его Юлиан Мастакович. С первого взгляда можно было видеть, что он был гостем почетным и находился в таких же отношениях к хозяину, в каких хозяин к господину, гладившему свои бакенбарды. Хозяин и хозяйка говорили ему бездну любезностей, ухаживали, поили его, лелеяли, подводили к нему для рекомендации своих гостей, а его самого ни к кому не подводили. Я заметил, что у хозяина заискрилась слеза на глазах, когда Юлиан Мастакович отнесся по вечеру, что он редко проводит таким приятным образом время. Мне как-то стало страшно в присутствии такого лица, и потому, полюбовавшись на детей, я ушел в маленькую гостиную, которая была совершенно пуста, и засел в цветочную беседку хозяйки, занимавшую почти половину всей комнаты.

Дети все были до невероятности милы и решительно не хотели походить на больших, несмотря на все увещания гувернанток и маменек. Они разобрали всю елку вмиг, до последней конфетки, и успели уже переломать половину игрушек, прежде чем узнали, кому какая назначена. Особенно хорош был один мальчик, черноглазый, в кудряшках, который все хотел меня застрелить из своего деревянного ружья. Но всех более обратила на себя внимание его сестра, девочка лет одиннадцати, прелестная, как амурчик, тихонькая, задумчивая, бледная, с большими задумчивыми глазами навыкате. Ее как-то обидели дети, и потому она ушла в ту самую гостиную, где сидел я, и занялась в уголку – с своей куклой. Гости с уважением указывали на одного богатого откупщика, ее родителя, и кое-кто замечал шепотом, что за ней уже отложено на приданое триста тысяч рублей. Я оборотился взглянуть на любопытствующих о таком обстоятельстве, и взгляд мой упал на Юлиана Мастаковича, который, закинув руки за спину и наклонив немножечко голову набок, как-то чрезвычайно внимательно прислушивался к празднословию этих господ. Потом я не мог не подивиться мудрости хозяев при раздаче детских подарков. Девочка, уже имевшая триста тысяч рублей приданого, получила богатейшую куклу. Потом следовали подарки понижаясь, смотря по понижению рангов родителей всех этих счастливых детей. Наконец, последний ребенок, мальчик лет десяти, худенький, маленький, весноватенький, рыженький, получил только одну книжку повестей, толковавших о величии природы, о слезах умиления и прочее, без картинок и даже без виньетки.

Он был сын гувернантки хозяйских детей, одной бедной вдовы, мальчик крайне забитый и запуганный. Одет он был в курточку из убогой нанки. Получив свою книжку, он долгое время ходил около других игрушек; ему ужасно хотелось поиграть с другими детьми, но он не смел; видно было, что он уже чувствовал и понимал свое положение. Я очень люблю наблюдать за детьми. Чрезвычайно любопытно в них первое,

157

самостоятельное проявление в жизни. Я заметил, что рыженький мальчик до того соблазнился богатыми игрушками других детей, особенно театром, в котором ему непременно хотелось взять на себя какую-то роль, что решился поподличать. Он улыбался и заигрывал с другими детьми, он отдал свое яблоко одному одутловатому мальчишке, у которого навязан был полный платок гостинцев, и даже решился повозить одного на себе, чтоб только не отогнали его от театра. Но чрез минуту какой-то озорник препорядочно поколотил его. Ребенок не посмел заплакать. Тут явилась гувернантка, его маменька, и велела ему не мешать играть другим детям. Ребенок вошел в ту же гостиную, где была девочка. Она пустила его к себе, и оба весьма усердно принялись наряжать богатую куклу.

Я сидел уже с полчаса в плющовой беседке и почти задремал, прислушиваясь к маленькому говору рыженького мальчика и красавицы с тремястами тысяч приданого, хлопотавших о кукле, как вдруг в комнату вошел Юлиан Мастакович. Он воспользовался скандальною сценою ссоры детей и вышел потихоньку из залы. Я заметил, что он с минуту назад весьма горячо говорил с папенькой будущей богатой невесты, с которым только что познакомился, о преимуществе какой-то службы перед другою. Теперь он стоял в раздумье и как будто что-то рассчитывал по пальцам.

– Триста… триста, – шептал он. – Одиннадцать… двенадцать… тринадцать и так далее. Шестнадцать – пять лет! Положим, по четыре на сто – 12, пять раз – 60, да на эти 60… ну, положим, всего будет через пять лет – четыреста. Да! вот… Да не по четыре со ста же держит, мошенник! Может, восемь аль десять со ста берет. Ну, пятьсот, положим, пятьсот тысяч, по крайней мере, это наверное; ну, излишек на тряпки, гм…

Он кончил раздумье, высморкался и хотел уже выйти из комнаты, как вдруг взглянул на девочку и остановился. Он меня не видал за горшками с зеленью. Мне казалось, что он был крайне взволнован. Или расчет подействовал на него, или что-нибудь другое, но он потирал себе руки и не мог постоять на месте. Это волнение увеличилось до nec plus ultra[28], когда он остановился и бросил другой, решительный взгляд на будущую невесту. Он было двинулся вперед, но сначала огляделся кругом. Потом, на цыпочках, как будто чувствуя себя виноватым, стал подходить к ребенку. Он подошел с улыбочкой, нагнулся и поцеловал ее в голову. Та, не ожидая нападения, вскрикнула от испуга.

– А что вы тут делаете, милое дитя? – спросил он шепотом, оглядываясь и трепля девочку по щеке.

– Играем…

– А? с ним? – Юлиан Мастакович покосился на мальчика.

---

[28] до крайних пределов (лат.).

– А ты бы, душенька, пошел в залу, – сказал он ему.

Мальчик молчал и глядел на него во все глаза. Юлиан Мастакович опять осмотрелся кругом и опять нагнулся к девочке.

– А что это у вас, куколка, милое дитя? – спросил он.

– Куколка, – отвечала девочка, морщась и немножко робея.

– Куколка… А знаете ли вы, милое дитя, из чего ваша куколка сделана?

– Не знаю… – отвечала девочка шепотом и совершенно потупив голову.

– А из тряпочек, душенька. Ты бы пошел, мальчик, в залу, к своим сверстникам, – сказал Юлиан Мастакович, строго посмотрев на ребенка. Девочка и мальчик поморщились и схватились друг за друга. Им не хотелось разлучаться.

– А знаете ли вы, почему подарили вам эту куколку? – спросил Юлиан Мастакович, понижая все более и более голос.

– Не знаю.

– А оттого, что вы были милое и благонравное дитя всю неделю. Тут Юлиан Мастакович, взволнованный донельзя осмотрелся кругом и, понижая все более и более голос, спросил наконец неслышным, почти совсем замирающим от волнения и нетерпения голосом:

– А будете ли вы любить меня, милая девочка, когда я приеду в гости к вашим родителям?

Сказав это, Юлиан Мастакович хотел еще один раз поцеловать милую девочку, но рыженький мальчик, видя, что она совсем хочет заплакать, схватил ее за руки и захныкал от полнейшего сочувствия к ней. Юлиан Мастакович рассердился не в шутку.

– Пошел, пошел отсюда, пошел! – говорил он мальчишке. – Пошел в залу! пошел туда, к своим сверстникам!

– Нет, не нужно, не нужно! подите вы прочь, – сказала девочка, – оставьте его, оставьте его! – говорила она, почти совсем заплакав.

Кто-то зашумел в дверях, Юлиан Мастакович тотчас же приподнял свой величественный корпус и испугался. Но рыженький мальчик испугался еще более Юлиана Мастаковича, бросил девочку и тихонько, опираясь о стенку, прошел из гостиной в столовую. Чтоб не подать подозрений, Юлиан Мастакович пошел также в столовую. Он был красен как рак и, взглянув в зеркало, как будто сконфузился себя самого. Ему, может быть, стало досадно за горячку свою и свое нетерпение. Может быть, его так поразил вначале расчет по пальцам, так соблазнил и вдохновил, что он, несмотря на всю солидность и важность, решился поступить как мальчишка и прямо абордировать свой предмет, несмотря на то что предмет мог быть настоящим предметом по крайней мере пять лет спустя. Я вышел за почтенным господином в столовую и увидел странное зрелище. Юлиан Мастакович, весь покраснев от досады и злости, пугал рыжего мальчика, который, уходя от него все дальше и дальше, не знал – куда забежать от страха.

– Пошел, что здесь делаешь, пошел, негодник, пошел! Ты здесь фрукты таскаешь, а? Ты здесь фрукты таскаешь? Пошел, негодник, пошел, сопливый, пошел, пошел к своим сверстникам!

Перепуганный мальчик, решившись на отчаянное средство, попробовал было залезть под стол. Тогда его гонитель, разгоряченный донельзя, вынул свой длинный батистовый платок и начал им выхлестывать из-под стола ребенка, присмиревшего до последней степени. Нужно заметить, что Юлиан Мастакович был немножко толстенек. Это был человек сытенький, румяненький, плотненький, с брюшком, с жирными ляжками, словом, что называется, крепняк, кругленький, как орешек. Он вспотел, пыхтел и краснел ужасно. Наконец он почти остервенился, так велико было в нем чувство негодования и, может быть (кто знает?), ревности. Я захохотал во все горло. Юлиан Мастакович оборотился и, несмотря на все значение свое, сконфузился в прах. В это время из противоположной двери вошел хозяин. Мальчик вылез из-под стола и обтирал свои колени и локти. Юлиан Мастакович поспешил поднесть к носу платок, который держал, за один кончик, в руках.

Хозяин немножко с недоумением посмотрел на троих нас но, как человек, знающий жизнь и смотрящий на нее с точки серьезной, тотчас же воспользовался тем, что поймал наедине своего гостя.

– Вот-с тот мальчик-с, – сказал он, указав на рыженького, – о котором я имел честь просить...

– А? – отвечал Юлиан Мастакович, еще не совсем оправившись.

– Сын гувернантки детей моих, – продолжал хозяин просительным тоном, – бедная женщина, вдова, жена одного честного чиновника; и потому... Юлиан Мастакович, если возможно...

– Ах, нет, нет, – поспешно закричал Юлиан Мастакович, – нет, извините меня, Филипп Алексеевич, никак невозможно-с. Я справлялся; вакансии нет, а если бы и была, то на нее уже десять кандидатов, гораздо более имеющих право, чем он... Очень жаль, очень жаль...

– Жаль-с, – повторил хозяин, – мальчик скромненький, тихонький...

– Шалун большой, как я замечаю, – отвечал Юлиан Мастакович, истерически скривив рот, – пошел, мальчик, что ты стоишь, пойди к своим сверстникам! – сказал он, обращаясь к ребенку.

Тут он, кажется, не мог утерпеть и взглянул на меня одним глазом. Я тоже не мог утерпеть и захохотал ему прямо в глаза. Юлиан Мастакович тотчас же отворотился и довольно явственно для меня спросил у хозяина, кто этот странный молодой человек? Они зашептались и вышли из комнаты. Я видел потом, как Юлиан Мастакович, слушая хозяина, с недоверчивостию качал головою.

Нахохотавшись вдоволь, я воротился в залу. Там великий муж, окруженный отцами и матерями семейств, хозяйкой и хозяином, что-то с жаром толковал одной даме, к которой его только что подвели. Дама держала за руку девочку, с которою, десять минут назад, Юлиан Мастакович имел сцену в гостиной. Теперь он рассыпался в похвалах и восторгах о красоте, талантах, грации и благовоспитанности милого дитяти. Он заметно юлил перед маменькой. Мать слушала его чуть ли не со слезами восторга. Губы отца улыбались. Хозяин радовался излиянию всеобщей радости. Даже все гости сочувствовали, даже игры детей были остановлены, чтоб не мешать разговору. Весь воздух был напоен благоговением. Я слышал потом, как тронутая до глубины сердца маменька интересной девочки в отборных выражениях просила Юлиана Мастаковича сделать ей особую честь, подарить их дом своим драгоценным знакомством; слышал, с каким неподдельным восторгом Юлиан Мастакович принял приглашение и как потом гости, разойдясь все, как приличие требовало, в разные стороны, рассыпались друг перед другом в умилительных похвалах откупщику, откупщице, девочке и в особенности Юлиану Мастаковичу.

– Женат этот господин? – спросил я, почти вслух, одного из знакомых моих, стоявшего ближе всех к Юлиану Мастаковичу.

Юлиан Мастакович бросил на меня испытующий и злобный взгляд.

– Нет! – отвечал мне мой знакомый, огорченный до глубины сердца моею неловкостию, которую я сделал умышленно…

Недавно я проходил мимо ***ской церкви; толпа и съезд поразили меня. Кругом говорили о свадьбе. День был пасмурный, начиналась изморось; я пробрался за толпою в церковь и увидал жениха. Это был маленький, кругленький, сытенький человечек с брюшком, весьма разукрашенный. Он бегал, хлопотал и распоряжался. Наконец раздался говор, что привезли невесту. Я протеснился сквозь толпу и увидел чудную красавицу, для которой едва настала первая весна. Но красавица была бледна и грустна. Она смотрела рассеянно; мне показалось даже, что глаза ее были красны от недавних слез. Античная строгость каждой черты лица ее придавала какую-то важность и торжественность ее красоте. Но сквозь эту строгость и важность, сквозь эту грусть просвечивал еще первый детский, невинный облик; сказывалось что-то донельзя наивное, неустановившееся, юное и, казалось, без просьб само за себя молившее о пощаде.

Говорили, что ей едва минуло шестнадцать лет. Взглянув внимательно на жениха, я вдруг узнал в нем Юлиана Мастаковича, которого не видел

161

ровно пять лет. Я поглядел на нее… Боже мой! Я стал протесняться скорее из церкви. В толпе толковали, что невеста богата, что у невесты пятьсот тысяч приданого… и на сколько-то тряпками…

"Однако расчет был хорош!" – подумал я, протеснившись на улицу…

МАЛЬЧИК У ХРИСТА НА ЁЛКЕ

I

Мальчик с ручкой

Дети странный народ, они снятся и мерещатся. Перед елкой и в самую елку перед Рождеством я все встречал на улице, на известном углу, одного мальчишку, никак не более как лет семи. В страшный мороз он был одет почти по-летнему, но шея у него была обвязана каким-то старьем, – значит его все же кто-то снаряжал, посылая. Он ходил "с ручкой"; это технический термин, значит – просить милостыню. Термин выдумали сами эти мальчики. Таких, как он, множество, они вертятся на вашей дороге и завывают что-то заученное; но этот не завывал и говорил как-то невинно и непривычно и доверчиво смотрел мне в глаза, – стало быть, лишь начинал профессию. На расспросы мои он сообщил, что у него сестра, сидит без работы, больная; может, и правда, но только я узнал потом, что этих мальчишек тьма-тьмущая: их высылают "с ручкой" хотя бы в самый страшный мороз, и если ничего не наберут, то наверно их ждут побои. Набрав копеек, мальчик возвращается с красными, окоченевшими руками в какой-нибудь подвал, где пьянствует какая-нибудь шайка халатников, из тех самых, которые, "забастовав на фабрике под воскресенье в субботу, возвращаются вновь на работу не ранее как в среду вечером". Там, в подвалах, пьянствуют с ними их голодные и битые жены, тут же пищат голодные грудные их дети. Водка, и грязь, и разврат, а главное, водка. С набранными копейками мальчишку тотчас же посылают в кабак, и он приносит еще вина. В забаву и ему иногда нальют в рот косушку и хохочут, когда он, с пресекшимся дыханием, упадет чуть не без памяти на пол,

...и в рот мне водку скверную
Безжалостно вливал...

Когда он подрастет, его поскорее сбывают куда-нибудь на фабрику, но все, что он заработает, он опять обязан приносить к халатникам, а те опять пропивают. Но уж и до фабрики эти дети становятся совершенными преступниками. Они бродяжат по городу и знают такие места в разных подвалах, в которые можно пролезть и где можно переночевать незаметно. Один из них ночевал несколько ночей сряду у одного дворника в какой-то корзине, и тот его так и не замечал. Само собою, становятся воришками. Воровство обращается в страсть даже у восьмилетних детей, иногда даже без всякого сознания о преступности действия. Под конец переносят все – голод, холод, побои, – только за одно, за свободу, и убегают от своих халатников бродяжить уже от себя. Это дикое существо не понимает иногда ничего, ни где он живет, ни какой он нации, есть ли Бог, есть ли государь; даже такие передают об них вещи, что невероятно слышать, и, однакоже, всё факты.

II

Мальчик у Христа на ёлке

Но я романист, и, кажется, одну "историю" сам сочинил. Почему я пишу: "кажется", ведь я сам знаю наверно, что сочинил, но мне все мерещится, что это где-то и когда-то случилось, именно это случилось как раз накануне Рождества, в каком-то огромном городе и в ужасный мороз.

Мерещится мне, был в подвале мальчик, но еще очень маленький, лет шести или даже менее. Этот мальчик проснулся утром в сыром и холодном подвале. Одет он был в какой-то халатик и дрожал. Дыхание его вылетало белым паром, и он, сидя в углу на сундуке, от скуки нарочно пускал этот пар изо рта и забавлялся, смотря, как он вылетает. Но ему очень хотелось кушать. Он несколько раз с утра подходил к нарам, где на тонкой, как блин, подстилке и на каком-то узле под головой вместо подушки лежала больная мать его. Как она здесь очутилась? Должно быть, приехала с своим мальчиком из чужого города и вдруг захворала. Хозяйку углов захватили еще два дня тому в полицию; жильцы разбрелись, дело праздничное, а оставшийся один халатник уже целые сутки лежал мертво пьяный, не дождавшись и праздника. В другом углу комнаты стонала от ревматизма какая—то восьмидесятилетняя старушонка, жившая когда—то и где—то в няньках, а теперь помиравшая одиноко, охая, брюзжа и ворча на мальчика, так что он уже стал бояться подходить к ее углу близко. Напиться—то он где—то достал в сенях, но корочки нигде не нашел и раз в десятый уже подходил разбудить свою маму. Жутко стало ему, наконец, в темноте: давно уже начался вечер, а огня не зажигали. Ощупав лицо мамы, он подивился, что она совсем не двигается и стала такая же холодная, как стена. "Очень уж здесь холодно", — подумал он, постоял немного, бессознательно забыв свою руку на плече покойницы, потом дохнул на свои пальчики, чтоб отогреть их, и вдруг, нашарив на нарах свой картузишко, потихоньку, ощупью, пошел из подвала. Он еще бы и раньше пошел, да все боялся вверху, на лестнице, большой собаки, которая выла весь день у соседских дверей. Но собаки уже не было, и он вдруг вышел на улицу.

Господи, какой город! Никогда еще он не видал ничего такого. Там, откудова он приехал, по ночам такой черный мрак, один фонарь на всю улицу. Деревянные низенькие домишки запираются ставнями; на улице, чуть смеркнется — никого, все затворяются по домам, и только завывают целые стаи собак, сотни и тысячи их, воют и лают всю ночь. Но там было зато так тепло и ему давали кушать, а здесь — Господи, кабы покушать! И какой здесь стук и гром, какой свет и люди, лошади и кареты, и мороз, мороз! Мерзлый пар валит от загнанных лошадей, из жарко дышащих морд их; сквозь рыхлый снег звенят об камни подковы, и все так толкаются, и, Господи, так хочется поесть, хоть бы кусочек какой—нибудь, и так больно стало вдруг пальчикам. Мимо прошел блюститель порядка и отвернулся, чтоб не заметить мальчика.

Вот и опять улица, — ох какая широкая! Вот здесь так раздавят наверно; как они все кричат, бегут и едут, а свету—то, свету—то! А это что? Ух, какое большое стекло, а за стеклом комната, а в комнате дерево до потолка; это елка, а на елке сколько огней, сколько золотых бумажек и яблоков, а кругом тут же куколки, маленькие лошадки; а по комнате бегают дети, нарядные, чистенькие, смеются и играют, и едят, и пьют что—то. Вот эта девочка начала с мальчиком танцевать, какая хорошенькая девочка! Вот и музыка, сквозь стекло слышно. Глядит мальчик, дивится, уж и смеется, а у него болят уже пальчики и на ножках, а на руках стали совсем красные, уж не сгибаются и больно пошевелить. И вдруг вспомнил мальчик про то, что у него так болят пальчики, заплакал и побежал дальше, и вот опять видит он сквозь другое стекло комнату, опять там деревья, но на столах пироги, всякие — миндальные, красные, желтые, и сидят там четыре богатые барыни, а кто придет, они тому дают пироги, а отворяется дверь поминутно, входит к ним с улицы много господ. Подкрался мальчик, отворил вдруг дверь и вошел. Ух, как на него закричали и замахали! Одна

164

барыня подошла поскорее и сунула ему в руку копеечку, а сама отворила ему дверь на улицу. Как он испугался! А копеечка тут же выкатилась и зазвенела по ступенькам: не мог он согнуть свои красные пальчики и придержать ее. Выбежал мальчик и пошел поскорей–поскорей, а куда, сам не знает. Хочется ему опять заплакать, да уж боится, и бежит, бежит и на ручки дует. И тоска берет его, потому что стало ему вдруг так одиноко и жутко, и вдруг, Господи! Да что ж это опять такое? Стоят люди толпой и дивятся: на окне за стеклом три куклы, маленькие, разодетые в красные и зеленые платьица и совсем–совсем как живые! Какой–то старичок сидит и будто бы играет на большой скрипке, два других стоят тут же и играют на маленьких скрипочках, и в такт качают головками, и друг на друга смотрят, и губы у них шевелятся, говорят, совсем говорят, – только вот из–за стекла не слышно. И подумал сперва мальчик, что они живые, а как догадался совсем, что это куколки, – вдруг рассмеялся. Никогда он не видал таких куколок и не знал, что такие есть! И плакать–то ему хочется, но так смешно–смешно на куколок. Вдруг ему почудилось, что сзади его кто–то схватил за халатик: большой злой мальчик стоял подле и вдруг треснул его по голове, сорвал картуз, а сам снизу поддал ему ножкой. Покатился мальчик наземь, тут закричали, обомлел он, вскочил и бежать–бежать, и вдруг забежал сам не знает куда, в подворотню, на чужой двор, – и присел за дровами: "Тут не сыщут, да и темно".

Присел он и скорчился, а сам отдышаться не может от страху и вдруг, совсем вдруг, стало так ему хорошо: ручки и ножки вдруг перестали болеть и стало так тепло, так тепло, как на печке; вот он весь вздрогнул: ах, да ведь он было заснул! Как хорошо тут заснуть: "Посижу здесь и пойду опять посмотреть на куколок, – подумал мальчик и усмехнулся, вспомнив про них,– совсем как живые!.." И вдруг ему послышалось, что над ним запела его мама песенку. "Мама, я сплю, ах, как тут спать хорошо!"

– Пойдем ко мне на елку, мальчик, – прошептал над ним вдруг тихий голос.

Он подумал было, что это все его мама, но нет, не она; кто же это его позвал, он не видит, но кто–то нагнулся над ним и обнял его в темноте, а он протянул ему руку и… и вдруг, – о, какой свет! О, какая елка! Да и не елка это, он и не видал еще таких деревьев! Где это он теперь: все блестит, все сияет и кругом всё куколки, – но нет, это всё мальчики и девочки, только такие светлые, все они кружатся около него, летают, все они целуют его, берут его, несут с собою, да и сам он летит, и видит он: смотрит его мама и смеется на него радостно.

– Мама! Мама! Ах, как хорошо тут, мама! – кричит ей мальчик, и опять целуется с детьми, и хочется ему рассказать им поскорее про тех куколок за стеклом. – Кто вы, мальчики? Кто вы, девочки? – спрашивает он, смеясь и любя их.

– Это "Христова елка", – отвечают они ему. – У Христа всегда в этот день елка для маленьких деточек, у которых там нет своей елки... – И узнал он, что мальчики эти и девочки все были всё такие же, как он, дети, но одни замерзли еще в своих корзинах, в которых их подкинули на лестницы к дверям петербургских чиновников, другие задохлись у чухонок, от воспитательного дома на прокормлении, третьи умерли у иссохшей груди своих матерей, во время самарского голода, четвертые задохлись в вагонах третьего класса от смраду, и все-то они теперь здесь, все они теперь как ангелы, все у Христа, и Он сам посреди их, и простирает к ним руки, и благословляет их и их грешных матерей... А матери этих детей всё стоят тут же, в сторонке, и плачут; каждая узнаёт своего мальчика или девочку, а они подлетают к ним и целуют их, утирают им слёзы своими ручками и упрашивают их не плакать, потому что им здесь так хорошо...

А внизу наутро дворники нашли маленький трупик забежавшего и замерзшего за дровами мальчика; разыскали и его маму... Та умерла ещё прежде его; оба свиделись у Господа Бога в небе.

И зачем же я сочинил такую историю, так не идущую в обыкновенный разумный дневник, да ещё писателя? А ещё обещал рассказы преимущественно о событиях действительных! Но вот в том-то и дело, мне всё кажется и мерещится, что всё это могло случиться действительно, – то есть то, что происходило в подвале и за дровами, а там об ёлке у Христа – уж и не знаю, как вам сказать, могло ли оно случиться, или нет? На то я и романист, чтоб выдумывать.

МУЖИК МАРЕЙ

Но все эти professions de fois я думаю, очень скучно читать, а потому расскажу один анекдот, впрочем, даже и не анекдот; так, одно лишь далекое воспоминание, которое мне почему-то очень хочется рассказать именно здесь и теперь, в заключение нашего трактата о народе. Мне было тогда всего лишь девять лет от роду... но нет, лучше я начну с того, когда мне было двадцать девять лет от роду.

Был второй день светлого праздника. В воздухе было тепло, небо голубое, солнце высокое, "теплое", яркое, но в душе моей было очень мрачно. Я скитался за казармами, смотрел, отсчитывая их, на пали крепкого острожного тына, но и считать мне их не хотелось, хотя было в привычку. Другой уже день по острогу "шел праздник"; каторжных на работу не выводили, пьяных было множество, ругательства, ссоры начинались поминутно во всех углах. Безобразные, гадкие песни, майданы с картежной игрой под нарами, несколько уже избитых до полусмерти каторжных, за особое буйство, собственным судом товарищей и прикрытых на нарах тулупами, пока оживут и очнутся; несколько раз уже обнажавшиеся ножи, – все это, в два дня праздника, до болезни истерзало меня. Да и никогда не мог я вынести без отвращения пьяного народного разгула, а тут, в этом месте, особенно. В эти дни даже начальство в острог не заглядывало, не делало обысков, не искало вина, понимая, что надо же дать погулять, раз в год, даже и этим отверженцам и что иначе было бы хуже. Наконец в сердце моем загорелась злоба. Мне встретился поляк М—цкий, из политических; он мрачно посмотрел на меня, глаза его сверкнули и губы затряслись: "Je hais ces brigands!" – проскрежетал он мне вполголоса и прошел мимо. Я воротился в казарму, несмотря на то, что четверть часа тому выбежал из нее как полоумный, когда шесть человек здоровых мужиков бросились, все разом, на пьяного татарина Газина усмирять его и стали его бить; били они его нелепо, верблюда можно было убить такими побоями; но знали, что этого Геркулеса трудно убить, а потому били без опаски. Теперь, воротясь, я приметил в конце казармы, на нарах в углу, бесчувственного уже Газина почти без признаков жизни; он лежал прикрытый тулупом, и его все обходили молча: хоть и твердо надеялись, что завтра к утру очнется, "но с таких побоев, не ровен час, пожалуй, что и помрет человек". Я пробрался на свое место, против окна с железной решеткой, и лег навзничь, закинув руки за голову и закрыв глаза. Я любил так лежать: к спящему не пристанут, а меж тем можно мечтать и думать. Но мне не мечталось; сердце билось неспокойно, а в ушах звучали слова М—цкого: "Je hais ces brigands!" Впрочем, что же описывать впечатления; мне и теперь иногда снится это время по ночам, и у меня нет снов мучительнее. Может быть, заметят и то, что до сегодня я почти ни разу не заговаривал печатно о моей жизни в каторге; "Записки же из Мертвого дома" написал, пятнадцать лет назад, от лица вымышленного, от преступника, будто бы убившего свою жену. Кстати прибавлю как подробность, что с тех пор про меня очень многие думают и утверждают даже и теперь, что я сослан был за убийство жены моей.

Мало-помалу я и впрямь забылся и неприметно погрузился в воспоминания. Во все мои четыре года каторги я вспоминал беспрерывно все мое прошедшее и, кажется, в воспоминаниях пережил всю мою прежнюю жизнь снова. Эти воспоминания вставали сами, я редко вызывал их по своей воле. Начиналось с какой-нибудь точки, черты, иногда неприметной, и потом мало-помалу вырастало в цельную картину, в какое-нибудь сильное и цельное впечатление. Я анализировал эти впечатления, придавал новые черты уже давно прожитому и, главное, поправлял его, поправлял беспрерывно, в этом состояла вся забава моя. На этот раз мне вдруг припомнилось почему-то одно незаметное мгновение из моего первого детства, когда мне было всего девять лет от роду, – мгновенье, казалось бы, мною совершенно забытое; но я особенно любил тогда воспоминания из самого первого моего детства. Мне припомнился август месяц в нашей деревне: день сухой я ясный, но несколько холодный и ветреный; лето на исходе, и скоро надо ехать в Москву опять скучать всю зиму за французскими уроками, и мне так жалко покидать деревню. Я прошел за гумна и, спустившись в овраг, поднялся в Лоск – так назывался у нас густой кустарник по ту сторону оврага до самой рощи. И вот я забился гуще в кусты и слышу, как недалеко, шагах в тридцати, на поляне, одиноко пашет мужик. Я знаю, что он пашет круто в гору и лошадь идет трудно, и до меня изредка долетает его окрик: "Ну-ну!" Я почти всех наших мужиков знаю, но не знаю, который это теперь пашет, да мне и все равно, я весь погружен в мое дело, я тоже занят: и выламываю себе ореховый хлыст, чтоб стегать им лягушек; хлысты из орешника так красивы и так непрочны, куда против березовых. Занимают меня тоже букашки и жучки, я их сбираю, есть очень нарядные; люблю я тоже маленьких, проворных, красно-желтых ящериц, с черными пятнышками, но змеек боюсь. Впрочем, змейки попадаются гораздо реже ящериц. Грибов тут мало; за грибами надо идти в березняк, и я собираюсь отправиться. И ничего в жизни я так не любил, как лес с его грибами и дикими ягодами, с его букашками я птичками, ежиками белками, с его столь любимым мною сырым запахом перетлевших листьев. И теперь даже, когда я пишу это, мне так и послышался запах нашего деревенского березняка: впечатления эти остаются на всю жизнь. Вдруг, среди глубокой тишины, я ясно и отчетливо услышал крик: "Волк бежит!" Я вскрикнул и вне себя от испуга, крича в голос, выбежал на поляну, прямо на пашущего мужика.

Это был наш мужик Марей. Не знаю, есть ли такое имя, но его все звали Мареем, – мужик лет пятидесяти, плотный, довольно рослый, с сильною проседью в темно-русой окладистой бороде. Я знал его, но до того никогда почти не случалось мне заговорить с ним. Он даже остановил кобыленку, заслышав крик мой, и когда я, разбежавшись, уцепился одной рукой за его соху, а другою за его рукав, то он разглядел мой испуг.

– Волк бежит! – прокричал я, задыхаясь.

Он вскинул голову и невольно огляделся кругом, на мгновенье почти мне поверив.

– Где волк?

– Закричал... Кто-то закричал сейчас: "Волк бежит"...– пролепетал я.

– Что ты, что ты, какой волк, померещилось; вишь! Какому тут волку быть! – бормотал он, ободряя меня. Но я весь трясся еще крепче уцепился за его зипун и, должно быть, был очень бледен. Он смотрел на меня с беспокойною улыбкою, видимо боясь и тревожась за меня.

– Ишь ведь испугался, ай–ай! – качал он головой. – Полно, родный. Ишь малец, ай!

Он протянул руку и вдруг погладил меня по щеке.

– Ну, полно же, ну, Христос с тобой, окстись. – Но я не крестился; углы губ моих вздрагивали, и, кажется, это особенно его поразило. Он протянул тихонько свой толстый, с черным ногтем, выпачканный в земле палец и тихонько дотронулся до вспрыгивавших моих губ.

– Ишь ведь, ай, – улыбнулся он мне какою-то материнскою и длинною улыбкой, – господи, да что это, ишь ведь, ай, ай!

Я понял наконец, что волка нет и что мне крик: "Волк бежит" – померещился. Крик был, впрочем, такой ясный и отчетливый, но такие крики (не об одних волках) мне уже раз или два и прежде мерещились, и я знал про то. (Потом, с детством, эти галлюцинации прошли.)

– Ну, я пойду, – сказал я, вопросительно и робко смотря на него.

– Ну и ступай, а я те вослед посмотрю. Уж я тебя волку не дам! – прибавил он, все так же матерински мне улыбаясь, – ну, Христос с тобой, ну ступай, – и он перекрестил меня рукой и сам перекрестился. Я пошел, оглядываясь назад почти каждые десять шагов. Марей, пока я шел, все стоял с своей кобыленкой и смотрел мне вслед, каждый раз кивая мне головой, когда я оглядывался. Мне, признаться, было немножко перед ним стыдно, что я так испугался, но шел я, все еще очень побаиваясь волка, пока не поднялся на косогор оврага, до первой риги; тут испуг соскочил совсем, и вдруг откуда ни возьмись бросилась ко мне наша дворовая собака Волчок. С Волчком-то я уж вполне ободрился и обернулся в последний раз к Марею; лица его я уже не мог разглядеть ясно, почувствовал, что он все точно так же мне ласково улыбается и кивает головой. Я махнул ему рукой, он махнул мне тоже и тронул кобыленку.

– Ну-ну! – послышался опять отдаленный окрик его, и кобыленка потянула опять свою соху.

Все это мне разом припомнилось, не знаю почему, но с удивительною точностью в подробностях. Я вдруг очнулся и присел на нарах и, помню, еще застал на лице моем тихую улыбку воспоминания. С минуту еще я продолжал припоминать.

Я тогда, придя домой от Марея, никому не рассказал о моем "приключении". Да и какое это было приключение? Да и об Марее я тогда очень скоро забыл. Встречаясь с ним потом изредка, я никогда даже с ним не заговаривал, не только про волка, да и ни об чем, и вдруг теперь, двадцать лет спустя, в Сибири, припомнил всю эту встречу с такою ясностью, до самой последней черты. Значит, залегла же она в душе моей неприметно, сама собой и без воли моей, и вдруг припомнилась тогда, когда было надо; припомнилась эта нежная, материнская улыбка бедного крепостного мужика, его кресты, его покачиванье головой: "Ишь ведь, испугался, малец!" И особенно этот толстый его, запачканный в земле палец, которым он тихо и с робкою нежностью прикоснулся к вздрагивавшим губам моим. Конечно, всякий бы ободрил ребенка, но тут в этой уединенной встрече случилось как бы что-то совсем другое, и если б я был собственным его сыном, он не мог бы посмотреть на меня сияющим более светлою любовью взглядом, а кто его заставлял? Был он собственный крепостной наш мужик, а я все же его барчонок; никто бы не узнал, как он ласкал меня, и не наградил за то. Любил он, что ли, так уж очень маленьких детей? Такие бывают. Встреча была уединенная, в пустом поле, и только бог, может, видел сверху, каким глубоким и просвещенным человеческим чувством и какою тонкою, почти женственною нежностью может быть наполнено сердце иного грубого, зверски невежественного крепостного русского мужика, еще и не ждавшего, не гадавшего тогда о своей свободе. Скажите, не это ли разумел Константин Аксаков, говоря про высокое образование народа нашего?

И вот, когда я сошел с нар и огляделся кругом, помню, я вдруг почувствовал, что могу смотреть на этих несчастных совсем другим взглядом и что вдруг, каким-то чудом, исчезла совсем всякая ненависть и злоба в сердце моем. Я пошел, вглядываясь в встречавшиеся лица. Этот обритый и шельмованный мужик, с клеймами на лице и хмельной, орущий свою пьяную сиплую песню, ведь это тоже, может быть, тот же самый Марей: ведь я же не могу заглянуть в его сердце. Встретил я в тот же вечер еще раз и М—цкого. Несчастный! У него-то уж не могло быть воспоминаний ни об каких Мареях и никакого другого взгляда на этих людей, кроме "Je hais ces brigands!" Нет, эти поляки вынесли тогда более нашего!

ПОЛЗУНКОВ

Я начал всматриваться в этого человека. Даже в наружности его было что-то такое особенное, что невольно заставляло вдруг, как бы вы рассеяны ни были, пристально приковаться к нему взглядом и тотчас же разразиться самым неумолкаемым смехом. Так и случилось со мною. Нужно заметить, что глазки этого маленького господина были так подвижны – или, наконец, что он сам, весь, до того поддавался магнетизму всякого взгляда, на него устремленного, что почти инстинктом угадывал, что его наблюдают, тотчас же оборачивался к своему наблюдателю и с беспокойством анализировал взгляд его. От вечной подвижности, поворотливости он решительно походил на жируэтку. Странное дело! Он как будто боялся насмешки, тогда как почти добывал тем хлеб, что был всесветным шутом и с покорностию подставлял свою голову под все щелчки, в нравственном смысле и даже в физическом, смотря по тому, в какой находился компании. Добровольные шуты даже не жалки. Но я тотчас заметил, что это странное создание, этот смешной человечек вовсе не был шутом из профессии. В нем оставалось еще кое-что благородного. Его беспокойство, его вечная болезненная боязнь за себя уже свидетельствовали в пользу его. Мне казалось, что всё его желание услужить происходило скорее от доброго сердца, чем от материяльных выгод. Он с удовольствием позволял засмеяться над собой во всё горло и неприличнейшим образом, в глаза, но в то же время – и я даю клятву в том – его сердце ныло и обливалось кровью от мысли, что его слушатели так неблагородно-жестокосерды, что способны смеяться не факту, а над ним, над всем существом его, над сердцем, головой, над наружностию, над всею его плотью и кровью. Я уверен, что он чувствовал в эту минуту всю глупость своего положения; но протест тотчас же умирал в груди его, хотя непременно каждый раз зарождался великодушнейшим образом. Я уверен, что всё это происходило не иначе, как от доброго сердца, а вовсе не от материяльной невыгоды быть прогнанным в толчки и не занять у кого-нибудь денег: этот господин вечно занимал деньги, то есть просил в этой форме милостыню, когда, погримасничав и достаточно насмешив на свой счет, чувствовал, что имеет некоторым образом право занять. Но, боже мой! какой это был заем! и с каким видом он делал этот заем! Я предположить не мог, чтоб на таком маленьком пространстве, как сморщенное, угловатое лицо этого человечка, могло уместиться в одно и то же время столько разнородных гримас, столько странных разнохарактерных ощущений, столько самых убийственных впечатлений. Чего-чего тут не было! И стыд-то, и ложная

171

наглость, и досада с внезапной краской в лице, и гнев, и робость за неудачу, и просьба о прощении, что смел утруждать, и сознание собственного достоинства, и полнейшее сознание собственного ничтожества – всё это, как молнии, проходило по лицу его. Целых шесть лет пробивался он таким образом на божием свете и до сих пор не составил себе фигуры в интересную минуту займа! Само собою разумеется, что очерстветь и заподличаться вконец он не мог никогда. Сердце его было слишком подвижно, горячо! Я даже скажу более: по моему мнению, это был честнейший и благороднейший человек в свете, но с маленькою слабостию: сделать подлость по первому приказанию, добродушно и бескорыстно, лишь бы угодить ближнему. Одним словом, это был, что называется, человек-тряпка вполне. Всего смешнее было то, что он был одет почти так же, как все, не хуже, не лучше, чисто, даже с некоторою изысканностию и с поползновением на солидность и собственное достоинство. Это равенство наружное и неравенство внутреннее, его беспокойство за себя и в то же время беспрерывное самоумаление – всё это составляло разительнейший контраст и достойно было смеху и жалости. Если б он был уверен сердцем своим (что, несмотря на опыт, поминутно случалось с ним), что все его слушатели были добрейшие в мире люди, которые смеются только факту смешному, а не над его обреченною личностию, то он с удовольствием снял бы фрак свой, надел его как-нибудь наизнанку и пошел бы в этом наряде, другим в угоду, а себе в наслаждение, по улицам, лишь бы рассмешить своих покровителей и доставить им всем удовольствие. Но до равенства он не мог достигнуть никогда и ничем. Еще черта: чудак был самолюбив и порывами, если только не предстояло опасности, даже великодушен. Нужно было видеть и слышать, как он умел отделать, иногда не щадя себя, следовательно с риском, почти с геройством, кого-нибудь из своих покровителей, уже донельзя его разбесившего. Но это было минутами... Одним словом, он был мученик в полном смысле слова, но самый бесполезнейший и, следовательно, самый комический мученик.

Между гостями поднялся общий спор. Вдруг я увидел, что чудак мой вскакивает на стул и кричит что есть мочи, желая, чтоб ему одному дали исключительно слово.

– Слушайте, – шепнул мне хозяин. – Он рассказывает иногда прелюбопытные вещи... Интересует он Вас? Я кивнул головою и втеснился в толпу.

Действительно, вид порядочно одетого господина, вскочившего на стул и кричавшего всем голосом, возбудил общее внимание. Многие, кто не знали чудака, переглядывались с недоумением, другие хохотали во всё горло.

– Я знаю Федосея Николаича! Я лучше всех должен знать Федосея Николаича! – кричал чудак с своего возвышения. – Господа, позвольте рассказать. Я хорошо расскажу про Федосея Николаича! Я знаю одну историю – чудо!..

– Расскажите, Осип Михайлыч, расскажите.

– Рассказывай!!

– Слушайте же...

– Слушайте, слушайте!!!

– Начинаю; но, господа, это история особенная...

– Хорошо, хорошо!

– Это история комическая.

– Очень хорошо, превосходно, прекрасно, – к делу!

– Это эпизод из собственной жизни вашего нижайшего...

– Ну зачем же вы трудились объявлять, что она комическая!

– И даже немного трагическая!

– А???!

– Словом, та история, которая вам всем доставляет счастие слушать меня теперь, господа, – та история, вследствие которой я попал в такую интересную для меня компанию.

– Без каламбуров!

– Та история...

– Словом, та история, – уж доканчивайте поскорее аполог, – та история, которая чего–нибудь стоит, – примолвил сиплым голосом один белокурый молодой господин с усами, запустив руку в карман своего сюртука и как будто нечаянно вытащив оттуда кошелек вместо платка.

– Та история, мои сударики, после которой я бы желал видеть многих из вас на моем месте. И наконец, та история, вследствие которой я не женился!

– Женился!.. жена!.. Ползунков хотел жениться!!

– Признаюсь, я бы желал теперь видеть madame Ползункову!

– Позвольте поинтересоваться, как звали прошедшую madame Ползункову, – пищал один юноша, пробираясь к рассказчику.

– Итак, первая глава, господа: то было ровно шесть лет тому, весной, тридцать первого марта, – заметьте число, господа, – накануне..

– Первого апреля! – закричал юноша в завитках.

– Вы необыкновенно угадливы–с. Был вечер. Над уездным городом N. сгущались сумерки, хотела выплыть луна... ну, и всё там как следует. Вот–с, в самые поздние сумерки, втихомолочку, и я выплыл из своей квартиренки, – простившись с моей замкнутой покойницей бабушкой. Извините, господа, что я употребляю такое модное выражение, слышанное мной в последний раз у Николай Николаича. Но бабушка моя была вполне замкнутая: она была слепа, нема, глуха, глупа, – всё что

173

угодно!.. Признаюсь, я был в трепете, я собирался на великое дело; сердчишко во мне билось, как у котенка, когда его хватает чья-нибудь костлявая лапа за шиворот.

– Позвольте, monsieur Ползунков!

– Чего требуете?

– Рассказывайте проще; пожалуйста, не слишком старайтесь!

– Слушаю-с, – проговорил немного смутившийся Осип Михайлыч. – Я вошел в домик Федосея Николаича (благоприобретенный-с). Федосей Николаич, как известно, не то чтобы сослуживец, но целый начальник. Обо мне доложили и тотчас же ввели в кабинет. Как теперь вижу: совсем, совсем почти темная комната, а свечей не подают. Смотрю, входит Федосей Николаич. Так мы и остаемся с ним в темноте...

– Что ж бы такое произошло между вами? – спросил один офицер.

– А как вы полагаете-с? – спросил Ползунков, немедленно обращаясь, с судорожно шевельнувшимся лицом, к юноше в завитках.

– Итак, господа, тут произошло одно странное обстоятельство. То есть странного тут не было ничего, а было, что называется, дело житейское, – я просто-запросто вынул из кармана сверток бумаг, а он из своего сверток бумажек, только государственными...

– Ассигнациями?

– Ассигнациями-с, и мы поменялись.

– Бьюсь об заклад, что тут пахло взятками, – проговорил один солидно одетый и выстриженный молодой господин.

– Взятками-с! – подхватил Ползунков. – Эх! Пусть я буду либералом, Каких много видел я!

если вы тоже, как вам попадется служить в губернии, не погреете рук... на родном очаге... Зане, сказал один литератор: И дым отечества нам сладок и приятен! Мать, мать, господа, родная, родина-то наша, мы птенцы, так мы ее и сосем!..

Поднялся общий смех.

– А только, поверите ли, господа, я никогда не брал взяток, – сказал Ползунков, недоверчиво оглядывая всё собрание.

Гомерический, неумолкаемый смех всем залпом своим накрыл слова Ползункова.

– Право, так, господа...

Но тут он остановился, продолжая оглядывать всех с каким-то странным выражением лица. Может быть, – кто знает, – может быть, в эту минуту ему вспало на ум, что он почестнее многих из всей этой честной компании... Только серьезное выражение лица его не исчезало до самого окончания всеобщей веселости.

– Итак, – начал Ползунков, когда все поумолкли, – хотя я никогда не брал взяток, но в этот раз грешен: положил в карман взятку... с взяточника... То есть были кое–какие бумажки в руках моих, которые если б я захотел послать кой–кому, так худо бы пришлось Федосею Николаичу.

— Так, стало быть, он их выкупил?

— Выкупил–с.

— Много дал?

— Дал столько, за сколько иной в наше время продал бы совесть свою, всю, со всеми варьяциями–с... если бы только что–нибудь дали–с. Только меня варом обдало, когда я положил в карман денежки. Право, я не знаю, как это со мной всегда делается, господа, — но вот, ни жив ни мертв, губами шевелю, ноги трясутся; ну, виноват, виноват, совсем виноват, в пух засовестился, готов прощенья просить у Федосея Николаича...

— Ну, что ж он, простил?

— Да я не просил–с... я только так говорю, что так оно было тогда; у меня, то есть, сердце горячее. Вижу, смотрит мне прямо в глаза:

— Бога, говорит, вы не боитесь, Осип Михайлыч. Ну, что делать! Я этак развел из приличия руки, голову на сторону: "Чем же, я говорю, бога не боюсь, Федосей Николаич?.." Только уж так говорю, из приличия... сам сквозь землю провалиться готов.

— Быв так долго другом семейства нашего, быв, могу сказать, сыном, — и кто знает, что небо предполагало, Осип Михайлыч! И вдруг что же, донос, готовить донос, и вот теперь!.. Что после этого думать о людях, Осип Михайлыч?

Да ведь как, господа, как рацею читал! "Нет, говорит, вы мне скажите, что после этого думать о людях, Осип Михайлыч?" Что, думаю, думать! Знаете, и в горле заскребло, и голосенко дрожит, ну уж предчувствую свой скверный норов и схватился за шляпу...

— Куда ж вы, Осип Михайлыч? Неужели накануне такого дня... Неужели вы и теперь злопамятствуете; чем я против вас согрешил?..

— Федосей Николаич, говорю, Федосей Николаич! Ну, то есть растаял, господа, как мокрый сахар–медович, растаял. Куда! и пакет, что в кармане лежит с государственными, и тот словно тоже кричит: неблагодарный ты, разбойник, тать окаянный, — словно пять пудов в нем, так тянет... (А если б и взаправду в нем пять пудов было!..)

— Вижу, — говорит Федосей Николаич, — вижу ваше раскаяние... вы, знаете, завтра...

— Марии Египетские–с...

— Ну, не плачь, — говорит Федосей Николаич, — полно: согрешил и покаялся! пойдем! Может быть, удастся мне возвратить, говорит, вас опять на путь истинный... Может быть, скромные пенаты мои (именно, помню, пенаты, так и выразился, разбойник) согреют, говорит, опять ваше очерств... не скажу очерствелое, — заблудшее сердце...

Взял он меня, господа, за руку и повел к домочадцам. Мне спину

175

морозом прохватывает; дрожу! думаю, с какими глазами предстану я... А нужно вам знать, господа... как бы сказать, здесь выходило одно щекотливое дельце!

— Уж не госпожа ли Ползункова?

— Марья Федосеевна–с, — только не суждено, знать, ей было быть такой госпожой, какой вы ее называете, не дождалась такой чести! Оно, видите, Федосей–то Николаич был и прав, говоря, что в доме–то я почти сыном считался. Оно и было так назад тому полгода, когда еще был жив один юнкер в отставке Михайло Максимыч Двигайлов по прозвищу. Только он волею божию помре, а завещание–то совершить всё в долгий ящик откладывал; оно и вышло так, что ни в каком ящике его не отыскали потом...

— Ух!!!

— Ну ничего, нечего делать, господа, простите, обмолвился, — каламбурчик–то плох, да это бы еще ничего, что он плох, — штука–то была еще плоше, когда я остался, так сказать, с нулем в перспективе, потому что юнкер–то в отставке – хоть меня в дом к нему и не пускали (на большую ногу жил, затем что были руки длинны!), – а тоже, может быть не ошибкой, родным сыном считал.

— Ага!!

— Да–с, оно вот как–с! Ну, и стали мне носы показывать у Федосея Николаича. Я замечал–замечал, крепился–крепился, а тут вдруг, на беду мою (а может, и к счастью!), как снег на голову ремонтер наскакал на наш городишко. Дело–то оно его, правда, подвижное, легкое, кавалерийское, – только так плотно утвердился у Федосея Николаича, – ну, словно мортира, засел! Я обиходцем да стороночкой, по подлому норову, "так и так, говорю, Федосей Николаич, за что ж обижать! Я в некотором роде уж сын... Отеческого–то, отеческого когда я дождусь..." Начал он мне, сударик ты мой, отвечать! ну, то есть начнет говорить, поэму наговорит целую, в двенадцати песнях в стихах, только слушаешь, облизываешься да руки разводишь от сладости, а толку нет ни на грош, то есть какого толку, не разберешь, не поймешь, стоишь дурак дураком, затуманит, словно вьюн вьется, вывертывается; ну, талант, просто талант, дар такой, что вчуже страх пробирает! Я кидаться пошел во все стороны: туды да сюды! уж и романсы таскаю, и конфет привожу, и каламбуры высиживаю, охи да вздохи, болит, говорю, мое сердце, от амура болит, да в слезы, да тайное объяснение! ведь глуп человек! ведь не проверил у дьячка, что мне тридцать лет... куды! хитрить выдумал! нет же! не пошло мое дело, смешки да насмешки кругом, – ну, и зло меня взяло, за горло совсем захватило, – я улизнул, да в дом ни ногой, думал–думал – да хвать донос! Ну, поподличал, друга выдать хотел, сознаюсь, материяльцу–то было много, и славный такой материял, капитальное дело! Тысячу пятьсот

176

серебром принесло, когда я его вместе с доносом на государственные выменял!

– А! так вот она, взятка-то!

– Да, сударь, вот была взяточка-то-с; поплатился мне взяточник! (И ведь не грешно, ну, право же, нет!) Ну, вот-с теперь продолжать начну: притащил он меня, если запомнить изволите, в чайную ни жива ни мертва; встречают меня: все как будто обиженные, то есть не то что обиженные, – разогорченные так, что уж просто... Ну, убиты, убиты совсем, а между тем и важность такая приличная на лицах сияет, солидность во взорах, этак что-то отеческое, родственное такое... блудный сын воротился к нам, – вот куда пошло! За чай усадили, а чего, у меня у самого словно самовар в грудь засел, кипит во мне, а ноги леденеют: умалился, струсил! Марья Фоминишна, супруга его, советница надворная (а теперь коллежская), мне ты с первого слова начала говорить: "Что ты, батенька, так похудел", – говорит. "Да так, прихварываю, говорю, Марья Фоминишна..." Голосенко-то дрожит у меня! А она мне ни с того ни с сего, знать, выжидала свое ввернуть, ехидна такая: "Что, видно, совесть, говорит, твоей душе не по мерке пришлась, Осип Михайлыч, отец родной! Хлеб-соль-то наша, говорит, родственная возопияла к тебе! Отлились, знать, тебе мои слезки кровавые!" Ей-богу, так и сказала, пошла против совести; чего! то ли за ней, бой-баба! Только так сидела да чай разливала. А поди-ка, я думаю, на рынке, моя голубушка, всех баб перекричала бы. Вот какая была она, наша советница! А тут, на беду мою, Марья Федосеевна, дочка, выходит, со всеми своими невинностями, да бледненька немножко, глазки раскраснелись, будто от слез, – я как дурак и погиб тут на месте. А вышло потом, что по ремонтере она слезки роняла: тот утек восвояси, улепетнул подобру-поздорову, потому что, знаете, знать (оно пришлось теперь к слову сказать), пришло ему время уехать, срок вышел, оно не то чтобы и казенный был срок-то! а так... уж после родители дражайшие спохватились, узнали всю подноготную, да что делать, втихомолку зашили беду, – своего дому прибыло!.. Ну, нечего делать, как взглянул я на нее, пропал, просто пропал, накосился на шляпу, хотел схватить да улепетнуть поскорее; не тут-то было: утащили шляпу мою... Я уж, признаться, и без шляпы хотел – ну, думаю, – нет же, дверь на крючок насадили, смешки дружеские начались, подмигиванья да заигрыванья, сконфузился я, что-то соврал, об амуре понес; она, моя голубушка, за клавикорды села да гусара, который на саблю опирался, пропела на обиженный тон, – смерть моя! "Ну, – говорит Федосей Николаич, – всё забыто, приди, приди... в объятия!" Я как был, так тут же и припал к нему лицом на жилетку. "Благодетель мой, отец ты мой родной!" – говорю, да как зальюсь своими горючими! Господи, бог мой, какое тут поднялось! Он плачет, баба его плачет, Машенька плачет... тут

177

еще белобрысенькая одна была: и та плачет... куда – со всех углов ребятишки повыползли (благословил его домком господь!), и те ревут... сколько слез, то есть умиление, радость такая, блудного обрели, словно на родину солдат воротился! Тут угощение подали, фанты пошли: ох, болит! что болит? – сердце; по ком? Она краснеет, голубушка! Мы с стариком пуншику выпили, – ну, уходили, усластили меня совершенно...

Воротился я к бабушке. У самого голова кругом ходит; всю дорогу шел да подсмеивался, дома два часа битых по каморке ходил, старуху разбудил, ей всё счастье поведал. "Да денег-то дал ли, разбойник?" – "Дал, бабушка, дал, дал, родная моя, дал, привалило к нам, отворяй ворота!" – "Ну, теперь хоть женись, так в ту ж пору женись, – говорит мне старуха, – знать, молитвы мои услышаны!" Софрона разбудил. "Софрон, говорю, снимай сапоги". Софрон потащил с меня сапоги. "Ну, Софроша! Поздравь ты теперь меня, поцелуй! Женюсь, просто, братец, женюсь, напейся пьян завтра, гуляй душа, говорю: барин твой женится!" Смешки да игрушки на сердце!.. Уж засыпать было начал; нет, подняло меня опять на ноги, сижу да думаю; вдруг и мелькни у меня в голове: завтра-де первое апреля, день-то такой светлый, игривый, как бы так? – да и выдумал! Что ж, сударики! с постели встал. свечу зажег, в чем был за стол письменный сел, то есть уж расходился совсем, заигрался, – знаете, господа, когда человек разыграется! Всей головой, отцы мои, в грязь полез! То есть вот какой норов: они у тебя вот что возьмут, а ты им вот и это отдашь: дескать, нате и это возьмите! Они тебя по ланите, а ты им на радостях всю спину подставишь. Они тебя потом калачом, как собаку, манить начнут, а ты тут всем сердцем и всей душой облапишь их глупыми лапами – и ну лобызаться! Ведь вот хоть бы теперь, господа! Вы смеетесь да шепчетесь, я ведь вижу! После, как расскажу вам всю мою подноготную, меня же начнете на смех подымать, меня же начнете гонять, а я-то вам говорю, говорю, говорю! Ну, кто мне велел! Ну, кто меня гонит! Кто у меня за плечами стоит да шепчет: говори, говори да рассказывай! А ведь говорю же, рассказываю, вам в душу лезу, словно вы мне, примером, все братья родные, друзья закадышные... э–эх!..

Хохот, начинавший мало-помалу подыматься со всех сторон, покрыл наконец совершенно голос рассказчика, действительно пришедшего в какой-то восторг; он остановился, несколько минут перебегая глазами по собранию, и потом вдруг, словно увлеченный каким-то вихрем, махнул рукой, захохотал сам, как будто действительно находя смешным свое положение, и снова пустился рассказывать:

– Едва заснул я в ту ночь, господа; всю ночь строчил на бумаге; видите ли, штуку я выдумал! Эх, господа! припомнить только, так совестно станет! И добро бы уж ночью: ну, с пьяных глаз, заблудился, напутал вздору, наврал, – нет же! Утром проснулся ни свет ни заря, всего-то и спал часик–другой, и за то же! Оделся, умылся, завился, припомадился, фрак новый напялил и прямо на праздник к Федосею Николаичу, а бумагу в шляпе держу. Встречает меня сам, с отверстыми, и опять зовет на жилетку родительскую! Я и приосанился, в голове еще вчерашнее бродит! На шаг отступил. "Нет, говорю, Федосей Николаич, а вот, коль угодно, сию бумажку прочтите", – да и подаю ее при рапорте; а в рапорте–то знаете что было? А было: по таким–то да по таким–то такого–то Осипа Михайлыча уволить в отставку, да под просьбой то весь чин подмахнул! Вот ведь что выдумал, господи! и умнее–то ничего придумать не мог! Дескать, сегодня первое апреля, так я вот и сделаю вид, ради шуточки, что обида моя не прошла, что одумался за ночь, одумался да нахохлился, да пуще прежнего обиделся, да, дескать, вот же вам, родные мои благодетели, и ни вас, ни дочки вашей знать не хочу; денежки–то вчера положил в карман, обеспечен, так вот. дескать, вам рапорт об отставке. Не хочу служить под таким начальством, как Федосей Николаич! в другую службу хочу, а там, смотри, и донос подам. Этаким подлецом представился, напугать их выдумал! и выдумал чем напугать! А? хорошо, господа? То есть вот заласкалось к ним сердце со вчерашнего дня, так дай я за это шуточку семейную отпущу, подтруню над родительским сердечком Федосея Николаича...

Только взял он бумагу мою, развернул, и вижу, шевельнулась у него вся физиономия. "Что ж, Осип Михайлыч?" А я как дурак: "Первое апреля! с праздником вас, Федосей Николаич!" – то есть совсем как мальчишка, который за бабушкино кресло спрятался втихомолку, да потом уф! ей на ухо, во всё горло, – пугать вздумал! Да... да просто даже совестно рассказывать, господа! Да нет же! я не буду рассказывать!

– Да нет, что же дальше?

– Да нет, да нет, расскажите! Нет, уж рассказывайте! – поднялось со всех сторон.

– Поднялись, судари мои, толки да пересуды, охи да ахи! и проказник–то я, и забавник–то я, и перепугал–то я их, ну, такое сладчайшее, что самому стыдно стало, так что стоишь да со страхом и думаешь: как такого грешника такое место святое на себе держать может! "Ну, родной ты мой, – запищала советница, – напугал меня так, что о сю пору ноги трясутся, еле на месте держат! Выбежала я как полоумная к Маше: Машенька, говорю, что с нами будет! Смотри, каким твой–то оказывается! Да сама согрешила, родимый, уж ты прости меня, старуху, опростоволосилась! Ну, думаю: как пошел он от нас вчера, пришел домой поздно, начал думать, да, может, показалось ему, что нарочно мы вчера ходили за ним, завлечь хотели, так и обмерла я! Полно, Машенька, полно мигать мне, Осип Михайлыч нам не чужой; я же твоя мать, дурного ничего не скажу! Слава богу, не двадцать лет на свете живу: целых сорок пять!.."

Ну, что, господа! Чуть я ей в ноги не чебурахнулся тут! Опять прослезились, опять лобызания пошли! Шуточки начались! Федосей Николаич тоже для первого апреля штучку изволили выдумать! Говорит, дескать, жар-птица прилетела, с бриллиантовым клювом, а в клюве-то письмо принесла! Тоже надуть хотел, – смех-то пошел какой! умиление-то было какое! тьфу! даже срамно рассказывать.

Ну, что, мои милостивцы, теперь и вся недолга! Пожили мы день, другой, третий, неделю живем; я уж совсем жених! Чего! Кольца заказаны, день назначали, только оглашать не хотят до времени, ревизора ждут. Я-то жду не дождусь ревизора, счастье мое остановилось за ним! Спустить бы его скорей с плеч долой, думаю. А Федосей-то Николаич под шумок и на радостях все дела свалил на меня: счеты, рапорты писать, книги сверять, итоги подводить, – смотрю: беспорядок ужаснейший, всё в запустении, везде крючки да кавыки! ну, думаю, потружусь для тестюшки! А тот всё прихварывает, болезнь приключилась, день ото дня ему, видишь, хуже. А чего, я сам, как спичка, ночей не сплю, повалиться боюсь! Однако кончил-таки дело на славу! выручил к сроку! Вдруг шлют за мной гонца. "Поскорей, говорят, худо Федосею Николаичу!" Бегу сломя голову – что такое? Смотрю, сидит мой Федосей Николаич обвязанный, уксусу к голове примочил, морщится, кряхтит, охает: ох да ох! "Родной ты мой, милый ты мой, говорит, умру, говорит, на кого-то я вас оставлю, птенцы мои!" Жена с детьми приплелась, Машенька в слезы, – ну, я и сам зарюмил! "Ну, нету же, говорит, бог будет милостив! Не взыщет же он с вас за все мои прегрешения!" Тут он их всех отпустил, приказал за ними дверь запереть, остались мы с ним вдвоем, с глазу на глаз. "Просьба есть до тебя!" – "Какая-с?" – "Так и так, братец, и на смертном одре нет покоя, зануждался совсем!" – "Как так?" Меня тут и краска прошибла, язык отнялся. "Да так, братец, из своих пришлось в казну приплатиться; я, братец, для пользы общей ничего не жалею, жизни своей не жалею! Ты не думай чего! Грустно мне, что меня пред тобой клеветники очернили... Заблуждался ты, горе с тех пор мою голову убелило! Ревизор на носу, а у Матвеева в семи тысячах недочет, а отвечаю я... кто ж больше! С меня, братец, взыщут: чего смотрел? А что с Матвеева взять! Уж и так довольно с него; что горемыку под обух подводить!" Святители, думаю, вот праведник! вот душа! А он: "Да, говорит, дочерних брать не хочу, из того, что ей пошло на приданое; это священная сумма! Есть свои, есть, правда, да в люди отданы, где их сейчас соберешь!" Я тут как был, так и бряк перед ним на колени. "Благодетель ты мой, кричу, оскорбил я тебя, разобидел, клеветники на тебя бумаги писали, не убей вконец, возьми назад свои денежки!" Смотрит он на меня, потекли у него из глаз слезы. "Этого я и ждал от тебя, мой сын, встань; тогда простил ради дочерних слез! теперь и мое сердце прощает тебя. Ты залечил, говорит, мои язвы! благословляю тебя во веки веков!" Ну, как благословил-то он меня, господа, я во все лопатки домой, достал сумму: "Вот, батюшка, всё, только пятьдесят целковых извел!" – "Ну ничего, говорит, а теперь всякое лыко в строку; время спешное, напиши-ка рапорт, задним числом, что зануждался да вперед просишь жалованья пятьдесят рублей. Я так и покажу по начальству, что тебе вперед выдано..." Ну что ж, господа! как вы думаете? ведь я и рапорт написал!

– Ну что же, ну чем же, ну как это кончилось?

– Только что написал я рапорт, сударики вы мои, вот чем кончилось. Назавтра же, на другой же день, ранехонько поутру пакет за казенной печатью. Смотрю – и что ж обретаю? Отставка! Дескать, сдать дела, свести счеты, а самому идти на все стороны!..

– Как так?

– Да уж и я тут благим матом крикнул: как так! сударики! Чего, в ушах зазвенело! Я думал спроста, ан нет, ревизор в город въехал. Дрогнуло сердце мое! Ну, думаю, неспроста! да так, как был, к Федосею Николаичу: "Что?" – говорю. "А что ж?" – говорит. "Да вот же отставка!" – "Какая отставка?" – "А это?" – "Ну что ж, и отставка-с!" – "Да как же, разве я пожелал?" – "А как же, вы подали-с, первого апреля вы подали" (а бумагу-то я не взял назад!). – "Федосей Николаич! да вас ли слышат уши мои, вас ли видят очи мои!" – "Меня-с, а что-с?" – "Господи, бог мой!" – "Жаль мне, сударь, жаль, очень жаль, что так рано службу оставить задумали! Молодому человеку нужно служить, а у вас, сударь, ветер начал бродить в голове. А насчет аттестата будьте покойны: я позабочусь. Вы же так хорошо себя всегда аттестуете-с!" – "Да ведь я ж тогда шуточкой, Федосей Николаич, я ж не хотел, я так подал бумагу, для родительского вашего... вот!" – "Как-с вот! Какое, сударь, шуточкой! Да разве такими бумагами шутят-с? да вас за такие шуточки когда-нибудь в Сибирь упекут-с. Теперь прощайте, мне некогда-с, у нас ревизор-с, обязанности службы прежде всего; вам бить баклуши, а нам тут сидеть за делами-с. А уж я вас там как следует аттестую-с. Да еще-с, вот я дом у Матвеева сторговал, переедем на днях, так уж надеюсь, что не буду иметь удовольствия вас на новоселье у себя увидеть. Счастливый путь!" Я домой со всех ног: "Пропали мы, бабушка!" – взвыла она, сердечная; а тут, смотрим, бежит казачок от Федосея Николаича, с запиской и с клеткой, а в клетке скворец сидит; это я ей от избытка чувств скворца подарил говорящего; а в записке стоит: первое апреля, а больше и нет ничего. Вот, господа, что, как вы думаете-с?!

– Ну, что же, что же дальше???

– Чего дальше! встретил я раз Федосея Николаича, хотел было ему в глаза подлеца сказать...

– Ну!

– Да как–то не выговорилось, господа!

СКВЕРНЫЙ АНЕКДОТ

Этот скверный анекдот случился именно в то самое время, когда началось с такою неудержимою силою и с таким трогательно–наивным порывом возрождение нашего любезного отечества и стремление всех доблестных сынов его к новым судьбам и надеждам. Тогда, однажды зимой, в ясный и морозный вечер, впрочем часу уже в двенадцатом, три чрезвычайно почтенные мужа сидели в комфортной и даже роскошно убранной комнате, в одном прекрасном двухэтажном доме на Петербургской стороне и занимались солидным и превосходным разговором на весьма любопытную тему. Эти три мужа были все трое в генеральских чинах.

Сидели они вокруг маленького столика, каждый в прекрасном, мягком кресле, и между разговором тихо и комфортно потягивали шампанское. Бутылка стояла тут же на столике в серебряной вазе – со льдом. Дело в том, что хозяин, тайный советник Степан Никифорович Никифоров, старый холостяк лет шестидесяти пяти, праздновал свое новоселье в только что купленном доме, а кстати уж и день своего рождения, который тут же пришелся и который он никогда до сих пор не праздновал. Впрочем, празднование было не бог знает какое; как мы уже видели, было только двое гостей, оба прежние сослуживцы г–на Никифорова и прежние его подчиненные, а именно: действительный статский советник Семен Иванович Шипуленко и другой, тоже действительный статский советник, Иван Ильич Пралинский. Они пришли часов в девять, кушали чай, потом принялись за вино и знали, что ровно в половине двенадцатого им надо отправляться домой.

Хозяин всю жизнь любил регулярность. Два слова о нем: начал он свою карьеру мелким необеспеченным чиновником, спокойно тянул канитель лет сорок пять сряду, очень хорошо знал, до чего дослужится, терпеть не мог хватать с неба звезды, хотя имел их уже две, и особенно не любил высказывать по какому бы то ни было поводу свое собственное личное мнение. Был он и честен, то есть ему не пришлось сделать чего–нибудь особенно бесчестного; был холост, потому что был эгоист; был очень не глуп, но терпеть не мог выказывать свой ум; особенно не любил неряшества и восторженности, считая ее неряшеством нравственным, и под конец жизни совершенно погрузился в какой-то сладкий, ленивый комфорт и систематическое одиночество. Хотя сам он и бывает иногда в гостях у людей получше, но еще смолоду терпеть не мог гостей у себя, а в последнее время, если не раскладывал гранпасьянс, довольствовался обществом своих столовых часов и по целым вечерам невозмутимо выслушивал, дремля в креслах, их тиканье под стеклянным колпаком на камине. Наружности был он чрезвычайно приличной и выбритой, казался моложе своих лет, хорошо сохранился, обещал прожить еще долго и держался самого строгого джентльменства. Место у него было довольно комфортное: он где-то заседал и что-то подписывал. Одним словом, его считали превосходнейшим человеком.

Была у него одна только страсть или, лучше сказать, одно горячее желание: это – иметь свой собственный дом, и именно дом, выстроенный на барскую, а не на капитальную ногу. Желанье его наконец осуществилось: он приглядел и купил дом на Петербургской стороне, правда далеко, но дом с садом, и притом дом изящный. Новый хозяин рассуждал, что оно и лучше, если подальше: у себя принимать он не любил, а ездить к кому-нибудь или в должность – на то была у него прекрасная двухместная карета шоколадного цвету, кучер Михей и две маленькие, но крепкие и красивые лошадки. Все это было благоприобретенное сорокалетней, копотливой экономией, так что сердце на все это радовалось.

Вот почему, приобретя дом и переехав в него, Степан Никифорович ощутил в своем спокойном сердце такое довольство, что пригласил даже гостей на свое рожденье, которое прежде тщательно утаивал от самых близких знакомых. На одного из приглашенных он имел даже особые виды. Сам он в доме занял верхний этаж, а в нижний, точно так же выстроенный и расположенный, понадобилось жильца. Степан Никифорович и рассчитывал на Семена Ивановича Шипуленко и в этот вечер даже два раза сводил разговор на эту тему. Но Семен Иванович на этот счет отмалчивался. Это был человек тоже туго и долговременно пробивавший себе дорогу, с черными волосами и бакенбардами и с оттенком постоянного разлития желчи в физиономии. Был он женат, был угрюмый домосед, свой дом держал в страхе, служил с самоуверенностью, тоже прекрасно знал, до чего он дойдет, и еще лучше – до чего никогда не дойдет, сидел на хорошем месте и сидел очень крепко. На начинавшиеся новые порядки он смотрел хоть и не без желчи, но особенно не тревожился: он был очень уверен в себе и не без насмешливой злобы выслушивал разглагольствия Ивана Ильича Пралинского на новые темы. Впрочем, все они отчасти подвыпили, так что даже сам Степан

Никифорович снизошел до господина Пралинского и вступил с ним в легкий спор о новых порядках. Но несколько слов о его превосходительстве господине Пралинском, тем более что он—то и есть главный герой предстоящего рассказа.

Действительный статский советник Иван Ильич Пралинский всего только четыре месяца как назывался вашим превосходительством, одним словом, был генерал молодой. Он и по летам был еще молод, лет сорока трех и никак не более, на вид же казался и любил казаться моложе. Это был мужчина красивый, высокого роста, щеголял костюмом и изысканной солидностью в костюме, с большим уменьем носил значительный орден на шее, умел еще с детства усвоить несколько великосветских замашек и, будучи холостой, мечтал о богатой и даже великосветской невесте. Он о многом еще мечтал, хотя был далеко не глуп. Подчас он был большой говорун и даже любил принимать парламентские позы. Происходил он из хорошего дома, был генеральский сын и белоручка, в нежном детстве своем ходил в бархате и батисте, воспитывался в аристократическом заведении и хоть вынес из него не много познаний, но на службе успел и дотянул до генеральства. Начальство считало его человеком способным и даже возлагало на него надежды. Степан Никифорович, под началом которого он и начал и продолжал свою службу почти до самого генеральства, никогда не считал его за человека весьма делового и надежд на него не возлагал никаких. Но ему нравилось, что он из хорошего дома, имеет состояние, то есть большой капитальный дом с управителем, сродни не последним людям и, сверх того, обладает осанкой. Степан Никифорович хулил его про себя за избыток воображения и легкомыслие. Сам Иван Ильич чувствовал иногда, что он слишком самолюбив и даже щекотлив. Странное дело: подчас на него находили припадки какой—то болезненной совестливости и даже легкого в чем—то раскаянья. С горечью и с тайной занозой в душе сознавался он иногда, что вовсе не так высоко летает, как ему думается. В эти минуты он даже впадал в какое—то уныние, особенно когда разыгрывался его геморрой, называл свою жизнь une existence manquee, переставал верить, разумеется про себя, даже в свои парламентские способности, называя себя парлером, фразером, и хотя все это, конечно, приносило ему много чести, но отнюдь не мешало через полчаса опять подымать свою голову и тем упорнее, тем заносчивее ободряться и уверять себя, что он еще успеет проявиться и будет не только сановником, но даже государственным мужем, которого долго будет помнить Россия. Из этого видно, что Иван Ильич хватал высоко, хотя и глубоко, даже с некоторым страхом, таил про себя свои неопределенные мечты и надежды. Одним словом, человек он был добрый и даже поэт в душе. В последние годы болезненные минуты разочарованья стали было чаще посещать его. Он сделался как—то особенно раздражителен, мнителен и всякое возражение готов был считать за обиду. Но обновляющаяся Россия подала ему вдруг большие надежды. Генеральство их довершило. Он воспрянул; он поднял голову. Он вдруг начал говорить красноречиво и много, говорить на самые новые темы, которые чрезвычайно быстро и неожиданно усвоил себе до ярости.

Он искал случая говорить, ездил по городу и во многих местах успел прослыть отчаянным либералом, что очень ему льстило. В этот же вечер, выпив бокала четыре, он особенно разгулялся. Ему захотелось переубедить во всем Степана Никифоровича, которого он перед этим давно не видал и которого до сих пор всегда уважал и даже слушался. Он почему-то считал его ретроградом и напал на него с необыкновенным жаром. Степан Никифорович почти не возражал, а только лукаво слушал, хотя тема интересовала его. Иван Ильич горячился и в жару воображаемого спора чаще, чем бы следовало, пробовал из своего бокала.

Тогда Степан Никифорович брал бутылку и тотчас же добавлял его бокал, что, неизвестно почему, начало вдруг обижать Ивана Ильича, тем более что Семен Иваныч Шипуленко, которого он особенно презирал и, сверх того, даже боялся за цинизм и за злость его, тут же сбоку прековарно молчал и чаще, чем бы следовало, улыбался. "Они, кажется, принимают меня за мальчишку", – мелькнуло в голове Ивана Ильича.

– Нет-с, пора, давно уж пора было, – продолжал он с азартом. – Слишком опоздали-с, и, на мой взгляд, гуманность первое дело, гуманность с подчиненными, памятуя, что и они человеки. Гуманность все спасет и все вывезет…

– Хи-хи-хи-хи! – послышалось со стороны Семена Ивановича.

– Да что же, однако ж, вы нас так распекаете, – возразил наконец Степан Никифорович, любезно улыбаясь. – Признаюсь, Иван Ильич, до сих пор не могу взять в толк, что вы изволили объяснять. Вы выставляете гуманность. Это значит человеколюбие, что ли?

– Да, пожалуй, хоть и человеколюбие. Я…

– Позвольте-с. Сколько могу судить, дело не в одном этом. Человеколюбие всегда следовало. Реформа же этим не ограничивается. Поднялись вопросы крестьянские, судебные, хозяйственные, откупные, нравственные и… и… и без конца их, этих вопросов, и все вместе, все разом может породить большие, так сказать, колебанья. Вот мы про что опасались, а не об одной гуманности …

– Да-с, дело поглубже-с, – заметил Семен Иванович.

– Очень понимаю-с, и позвольте вам заметить, Семен Иванович, что я отнюдь не соглашусь отстать от вас в глубине понимания вещей, – язвительно и чересчур резко заметил Иван Ильич, – но, однако ж, все-таки возьму на себя смелость заметить и вам, Степан Никифорович, что вы тоже меня вовсе не поняли.

– Не понял.

– А между тем я именно держусь и везде провожу идею, что *гуманность*, и именно гуманность с подчиненными, от чиновника до писаря, от писаря до дворового слуги, от слуги до мужика, – гуманность, говорю я, может послужить, так сказать, краеугольным камнем предстоящих реформ и вообще к обновлению вещей. Почему? Потому. Возьмите силлогизм: я гуманен, следовательно, меня любят. Меня любят, стало быть, чувствуют доверенность.

Чувствуют доверенность, стало быть, веруют; веруют, стало быть, любят... то есть нет, я хочу сказать, если веруют, то будут верить и в реформу, поймут, так сказать, самую суть дела, так сказать, обнимутся нравственно и решат все дело дружески, основательно. Чего вы смеетесь, Семен Иванович? Непонятно?

Степан Никифорович молча поднял брови; он удивлялся.

– Мне кажется, я немного лишнее выпил, – заметил ядовито Семен Иваныч, – а потому и туг на соображение. Некоторое затмение в уме–с.

Ивана Ильича передернуло.

– Не выдержим, – произнес вдруг Степан Никифорыч после легкого раздумья.

– То есть как это не выдержим? – спросил Иван Ильич, удивляясь внезапному и отрывочному замечанию Степана Никифоровича.

– Так, не выдержим. – Степан Никифорович, очевидно, не хотел распространяться далее.

– Это вы уж не насчет ли нового вина и новых мехов? – не без иронии возразил Иван Ильич. – Ну, нет–с; за себято уж я отвечаю.

В эту минуту часы пробили половину двенадцатого.

– Сидят–сидят да и едут, – сказал Семен Иваныч, приготовляясь встать с места. Но Иван Ильич предупредил его, тотчас встал из-за стола и взял с камина свою соболью шапку. Он смотрел как обиженный.

– Так как же, Семен Иваныч, подумаете? – сказал Степан Никифорович, провожая гостей.

– Насчет квартирки–то–с? Подумаю, подумаю–с.

– А что надумаете, так уведомьте поскорее.

– Все о делах? – любезно заметил господин Пралинский с некоторым заискиванием и поигрывая своей шапкой. Ему показалось, что его как будто забывают.

Степан Никифорович поднял брови и молчал в знак того, что не задерживает гостей. Семен Иваныч торопливо откланялся.

“А... ну... после этого как хотите... коли не понимаете простой любезности”, – решил про себя господин Пралинский и как–то особенно независимо протянул руку Степану Никифоровичу.

В передней Иван Ильич закутался в свою легкую дорогую шубу,

стараясь для чего-то не замечать истасканного енота Семена Иваныча, и оба стали сходить с лестницы.

– Наш старик как будто обиделся, – сказал Иван Ильич молчавшему Семену Иванычу.

– Нет, отчего же? – отвечал тот спокойно и холодно.

“Холоп!” – подумал про себя Иван Ильич.

Сошли на крыльцо, Семену Иванычу подали его сани с серым неказистым жеребчиком.

– Кой черт! Куда же Трифон девал мою карету! – вскричал Иван Ильич, не видя своего экипажа.

Туда-сюда – кареты не было. Человек Степана Никифоровича не имел об ней понятия. Обратились к Варламу, кучеру Семена Иваныча, и получили в ответ, что все стоял тут, и карета тут же была, а теперь вот и нет.

– Скверный анекдот! – произнес господин Шипуленко, – хотите, довезу?

– Подлец народ! – с бешенством закричал господин Пралинский. – Просился у меня, каналья, на свадьбу, тут же на Петербургской, какая-то кума замуж идет, черт ее дери. Я настрого запретил ему отлучаться. И вот бьюсь об заклад, что он туда уехал!

– Он действительно, – заметил Варлам, – поехал туда-с; да обещал в одну минуту обернуться, к самому то есть времени быть.

– Ну так! Я как будто предчувствовал! Уж я ж его!

– А вы лучше посеките его хорошенько раза два в части, вот он и будет исполнять приказанья, – сказал Семен Иваныч, уже закрываясь полостью.

– Пожалуйста, не беспокойтесь, Семен Иваныч!

– Так не хотите, довезу.

– Счастливый путь, merci.

Семен Иваныч уехал, а Иван Ильич пошел пешком по деревянным мосткам, чувствуя себя в довольно сильном раздражении.

“Нет уж, я ж тебя теперь, мошенник! Нарочно пешком пойду, чтоб ты чувствовал, чтоб ты испугался! Воротится и узнает, что барин пешком пошел... мерзавец!”

Иван Ильич никогда еще так не ругался, но уж очень он был разбешен, и вдобавок в голове шумело. Он был человек непьющий, и потому какие-нибудь пять-шесть бокалов скоро подействовали. Но ночь была восхитительная. Было морозно, но необыкновенно тихо и безветренно. Небо было ясное, звездное.

Полный месяц обливал землю матовым серебряным блеском. Было так хорошо, что Иван Ильич, пройдя шагов пятьдесят, почти забыл о беде своей. Ему становилось как-то особенно приятно. К тому же люди под хмельком быстро меняют впечатления. Ему даже начали нравиться невзрачные деревянные домики пустынной улицы.

"А ведь и славно, что я пешком пошел, – думал он про себя, – и Трифону урок, да и мне удовольствие. Право, надо чаще ходить пешком. Что ж? На Большом проспекте я тотчас найду извозчика. Славная ночь! Какие тут все домишки. Должно быть, мелкота живет, чиновники… купцы, может быть… этот Степан Никифорович ! и какие все они ретрограды, старые колпаки! Именно колпаки, c'est le mot[29]. Впрочем, он умный человек; есть этот bon sens[30], трезвое, практическое понимание вещей. Но зато старики, старики! Нет этого… как бишь его! Ну да чего–то нет… Не выдержим ! Что он этим хотел сказать? Даже задумался, когда говорил. Он, впрочем, меня совсем не понял.

А и как бы не понять? Труднее не понять, чем понять. Главное то, что я убежден, душою убежден. Гуманность… человеколюбие. Возвратить человека самому себе… возродить его собственное достоинство и тогда… с готовым матерьялом приступайте к делу. Кажется, ясно! Да–с! Уж это позвольте, ваше превосходительство, возьмите силлогизм: мы встречаем, например, чиновника, чиновника бедного, забитого. „Ну… кто ты?" Ответ: „Чиновник". Хорошо, чиновник; далее: „Какой ты чиновник?" Ответ: такой–то, дескать, и такой–то чиновник. „Служишь?" – „Служу!" – „Хочешь быть счастлив?" – „Хочу". – „Что надобно для счастья?" То–то и то–то. „Почему?" Потому… И вот человек меня понимает с двух слов: человек мой, уловлен, так сказать, сетями, и я делаю с ним все, что хочу, то есть для его же блага. Скверный человек этот Семен Иваныч! И какая у него скверная рожа… Высеки в части, – это он нарочно сказал. – Нет, врешь, сам секи, а я сечь не буду; я Трифона словом дойму, попреком дойму, вот он и будет чувствовать. Насчет розог, гм… вопрос нерешенный, гм… А не заехать ли к Эмеранс. Фу ты, черт, проклятые мостки! – вскрикнул он, вдруг оступившись. – И это столица! Просвещение! Можно ногу сломать. Гм. Ненавижу я этого Семена Иваныча; препротивная рожа. Это он надо мной давеча хихикал, когда я сказал: обнимутся нравственно. Ну и обнимутся, а тебе что за дело? Уж тебя–то не обниму; скорей мужика… Мужик встретится, и с мужиком поговорю. Впрочем, я был пьян и, может быть, не так выражался. Я и теперь, может быть, не так выражаюсь… Гм. Никогда не буду пить. С вечеру наболтаешь, а назавтра раскаиваешься. Что ж, я ведь, не шатаясь, иду… А впрочем, все они мошенники!"

Так рассуждал Иван Ильич, отрывочно и бессвязно, продолжая шагать

---

[29] хорошо сказано (франц.).

[30] здравый смысл (франц.).

по тротуару. На него подействовал свежий воздух и, так сказать, раскачал его.

Минут через пять он бы успокоился и захотел спать. Но вдруг, почти в двух шагах от Большого проспекта, ему послышалась музыка. Он огляделся. На другой стороне улицы в очень ветхом одноэтажном, но длинном деревянном доме задавался пир горой, гудели скрипки, скрипел контрбас и визгливо заливалась флейта на очень веселый кадрильный мотив. Под окнами стояла публика, больше женщины в ватных салопах и в платках на голове; они напрягали все усилия, чтобы разглядеть что-нибудь сквозь щели ставен. Видно, весело было. Гул от топота танцующих достигал другой стороны улицы. Иван Ильич невдалеке от себя заметил городового и подошел к нему.

– Чей это, братец, дом? – спросил он, немного распахивая свою дорогую шубу, ровно настолько, чтобы городовой мог заметить значительный орден на шее.

– Чиновника Пселдонимова, легистратора, – отвечал, выпрямившись, городовой, мигом успевший разглядеть отличие.

– Пселдонимова? Ба! Пселдонимова!.. Что ж он? женится?

– Женится, ваше высокородие, на титулярного советника дочери. Млекопитаев, титулярный советник... в управе служил. Этот дом за невестой ихней идет-с.

– Так что теперь уж это Пселдонимова, а не Млекопитаева дом?

– Пселдонимова, ваше высокородие. Млекопитаева был, а теперь Пселдонимова.

– Гм. Я потому тебя, братец, спрашиваю, что я начальник его. Я генерал над тем самым местом, где Пселдонимов служит.

– Точно так, ваше превосходительство. – Городовой вытянулся окончательно, а Иван Ильич как будто задумался. Он стоял и соображал...

Да, действительно Пселдонимов был из его ведомства, из самой его канцелярии; он припоминал это. Это был маленький чиновник, рублях на десяти в месяц жалованья. Так как господин Пралинский принял свою канцелярию еще очень недавно, то мог и не помнить слишком подробно всех своих подчиненных, но Пселдонимова он помнил, именно по случаю его фамилии. Она бросилась ему в глаза с первого разу, так что он тогда же полюбопытствовал взглянуть на обладателя такой фамилии повнимательнее. Он припомнил теперь еще очень молодого человека, с длинным горбатым носом, с белобрысыми и клочковатыми волосами, худосочного и худо выкормленного, в невозможном вицмундире и в невозможных даже до неприличия невыразимых. Он помнил, как у него тогда же мелькнула мысль: не определить ли бедняку рублей десяток к празднику для поправки? Но так как лицо этого бедняка было слишком постное, а взгляд крайне несимпатичный, даже возбуждающий

189

отвращение, то добрая мысль сама собой как-то испарилась, так что Пселдонимов и остался без награды. Тем сильнее изумил его этот же самый Пселдонимов не более как неделю назад своей просьбой жениться. Иван Ильич помнил, что ему как-то не было времени заняться этим делом подробнее, так что дело о свадьбе решено было слегка, наскоро. Но все-таки он с точностию припоминал, что за невестой своей Пселдонимов берет деревянный дом и четыреста рублей чистыми деньгами; это обстоятельство тогда же его удивило; он помнил, что даже слегка сострил над столкновением фамилий Пселдонимова и Млекопитаевой. Он ясно припоминал все это.

Припоминал он и все более и более раздумывался. Известно, что целые рассуждения проходят иногда в наших головах мгновенно, в виде каких-то ощущений, без перевода на человеческий язык, тем более на литературный. Но мы постараемся перевесть все эти ощущения героя нашего и представить читателю хотя бы только сущность этих ощущений, так сказать то, что было в них самое необходимое и правдоподобное. Потому что ведь многие из ощущений наших, в переводе на обыкновенный язык, покажутся совершенно неправдоподобными. Вот почему они никогда и на свет не являются, а у всякого есть. Разумеется, ощущения и мысли Ивана Ильича были немного бессвязны. Но ведь вы знаете причину.

"Что же! – мелькало в его голове, – вот мы все говорим, говорим, а коснется до дела, и только шиш выходит. Вот пример, хоть бы этот самый Пселдонимов: он приехал давеча от венца в волнении, в надежде, ожидая вкусить... Это один из блаженнейших дней его жизни... Теперь он возится с гостями, задает пир – скромный, бедный, но веселый, радостный, искренний... Что ж, если б он узнал, что в эту самую минуту я, я, его начальник, его главный начальник, тут же стою у его дома и слушаю его музыку ! А и в самом деле, что бы с ним было? Нет, что бы с ним было, если б я теперь же вдруг взял и вошел? гм... Разумеется, сначала он испугался бы, онемел бы от замешательства. Я помешал бы ему, я расстроил бы, может быть, все... Да, так и было бы, если б вошел всякий другой генерал, но не я... В том-то и дело, что всякий, да только не я.

Да, Степан Никифорович! Вот вы не понимали меня давеча, а вот вам и готовый пример.

Да-с. Мы все кричим о гуманности, но героизма, подвига мы сделать не в состоянии.

Какого героизма? Такого. Рассудите-ка: при теперешних отношениях всех членов общества мне, мне войти в первом часу ночи на свадьбу своего подчиненного, регистратора, на десяти рублях, да ведь это замешательство, это – коловращенье идей, последний день Помпеи, сумбур! Этого никто не поймет. Степан Никифорович умрет – не поймет. Ведь сказал же он: не выдержим. Да, но это вы, люди старые, люди паралича и косности, а я выдер–жу! Я обращу последний день Помпеи в сладчайший день для моего подчиненного, и поступок дикий – в нормальный, патриархальный, высокий и нравственный. Как? Так. Извольте прислушать…

Ну… вот я, положим, вхожу: – они изумляются, прерывают танцы, смотрят дико, пятятся. Так–с, но тут–то я и выказываюсь: я прямо иду к испуганному Пселдонимову и с самой ласковой улыбкой, так–таки в самых простых словах говорю: „Так и так, дескать, был у его превосходительства Степана Никифоровича. Полагаю, знаешь, здесь, по соседству…" Ну, тут слегка, в смешном этак виде, рассказываю приключение с Трифоном. От Трифона перехожу к тому, как пошел пешком… „Ну – слышу музыку, любопытствую у городового и узнаю, брат, что ты женишься. Дай, думаю, зайду к подчиненному, посмотрю, как мои чиновники веселятся и… женятся. Ведь не прогонишь же ты меня, полагаю!" Прогонишь! Каково словечко для подчиненного. Какой уж тут черт прогонишь! Я думаю, он с ума сойдет, со всех ног кинется меня в кресло сажать, задрожит от восхищенья, не сообразится даже на первый раз!..

Ну, что может быть проще, изящнее такого поступка! Зачем я вошел? Это другой вопрос! Это уже, так сказать, нравственная сторона дела. Вот тут–то и сок!

Гм… Об чем, бишь, я думал? Да!

Ну уж, конечно, они меня посадят с самым важным гостем, какой–нибудь там титулярный али родственник, отставной штабс–капитан с красным носом…

Славно этих оригиналов Гоголь описывал. Ну знакомлюсь, разумеется, с молодой, хвалю ее, ободряю гостей. Прошу их не стесняться, веселиться, продолжать танцы, острю, смеюсь, одним словом – я любезен и мил. Я всегда любезен и мил, когда доволен собой… Гм… то–то и есть, что я все еще, кажется, немного того… то есть не пьян, а так…

… Разумеется, я, как джентльмен, на равной с ними ноге и отнюдь не требую каких–нибудь особенных знаков… Но нравственно, нравственно дело другое: они поймут и оценят… Мой поступок воскресит в них все благородство… Ну и сижу полчаса… Даже час. Уйду, разумеется, перед самым ужином, а уж они–то захлопочут, напекут, нажарят, в пояс кланяться будут, но я только выпью бокал, поздравлю, а от ужина откажусь. Скажу: дела. И уж только что я произнесу „дела", у всех тотчас же станут почтительно строгие лица. Этим я деликатно напомню, что они и я – это разница–с. Земля и небо. Я не то чтобы хотел это внушать, но надо же… даже в нравственном смысле необходимо, что уж там ни

191

говори. Впрочем, я тотчас же улыбнусь, даже посмеюсь, пожалуй, и мигом все ободрятся… Пошучу еще раз с молодой; гм… даже вот что: намекну, что приду опять ровнешенько через девять месяцев в качестве кума, хе–хе! А она, верно, родит к тому времени. Ведь они плодятся, как кролики.

Ну и все захохочут, молодая покраснеет; я с чувством поцелую ее в лоб, даже благословлю ее и… и назавтра в канцелярии мой подвиг уже известен.

Назавтра я опять строг, назавтра я опять взыскателен, даже неумолим, но все они уже знают, кто я такой. Душу мою знают, суть мою знают: „Он строг как начальник, но как человек – он ангел!" И вот я победил; я уловил каким–нибудь одним маленьким поступком, которого вам и в голову не придет; они уж мои; я отец, они дети… Ну–тка, ваше превосходительство, Степан Никифорович, подите–ка сделайте эдак…

…Да знаете ли вы, понимаете ли, что Пселдонимов будет детям своим поминать, как сам генерал пировал и даже пил на его свадьбе! Да ведь эти дети будут своим детям, а те своим внукам рассказывать, как священнейший анекдот, что сановник, государственный муж (а я всем этим к тому времени буду) удостоил их… и т. д. и т. д. Да ведь я униженного нравственно подыму, я самому себе его возвращу… Ведь он десять рублей в месяц жалованья получает!.. Да ведь повтори я это раз пять, али десять, али что–нибудь в этом же роде, так повсеместную популярность приобрету… У всех в сердцах буду запечатлен, и ведь черт один знает, что из этого потом может выйти, из популярности–то!.."

Так или почти так рассуждал Иван Ильич (господа, мало ли что человек говорит иногда про себя, да еще несколько в эксцентрическом состоянии). Все эти рассуждения промелькнули в его голове в какие–нибудь полминуты, и, конечно, он, может, и ограничился бы этими мечтаньицами и, мысленно пристыдив Степана Никифоровича, преспокойно отправился бы домой и лег спать. И славно бы сделал! Но вся беда в том, что минута была эксцентрическая.

Как нарочно, вдруг, в это самое мгновение в настроенном воображении его нарисовались самодовольные лица Степана Никифоровича и Семена Ивановича.

– Не выдержим! – повторил Степан Никифорович, свысока улыбаясь.

– Хи–хи–хи! – вторил ему Семен Иванович своей самой прескверной улыбкой.

– А вот и посмотрим, как не выдержим! – решительно сказал Иван Ильич, и даже жар бросился ему в лицо. Он сошел с мостков и твердыми шагами прямо направился через улицу в дом своего подчиненного, регистратора Пселдонимова.

Звезда увлекала его. Он бодро вошел в отпертую калитку и с

презрением оттолкнул ногой маленькую, лохматую и осипшую шавку, которая, более для приличия, чем для дела, бросилась к нему с хриплым лаем под ноги. По деревянной настилке дошел он до крытого крылечка, будочкой выходившего на двор, и по трем ветхим деревянным ступенькам поднялся в крошечные сени. Тут хоть и горел где-то в углу сальный огарок или что-то вроде плошки, но это не помешало Ивану Ильичу, так, как есть, в калошах, попасть левой ногой в галантир, выставленный для остужения. Иван Ильич нагнулся и, посмотрев с любопытством, увидел, что тут стоят еще два блюда с каким-то заливным, да еще две формы, очевидно, с бламанже. Раздавленный галантир его было сконфузил, и на одно самое маленькое мгновение у него промелькнула мысль: не улизнуть ли сейчас же? Но он почел это слишком низким. Рассудив, что никто не видал и на него уж никак не подумают, он поскорее обтер калошу, чтобы скрыть все следы, нащупал обитую войлоком дверь, растворил ее и очутился в премаленькой передней. Одна половина ее была буквально завалена шинелями, бекешами, салопами, капорами, шарфами и калошами. В другой расположились музыканты: две скрипки, флейта и контрбас, всего четыре человека, взятые, разумеется, с улицы. Они сидели за некрашеным деревянным столиком, при одной сальной свечке, и во всю ивановскую допивали последнюю фигуру кадрили. Из отпертой двери в залу можно было разглядеть танцующих, в пыли, в табаке и в чаду. Было как-то бешено весело. Слышался хохот, крики и дамские взвизги. Кавалеры топали, как эскадрон лошадей. Над всем содомом звучала команда распорядителя танцев, вероятно, чрезвычайно развязного и даже расстегнувшегося человека: "Кавалеры вперед, шен де дам, балансе!" и проч., и проч. Иван Ильич в некотором волнении сбросил с себя шубу и калоши и с шапкой в руке вошел в комнату. Впрочем, он уж и не рассуждал…

В первую минуту его никто не заметил: все доплясывали кончавшийся танец.

Иван Ильич стоял как оглушенный и ничего подробно не мог разглядеть в этой каше. Мелькали дамские платья, кавалеры с папиросами в зубах… Мелькнул светло-голубой шарф какой-то дамы, задевший его по носу. За ней в бешеном восторге промчался медицинский студент с разметанными вихрем волосами и сильно толкнул его по дороге. Мелькнул еще перед ним, длинный как верста, офицер какой-то команды. Кто-то неестественно визгливым голосом прокричал, пролетая и притопывая вместе с другими: "Э-э-эх, Пселдонимушка!" Под ногами Ивана Ильича было что-то липкое: очевидно, пол навощили воском. В комнате, впрочем не очень малой, было человек до тридцати гостей.

Но через минуту кадриль кончилась, и почти тотчас же произошло то

193

же самое, что представлялось Ивану Ильичу, когда он еще мечтал на мостках. По гостям и танцующим, еще не успевшим отдышаться и обтереть с лица пот, прошел какой-то гул, какой-то необыкновенный шепот. Все глаза, все лица начали быстро оборачиваться к вошедшему гостю. Затем все тотчас же стали понемногу отступать и пятиться. Незамечавших дергали за платье и образумливали. Они оглядывались и тотчас же пятились вместе с прочими. Иван Ильич все еще стоял в дверях, не двигаясь ни шагу вперед, а между ним и гостями все более и более очищалось открытое пространство, усеянное на полу бесчисленными конфетными бумажками, билетиками и окурками папирос. Вдруг в это пространство робко выступил молодой человек, в вицмундире, с вихроватыми, белокурыми волосами и с горбатым носом. Он подвигался вперед, согнувшись и смотря на неожиданного гостя совершенно с таким же точно видом, с каким собака смотрит на своего хозяина, зовущего ее, чтоб дать ей пинка.

— Здравствуй, Пселдонимов, узнаешь?.. — сказал Иван Ильич и в то же мгновение почувствовал, что он это ужасно неловко сказал; он почувствовал тоже, что, может быть, делает в эту минуту страшнейшую глупость.

— В-в-ваше прево-сходительство!.. — пробормотал Пселдонимов.

— Ну, то-то. Я, брат, к тебе совершенно случайно зашел, как, вероятно, ты и сам можешь это себе представить...

Но Пселдонимов, очевидно, ничего не мог представить. Он стоял, выпучив глаза, в ужасающем недоумении.

— Ведь не прогонишь же ты меня, полагаю... Рад не рад, а гостя принимай!.. — продолжал Иван Ильич, чувствуя, что конфузится до неприличной слабости, желает улыбнуться, но уже не может; что юмористический рассказ о Степане Никифоровиче и Трифоне становится все более и более невозможным. Но Пселдонимов, как нарочно, не выходил из столбняка и продолжал смотреть с совершенно дурацким видом. Ивана Ильича передернуло, он чувствовал, что еще одна такая минута, и произойдет невероятный сумбур.

— Я уж не помешал ли чему... я уйду! — едва выговорил он, и какая-то жилка затрепетала у правого края его губ...

Но Пселдонимов уже опомнился...

— Ваше превосходительство, помилуйте-с... Честь... — бормотал он, уторопленно кланяясь, — удостойте присесть-с... — И еще более очнувшись, он обеими руками указывал ему на диван, от которого для танцев отодвинули стол...

Иван Ильич отдохнул душою и опустился на диван; тотчас же кто-то кинулся придвигать стол. Он бегло осмотрелся и заметил, что он один сидит, а все другие стоят, даже дамы. Признак дурной. Но напоминать и ободрять было еще не время. Гости все еще пятились, а перед ним, скрючившись, стоял все еще один только Пселдонимов, все еще ничего не понимающий и далеко не улыбающийся. Было скверно, короче: в эту минуту наш герой вынес столько тоски, что действительно его гарун-аль-рашидское нашествие, ради принципа, к подчиненному могло бы почесться подвигом. Но вдруг какая-то фигурка очутилась подле Пселдонимова и начала кланяться. К невыразимому своему удовольствию и даже счастью, Иван Ильич тотчас же распознал столоначальника из своей канцелярии, Акима Петровича Зубикова, с которым он хоть, конечно, и не был знаком, но знал его за дельного и бессловесного чиновника. Он немедленно встал и протянул Акиму Петровичу руку, всю руку, а не два пальца. Тот принял ее обеими ладонями в глубочайшем почтении. Генерал торжествовал; все было спасено.

И действительно, теперь уже Пселдонимов был, так сказать, не второе, а уже третье лицо. С рассказом можно было обратиться прямо к столоначальнику, за нужду приняв его за знакомого и даже короткого, а Пселдонимов тем временем мог только молчать и трепетать от благоговения. Следственно, приличия были соблюдены. А рассказ был необходим; Иван Ильич это чувствовал; он видел, что все гости ожидают чего-то, что в обеих дверях столпились даже все домочадцы и чуть не взлезают друг на друга, чтоб его поглядеть и послушать.

Скверно было то, что столоначальник, по глупости своей, все еще не садился.

– Что же вы! – проговорил Иван Ильич, неловко указывая ему подле себя на диване.

– Помилуйте-с... я и здесь-с... – и Аким Петрович быстро сел на стул, подставленный ему почти на лету упорно остававшимся на ногах Пселдонимовым.

– Можете себе представить случай, – начал Иван Ильич, обращаясь исключительно к Акиму Петровичу несколько дрожащим, но уже развязным голосом. Он даже растягивал и разделял слова, ударял на слоги, букву а стал выговаривать как-то на э, одним словом, сам чувствовал и сознавал, что кривляется, но уже совладать с собою не мог; действовала какая-то внешняя сила. Он ужасно много и мучительно сознавал в эту минуту.

– Можете себе представить, я только что от Степана Никифоровича Никифорова, слышали, может быть, тайный советник. Ну... в этой комиссии...

Аким Петрович почтительно нагнулся всем корпусом вперед: "Дескать, как не слыхать-с".

– Он теперь твой сосед, – продолжал Иван Ильич, на один миг, для приличия и для непринужденности, обращаясь к Пселдонимову, но быстро отворотился, увидав тотчас же по глазам Пселдонимова, что тому это решительно все равно.

– Старик, как вы знаете, бредил всю жизнь купить себе дом... Ну и купил. И прехорошенький дом. Да... А тут и его рождение сегодня подошло, и ведь никогда прежде не праздновал, даже таил от нас, отнекивался по скупости, хе–хе! а теперь так обрадовался новому дому, что пригласил меня и Семена Ивановича. Знаете: Шипуленко.

Аким Петрович опять нагнулся. С усердием нагнулся! Иван Ильич несколько утешился. А то уж ему приходило в голову, что столоначальник, пожалуй, догадывается, что он в эту минуту необходимая точка опоры для его превосходительства. Это было бы всего скверне.

– Ну, посидели втроем, шампанского нам поставил, поговорили о делах... Ну о том о сем... о во–про–сах... Даже пос–по–рили... Хе–хе!

Аким Петрович почтительно поднял брови.

– Только дело не в этом. Прощаюсь с ним наконец, старик аккуратный, ложится рано, знаете, к старости. Выхожу... нет моего Трифона! Тревожусь, расспрашиваю: "Куда девал Трифон карету?" Открывается, что он, понадеясь, что я засижусь, отправился на свадьбу к какой–то своей куме или к сестре... уж бог его знает. Здесь же где–то на Петербургской. Да и карету уж кстати с собою захватил. – Генерал опять для приличия взглянул на Пселдонимова. Того немедленно скрючило, но вовсе не так, как надобно было генералу.

"Сочувствия, сердца нет", – промелькнуло в его голове.

– Скажите! – проговорил глубоко пораженный Аким Петрович. Маленький гул удивления прошел по всей толпе.

– Можете себе представить мое положение... (Иван Ильич взглянул на всех.) Нечего делать, иду пешком. Думаю, добреду до Большого проспекта, да и найду какого–нибудь ваньку... хе–хе!

– Хи–хи–хи! – почтительно отозвался Аким Петрович. Опять гул, но уже на веселый лад, прошел по толпе. В это время с треском лопнуло стекло на стенной лампе. Кто–то с жаром бросился поправлять ее. Пселдонимов встрепенулся и строго посмотрел на лампу, но генерал даже не обратил внимания, и все успокоилось.

– Иду... а ночь такая прекрасная, тихая. Вдруг слышу музыку, топот, танцуют. Любопытствую у городового: Пселдонимов женится. Да ты, брат, на всю Петербургскую сторону балы задаешь? ха–ха, – вдруг обратился он опять к Пселдонимову.

– Хи–хи–хи! да–с... – отозвался Аким Петрович; гости опять пошевелились, но всего глупее было то, что Пселдонимов хоть и поклонился опять, но даже и теперь не улыбнулся, точно он был деревянный. "Да он дурак, что ли! – подумал Иван Ильич, – тут–то бы улыбаться ослу, и все бы пошло как по маслу". Нетерпение бушевало в его сердце. – Думаю, дай войду к подчиненному. Ведь не прогонит же он меня... рад не рад, а принимай гостя.

Ты, брат, пожалуйста, извини. Если я чем помешал, я уйду... Я ведь только зашел посмотреть...

Но мало-помалу уже начиналось всеобщее движение. Аким Петрович смотрел с услащенным видом: "Дескать, можете ли, ваше превосходительство, помешать?".

Все гости пошевеливались и стали обнаруживать первые признаки развязности.

Дамы почти все уже сидели. Знак добрый и положительный. Посмелее из них обмахивались платочками. Одна из них, в истертом бархатном платье, что-то нарочно громко проговорила. Офицер, к которому она обратилась, хотел было ей ответить тоже погромче, но так как они были только двое из громких, то спасовал. Мужчины, все более канцеляристы и два–три студента, переглядывались, как бы подталкивая друг друга развернуться, откашливались и даже начали ступать по два шага в разные стороны. Впрочем, никто особенно не робел, а только все были дики и почти все про себя враждебно смотрели на персону, ввалившуюся к ним, чтобы нарушить их веселье. Офицер, устыдясь своего малодушия, начал понемногу приближаться к столу.

– Да послушай, брат, позволь спросить, как твое имя и отчество? – спросил Иван Ильич Пселдонимова.

– Порфирий Петров, ваше превосходительство, – отвечал тот, выпуча глаза, точно на смотру.

– Познакомь же меня, Порфирий Петрович, с твоей молодой женой... Поведи меня... я...

И он обнаружил было желание привстать. Но Пселдонимов кинулся со всех ног в гостиную. Впрочем, молодая стояла тут же в дверях, но, только что услыхала, что о ней идет речь, тотчас спряталась. Через минуту Пселдонимов вывел ее за руку. Все расступались, давая им ход. Иван Ильич торжественно привстал и обратился к ней с самой любезной улыбкой.

– Очень, очень рад познакомиться, – произнес он с самым великосветским полупоклоном, – и тем более в такой день...

Он прековарно улыбнулся. Дамы приятно заволновались.

– Шарме, – произнесла дама в бархатном платье почти вслух.

Молодая стоила Пселдонимова. Это была худенькая дамочка, всего еще лет семнадцати, бледная, с очень маленьким лицом и с востреньким носиком.

Маленькие глазки ее, быстрые и беглые, вовсе не конфузились, напротив, смотрели пристально и даже с оттенком какой-то злости. Очевидно, Пселдонимов брал ее не за красоту. Одета она была в белое

197

кисейное платье на розовом чехле. Шея у нее была худенькая, тело цыплячье, выставлялись кости. На привет генерала она ровно ничего не сумела сказать.

– Да она у тебя прехорошенькая, – продолжал он вполголоса, как будто обращаясь к одному Пселдонимову, но нарочно так, чтоб и молодая слышала. Но Пселдонимов ровно ничего и тут не ответил, даже и не покачнулся на этот раз. Ивану Ильичу показалось даже, что в глазах его есть что–то холодное, затаенное, даже что–то себе на уме, особенное, злокачественное. И, однако ж, во что бы ни стало надо было добиться чувствительности. Ведь для нее–то он и пришел.

“Однако парочка! – подумал он. – Впрочем…”

И он снова обратился к молодой, поместившейся возле него на диване, но на два или на три вопроса свои получил опять только “да” и “нет”, да и тех, правда, вполне не получил.

“Хоть бы она поконфузилась, – продолжал он про себя. – Я бы тогда шутить начал. А то ведь мое–то положение безвыходное”. И Аким Петрович, как нарочно, тоже молчал, хоть и по глупости, но все же было неизвинительно.

“Господа! уж я не помешал ли вашим удовольствиям?” – обратился было он ко всем вообще. Он чувствовал, что у него даже ладони потеют.

– Нет–с… Не беспокойтесь, ваше превосходительство, сейчас начнем, а теперь… прохлаждаемся–с, – отвечал офицер. Молодая с удовольствием на него поглядела: офицер был еще не стар и носил мундир какой–то команды.

Пселдонимов стоял тут же, подавшись вперед, и, казалось, еще более, чем прежде, выставлял свой горбатый нос. Он слушал и смотрел, как лакей, стоящий с шубой в руках и ожидающий окончания прощального разговора своих господ. Это сравнение сделал сам Иван Ильич; он терялся, он чувствовал, что ему неловко, ужасно неловко, что почва ускользает из–под его ног, что он куда–то зашел и не может выйти, точно в потемках.

Вдруг все расступились, и появилась невысокая и плотная женщина, уже пожилая, одетая просто, хотя и принарядившаяся, в большом платке на плечах, зашпиленном у горла, и в чепчике, к которому она, видимо, не привыкла. В руках ее был небольшой круглый поднос, на котором стояла непочатая, но уже раскупоренная бутылка шампанского и два бокала, ни больше, ни меньше.

Бутылка, очевидно, назначалась только для двух гостей.

Пожилая женщина прямо приблизилась к генералу.

– Уж не взыщите, ваше превосходительство, – сказала она, кланяясь, – а уж коль не погнушались нами, оказали честь к сыночку на свадьбу пожаловать, так уж просим милости, поздравьте вином молодых. Не погнушайтесь, окажите честь.

Иван Ильич схватился за нее, как за спасение. Она была еще вовсе нестарая женщина, лет сорока пяти или шести, не больше. Но у ней было такое доброе, румяное, такое открытое, круглое русское лицо, она так добродушно улыбалась, так просто кланялась, что Иван Ильич почти утешился и начал было надеяться.

– Так вы-ы-ы ро-ди-тель-ница вашего сы-на? – сказал он, привстав с дивана.

– Родительница, ваше превосходительство, – промямлил Пселдонимов, вытягивая свою длинную шею и снова выставляя свой нос.

– А! Очень рад, о-чень рад познакомиться.

– Так не побрезгайте, ваше превосходительство.

– С превеликим даже удовольствием.

Поднос поставили, вино налил подскочивший Пселдонимов. Иван Ильич, все еще стоя, взял бокал.

– Я особенно, особенно рад этому случаю, что могу... – начал он, – что могу... при сем засвидетельствовать... Одним словом, как начальник... желаю вам, сударыня (он обратился к новобрачной), и тебе, мой друг Порфирий, – желаю полного, благополучного и долгого счастья.

И он даже с чувством выпил бокал, счетом седьмой в этот вечер. Пселдонимов смотрел серьезно и даже угрюмо. Генерал начинал мучительно его ненавидеть.

"Да и этот верзила (он взглянул на офицера) тут же торчит. Ну что бы хоть ему прокричать: ура! И пошло бы, и пошло бы..."

– Да и вы, Аким Петрович, выпейте и поздравьте, – прибавила старуха, обращаясь к столоначальнику. – Вы начальник, он вам подчиненный. Наблюдайте сыночка-то, как мать прошу. Да и впредь нас не забывайте, голубчик наш, Аким Петрович, добрый вы человек.

"А ведь какие славные эти русские старухи! – подумал Иван Ильич. – Всех оживила. Я всегда любил народность..."

В эту минуту к столу поднесли еще поднос. Несла девка, в шумящем, еще не мытом ситцевом платье и в кринолине. Она едва обхватывала поднос руками, так он был велик. На нем стояло бесчисленное множество тарелочек с яблоками, с конфетами, с пастилой, с мармеладом, с грецкими орехами и проч. и проч. Поднос стоял до сих пор в гостиной, для угощения всех гостей, и преимущественно дам. Но теперь его перенесли к одному генералу.

– Не побрезгайте, ваше превосходительство, нашим яством. Чем богаты, тем и рады, – повторяла, кланяясь, старуха.

– Помилуйте... – сказал Иван Ильич и даже с удовольствием взял и раздавил между пальцами один грецкий орех. Он уж решился быть до конца популярным.

Между тем молодая вдруг захихикала.

– Что–с? – спросил Иван Ильич с улыбкой, обрадовавшись признакам жизни.

– Да вот–с, Иван Костенькиныч смешит, – отвечала она потупившись.

Генерал действительно рассмотрел одного белокурого юношу, очень недурного собой, спрятавшегося на стуле с другой стороны дивана и что-то нашептывавшего madame Пселдонимовой. Юноша привстал. Он, по-видимому, был очень застенчив и очень молод.

– Я про "сонник" им говорил, ваше превосходительство, – пробормотал он, как будто извиняясь.

– Про какой же это сонник? – спросил Иван Ильич снисходительно.

– Новый сонник–с есть–с, литературный–с. Я им говорил–с, если господина Панаева во сне увидеть–с, то это значит кофеем манишку залить–с.

"Экая невинность", – подумал даже со злобою Иван Ильич. Молодой человек хоть и очень разрумянился, говоря это, но до невероятности был рад, что рассказал про господина Панаева.

– Ну да, да, я слышал… – отозвался его превосходительство.

– Нет, вот еще лучше есть, – проговорил другой голос подле самого Ивана Ильича, – новый лексикон издается, так, говорят, господин Краевский будет писать статьи, Алфераки… и абличительная литература…

Проговорил это молодой человек, но уже не конфузливый, а довольно развязный. Он был в перчатках, белом жилете и держал шляпу в руках. Он не танцевал, смотрел высокомерно, потому что был один из сотрудников сатирического журнала "Головешка", задавал тону и попал на свадьбу случайно, приглашенный как почетный гость Пселдонимовым, с которым был на ты и с которым, еще прошлого года, вместе бедствовал у одной немки "в углах". Водку он, однако ж, пил и уже неоднократно для этого отлучался в одну укромную заднюю комнатку, куда все знали дорогу. Генералу он ужасно не понравился.

– И это потому смешно–с, – с радостью перебил вдруг белокурый юноша, рассказавший про манишку и на которого сотрудник в белом жилете посмотрел за это с ненавистью, – потому смешно, ваше превосходительство, что сочинителем полагается, будто бы господин Краевский правописания не знает и думает, что "обличительную литературу" надобно писать абличительная литература…

Но бедный юноша едва докончил. Он по глазам увидал, что генерал давно уже это знает, потому что сам генерал тоже как будто сконфузился и, очевидно, оттого, что знал это. Молодому человеку стало до

200

невероятности совестно. Он успел куда–то поскорее стушеваться и потом все остальное время был очень грустен. Взамен того развязный сотрудник "Головешки" подошел еще ближе и, казалось, намеревался гденибудь поблизости сесть. Такая развязность показалась Ивану Ильичу несколько щекотливой.

– Да! скажи, пожалуйста, Порфирий, – начал он, чтобы что–нибудь говорить, – почему – я все тебя хотел спросить об этом лично – почему тебя зовут Пселдонимов, а не Псевдонимов? Ведь ты, наверное, Псевдонимов?

– Не могу в точности доложить, ваше превосходительство, отвечал Пселдонимов.

– Это, верно, еще его отцу–с при поступлении на службу в бумагах перемешали–с, так что он и остался теперь Пселдонимов, – отозвался Аким Петрович. – Это бывает–с.

– Неп–ре–менно, – с жаром подхватил генерал, – неп–ре–мен–но, потому, сами посудите: Псевдонимов – ведь это происходит от литературного слова "псевдоним". Ну, а Пселдонимов ничего не означает.

– По глупости–с, – прибавил Аким Петрович.

– То есть собственно что по глупости?

– Русский народ–с; по глупости изменяет иногда литеры–с и выговаривает иногда по–своему–с. Например, говорят невалид, а надо бы сказать инвалид–с.

– Ну, да... невалид, хе–хе–хе...

– Мумер тоже говорят, ваше превосходительство, – брякнул высокий офицер, у которого давно уже зудело, чтоб как–нибудь отличиться.

– То есть как это мумер?

– Мумер вместо нумер, ваше превосходительство.

– Ах да, мумер... вместо нумер... Ну да, да... хе–хе, хе!... – Иван Ильич принужден был похихикать и для офицера.

Офицер поправил галстук.

– А вот еще говорят: нимо, – ввязался было сотрудник "Головешки". Но его превосходительство постарался этого уж не расслышать. Не для всех же было хихикать.

– Нимо вместо мимо, – приставал "сотрудник" с видимым раздражением.

Иван Ильич строго посмотрел на него.

– Ну, что пристал? – шепнул Пселдонимов сотруднику.

– Да что ж это, я разговариваю. Нельзя, что ль, и говорить, – заспорил было тот шепотом, но, однако ж, замолчал и с тайною яростью вышел из комнаты.

Он прямо пробрался в привлекательную заднюю комнатку, где для танцующих кавалеров, еще с начала вечера, поставлена была на маленьком столике, накрытом ярославскою скатертью, водка двух сортов, селедка, икра ломтиками и бутылка крепчайшего хереса из национального погребка. Со злостью в сердце он налил было себе водки, как вдруг вбежал медицинский студент, с растрепанными волосами, первый танцор и канканер на бале Пселдонимова. Он с торопливою жадностью бросился к графину.

— Сейчас начнут! — проговорил он, наскоро распоряжаясь. — Приходи смотреть: соло сделаю вверх ногами, а после ужина рискну рыбку. Это будет даже идти к свадьбе-то. Так сказать, дружеский намек Пселдонимову... Славная эта Клеопатра Семеновна, с ней все что угодно можно рискнуть.

— Это ретроград, — мрачно отвечал сотрудник, выпивая рюмку.

— Кто ретроград?

— Да вот, особа-то, перед которой пастилу поставили. Ретроград! я тебе говорю.

— Ну уж ты! — пробормотал студент и бросился вон из комнаты, услышав ритурнель кадрили.

Сотрудник, оставшись один, налил себе еще для большего куража и независимости, выпил, закусил, и никогда еще действительный статский советник Иван Ильич не приобретал себе более яростного врага и более неумолимого мстителя, как пренебреженный им сотрудник "Головешки", особенно после двух рюмок водки. Увы! Иван Ильич ничего не подозревал в этом роде.

Не подозревал он и еще одного капитальнейшего обстоятельства, имевшего влияние на все дальнейшие взаимные отношения гостей к его превосходительству. Дело в том, что он хоть и дал с своей стороны приличное и даже подробное объяснение своего присутствия на свадьбе у своего подчиненного, но это объяснение в сущности никого не удовлетворило, и гости продолжали конфузиться. Но вдруг все переменилось, как волшебством; все успокоились и готовы были веселиться, хохотать, визжать и плясать, точно так же, как если бы неожиданного гостя совсем не было в комнате. Причиной тому был неизвестно каким образом вдруг разошедшийся слух, шепот, известие, что гость-то, кажется, того... под шефе. И хоть дело носило с первого взгляда вид ужаснейшей клеветы, но мало-помалу стало как будто оправдываться, так что вдруг все стало ясно. Мало того, стало вдруг необыкновенно свободно. И вот в это-то самое мгновение и началась кадриль, последняя перед ужином, на которую так торопился медицинский студент.

И только что было Иван Ильич хотел снова обратиться к новобрачной, пытаясь в этот раз донять ее каким-то каламбуром, как вдруг к ней подскочил высокий офицер и с размаху стал на одно колено. Она тотчас же вскочила с дивана и упорхнула с ним, чтоб встать в ряды кадрили. Офицер даже не извинился, а она даже не взглянула, уходя, на генерала, даже как будто рада была, что избавилась.

"Впрочем, в сущности, она в своем праве, – подумал Иван Ильич, – да и приличий они не знают".

– Гм... ты бы, брат Порфирий, не церемонился, – обратился он к Пселдонимову. – Может, у тебя там есть чтонибудь... насчет распоряжений... или там что–нибудь... пожалуйста, не стесняйся. "Что он сторожит, что ли, меня?" – прибавил он про себя.

Ему становился невыносим Пселдонимов с своей длинной шеей и глазами, пристально на него устремленными. Одним словом, все это было не то, совсем не то, но Иван Ильич далеко еще не хотел в этом сознаться.

Кадриль началась.

– Прикажете, ваше превосходительство? – спросил Аким Петрович, почтительно держа в руках бутылку и готовясь налить в бокал его превосходительства.

– Я... я, право, не знаю, если...

Но уж Аким Петрович с благоговейно сияющим лицом наливал шампанское. Налив бокал, он как будто украдкой, как будто воровским образом, ежась и корчась, налил и себе с тою разницею, что себе на целый палец не долил, что было как–то почтительнее. Он был как женщина в родах, сидя подле ближайшего своего начальника. Об чем в самом деле заговорить? А развлечь его превосходительство следовало даже по обязанности, так как уж он имел честь составить ему компанию. Шампанское послужило выходом, да и его превосходительству даже приятно было, что тот налил, – не для шампанского, потому что оно было теплое и гадость естественнейшая, а так, нравственно приятно.

"Старику самому хочется выпить, – подумал Иван Ильич, – а без меня не смеет. Не задерживать же... Да и смешно, если бутылка так простоит между нами".

Он прихлебнул, и все–таки оно показалось лучше, чем так–то сидеть.

– Я ведь здесь, – начал он с расстановками и ударениями, – я ведь здесь, так сказать, случайно и, конечно, может быть, иные найдут... что мне... так сказать, не–при–лично быть на таком... собрании.

Аким Петрович молчал и вслушивался с робким любопытством.

– Но я надеюсь, вы поймете, зачем я здесь... Ведь не вино же в самом деле я пить пришел. Хе–хе!

Аким Петрович хотел было похихикать вслед за его превосходительством, но как–то осекся и опять не ответил ровно ничего утешительного.

– Я здесь... чтобы, так сказать, ободрить... показать, так сказать, нравственную, так сказать, цель, – продолжал Иван Ильич, досадуя на тупость Акима Петровича, но вдруг и сам замолчал. Он увидел, что бедный Аким Петрович даже глаза опустил, точно в чем-то виноватый. Генерал в некотором замешательстве поспешил еще раз отхлебнуть из бокала, а Аким Петрович, как будто все спасение его было в этом, схватил бутылку и подлил снова.

"А немного ж у тебя ресурсов", – подумал Иван Ильич, строго смотря на бедного Акима Петровича. Тот же, предчувствуя на себе этот строгий генеральский взгляд, решился уж молчать окончательно и глаз не подымать.

Так они просидели друг перед другом минуты две, две болезненные минуты для Акима Петровича.

Два слова об Акиме Петровиче. Это был человек смирный, как курица, самого старого закала, взлелеянный на подобострастии и между тем человек добрый и даже благородный. Он был из петербургских русских, то есть и отец и отец отца его родились, выросли и служили в Петербурге и ни разу не выезжали из Петербурга. Это совершенно особенный тип русских людей. Об России они почти не имеют ни малейшего понятия, о чем вовсе и не тревожатся. Весь интерес их сужен Петербургом и, главное, местом их службы. Все заботы их сосредоточены около копеечного преферанса, лавочки и месячного жалованья. Они не знают ни одного русского обычая, ни одной русской песни, кроме "Лучинушки", да и то потому только, что ее играют шарманки. Впрочем, есть два существенные и незыблемые признака, по которым вы тотчас же отличите настоящего русского от петербургского русского. Первый признак состоит в том, что все петербургские русские, все без исключения, никогда не говорят: "Петербургские ведомости", а всегда говорят: "Академические ведомости". Второй, одинаково существенный, признак состоит в том, что петербургский русский никогда не употребляет слово "завтрак", а всегда говорит: "фрыштик", особенно напирая на звук фры. По этим двум коренным и отличительным признакам вы их всегда различите; одним словом, это тип смиренный и окончательно выработавшийся в последние тридцать пять лет.

Впрочем, Аким Петрович был вовсе не дурак. Спроси его генерал о чем-нибудь подходящем к нему, он бы и ответил и поддержал разговор, а то ведь неприлично подчиненному и отвечать-то на такие вопросы, хотя Аким Петрович умирал от любопытства узнать что-нибудь подробнее о настоящих намерениях его превосходительства…

А между тем Иван Ильич все более и более впадал в раздумье и в какое-то коловращение идей; в рассеянности он неприметно, но поминутно прихлебывал из бокала. Аким Петрович тотчас же и усерднейше ему подливал. Оба молчали.

Иван Ильич начал было смотреть на танцы, и вскоре они несколько привлекли его внимание. Вдруг одно обстоятельство даже удивило его...

Танцы действительно были веселы. Тут именно танцевалось в простоте сердец, чтоб веселиться и даже беситься. Из танцоров ловких было очень немного; но неловкие так сильно притопывали, что их можно было принять и за ловких.

Отличался, во-первых, офицер: он особенно любил фигуры, где оставался один, вроде соло. Тут он удивительно изгибался, а именно: весь, прямой как верста, он вдруг склонялся набок, так что вот, думаешь, упадет, но с следующим шагом он вдруг склонялся в противоположную сторону, под тем же косым углом к полу. Выражение лица он наблюдал серьезнейшее и танцевал в полном убеждении, что ему все удивляются. Другой кавалер со второй фигуры заснул подле своей дамы, нагрузившись предварительно еще до кадриля, так что дама его должна была танцевать одна. Молодой регистратор, отплясывавший с дамой в голубом шарфе, во всех фигурах и во всех пяти кадрилях, которые протанцованы были в этот вечер, выкидывал все одну и ту же штуку, а именно: он несколько отставал от своей дамы, подхватывал кончик ее шарфа и на лету при переходе визави, успевал влеплять в этот кончик десятка два поцелуев.

Дама же, впереди его, плыла, как будто ничего не замечая. Медицинский студент действительно сделал соло вверх ногами и произвел неистовый восторг, топот и взвизги удовольствия. Одним словом, непринужденность была чрезвычайная. Иван Ильич, на которого и вино подействовало, начал было улыбаться, но мало-помалу какое-то горькое сомнение начало закрадываться в его душу: конечно, он очень любил развязность и непринужденность; он желал, он даже душевно звал ее, эту развязность, когда они все пятились, и вот теперь эта развязность уже стала выходить из границ. Одна дама, например, в истертом синем бархатном платье, перекупленном из четвертых рук, в шестой фигуре зашпилила свое платье булавками, так что выходило, как будто она в панталонах. Это была та самая Клеопатра Семеновна, с которой можно было все рискнуть, по выражению ее кавалера, медицинского студента. Об медицинском студенте и говорить было нечего: просто Фокин. Как же это? То пятились, а тут вдруг так скоро эмансипировались! Кажись бы, и ничего, но как-то странен был этот переход: он что-то предвещал. Точно совсем они и забыли, что есть на свете Иван Ильич. Разумеется, он хохотал первый и даже рискнул аплодировать. Аким Петрович почтительно хихикал ему в унисон, хотя, впрочем, с видимым удовольствием и не подозревая, что его превосходительство начинал уже откармливать в сердце своем нового червяка.

– Славно, молодой человек, танцуете, – принужден был Иван Ильич сказать студенту, проходившему мимо: только что кончилась кадриль.

205

Студент круто повернулся к нему, скорчил какую-то гримасу и, приблизив свое лицо к его превосходительству на близкое до неприличия расстояние, во все горло прокричал петухом. Это уже было слишком. Иван Ильич встал из-за стола. Несмотря на то, последовал залп неудержимого хохоту, потому что крик петуха был удивительно натурален, а вся гримаса совершенно неожиданна. Иван Ильич еще стоял в недоумении, как вдруг явился сам Пселдонимов и, кланяясь, стал просить к ужину. Вслед за ним явилась и мать его.

– Батюшка, ваше превосходительство, – говорила она, кланяясь, – окажите честь, не погнушайтесь нашей бедностью…

– Я… я, право, не знаю… – начал было Иван Ильич, – я ведь не для того… я… хотел было уж идти…

Действительно, он держал в руках шапку. Мало того: тут же, в это самое мгновение, он дал себе честное слово непременно, сейчас же, во что бы то ни стало уйти и ни за что не оставаться и… и остался. Через минуту он открыл шествие к столу. Пселдонимов и мать его шли перед ним и раздвигали ему дорогу. Посадили его на самое почетное место, и опять непочатая бутылка шампанского очутилась перед его прибором. Стояла закуска: селедка и водка.

Он протянул руку, сам налил огромную рюмку водки и выпил. Он никогда прежде не пил водки. Он чувствовал, что как будто катится с горы, летит, летит, летит, что надо бы удержаться, уцепиться за что-нибудь, но нет к тому никакой возможности.

Действительно, положение его становилось все более и более эксцентричным.

Мало того: это была какая-то насмешка судьбы. С ним бог знает что произошло в какой-нибудь час. Когда он входил, он, так сказать, простирал объятия всему человечеству и всем своим подчиненным; и вот не прошло какого-нибудь часу, и он, всеми болями своего сердца, слышал и знал, что он ненавидит Пселдонимова, проклинает его, жену его и свадьбу его. Мало того: он по лицу, по глазам одним видел, что и сам Пселдонимов его ненавидит, что он смотрит, чуть-чуть не говоря: "А чтоб ты провалился, проклятый! Навязался на шею!.." Все это он уже давно прочел в его взгляде.

Конечно, Иван Ильич даже и теперь, садясь за стол, дал бы себе скорее руку отсечь, чем признался бы искренно, не только вслух, но даже себе самому, что все это действительно точно так было. Минута еще вполне не пришла, а теперь еще было какое-то нравственное балансе. Но сердце, сердце… оно ныло! оно просилось на волю, на воздух, на отдых. Ведь слишком уж добрый человек был Иван Ильич.

Он ведь знал, очень хорошо знал, что еще давно бы надо было уйти, и не только уйти, но даже спасаться. Что все это вдруг стало не тем, ну совершенно не так обернулось, как мечталось давеча на мостках.

"Я ведь зачем пришел? Я разве затем пришел, чтоб здесь есть и пить?" – спрашивал он себя, закусывая селедку. Он даже приходил в отрицание. В душе его шевелилась мгновениями ирония на собственный подвиг. Он начинал даже сам не понимать, зачем, в самом деле, он вошел?

Но как было уйти? Так уйти, не докончив, было невозможно. "Что скажут?

Скажут, что я по неприличным местам таскаюсь. Оно даже и в самом деле выйдет так, если не докончить. Что скажет, например, завтра же (потому что ведь везде разнесется) Степан Никифорыч, Семен Иваныч, в канцеляриях, у Шембелей, у Шубиных? Нет, надо так уйти, чтоб они все поняли, зачем я приходил, надо нравственную цель обнаружить... – А между тем патетический момент никак не давался. – Они даже не уважают меня, – продолжал он. – Чему они смеются? Они так развязны, как будто бесчувственные... Да, я давно подозревал все молодое поколение в бесчувственности! Надо остаться во что бы то ни стало!.. Теперь они танцевали, а вот за столом будут в сборе...

Заговорю о вопросах, о реформах, о величии России... я их еще увлеку! Да!

Может быть, еще совершенно ничего не потеряно... Может быть, так и всегда бывает в действительности. С чего бы только с ними начать, чтоб их привлечь? Какой бы это такой прием изобресть? Теряюсь, просто теряюсь... И чего им надо, чего они требуют?.. Я вижу, они там пересмеиваются... Уж не надо мной ли, господи боже! Да чего мне-то надо... я-то чего здесь, чего я-то не ухожу, чего добиваюсь?.." Он думал это, и какой-то – стыд, какой-то глубокий, невыносимый стыд все более и более надрывал его сердце.

Но все уж так и шло, одно к другому.

Ровно две минуты спустя, как он сел за стол, одна страшная – мысль овладела всем существом его. Он вдруг почувствовал, что ужасно пьян, то есть не так, как прежде, а пьян окончательно. Причиною тому была рюмка водки, выпитая вслед за шампанским и оказавшая немедленно действие. Он чувствовал, слышал всем существом своим, что слабеет окончательно. Конечно, куражу прибавилось много, но сознание не оставляло его и кричало ему: "Нехорошо, очень нехорошо, и даже совсем неприлично!" Конечно, неустойчивые пьяные думы не могли остановиться на одной точке: в нем вдруг явились, даже осязательно для него же самого, какие-то две стороны. В одной был кураж, желание победы, ниспровержение препятствий и отчаянная уверенность в том, что он еще достигнет цели. Другая сторона давала себя знать мучительным нытьем в душе и каким-то засосом на сердце. "Что скажут? чем это кончится? что завтра—то будет, завтра, завтра!.."

Прежде он как—то глухо предчувствовал, что между гостями у него уже есть враги. "Это оттого, что я, верно, и давеча был пьян", – подумал он с мучительным сомнением. Каков же был его ужас, когда он действительно, по несомненнейшим признакам, уверился теперь, что за столом действительно были враги его и что в этом уже нельзя сомневаться.

"И за что! за что!" – думал он.

За этим столом поместились все человек тридцать гостей, из которых уже некоторые были окончательно готовы. Другие вели себя с какою—то небрежною, злокачественною независимостью, кричали, говорили все вслух, провозглашали преждевременно тосты, перестреливались с дамами хлебными шариками. Один, какая—то невзрачная личность в засаленном сюртуке, упал со стула, как только сел за стол, и так и оставался до самого окончания ужина. Другой хотел непременно влезть на стол и провозгласить тост, и только офицер, схватив его за фалды, умерил преждевременный восторг его. Ужин был совершенно разночинный, хотя и нанимался для него повар, крепостной человек какого—то генерала: был галантир, был язык под картофелем, были котлетки с зеленым горошком, был, наконец, гусь, и под конец всего бламанже. Из вин было: пиво, водка и херес. Бутылка шампанского стояла перед одним генералом, что принудило его самого налить и Акиму Петровичу, который собственной своей инициативой за ужином уже не смел распорядиться. Для тостов же прочим гостям предназначалось горское или что попало. Самый стол состоял из многих столов, составленных вместе, в число которых пошел даже ломберный. Накрыт он был многими скатертями, в числе которых была одна ярославская цветная. Гости сидели вперемежку с дамами. Родительница Пселдонимова сидеть за столом не захотела; она хлопотала и распоряжалась.

Зато явилась одна злокачественная женская фигура, не показывавшаяся прежде, в каком—то красноватом шелковом платье, с подвязанными зубами и в высочайшем чепчике. Оказалось, что это была мать невесты, согласившаяся выйти наконец из задней комнаты к ужину. До сих пор она не выходила по причине непримиримой своей вражды к матери Пселдонимова; но об этом упомянем после. На генерала эта дама смотрела злобно, даже насмешливо и, очевидно, не хотела быть ему представленной. Ивану Ильичу эта фигура показалась до крайности подозрительною. Но кроме нее и некоторые другие лица были подозрительны и вселяли невольное опасение и беспокойство.

Казалось даже, что они в каком—то заговоре между собою, и именно против Ивана Ильича. По крайней мере ему самому так казалось, и в продолжение всего ужина он все более и более в том убеждался. А

208

именно: злокачествен был один господин с бородкой, какой–то вольный художник; он даже несколько раз посмотрел на Ивана Ильича и потом, повернувшись к соседу, что–то ему нашептывал. Другой, из учащихся, был, правда, совершенно уж пьян, но все–таки по некоторым признакам подозрителен. Худые надежды подавал тоже и медицинский студент. Даже сам офицер был не совсем благонадежен. Но особенною и видимою ненавистью сиял сотрудник "Головешки": он так развалился на стуле, он так гордо и заносчиво смотрел, так независимо фыркал! И хоть прочие гости и не обращали никакого особенного внимания на сотрудника, написавшего в "Головешке" только четыре стишка и сделавшегося оттого либералом, даже, видимо, не любили его, но когда возле Ивана Ильича упал вдруг хлебный шарик, очевидно назначавшийся в его сторону, то он готов был дать голову на отсечение, что виновник этого шарика был не кто другой, как сотрудник "Головешки".

Все это, конечно, действовало на него плачевным образом.

Особенно неприятно было и еще одно наблюдение: Иван Ильич совершенно убедился, что он начинает как–то неясно и затруднительно выговаривать слова, что сказать хочется очень много, но язык не двигается. Потом, что вдруг он как будто стал забываться и, главное, ни с того ни с сего вдруг фыркнет и засмеется, тогда как вовсе нечему было смеяться. Это расположение скоро прошло после стакана шампанского, который Иван Ильич хоть и налил было себе, но не хотел пить, и вдруг выпил как–то совершенно нечаянно. Ему вдруг после этого стакана захотелось чуть не плакать. Он чувствовал, что впадает в самую эксцентрическую чувствительность; он снова начинал любить, любить всех, даже Пселдонимова, даже сотрудника "Головешки". Ему захотелось вдруг обняться с ними со всеми, забыть все и помириться. Мало того: рассказать им все откровенно, все, все, то есть какой он добрый и славный человек, с какими великолепными способностями. Как будет он полезен отечеству, как умеет смешить дамский пол и, главное, какой он прогрессист, как гуманно он готов снизойти до всех, до самых низших, и, наконец, в заключение, откровенно рассказать все мотивы, побудившие его, незваного, явиться к Пселдонимову, выпить у него две бутылки шампанского и осчастливить его своим присутствием.

"Правда, святая правда прежде всего и откровенность! Я откровенностью их дойму. Они мне поверят, я вижу ясно; они даже смотрят враждебно, но когда я открою им все, я их покорю неотразимо. Они наполнят рюмки и с криком выпьют за мое здоровье. Офицер, я уверен в этом, разобьет свою рюмку о шпору. Даже можно бы прокричать, „ура!". Даже если б покачать вздумали по–гусарски, я бы и этому не противился, даже и весьма бы хорошо было. Новобрачную я поцелую в лоб; она миленькая. Аким Петрович тоже очень хороший человек.

Пселдонимов, конечно, впоследствии исправится. Ему недостает, так сказать, этого светского лоску… И хотя, конечно, нет этой сердечной деликатности у всего этого нового поколения, но… но я скажу им о современном назначении России в числе прочих европейских держав. Упомяну и о крестьянском вопросе, да и… и все они будут любить меня, и я выйду со славою!..»

Эти мечты, конечно, были очень приятны, но неприятно было то, что среди всех этих розовых надежд Иван Ильич вдруг открыл в себе еще одну неожиданную способность: именно плеваться. По крайней мере слюна вдруг начала выскакивать из его рта совершенно помимо его воли. Заметил он это на Акиме Петровиче, которому забрызгал щеку и который сидел, не смея сейчас же утереться из почтительности. Иван Ильич взял салфетку и вдруг сам утер его.

Но это тотчас же показалось ему самому до того нелепым, до того вне всего здравого, что он замолчал и начал удивляться. Аким Петрович хоть и выпил, но все-таки сидел как обваренный. Иван Ильич сообразил теперь, что он уже чуть не четверть часа говорит ему о какой-то самой интереснейшей теме, но что Аким Петрович, слушая его, не только как будто конфузился, но даже чего-то боялся. Пселдонимов, сидевший через стул от него, тоже протягивал к нему свою шею и, наклонив набок голову, с самым неприятным видом прислушивался. Он действительно как будто сторожил его. Окинув глазами гостей, он увидал, что многие смотрят прямо на него и хохочут. Но страннее всего было то, что при этом он вовсе не сконфузился, напротив того, он хлебнул еще раз из бокала и вдруг во всеуслышание начал говорить.

– Я сказал уже! – начал он как можно громче, – я сказал уже, господа, сейчас Акиму Петровичу, что Россия… да, именно Россия… одним словом, вы понимаете, что я хочу ска-ка-зать… Россия переживает, по моему глубочайшему убеждению, гу-гуманность…

– Гу-гуманность! – раздалось на другом конце стола.

– Гу-гу!

– Тю-тю!

Иван Ильич было остановился. Пселдонимов встал со стула и начал разглядывать: кто крикнул? Аким Петрович украдкой покачивал головою, как бы усовещивая гостей. Иван Ильич это очень хорошо заметил, но с мучением смолчал.

– Гуманность! – упорно продолжал он, – и давеча… и именно давеча я говорил Степану Ники-ки-форовичу… да… что… что обновление, так сказать, вещей…

– Ваше превосходительство! – громко раздалось на другом конце стола.

– Что прикажете? – отвечал прерванный Иван Ильич, стараясь разглядеть, кто ему крикнул.

– Ровно ничего, ваше превосходительство, я увлекся, продолжайте! пра–дал–жайте! – послышался опять голос. Ивана Ильича передернуло.

– Обновление, так сказать, этих самых вещей…

– Ваше превосходительство! – крикнул опять голос.

– Что вам угодно?

– Здравствуйте!

На этот раз Иван Ильич не выдержал. Он прервал речь и оборотился к нарушителю порядка и обидчику. Это был один еще очень молодой учащийся, сильно наклюкавшийся и возбуждавший огромные подозрения. Он уже давно орал и даже разбил стакан и две тарелки, утверждая, что на свадьбе будто бы так и следует. В ту минуту, когда Иван Ильич оборотился к нему, офицер строго начал распекать крикуна.

– Что ты, чего орешь? Вывести тебя, вот что!

– Не про вас, ваше превосходительство, не про вас! продолжайте! – кричал развеселившийся школьник, развалясь на стуле, – продолжайте, я слушаю и очень, о–чень, о–чень вами доволен! Па–хвально, па–хвально!

– Пьяный мальчишка! – шепотом подсказал Пселдонимов.

– Вижу, что пьяный, но…

– Это я рассказал сейчас один забавный анекдот–с, ваше превосходительство! – начал офицер, – про одного поручика нашей команды, который точно так же разговаривал с начальством; так вот он теперь и подражает ему. К каждому слову начальника он все говорил: па–хвально, па–хвально! Его еще десять лет назад за это из службы выключили.

– Ка–кой же это поручик?

– Нашей команды, ваше превосходительство, сошел с ума на похвальном. Сначала увещевали мерами кротости, потом под арест… Начальник родительским образом усовещивал; а тот ему: па–хвально, па–хвально! И странно: мужественный был офицер девяти вершков росту. Хотели под суд отдать, но заметили, что помешанный.

– Значит… школьник. За школьничество можно бы и не так строго… Я, с своей стороны, готов простить…

– Медициной свидетельствовали, ваше превосходительство.

– Как! ана–то–мировали?

– Помилуйте, да ведь он был совершенно живой–с.

Громкий и почти всеобщий залп хохоту раздался между гостями, сначала было державшими себя чинно. Иван Ильич рассвирепел.

– Господа, господа! – закричал он, на первое время даже почти не заикаясь, – я очень хорошо в состоянии различить, что живого не анатомируют. Я полагал, что он в помешательстве был уже не живой… то есть умер… то есть я хочу сказать… что вы меня не любите… А между тем я люблю вас всех… да, и люблю Пор… Порфирия… Я унижаю себя, что так говорю…

В эту минуту преогромная салива вылетела из уст Ивана Ильича и брызнула на скатерть, на самое видное место. Пселдонимов бросился обтирать ее салфеткой. Это последнее несчастье окончательно подавило его.

— Господа, это уж слишком! — прокричал он в отчаянии.

— Пьяный человек, ваше превосходительство, — снова было подсказал Пселдонимов.

— Порфирий! Я вижу, что вы… все… да! Я говорю, что я надеюсь… да, я вызываю всех сказать: чем я унизил себя?

Иван Ильич чуть не плакал.

— Ваше превосходительство, помилуйте-с!

— Порфирий, обращаюсь к тебе… Скажи, если я пришел… да… да, на свадьбу, я имел цель. Я хотел нравственно поднять… я хотел, чтоб чувствовали. Я обращаюсь ко всем: очень я унижен в ваших глазах или нет?

Гробовое молчание. В том-то и дело, что гробовое молчание, да еще на такой категорический вопрос. "Ну, что бы им, что бы им хоть в эту минуту прокричать!" — мелькнуло в голове его превосходительства. Но гости только переглядывались. Аким Петрович сидел ни жив ни мертв, а Пселдонимов, немея от страха, повторял про себя ужасный вопрос, который давно уже ему представлялся: "А что-то мне за все это завтра будет?"

Вдруг сотрудник "Головешки", уже сильно пьяный, но сидевший до сих пор в угрюмом молчании, обратился прямо к Ивану Ильичу и с сверкающими глазами стал отвечать от лица всего общества.

— Да-с! — закричал он громовым голосом, — да-с, вы унизили себя, да-с, вы ретроград… Рет-ро-град!

— Молодой человек, опомнитесь! с кем вы, так сказать, говорите! — яростно закричал Иван Ильич, снова вскочив с своего места.

— С вами, и, во-вторых, я не молодой человек… Вы пришли ломаться и искать популярности.

— Пселдонимов, что это! — вскричал Иван Ильич.

Но Пселдонимов вскочил в таком ужасе, что остановился как столб и совершенно не знал, что предпринять. Гости тоже онемели на своих местах.

Художник и учащийся аплодировали, кричали "браво, браво!".

Сотрудник продолжал кричать с неудержимою яростью:

— Да, вы пришли, чтоб похвалиться гуманностью! Вы помешали всеобщему веселью. Вы пили шампанское и не сообразили, что оно слишком дорого для чиновника с десятью рублями в месяц жалованья, и я подозреваю, что вы один из тех начальников, которые лакомы до молоденьких жен своих подчиненных! Мало того, я уверен, что вы поддерживаете откупа… Да, да, да!

– Пселдонимов, Пселдонимов! – кричал Иван Ильич, простирая к нему руки. Он чувствовал, что каждое слово сотрудника было новым кинжалом для его сердца.

– Сейчас, ваше превосходительство, не извольте беспокоиться! – энергически вскрикнул Пселдонимов, подскочил к сотруднику, схватил его за шиворот и вытащил вон из-за стола. Даже и нельзя было ожидать от тщедушного Пселдонимова такой физической силы. Но сотрудник был очень пьян, а Пселдонимов совершенно трезв. Затем он задал ему несколько тумаков в спину и вытолкал его в двери.

– Все вы подлецы! – кричал сотрудник, – я вас всех завтра же в "Головешке" окарикатурю!..

Все повскакали с мест.

– Ваше превосходительство, ваше превосходительство! – кричали Пселдонимов, его мать и некоторые из гостей, толпясь около генерала, – ваше превосходительство, успокойтесь!

– Нет, нет – кричал генерал, – я уничтожен… я пришел… я хотел, так сказать, крестить. И вот за все, за все!

Он опустился на стул, как без памяти, положил обе руки на стол и склонил на них свою голову, прямо в тарелку с бланманже. Нечего и описывать всеобщий ужас. Через минуту он встал, очевидно желая уйти, покачнулся, запнулся за ножку стула, упал со всего размаха на пол и захрапел…

Это бывает с непьющими, когда они случайно напьются. До последней черты, до последнего мгновенья сохраняют они сознание и потом вдруг падают как подкошенные. Иван Ильич лежал на полу, потеряв всякое сознание. Пселдонимов схватил себя за волосы и замер в этом положении. Гости стали поспешно расходиться, каждый по-своему толкуя о происшедшем. Было уже около трех часов утра.

Главное дело в том, что обстоятельства Пселдонимова были гораздо хуже того, чем можно было их представить, несмотря на всю непривлекательность и одной теперешней обстановки. И покамест Иван Ильич лежит на полу, а Пселдонимов стоит над ним, в отчаянии теребя свои волосы, прервем избранное нами течение рассказа и скажем несколько пояснительных слов собственно о Порфирии Петровиче Пселдонимове.

Еще не далее как за месяц до своего брака он погибал совершенно безвозвратно. Происходил он из губернии, где отец его чем-то когда-то служил и где умер под судом. Когда, месяцев пять до женитьбы, Пселдонимов, целый уже год погибавший в Петербурге, получил свое десятирублевое место, он было воскрес и телом и духом, но вскоре опять принизился обстоятельствами. На всем свете Пселдонимовых осталось только двое, он и мать его, бросившая губернию после смерти мужа. Мать и сын погибали вдвоем на морозе и питались сомнительными материалами. Бывали дни, что Пселдонимов с кружкой сам ходил на Фонтанку за водой, чтоб там и напиться. Получив место, он кое-как устроился вместе с матерью где-то в углах. Она принялась стирать на людей белье, а он месяца четыре сколачивал экономию, чтоб как-нибудь завести себе сапоги и шинелишку. И сколько бедствий он вынес в своей канцелярии: к нему подходило начальство с вопросом, давно ли он был в бане? Про него ходила молва, что у него под воротником вицмундира гнездами заводятся клопы. Но Пселдонимов был характера твердого. С виду он был смирен и тих; образование имел самое маленькое, разговору от него почти не было слышно никогда. Не знаю положительно: мыслил ли он, созидал ли планы и системы, мечтал ли об чем-нибудь? Но взамен того в нем вырабатывалась какая-то инстинктивная, кряжевая, бессознательная решимость выбиться на дорогу из скверного положения. В нем было упорство муравьиное: у муравьев разорите гнездо, и они тотчас же вновь начнут созидать его, разорите другой раз – и другой раз начнут, и так далее без устали. Это было существо устроительное и домовитое. На лбу его было видно, что он добьется дороги, устроит гнездо и, может быть, даже скопит и про запас. Одна только мать и любила его в целом свете и любила без памяти. Женщина она была твердая, неустанная, работящая, а вместе с тем и добрая. Так бы и жили они в своих углах, может быть, еще лет пять или шесть, до перемены обстоятельств, если б не столкнулись они с отставным титулярным советником Млекопитаевым, бывшим казначеем и служащим когда-то в губернии, в последнее же время основавшимся и устроившим себя в Петербурге с своим семейством.

Пселдонимова он знал и отцу его был чем-то когда-то обязан. Деньжонки у него водились, конечно небольшие, но они были; сколько их действительно было, – про это никто не знал, ни жена его, ни старшая дочь, ни родственники. Было у него две дочери, а так как он был страшный самодур, пьяница, домашний тиран и, сверх того, больной человек, то и вздумалось ему вдруг выдать одну дочь за Пселдонимова: "Я, дескать, знаю его, отец его был хороший человек, и сын будет хороший человек". Млекопитаев что хотел, то и делал; сказано – сделано . Это был очень странный самодур. Большею частию он проводил время, сидя на креслах, лишившись употребления ног от какой-то болезни, что не мешало ему, однако ж, пить водку. По целым дням он пил и ругался. Человек он был злой; ему надобно было непременно кого-нибудь и беспрерывно мучить. Для этого он держал при себе несколько дальних родственниц: свою сестру, больную и сварливую; двух сестер жены своей, тоже злых и многоязычных; потом свою старую тетку, у которой по какому-то случаю было сломано одно ребро. Держал еще одну приживалку, обрусевшую немку, за талант ее рассказывать ему сказки из "Тысячи одной ночи". Все удовольствие его состояло шпынять над всеми этими несчастными нахлебницами, ругать их поминутно и на чем свет стоит, хотя те, не исключая и жены его, родившейся с зубною болью, не смели пред ним пикнуть слова. Он ссорил их между собою, изобретал и заводил между ними сплетни и раздоры и потом хохотал и радовался, видя, как все они чуть не дерутся между собою. Он очень обрадовался, когда старшая дочь его, бедствовавшая лет десять с каким-то офицером, своим мужем, и наконец овдовевшая, переселилась к нему с тремя маленькими больными детьми. Детей ее он терпеть не мог, но так как с появлением их увеличился материал, над которым можно было производить ежедневные эксперименты, то старик был очень доволен. Вся эта куча злых женщин и больных детей вместе с их мучителем теснилась в деревянном доме на Петербургской, недоедала, потому что старик был скуп и деньги выдавал копейками, хотя и не жалел себе на водку; недосыпала, потому что старик страдал бессонницею и требовал развлечений. Одним словом, все это бедствовало и проклинало судьбу свою. В это-то время Млекопитаев и наглядел Пселдонимова. Он был поражен его длинным носом и смиренным видом. Тщедушной и невзрачной младшей дочке его минуло тогда семнадцать лет. Она хотя и ходила когда-то в какую-то немецкую шуле, но из нее почти ничего, кроме азов, не вынесла. Затем росла, золотушная и худосочная, под костылем безногого и пьяного родителя, в содоме домашних сплетней, шпионств и наговоров. Подруг у ней никогда не бывало, ума тоже. Замуж ей давно уже хотелось. При людях была она бессловесна, а дома, возле маиньки и приживалок, зла и сверлива, как буравчик. Она особенно любила щипаться и раздавать колотушки детям сестры своей, фискалить на них за утащенный сахар и хлеб, отчего между ней и старшей сестрой ее существовала бесконечная и неутолимая ссора. Старик сам предложил ее Пселдонимову. Как ни бедствовал тот, но, однако, попросил несколько времени на размышленье. Долго они вместе с матерью раздумывали. Но на невестино имя записывали дом, хоть и деревянный, хоть и одноэтажный и гаденький, но все-таки чего-нибудь стоивший. Сверх того, давали четыреста рублей, — когда-то их сам-то накопишь! "Я ведь к чему беру в дом человека? – кричал пьяный самодур. – Во-первых, для того, что все вы бабье, а мне надоело одно бабье. Я хочу, чтоб и Пселдонимов по моей дудке плясал, потому я ему благодетель.

Во-вторых, потому беру, что вы все того не хотите и злитесь. Ну так вот назло вам и сделаю. Что сказал, то и сделаю! А ты, Порфирка, ее бей, когда женой тебе будет; в ней семь бесов от рождения сидит. Всех изгони, и клюку изготовлю…"

Пселдонимов молчал, но он уж решился. Их с матерью приняли в дом еще до свадьбы, обмыли, одели, обули, дали денег на свадьбу. Старик их покровительствовал, может быть, именно потому, что все семейство на них злобствовало. Старуха Пселдонимова ему даже понравилась, так что он удерживался и над ней не шпынял. Впрочем, самого Пселдонимова заставил еще за неделю до свадьбы проплясать перед собой казачка. "Ну довольно, я хотел только видеть, не забываешься ли ты передо мной", – сказал он по окончании танца. Денег он дал на свадьбу в обрез и созвал всех родственников и знакомых своих. Со стороны Пселдонимова был только сотрудник "Головешки" и Аким Петрович, почетный гость. Пселдонимов очень хорошо знал, что невеста к нему питает отвращение и что ей очень бы хотелось за офицера, а не за него.

Но он все переносил, уж такой у них уговор был с матерью. Весь свадебный день и весь вечер старик ругался скверными словами и пьянствовал. Вся семья по случаю свадьбы приютилась в задних комнатах и стеснилась там до смрада.

Передние же комнаты предназначались для бала и ужина. Наконец, когда старик заснул, совершенно пьяный, часов в одиннадцать вечера, мать невесты, особенно злившаяся в этот день на мать Пселдонимова, решилась переменить гнев на милость и выйти к балу и к ужину. Появление Ивана Ильича все перевернуло. Млекопитаева сконфузилась, обиделась и начала ругаться, зачем ее не предуведомили, что звали самого генерала. Ее уверяли, что он пришел сам, незваный, – она была так глупа, что не хотела верить. Потребовалось шампанское. У матери Пселдонимова нашелся один только целковый, у самого Пселдонимова ни копейки. Надо было кланяться злой старухе Млекопитаевой, просить денег на одну бутылку потом на другую. Ей представляли будущность служебных отношений, карьеру, усовещивали. Она дала наконец собственные деньги, но заставила Пселдонимова выпить такую чашу желчи и оцта, что он, уже неоднократно вбегая в комнатку, где приготовлено было брачное ложе, схватывал себя молча за волосы и бросался головой на постель, предназначенную для райских наслаждений, весь дрожа от бессильной злости.

Да! Иван Ильич не знал, чего стоили две бутылки джаксона, выпитые им в этот вечер. Каковы же были ужас Пселдонимова, тоска и даже отчаяние, когда дело с Иваном Ильичом окончилось таким неожиданным образом. Опять представлялись хлопоты и, может быть, на целую ночь взвизги и слезы капризной новобрачной, укоры бестолковой невестиной родни. У него и без того уже голова болела, и без того уже чад и мрак застилали ему глаза. А тут Ивану Ильичу потребовалась помощь, надо было искать в три часа утра доктора или карету, чтобы свезти его домой, и непременно карету, потому что на ваньке в таком виде и такую особу нельзя было отправить домой. А где взять денег хотя бы для кареты? Млекопитаева, взбешенная тем, что генерал не сказал с ней двух слов и даже не посмотрел на нее за ужином, объявила, что у ней нет ни копейки. Может быть, и в самом деле не было ни копейки. Где взять? Что делать? Да, было отчего теребить себе волосы.

Между тем Ивана Ильича покамест перенесли на маленький кожаный диван, стоявший тут же в столовой. Покамест убирали со столов и разбирали их, Пселдонимов бросался во все углы занять денег, пробовал даже занять у прислуги, но ни у кого ничего не оказалось. Он даже рискнул было побеспокоить Акима Петровича, остававшегося дольше других. Но тот, хоть и добрый человек, услышав о деньгах, пришел в такое недоуменье и в такой даже испуг, что наговорил самой неожиданной дряни.

– В другое время я с удовольствием, – бормотал он, – а теперь… право, меня извините…

И, взяв шапку, поскорей бежал из дому. Один только добросердечный юноша, рассказывавший про сонник, еще пригодился на что-нибудь, да и то некстати.

Он тоже оставался дольше всех, принимая сердечное участие в бедствиях Пселдонимова. Наконец, Пселдонимов, мать его и юноша решили на общем совете не посылать за доктором, а лучше послать за каретой и свезти больного домой, а покамест, до кареты, испробовать над ним некоторые домашние средства, как-то: смачивать виски и голову холодной водой, прикладывать к темени льду и проч. За это уж взялась мать Пселдонимова. Юноша полетел отыскивать карету. Так как на Петербургской даже и ванек в этот час уже не было, то он отправился к извозчикам куда-то далеко на подворье, разбудил кучеров. Стали торговаться, говорили, что в такой час за карету и пяти рублей взять мало. Согласились, однако ж, на трех. Но когда, уже в исходе четвертого часа, юноша прибыл в нанятой карете к Пселдонимовым, у них уже давно переменилось решенье. Оказалось, что Иван Ильич, который был все еще не в памяти, до того разболелся, до того стонал и метался, что переносить его и везти в таком состоянии домой стало совершенно невозможным даже рискованным. "Еще что из этого выйдет?" – говорил совершенно обескураженный Пселдонимов. Что было делать? Возник новый вопрос. Если уж оставить больного дома, то куда перенести его и где положить? Во всем доме было только две кровати: одна огромная, двуспальная, на которой спали старик Млекопитаев с супругою, и другая новокупленная, под орех, двуспальная и назначенная для новобрачных. Все прочие обитатели, или, лучше сказать, обитательницы дома, спали на полу вповалку, более на перинах, отчасти уже попортившихся и продушенных, то есть вовсе неприличных, да и тех было ровно в обрез; даже и того не было. Куда же положить больного? Перина-то бы еще, пожалуй, и нашлась – можно было вытащить под когонибудь в крайнем случае, но где и на чем постлать? Оказалось, что постлать надо в зале, так как комната эта была отдаленнейшею от недр семейства и имела свой особый выход.

Но на чем постлать? неужели на стульях? Известно, что на стульях стелют только одним гимназистам, когда они приходят с субботы на воскресенье домой, а для особы, как Иван Ильич, это было бы неуважительно. Что сказал бы он назавтра, увидя себя на стульях? Пселдонимов и слышать не хотел об этом. Оставалось одно: перенести его на брачное ложе. Это брачное ложе, как мы сказали, было устроено в маленькой комнатке, тотчас же подле столовой.

На кровати был двуспальный, еще не обновленный, купленный матрас, чистое белье, четыре подушки в розовом коленкоре, а сверху в кисейных чехлах, обшитых рюшем. Одеяло было атласное, розовое, выстеганное узорами. Из золотого кольца опускались кисейные занавески. Одним словом, все было как следует, и гости, почти все перебывавшие в спальне, похвалили убранство.

Новобрачная, хоть и терпеть не могла Пселдонимова, но в продолжение вечера несколько раз, и особенно украдкой, забегала сюда посмотреть. Каково же было ее негодование, ее злость, когда она узнала, что на ее брачное ложе хотят перенести больного, заболевшего чем-то вроде холерины! Маменька новобрачной вступилась было за нее, бранилась, обещалась назавтра же жаловаться мужу; но Пселдонимов показал себя и настоял: Ивана Ильича перенесли, а новобрачным постлали в зале на стульях. Молодая хныкала, готова была щипаться, но ослушаться не посмела: у папаши был костыль, ей очень знакомый, и она знала, что папаша непременно завтра потребует кой в чем подробного отчета. В утешение ее перенесли в залу розовое одеяло и подушки в кисейных чехлах. В эту-то минуту и прибыл юноша с каретой; узнав, что карета уже не нужна, он ужасно испугался. Приходилось платить ему самому, а у него и гривенника еще никогда не было. Пселдонимов объявил свое полное банкротство. Пробовали уговорить извозчика, Но он начал шуметь и даже стучать в ставни. Чем это кончилось, подробно не знаю. Кажется, юноша отправился в этой карете пленником на Пески, в четвертую Рождественскую улицу, где он надеялся разбудить одного студента, заночевавшего у своих знакомых, и попытаться: нет ли у него денег? Был уже пятый час утра, когда молодых оставили и заперли в зале. У постели страждущего осталась на всю ночь мать Пселдонимова. Она приютилась на полу, на коврике, и накрылась шубенкой, но спать не могла, потому что принуждена была вставать поминутно: с Иваном

Ильичом сделалось ужасное расстройство желудка. Пселдонимова, женщина мужественная и великодушная, раздела его сама, сняла с него все платье, ухаживала за ним, как за родным сыном, и всю ночь выносила через коридор из спальни необходимую посуду и вносила ее опять. И, однако ж, несчастия этой ночи еще далеко не кончились.

Не прошло десяти минут, после того как молодых заперли одних в зале, как вдруг послышался раздирающий крик, не отрадный крик, а самого злокачественного свойства. Вслед за криками послышался шум, треск, как будто падение стульев, и вмиг в комнату, еще темную, неожиданно ворвалась целая толпа ахающих и испуганных женщин во всевозможных дезабилье. Эти женщины были: мать новобрачной, старшая сестра ее, бросившая на это время своих больных детей, три ее тетки, приплелась даже и та, у которой было сломанное ребро. Даже кухарка была тут же, даже приживалка–немка, рассказывавшая сказки, из–под которой вытащили силой для новобрачных ее собственную перину, лучшую в доме и составлявшую все ее имение, приплелась вместе с прочими. Все эти почтенные и прозорливые женщины уже с четверть часа как пробрались из кухни через коридор на цыпочках и подслушивали в передней, пожираемые самым необъяснимым любопытством. Между тем кто–то наскоро зажег свечку, и всем представилось неожиданное зрелище. Стулья, не выдержавшие двойной тяжести и подпиравшие широкую перину только с краев, разъехались, и перина провалилась между ними на пол. Молодая хныкала от злости; в этот раз она была до сердца обижена. Нравственно убитый Пселдонимов стоял как преступник, уличенный в злодействе. Он даже не пробовал оправдываться. Со всех сторон раздавались ахи и взвизги. На шум прибежала и мать Пселдонимова, но маинька новобрачной на этот раз одержала полный верх. Она сначала осыпала Пселдонимова странными и по большей части несправедливыми упреками на тему: "Какой ты, батюшка, муж после этого? Куда ты, батюшка, годен, после такого сраму?" – и прочее и, наконец, взяв дочку за руку, увела ее от мужа к себе, взяв лично на себя ответственность назавтра перед грозным отцом, потребующим отчета. За нею убрались и все, ахая и покивая головами своими. С Пселдонимовым осталась только мать его и попробовала его утешить. Но он немедленно прогнал ее от себя.

Ему было не до утешений. Он добрался до дивана и сел в угрюмейшем раздумье, так как был босой и в необходимейшем белье. Мысли перекрещивались и путались в его голове. Порой, как бы машинально, он оглядывал кругом эту комнату, где еще так недавно бесились танцующие и где еще ходил по воздуху папиросный дым. Окурки папирос и конфетные бумажки все еще валялись на залитом и изгаженном полу. Развалина брачного ложа и опрокинутые стулья свидетельствовали о бренности самых лучших и вернейших земных надежд и мечтаний. Таким образом он просидел почти час. Ему приходили в голову все тяжелые мысли, как например: что–то теперь ожидает его на службе? он мучительно сознавал, что надо переменить место службы во что бы ни стало, а оставаться на прежнем невозможно, именно вследствие всего, что случилось в сей вечер. Приходил ему в голову и Млекопитаев, который, пожалуй, завтра же заставит его опять плясать казачка, чтоб испытать его кротость. Сообразил он тоже, что Млекопитаев хоть и дал пятьдесят рублей на свадебный день, которые ушли до копейки, но четыреста рублей приданых и не думал еще отдавать, даже помину о том еще не было. Да и на самый дом еще не было полной формальной записи. Задумывался он еще о жене своей, покинувшей его в самую критическую минуту его жизни, о высоком офицере, становившемся на одно колено перед его женой. Он это уже успел заметить; думал он о семи бесах, сидевших в жене его, по собственному свидетельству ее родителя, и о клюке, приготовленной для изгнания их… Конечно, он чувствовал себя в силах многое перенести, но судьба подпускала, наконец, такие сюрпризы, что можно было, наконец, и усомниться в силах своих.

Так горевал Пселдонимов. Между тем огарок погасал. Мерцающий свет его, падавший прямо на профиль Пселдонимова, отражал его в колоссальном виде на стене, с вытянутой шеей, с горбатым носом и с двумя вихрами волос, торчавшими на лбу и на затылке. Наконец, когда уже повеяло утренней свежестью, он встал, издрогший и онемевший душевно, добрался до перины, лежавшей между стульями, и, не поправляя ничего, не потушив огарка, даже не подложив под голову подушки, всполз на четвереньках на постель и заснул тем свинцовым, мертвенным сном, каким, должно быть, спят приговоренные назавтра к торговой казни.

С другой стороны, что могло сравниться и с той мучительной ночью, которую провел Иван Ильич Пралинский на брачном ложе несчастного Пселдонимова!

Некоторое время головная боль, рвота и прочие неприятнейшие припадки не оставляли его ни на минуту. Это были адские муки. Сознание, хотя и едва мелькавшее в его голове, озаряло такие бездны ужаса, такие мрачные и отвратительные картины, что лучше, если бы он и не приходил в сознание.

Впрочем все еще мешалось в его голове. Он узнавал, например, мать Пселдонимова – слышал ее незлобивые увещания вроде: "Потерпи, мой голубчик, потерпи, батюшка, стерпится – слюбится", узнавал и не мог, однако, дать себе никакого логического отчета в ее присутствии подле себя.

Отвратительные привидения представлялись ему: чаще всех представлялся ему Семен Иваныч, но, вглядываясь пристальнее, он замечал, что это вовсе не Семен Иваныч, а нос Пселдонимова. Мелькали перед ним и вольный художник, и офицер, и старуха с подвязанной щекой. Более всего занимало его золотое кольцо, висевшее над его головою, в которое продеты были занавески. Он различал его ясно при свете тусклого огарка, освещавшего комнату, и все добивался мысленно: к чему служит это кольцо, зачем оно здесь, что означает? Он несколько раз спрашивал об этом старуху, но говорил, очевидно, не то, что хотел выговорить, да и та, видимо, его не понимала, как он ни добивался объяснить. Наконец, уже под утро, припадки прекратились, и он заснул, заснул крепко, без снов. Он проспал около часу, и когда проснулся, то был уже почти в полном сознании, чувствуя нестерпимую головную боль, а во рту, на языке, обратившемся в какой-то кусок сукна, сквернейший вкус. Он привстал на кровати, огляделся и задумался. Бледный свет начинавшегося дня, пробравшись сквозь сквозь щели ставен узкою полоскою, дрожал на стене. Было около семи часов утра. Но когда Иван Ильич вдруг сообразил и припомнил все, что с ним случилось с вечера; когда припомнил все приключения за ужином, свой манкированный подвиг, свою речь за столом; когда представилось ему разом, с ужасающей ясностью все, что может теперь из этого выйти, все, что скажут, теперь про него и подумают; когда он огляделся и увидал, наконец, до какого грустного и безобразного состояния довел он мирное брачное ложе своего подчиненного, – о, тогда такой смертельный стыд, такие мучения сошли вдруг в его сердце, что он вскрикнул, закрыл лицо руками и в отчаянии бросился на подушку. Через минуту он вскочил с постели, увидал тут же на стуле свое платье, в порядке сложенное и уже вычищенное, схватил его и поскорее, торопясь, оглядываясь и чего-то ужасно боясь, начал его напяливать. Тут же на другом стуле лежала и шуба его, и шапка, и желтые перчатки в шапке. Он хотел было улизнуть тихонько. Но вдруг отворилась дверь, и вошла старуха Пселдонимова, с глиняныммм тазом и рукомойником. На плече ее висело полотенце. Он поставил рукомойник и без дальних разговоров объявила, что умыться надобно непременно.

– Как же, батюшка, умойся, нельзя же не умывшись-то…

И в это мгновение Иван Ильич сознал, что если есть на всем свете хоть одно существо, которого он мог бы теперь не стыдиться и не бояться, так это именно эта старуха. Он умылся. И долго потом в тяжелые минуты его жизни припоминалась ему, в числе прочих угрызений совести, и вся обстановка этого пробуждения, в этот глиняный таз с фаянсовым рукомойником, наполненным холодной водой, в которой еще плавали льдинки, и мыло, в розовой бумажке, овальной формы, с какими-то вытравленными на нем буквами, копеек в пятнадцать ценою, очевидно, купленное для новобрачных, но которое пришлось почать Ивану Ильичу; и старуха с камчатным полотенцем на левом плече.

Холодная вода освежила его, он утерся и, не сказав ни слова, не поблагодарив даже свою сестру милосердия, схватил шапку, подхватил на плеча шубу, поданную ему Пселдонимовой, и через коридор, через кухню, в которой уже мяукала кошка и где кухарка, приподнявшись на своей подстилке, с жадным любопытством посмотрела ему вслед, выбежал на двор, на улицу и бросился к проезжавшему извозчику. Утро было морозное, мерзлый желтоватый туман застилал еще дома и все предметы, Иван Ильич поднял воротник. Он думал, что на него все смотрят, что его все знают, все узна’ют…

Восемь дней он не выходил из дому и не являлся в должность. Он был болен, мучительно болен, но более нравственно, чем физически. В эти восемь дней он выжил целый ад, и, должно быть, они зачлись ему на том свете. Были минуты, когда он было думал постричься в монахи. Право, были. Даже воображение его начинало особенно гулять в этом случае. Ему представлялось тихое, подземное пенье, отверстый гроб, житье в уединенной келье, леса и пещеры; но, очнувшись, он почти тотчас же сознавался, что все это ужаснейший вздор и преувеличения, и стыдился этого вздора. Потом начинались нравственные припадки, имевшие в виду его existence manquee. Потом стыд снова вспыхивал в душе его, разом овладевал ею и все выжигал и растравливал. Он содрогался, представляя себе разные картины. Что скажут о нем, что подумают, как он войдет в канцелярию, какой шепот его будет преследовать целый год, десять лет, всю жизнь. Анекдот его пройдет в потомство. Он впадал даже иногда в такое малодушие, что готов был сейчас же ехать к Семену Ивановичу и просить у него прощения и дружбы. Сам себя он даже и не оправдывал, он порицал себя окончательно: он не находил себе оправданий и стыдился их.

Думал он тоже подать немедленно в отставку и так, просто, в уединении посвятить себя счастью человечества. Во всяком случае надо было непременно переменить всех знакомых и даже так, чтоб искоренить всякое о себе воспоминание. Потом ему приходили мысли, что и это вздор и что при усиленной строгости с подчиненными все дело еще можно поправить. Тогда он начинал надеяться и ободряться. Наконец, по прошествии целых восьми дней сомнений и муки, он почувствовал, что не может более выносить неизвестности, и un bon matin [31] решился отправиться в канцелярию.

Прежде, когда еще он сидел дома, в тоске, он тысячу раз представлял себе, как он войдет в свою канцелярию. С ужасом убеждался он, что непременно услышит за собою двусмысленный шепот, увидит двусмысленные лица, пожнет злокачественнейшие улыбки. Каково же

---

[31] в одно прекрасное утро (франц.).

было его изумление, когда на деле ничего этого не случилось. Его встретили почтительно; ему кланялись; все были серьезны; все были заняты. Радость наполнила его сердце, когда он пробрался к себе в кабинет.

Он тотчас же и пресерьезно занялся делом, выслушал некоторые доклады и объясненья, положил решения. Он чувствовал, что никогда еще он не рассуждал и не решал так умно, так дельно, как в это утро. Он видел, что им довольны, что его почитают, что относятся к нему с уважением. Самая щекотливая мнительность не могла бы ничего заметить. Дело шло великолепно.

Наконец явился и Аким Петрович с какими-то бумагами. При появлении его что-то как будто кольнуло Ивана Ильича в самое сердце, но только на один миг. Он занялся с Аким Петровичем, толковал важно, указывал ему, как надо сделать, и разъяснял. Он заметил только, что он как будто избегает слишком долго глядеть на Акима Петровича или, лучше сказать, что Аким Петрович боялся глядеть на него. Но вот Аким Петрович кончил и стал собирать бумаги.

– А вот еще просьба есть, – начал он как можно суше, – чиновника Пселдонимова о переводе его в департамент… Его превосходительство Семен Иванович Шипуленко обещали ему место. Просит вашего милостивого содействия, ваше превосходительство.

– А, так он переходит, – сказал Иван Ильич и почувствовал, что огромная тяжесть отошла от его сердца. Он взглянул на Акима Петровича, и в это мгновение взгляды их встретились.

– Что ж, я с моей стороны… я употреблю, – отвечал Иван Ильич, – я готов.

Аким Петрович, видимо, хотел поскорей улизнуть. Но Иван Ильич вдруг, в порыве благородства, решился высказаться окончательно. На него, очевидно, опять нашло вдохновение.

– Передайте ему, – начал он, устремляя ясный и полный глубокого значения взгляд на Акима Петровича, – передайте Пселдонимову, что я ему не желаю зла; да, не желаю!.. Что, напротив, я готов даже забыть все прошедшее, забыть все, все…

Но вдруг Иван Ильич осекся, смотря в изумлении на странное поведение Акима Петровича, который из рассудительного человека, неизвестно почему, оказался вдруг ужаснейшим дураком. Вместо того чтоб слушать и дослушать, он вдруг покраснел до последней глупости, начал как-то уторопленно и даже неприлично кланяться какими-то маленькими поклонами и вместе с тем пятиться к дверям.

Весь вид его его выражал желание провалиться сквозь землю или, лучше сказать, добраться поскорее до своего стола. Иван Ильич, оставшись один, встал в замешательстве со стула. Он смотрел в зеркало и не замечал лица своего.

— Нет, строгость, одна строгость и строгость! — шептал он почти бессознательно про себя, и вдруг яркая краска облила все его лицо. Ему стало вдруг до того стыдно, до того тяжело, как не бывало в самые невыносимые минуты его восьмидневной болезни. "Не выдержал!" — сказал он про себя и в бессилии опустился на стул.

СОН СМЕШНОГО ЧЕЛОВЕКА

(Фантастический рассказ)

I

Я смешной человек. Они меня называют теперь сумасшедшим. Это было бы повышение в чине, если б я все еще не оставался для них таким же смешным, как и прежде. Но теперь уж я не сержусь, теперь они все мне милы, и даже когда они смеются надо мной и тогда чем-то даже особенно милы. Я бы сам смеялся с ними, не то что над собой, а их любя, если б мне не было так грустно, на них глядя. Грустно потому, что они не знают истины, а я знаю истину. Ох как тяжело одному знать истину! Но они этого не поймут. Нет, не поймут.

А прежде я тосковал очень оттого, что казался смешным. Не казался, а был. Я всегда был смешон, и знаю это, может быть, с самого моего рождения. Может быть, я уже семи лет знал, что я смешон. Потом я учился в школе, потом в университете и что же — чем больше я учился, тем больше я научался тому, что я смешон. Так что для меня вся моя университетская наука как бы для того только и существовала под конец, чтобы доказывать и объяснять мне, по мере того как я в нее углублялся, что я смешон. Подобно как в науке, шло и в жизни. С каждым годом нарастало и укреплялось во мне то же самое сознание о моем смешном виде во всех отношениях. Надо мной смеялись все и всегда. Но не знали они никто и не догадывались о том, что если был человек на земле, больше всех знавший про то, что я смешон, так это был сам я, и вот это-то было для меня всего обиднее, что они этого не знают, но тут я сам был виноват: я всегда был так горд, что ни за что и никогда не хотел никому в этом признаться. Гордость эта росла во мне с годами, и если б случилось

224

так, что я хоть перед кем бы то ни было позволил бы себе признаться, что я смешной, то, мне кажется, я тут же, в тот же вечер, раздробил бы себе голову из револьвера. О, как я страдал в моем отрочестве о том, что я не выдержу и вдруг как-нибудь признаюсь сам товарищам. Но с тех пор как я стал молодым человеком, я хоть и узнавал с каждым годом все больше и больше о моем ужасном качестве, но почему-то стал немного спокойнее. Именно почему-то, потому что я и до сих пор не могу определить почему. Может быть, потому что в душе моей нарастала страшная тоска по одному обстоятельству, которое было уже бесконечно выше всего меня: именно это было постигшее меня одно убеждение в том, что на свете везде все равно. Я очень давно предчувствовал это, но полное убеждение явилось в последний год как-то вдруг. Я вдруг почувствовал, что мне все равно было бы, существовал ли бы мир или если б нигде ничего не было. Я стал слышать и чувствовать всем существом моим, что ничего при мне не было. Сначала мне все казалось, что зато было многое прежде, но потом я догадался, что и прежде ничего тоже не было, а только почему-то казалось. Мало-помалу я убедился, что и никогда ничего не будет. Тогда я вдруг перестал сердиться на людей и почти стал не примечать их. Право, это обнаруживалось даже в самых мелких пустяках: я, например, случалось, иду по улице и натыкаюсь на людей. И не то чтоб от задумчивости: об чем мне было думать, я совсем перестал тогда думать: мне было все равно. И добро бы я разрешил вопросы; о, ни одного не разрешил, а сколько их было? Но мне стало все равно, и вопросы все удалились.

И вот, после того уж, я узнал истину. Истину я узнал в прошлом ноябре, и именно третьего ноября, и с того времени я каждое мгновение мое помню. Это было в мрачный, самый мрачный вечер, какой только может быть. Я возвращался тогда в одиннадцатом часу вечера домой, и именно, помню, я подумал, что уж не может быть более мрачного времени. Даже в физическом отношении. Дождь лил весь день, и это был самый холодный и мрачный дождь, какой-то даже грозный дождь, я это помню, с явной враждебностью к людям, а тут вдруг, в одиннадцатом часу, перестал, и началась страшная сырость, сырее и холоднее, чем когда дождь шел, и ото всего шел какой-то пар, от каждого камня на улице и из каждого переулка, если заглянуть в него в самую глубь, подальше, с улицы. Мне вдруг представилось, что если б потух везде газ, то стало бы отраднее, а с газом грустнее сердцу, потому что он все это освещает. Я в этот день почти не обедал и с раннего вечера просидел у одного инженера, а у него сидели еще двое приятелей. Я все молчал и, кажется, им надоел. Они говорили об чем-то вызывающем и вдруг даже разгорячились. Но им было все равно, я это видел, и они горячились только так. Я им вдруг и высказал это: "Господа, ведь вам, говорю, все равно". Они не обиделись, а все надо мной засмеялись. Это оттого, что я сказал без всякого упрека, и просто потому, что мне было все равно. Они и увидели, что мне все равно, и им стало весело.

Когда я на улице подумал про газ, то взглянул на небо. Небо было ужасно темное, но явно можно было различить разорванные облака, а между ними бездонные черные пятна. Вдруг я заметил в одном из этих пятен звездочку и стал пристально глядеть на нее. Это потому, что эта звездочка дала мне мысль: я положил в эту ночь убить себя. У меня это было твердо положено еще два месяца назад, и как я ни беден, а купил прекрасный револьвер и в тот же день зарядил его. Но прошло уже два месяца, а он все лежал в ящике; но мне было до того все равно, что захотелось наконец улучить минуту, когда будет не так все равно, для чего так – не знаю. И, таким образом, в эти два месяца я каждую ночь, возвращаясь домой, думал, что застрелюсь. Я все ждал минуты. И вот теперь эта звездочка дала мне мысль, и я положил, что это будет непременно уже в эту ночь. А почему звездочка дала мысль – не знаю.

И вот, когда я смотрел на небо, меня вдруг схватила за локоть эта девочка. Улица уже была пуста, и никого почти не было. Вдали спал на дрожках извозчик. Девочка была лет восьми, в платочке и в одном платьишке, вся мокрая, но я запомнил особенно ее мокрые разорванные башмаки и теперь помню. Они мне особенно мелькнули в глаза. Она вдруг стала дергать меня за локоть и звать. Она не плакала, но как–то отрывисто выкрикивала какие–то слова, которые не могла хорошо выговорить, потому что вся дрожала мелкой дрожью в ознобе. Она была отчего–то в ужасе и кричала отчаянно: "Мамочка! Мамочка!" Я обернул было к ней лицо, но не сказал ни слова и продолжал идти, но она бежала и дергала меня, и в голосе ее прозвучал тот звук, который у очень испуганных детей означает отчаяние. Я знаю этот звук. Хоть она и не договаривала слова, но я понял, что ее мать где–то помирает, или что–то там с ними случилось, и она выбежала позвать кого–то, найти что–то, чтоб помочь маме. Но я не пошел за ней, и, напротив, у меня явилась вдруг мысль прогнать ее. Я сначала ей сказал, чтоб она отыскала городового. Но она вдруг сложила ручки и, всхлипывая, задыхаясь, все бежала сбоку и не покидала меня. Вот тогда–то я топнул на нее и крикнул. Она прокричала лишь: "Барин, барин!.." но вдруг бросила меня и стремглав перебежала улицу: там показался тоже какой–то прохожий, и она, видно, бросилась от меня к нему.

Я поднялся в мой пятый этаж. Я живу от хозяев, и у нас номера. Комната у меня бедная и маленькая, а окно чердачное, полукруглое. У меня клеенчатый диван, стол, на котором книги, два стула и покойное кресло, старое–престарое, но зато вольтеровское. Я сел, зажег свечку и стал думать. Рядом, в другой комнате, за перегородкой, продолжался

226

содом. Он шел у них еще с третьего дня. Там жил отставной капитан, а у него были гости человек шесть стрюцких, пили водку и играли в штос старыми картами. В прошлую ночь была драка, и я знаю, что двое из них долго таскали друг друга за волосы. Хозяйка хотела жаловаться, но она боится капитана ужасно. Прочих жильцов у нас в номерах всего одна маленькая ростом и худенькая дама, из полковых, приезжая, с тремя маленькими и заболевшими уже у нас в номерах детьми. И она и дети боятся капитана до обмороку и всю ночь трясутся и крестятся, а с самым маленьким ребенком был от страху какой-то припадок. Этот капитан, я наверно знаю, останавливает иной раз прохожих на Невском и просит на бедность. На службу его не принимают, но, странное дело (я ведь к тому и рассказываю это), капитан во весь месяц, с тех пор как живет у нас, не возбудил во мне никакой досады. От знакомства я, конечно, уклонился с самого начала, да ему и самому скучно со мной стало с первого же разу, но сколько бы они ни кричали за своей перегородкой и сколько бы их там ни было, мне всегда все равно. Я сижу всю ночь и, право, их не слышу, до того о них забываю. Я ведь каждую ночь не сплю до самого рассвета и вот уже этак год. Я просиживаю всю ночь у стола в креслах и ничего не делаю. Книги читаю я только днем. Сижу и даже не думаю, а так, какие-то мысли бродят, а я их пускаю на волю. Свечка сгорает в ночь вся. Я сел у стола тихо, вынул револьвер и положил перед собою. Когда я его положил, то, помню, спросил себя: "Так ли?", и совершенно утвердительно ответил себе: "Так". То есть застрелюсь. Я знал, что уж в эту ночь застрелюсь наверно, но сколько еще просижу до тех пор за столом, этого не знал. И уж конечно бы застрелился, если б не та девочка.

II

Видите ли: хоть мне и было все равно, но ведь боль-то я, например, чувствовал. Ударь меня кто, и я бы почувствовал боль. Так точно и в нравственном отношении: случись что-нибудь очень жалкое, то почувствовал бы жалость, так же как и тогда, когда мне было еще в жизни не все равно. Я и почувствовал жалость давеча: уж ребенку-то я бы непременно помог. Почему ж я не помог девочке? А из одной явившейся тогда идеи: когда она дергала и звала меня, то вдруг возник тогда передо мной вопрос, и я не мог разрешить его. Вопрос был праздный, но я рассердился. Рассердился вследствие того вывода, что если я уже решил, что в нынешнюю ночь с собой покончу, то, стало быть, мне все на свете должно было стать теперь, более чем когда-нибудь, все равно. Отчего же я вдруг почувствовал, что мне не все равно и я жалею девочку? Я помню, что я ее очень пожалел; до какой-то даже странной боли и совсем даже невероятной в моем положении. Право, я не умею лучше передать этого тогдашнего моего мимолетного ощущения, но ощущение продолжалось и дома, когда уже я засел за столом, и я очень был раздражен, как давно уже не был. Рассуждение текло за рассуждением. Представлялось ясным, что если я человек, и еще не нуль, и пока не обратился в нуль, то живу, а следственно, могу страдать, сердиться и ощущать стыд за свои поступки" Пусть. Но ведь если я убью себя, например, через два часа, то что мне девочка и какое мне тогда дело и до стыда, и до всего на свете? Я обращаюсь в нуль, в нуль абсолютный. И неужели сознание о том, что я сейчас совершенно не буду существовать, а стало быть, и ничто не будет существовать, не могло иметь ни малейшего влияния ни на чувство жалости к девочке, ни на чувство стыда после сделанной подлости? Ведь я потому-то и затопал и закричал диким голосом на несчастного ребенка, что, "дескать, не только вот не чувствую жалости, но если и бесчеловечную подлость сделаю, то теперь могу, потому что через два часа все угаснет". Верите ли, что потому закричал? Я теперь почти убежден в этом. Ясным представлялось, что жизнь и мир теперь как бы от меня зависят. Можно сказать даже так, что мир теперь как бы для меня одного и сделан: застрелюсь я, и мира не будет, по крайней мере для меня. Не говоря уже о том, что, может быть, и действительно ни для кого ничего не будет после меня, и весь мир, только лишь угаснет мое сознание, угаснет тотчас как призрак, как принадлежность лишь одного моего сознания, и упразднится, ибо, может быть, весь этот мир и все эти люди я-то сам один и есть. Помню, что, сидя и рассуждая, я обертывал все эти новые вопросы, теснившиеся один за другим, совсем даже в другую сторону и выдумывал совсем уж новое. Например, мне вдруг представилось одно странное соображение, что если б я жил прежде на луне или на Марсе и сделал бы там какой-нибудь самый срамный и бесчестный поступок, какой только можно себе представить, и был там за него поруган и обесчещен так, как только можно ощутить и представить лишь разве иногда во сне, в кошмаре, и если б, очутившись потом на земле, я продолжал бы сохранять сознание о том, что сделал на другой планете, и, кроме того, знал бы, что уже туда ни за что и никогда не возвращусь, то, смотря с земли на луну, было бы мне все равно или нет? Ощущал ли бы я за тот поступок стыд или нет? Вопросы были праздные и лишние, так как револьвер лежал уже передо мною, и я всем существом моим знал, что это будет наверно, но они горячили меня, и я бесился. Я как бы уже не мог умереть теперь, чего-то не разрешив предварительно. Одним словом, эта девочка спасла меня, потому что я вопросами отдалил выстрел. У капитана же между тем стало тоже все утихать: они кончили в карты, устраивались спать, а пока ворчали и лениво доругивались. Вот тут—то я вдруг и заснул, чего никогда со мной не случалось прежде, за столом в креслах. Я заснул совершенно мне неприметно. Сны, как известно, чрезвычайно странная вещь: одно представляется с ужасающею ясностью, с ювелирски—мелочною отделкой подробностей, а через другое перескакиваешь, как бы не замечая вовсе, например, через пространство и время. Сны, кажется, стремит не рассудок, а желание, не голова, а сердце, а между тем какие хитрейшие вещи проделывал иногда мой рассудок во сне! Между тем с ним происходят во сне вещи совсем непостижимые. Мой брат, например, умер пять лет назад. Я иногда его вижу во сне: он принимает участие в моих делах, мы очень заинтересованы, а между тем я ведь вполне, во все продолжение сна, знаю и помню, что брат мой помер и схоронен. Как же я не дивлюсь тому, что он хоть и мертвый, а все—таки тут подле меня и со мной хлопочет? Почему разум мой совершенно допускает все это? Но довольно. Приступаю к сну моему. Да, мне приснился тогда этот сон, мой сон третьего ноября! Они дразнят меня теперь тем, что ведь это был только сон. Но неужели не все равно, сон или нет, если сон этот возвестил мне Истину? Ведь если раз узнал истину и увидел ее, то ведь знаешь, что она истина и другой нет и не может быть, спите вы или живете. Ну и пусть сон, и пусть, но эту жизнь, которую вы так превозносите, я хотел погасить самоубийством, а сон мой, сон мой, о, он возвестил мне новую, великую, обновленную, сильную жизнь! Слушайте.

III

Я сказал, что заснул незаметно и даже как бы продолжая рассуждать о тех же материях. Вдруг приснилось мне, что я беру револьвер и, сидя, наставляю его прямо в сердце в сердце, а не в голову; я же положил прежде непременно застрелиться в голову и именно в правый висок. Наставив в грудь, я подождал секунду или две, и свечка моя, стол и стена передо мною вдруг задвигались и заколыхались. Я поскорее выстрелил.

Во сне вы падаете иногда с высоты, или режут вас, или бьют, но вы никогда не чувствуете боли, кроме разве если сами как—нибудь действительно ушибетесь в кровати, тут вы почувствуете боль и всегда почти от боли проснетесь. Так и во сне моем: боли я не почувствовал, но мне представилось, что с выстрелом моим все во мне сотряслось и все вдруг потухло, и стало кругом меня ужасно черно. Я как будто ослеп и онемел, и вот я лежу на чем—то твердом, протянутый, навзничь, ничего не вижу и не могу сделать ни малейшего движения. Кругом ходят и кричат, басит капитан, визжит хозяйка, и вдруг опять перерыв, и вот уже меня несут в закрытом гробе. И я чувствую, как колыхается гроб, и рассуждаю об этом, и вдруг меня в первый раз поражает идея, что ведь я умер, совсем умер, знаю это и не сомневаюсь, не вижу и не движусь, а между тем чувствую и рассуждаю. Но я скоро мирюсь с этим и, по обыкновению, как во сне, принимаю действительность без спору.

И вот меня зарывают в землю. Все уходят, я один, совершенно один. Я не движусь. Всегда, когда я прежде наяву представлял себе, как меня похоронят в могиле, то собственно с могилой соединял лишь одно ощущение сырости и холода. Так и теперь я почувствовал, что мне очень холодно, особенно концам пальцев на ногах, но больше ничего не почувствовал.

Я лежал и, странно, ничего не ждал, без спору принимая, что мертвому ждать нечего. Но было сыро. Не знаю, сколько прошло времени, час или несколько дней, или много дней. Но вот вдруг на левый закрытый глаз мой упала просочившаяся через крышу гроба капля воды, за ней через минуту другая, затем через минуту третья, и так далее, и так далее, все через минуту. Глубокое негодование загорелось вдруг в сердце моем, и вдруг я почувствовал в нем физическую боль: "Это рана моя, подумал я, это выстрел, там пуля…" А капля все капала, каждую минуту и прямо на закрытый мой глаз. И я вдруг воззвал, не голосом, ибо был недвижим, но всем существом моим к властителю всего того, что совершалось со мною:

Кто бы ты ни был, но если ты есть и если существует что–нибудь разумнее того, что теперь совершается, то дозволь ему быть и здесь. Если же ты мстишь мне за неразумное самоубийство мое – безобразием и нелепостью дальнейшего бытия, то знай, что никогда и никакому мучению, какое бы ни постигло меня, не сравниться с тем презрением, которое я буду молча ощущать, хотя бы в продолжение миллионов лет мученичества!..

Я воззвал и смолк. Целую почти минуту продолжалось глубокое молчание, и даже еще одна капля упала, но я знал, я беспредельно и нерушимо знал и верил, что непременно сейчас все изменится. И вот вдруг разверзлась могила моя. То есть я не знаю, была ли она раскрыта и раскопана, но я был взят каким–то темным и неизвестным мне существом, и мы очутились в пространстве. Я вдруг прозрел: была глубокая ночь, и никогда, никогда еще не было такой темноты! Мы неслись в пространстве уже далеко от земли. Я не спрашивал того, который нес меня, ни о чем, я ждал и был горд. Я уверял себя, что не боюсь, и замирал от восхищения при мысли, что не боюсь. Я не помню, сколько времени мы неслись, и не могу представить: совершалось все так, как всегда во сне, когда перескакиваешь через пространство и время и через законы бытия и рассудка и останавливаешься лишь на точках, о которых грезит сердце. Я помню, что вдруг увидал в темноте одну звездочку. "Это Сириус?" спросил я, вдруг не удержавшись, ибо я не хотел ни о чем спрашивать.

"Нет, это та самая звезда, которую ты видел между облаками, возвращаясь домой", – отвечало мне существо, уносившее меня. Я знал, что оно имело как бы лик человеческий. Странное дело, я не любил это существо, даже чувствовал глубокое отвращение. Я ждал совершенного небытия и с тем выстрелил себе в сердце. И вот я в руках существа, конечно, не человеческого, но которое есть, существует: "А, стало быть, есть и за гробом жизнь!" подумал я с странным легкомыслием сна, но сущность сердца моего оставалась со мною во всей глубине: "И если надо быть снова, подумал я, и жить опять по чьей–то неустранимой воле, то не хочу, чтоб меня победили и унизили!" "Ты знаешь, что я боюсь тебя, и за то презираешь меня", сказал я вдруг моему спутнику, не удержавшись от унизительного вопроса, в котором заключалось признание, и ощутив, как укол булавки, в сердце моем унижение мое. Он не ответил на вопрос мой, но я вдруг почувствовал, что меня, не презирают, и надо мной не смеются, и даже не сожалеют меня, и что путь наш имеет цель, неизвестную и таинственную и касающуюся одного меня. Страх нарастал в моем сердце. Что–то немо, но с мучением сообщалось мне от моего молчащего спутника и как бы проницало меня. Мы неслись в темных и неведомых пространствах. Я давно уже перестал видеть знакомые глазу созвездия. Я знал, что есть такие звезды в небесных пространствах, от которых лучи доходят на землю лишь в тысячи и миллионы лет. Может быть, мы уже пролетали эти пространства. Я ждал чего–то в страшной, измучившей мое сердце тоске. И вдруг какое–то знакомое и в высшей степени зовущее чувство сотрясло меня: я увидел вдруг наше солнце! Я знал, что это не могло быть наше солнце, породившее нашу землю, и что мы от нашего солнца на бесконечном расстоянии, но я узнал почему–то, всем существом моим, что это совершенно такое же солнце, как и наше, повторение его и двойник его. Сладкое, зовущее чувство зазвучало восторгом в душе моей: родная сила света, того же, который родил меня, отозвалась в моем сердце и воскресила его, и я ощутил жизнь, прежнюю жизнь, в первый раз после моей могилы.

Но если это солнце, если это совершенно такое же солнце, как наше, вскричал я, то где же земля? И мой спутник указал мне на звездочку, сверкавшую в темноте изумрудным блеском. Мы неслись прямо к ней.

И неужели возможны такие повторения во вселенной, неужели таков природный закон?.. И если это там земля, то неужели она такая же земля, как и наша... совершенно такая же, несчастная, бедная, но дорогая и вечно любимая и такую же мучительную любовь рождающая к себе в самых неблагодарных даже детях своих, как и наша?.. вскрикивал я, сотрясаясь от неудержимой, восторженной любви к той родной прежней земле, которую я покинул. Образ бедной девочки, которую я обидел, промелькнул передо мною.

Увидишь все, ответил мой спутник, и какая-то печаль послышалась в его слове.

Но мы быстро приближались к планете. Она росла в глазах моих, я уже различал океан, очертания Европы, и вдруг странное чувство какой-то великой, святой ревности возгорелось в сердце моем: "Как может быть подобное повторение и для чего? Я люблю, я могу любить лишь ту землю, которую я оставил, на которой остались брызги крови моей, когда я, неблагодарный, выстрелом в сердце мое погасил мою жизнь. Но никогда, никогда не переставал я любить ту землю, и даже в ту ночь, расставаясь с ней, я, может быть, любил ее мучительнее, чем когда-либо. Есть ли мучение на этой новой земле? На нашей земле мы истинно можем любить лишь с мучением и только через мучение! Мы иначе не умеем любить и не знаем иной любви. Я хочу мучения, чтоб любить. Я хочу, я жажду в сию минуту целовать, обливаясь слезами, лишь одну ту землю, которую я оставил, и не хочу, не принимаю жизни ни на какой иной!.."

Но спутник мой уже оставил меня. Я вдруг, совсем как бы для меня незаметно, стал на этой другой земле в ярком свете солнечного, прелестного как рай дня. Я стоял, кажется, на одном из тех островов, которые составляют на нашей земле Греческий архипелаг, или где-нибудь на прибрежье материка, прилегающего к этому архипелагу. О, все было точно так же, как у нас, но, казалось, всюду сияло каким-то праздником и великим, святым и достигнутым наконец торжеством. Ласковое изумрудное море тихо плескало о берега и лобызало их с любовью, явной, видимой, почти сознательной. Высокие, прекрасные деревья стояли во всей роскоши своего цвета, а бесчисленные листочки их, я убежден в том, приветствовали меня тихим, ласковым своим шумом и как бы выговаривали какие-то слова любви. Мурава горела яркими ароматными цветами. Птички стадами перелетали в воздухе и, не боясь меня, садились мне на плечи и на руки и радостно били меня своими милыми, трепетными крылышками. И наконец, я увидел и узнал людей счастливой земли этой. Они пришли ко мне сами, они окружили меня, целовали меня. Дети солнца, дети своего солнца, о, как они были прекрасны! Никогда я не видывал на нашей земле такой красоты в человеке. Разве лишь в детях наших, в самые первые годы их возраста, можно бы было найти отдаленный, хотя и слабый отблеск красоты этой. Глаза этих счастливых людей сверкали ясным блеском. Лица их сияли разумом и каким-то восполнившимся уже до спокойствия сознанием, но лица эти были веселы; в словах и голосах этих людей звучала детская радость. О, я тотчас же, при первом взгляде на их лица, понял все, все! Это была земля, не оскверненная грехопадением, на ней жили люди не согрешившие, жили в таком же раю, в каком жили, по преданиям всего человечества, и наши согрешившие прародители, с тою только разницею, что вся земля

232

здесь была повсюду одним и тем же раем. Эти люди, радостно смеясь, теснились ко мне и ласкали меня; они увели меня к себе, и всякому из них хотелось успокоить меня. О, они не расспрашивали меня ни о чем, но как бы все уже знали, так мне казалось, и им хотелось согнать поскорее страдание с лица моего.

IV

Видите ли что, опять-таки: ну, пусть это был только сон! Но ощущение любви этих невинных и прекрасных людей осталось во мне навеки, и я чувствую, что их любовь изливается на меня и теперь оттуда. Я видел их сам, их: познал и убедился, я любил их, я страдал за них потом. О, я тотчас же понял, даже тогда, что во многом не пойму их вовсе; мне, как современному русскому прогрессисту и гнусному петербуржцу, казалось неразрешимым то, например, что они, зная столь много, не имеют нашей науки. Но я скоро понял, что знание их восполнялось и питалось иными проникновениями, чем у нас на земле, и что стремления их были тоже совсем иные. Они не желали ничего и были спокойны, они не стремились к познанию жизни так, как мы стремимся сознать ее, потому что жизнь их была восполнена. Но знание их было глубже и высшее, чем у нашей науки; ибо наука наша ищет объяснить, что такое жизнь, сама стремится сознать ее, чтоб научить других жить; они же и без науки знали, как им жить, и это я понял, но я не мог понять их знания. Они указывали мне на деревья свои, и я не мог понять той степени любви, с которою они смотрели на них: точно они говорили с себе подобными существами. И знаете, может быть, я не ошибусь, если скажу, что они говорили с ними! Да, они нашли их язык, и убежден, что те понимали их. Так смотрели они и на всю природу – на животных, которые жили с ними мирно, не нападали на них и любили их, побежденные их же любовью. Они указывали мне на звезды и говорили о них со мною о чем-то, чего я не мог понять, но я убежден, что они как бы чем-то соприкасались с небесными звездами, не мыслию только, а каким-то живым путем. О, эти люди и не добивались, чтоб я понимал их, они любили меня и без того, но зато я знал, что и они никогда не поймут меня, а потому почти и не говорил им о нашей земле. Я лишь целовал при них ту землю, на которой они жили, и без слов обожал их самих, и они видели это и давали себя обожать, но стыдясь, что я их обожаю, потому что много любили сами. Они не страдали за меня, когда я, в слезах, порою целовал их ноги, радостно зная в сердце своем, какою силой любви они мне ответят. Порою я спрашивал себя в удивлении: как могли они, все время, не оскорбить

233

такого как я и ни разу не возбудить в таком как я чувство ревности и зависти? Много раз я спрашивал себя, как мог я, хвастун и лжец, не говорить им о моих познаниях, о которых, конечно, они не имели понятия, не желать удивить их ими, или хотя бы только из любви к ним? Они были резвы и веселы как дети. Они блуждали по своим прекрасным рощам и лесам, они пели свои прекрасные песни, они питались легкою пищею, плодами своих деревьев, медом лесов своих и молоком их любивших животных. Для пищи и для одежды своей они трудились лишь немного и слегка. У них была любовь и рождались дети, но никогда я не замечал в них порывов того жестокого сладострастия, которое постигает почти всех на нашей земле, всех и всякого, и служит единственным источником почти всех грехов нашего человечества. Они радовались являвшимся у них детям как новым участникам в их блаженстве. Между ними не было ссор и не было ревности, и они не понимали даже, что это значит. Их дети были детьми всех, потому что все составляли одну семью. У них почти совсем не было болезней, хоть и была смерть; но старики их умирали тихо, как бы засыпая, окруженные прощавшимися с ними людьми, благословляя их, улыбаясь им и сами напутствуемые их светлыми улыбками. Скорби, слез при этом я не видал, а была лишь умножившаяся как бы до восторга любовь, но до восторга спокойного, восполнившегося, созерцательного. Подумать можно было, что они соприкасались еще с умершими своими даже и после их смерти и что земное единение между ними не прерывалось смертию. Они почти не понимали меня, когда я спрашивал их про вечную жизнь, но, видимо, были в ней до того убеждены безотчетно, что это не составляло для них вопроса. У них не было храмов, но у них было какое-то насущное, живое и беспрерывное единение с Целым вселенной; у них не было веры, зато было твердое знание, что когда восполнится их земная радость до пределов природы земной, тогда наступит для них, и для живущих и для умерших, еще большее расширение соприкосновения с Целым вселенной. Они ждали этого мгновения с радостию, но не торопясь, не страдая по нем, а как бы уже имея его в предчувствиях сердца своего, о которых они сообщали друг другу. По вечерам, отходя ко сну, они любили составлять согласные и стройные хоры. В этих песнях они передавали все ощущения, которые доставил им отходящий день, славили его и прощались с ним. Они славили природу, землю, море, леса. Они любили слагать песни друг о друге и хвалили друг друга как дети, это были самые простые песни, но они выливались из сердца и проницали сердца. Да и не в песнях одних, а, казалось, и всю жизнь свою они проводили лишь в том, что любовались друг другом. Это была какая-то влюбленность друг в друга, всецелая, всеобщая. Иных же их песен, торжественных и восторженных, я почти не понимал вовсе. Понимая слова, я никогда не мог проникнуть во все их значение. Оно оставалось как бы недоступно моему уму, зато сердце мое как бы проникалось им безотчетно и все более и более. Я часто говорил им, что я все это давно уже прежде предчувствовал, что вся эта радость и слава сказывалась мне еще на нашей земле зовущею тоскою, доходившею подчас до нестерпимой скорби; что, я предчувствовал всех их и славу их в снах моего сердца и в мечтах ума моего, что я часто не мог смотреть, на земле нашей, на заходящее солнце без слез... Что в ненависти моей к людям нашей земли заключалась всегда тоска: зачем я не могу ненавидеть их, не любя их, зачем не могу не прощать их, а в любви моей к ним тоска: зачем не могу любить их, не ненавидя их? Они слушали меня, и я видел, что они не могли представить себе то, что я говорю, но я не жалел, что им говорил о том: я знал, что они понимают всю силу тоски моей о тех, кого я покинул. Да, когда они глядели на меня своим милым проникнутым любовью взглядом, когда, я чувствовал, что при них и мое сердце становилось столь же невинным и правдивым, как и их сердца, то и я не жалел, что не понимаю их. От ощущения полноты жизни мне захватывало дух, и я молча молился на них.

О, все теперь смеются мне в глаза и уверяют меня, что и во сне нельзя видеть такие подробности, какие я передаю теперь, что во сне моем я видел или прочувствовал лишь одно ощущение, порожденное моим же сердцем в бреду, а подробности уже сам сочинил проснувшись. И когда я открыл им, что, может быть, в самом деле так было, боже, какой смех они подняли мне в глаза и какое я им доставил веселье! О да, конечно, я был побежден лишь одним ощущением того сна, и оно только одно уцелело в до крови раненном сердце моем: но зато действительные образы и формы сна моего, то есть те, которые я в самом деле видел в самый час моего сновидения, были восполнены до такой гармонии, были до того обаятельны и прекрасны, и до того были истинны, что, проснувшись, я, конечно, не в силах был воплотить их в слабые слова наши, так что они должны были как бы стушеваться в уме моем, а стало быть, и действительно, может быть, я сам, бессознательно, принужден был сочинить потом подробности и, уж конечно, исказив их, особенно при таком страстном желании моем поскорее и хоть сколько-нибудь их передать. Но зато как же мне не верить, что все это было? Было, может быть, в тысячу раз лучше, светлее и радостнее, чем я рассказываю? Пусть это сон, но все это не могло не быть. Знаете ли, я скажу вам секрет: все это, быть может, было вовсе не сон! Ибо тут случилось нечто такое, нечто до такого ужаса истинное, что это не могло бы пригрезиться во сне. Пусть сон мой породило сердце мое, но разве одно сердце мое в силах было породить ту ужасную правду, которая потом случилась со мной? Как бы мог я ее один выдумать или пригрезить сердцем? Неужели же мелкое сердце мое и капризный, ничтожный ум мой могли возвыситься до такого откровения правды! О, судите сами: я до сих пор скрывал, но теперь доскажу и эту правду. Дело в том, что я… развратил их всех!

V

Да, да, кончилось тем, что я развратил их всех! Как это могло совершиться не знаю, не помню ясно. Сон пролетел через тысячелетия и оставил во мне лишь ощущение целого. Знаю только, что причиною грехопадения был я. Как скверная трихина, как атом чумы, заражающий целые государства, так и я заразил собой всю эту счастливую, безгрешную до меня землю. Они научились лгать и полюбили ложь и познали красоту лжи. О, это, может быть, началось невинно, с шутки, с кокетства, с любовной игры, в самом деле, может быть, с атома, но этот атом лжи проник в их сердца и понравился им Затем быстро родилось сладострастие, сладострастие породило ревность, ревность жестокость… О, не знаю, не помню, но скоро, очень скоро брызнула первая кровь: они удивились и ужаснулись, и стали расходиться, разъединяться. Явились союзы, но уже друг против друга. Начались укоры, упреки. Они узнали стыд и стыд возвели в добродетель. Родилось понятие о чести, и в каждом союзе поднялось свое знамя. Они стали мучить животных, и животные удалились от них в леса и стали им врагами. Началась борьба за разъединение, за обособление, за личность, за мое и твое. Они стали говорить на разных языках. Они познали скорбь и полюбили скорбь, они жаждали мучения и говорили, что Истина достигается лишь мучением. Тогда у них явилась наука. Когда они стали злы, то начали говорить о братстве и гуманности и поняли эти идеи. Когда они стали преступны, то изобрели справедливость и предписали себе целые кодексы, чтоб сохранить ее, а для обеспечения кодексов поставили гильотину. Они чуть-чуть лишь помнили о том, что потеряли, даже не хотели верить тому, что были когда-то невинны и счастливы. Они смеялись даже над возможностью этого прежнего их счастья и называли его мечтой. Они не могли даже представить его себе в формах и образах, но, странное и чудесное дело: утратив всякую веру в бывшее счастье, назвав его сказкой, они до того захотели быть невинными и счастливыми вновь, опять, что пали перед желанием сердца своего, как дети, обоготворили это желание, настроили храмов и стали молиться своей же идее, своему же "желанию", в то же время вполне веруя в неисполнимость и неосуществимость его, но со слезами обожая его и поклоняясь ему. И однако, если б только могло так случиться, чтоб они возвратились в то невинное и счастливое состояние, которое они утратили, и если б кто вдруг им показал его вновь и спросил их хотят ли они возвратиться к нему? то они наверно бы отказались. Они отвечали мне: "Пусть мы лживы, злы и несправедливы, мы знаем это и плачем об этом, и мучим себя за это сами, и истязаем себя и наказываем больше, чем даже, может быть, тот милосердый Судья, который будет судить нас и имени которого мы не знаем. Но у нас есть наука, и через нее мы отыщем вновь истину, но примем ее уже сознательно. Знание выше чувства, сознание жизни выше жизни. Наука даст нам премудрость, премудрость откроет законы, а знание законов счастья выше счастья". Вот что говорили они, и после слов таких каждый возлюбил себя больше всех, да и не могли они иначе сделать. Каждый стал столь ревнив к своей личности, что изо всех сил старался лишь унизить и умалить ее в других, и в том жизнь свою полагал. Явилось рабство, явилось даже добровольное рабство: слабые подчинялись охотно сильнейшим, с тем только, чтобы те помогали им давить еще слабейших, чем они сами. Явились праведники, которые приходили к этим людям со слезами и говорили им об их гордости, о потере меры и гармонии, об утрате ими стыда. Над ними смеялись или побивали их каменьями. Святая кровь лилась на порогах храмов. Зато стали появляться люди, которые начали придумывать: как бы всем вновь так соединиться, чтобы каждому, не переставая любить себя больше всех, в то же время не мешать никому другому, и жить таким образом всем вместе как бы и в согласном обществе. Целые войны поднялись из-за этой идеи. Все воюющие твердо верили в то же время, что наука, премудрость и чувство самосохранения заставят наконец человека соединиться в согласное и разумное общество, а потому пока, для ускорения дела, "премудрые" старались поскорее истребить всех "непремудрых" и не понимающих их идею, чтоб они не мешали торжеству ее. Но чувство самосохранения стало быстро ослабевать, явились гордецы и сладострастники, которые прямо потребовали всего иль ничего. Для приобретения всего прибегалось к злодейству, а если оно не удавалось к самоубийству. Явились религии с культом небытия и саморазрушения ради вечного успокоения в ничтожестве. Наконец эти люди устали в бессмысленном труде, и на их лицах появилось страдание, и эти люди провозгласили, что страдание есть красота, ибо в страдании лишь мысль. Они воспели страдание в песнях своих. Я ходил между ними, ломая руки, и плакал над ними, но любил их, может быть, еще больше, чем прежде, когда на лицах их еще не было страдания и когда они были невинны и столь прекрасны. Я полюбил их оскверненную ими землю еще больше, чем когда она была раем, за то лишь, что на ней явилось горе. Увы, я всегда любил горе и скорбь, но лишь для себя, для себя, а об них я плакал, жалея их. Я простирал к ним руки, в отчаянии обвиняя, проклиная и презирая себя. Я говорил им, что все это сделал я, я один, что это я им принес разврат, заразу и ложь! Я умолял их, чтоб они распяли меня на кресте, я учил их, как сделать крест Я не мог, не в силах был убить себя сам, но я хотел принять от них муки, я жаждал мук, жаждал, чтоб в этих муках пролита была моя кровь до капли. Но они лишь смеялись надо мной и стали меня считать под конец за юродивого. Они оправдывали меня, они говорили, что получили лишь то, чего сами желали, и что все то, что есть теперь, не могло не быть. Наконец, они объявили мне, что я становлюсь им опасен и что они посадят меня в сумасшедший дом, если я не замолчу. Тогда скорбь вошла в мою душу с такою силой, что сердце мое стеснилось, и я почувствовал, что умру, и тут… ну, вот тут я и проснулся.

Было уже утро, то есть еще не рассвело, но было около шестого часу. Я очнулся в тех же креслах, свечка моя догорела вся, у капитана спали, и кругом была редкая в нашей квартире тишина. Первым делом я вскочил в чрезвычайном удивлении; никогда со мной не случалось ничего подобного, даже до пустяков и мелочей: никогда еще не засыпал я, например, так в моих креслах. Тут вдруг, пока я стоял и приходил в себя, – вдруг мелькнул передо мной мой револьвер, готовый, заряженный, но я в один миг оттолкнул его от себя! О, теперь жизни и жизни! Я поднял руки и воззвал к вечной истине; не воззвал, а заплакал; восторг, неизмеримый восторг поднимал все существо мое. Да, жизнь, и проповедь! О проповеди я порешил в ту же минуту и, уж конечно, на всю жизнь! Я иду проповедовать, я хочу проповедовать, что? Истину, ибо я видел ее, видел своими глазами, видел всю ее славу!

И вот с тех пор я и проповедую! Кроме того люблю всех, которые надо мной смеются, больше всех остальных. Почему это так не знаю и не могу объяснить, но пусть так и будет. Они говорят, что я уж п теперь сбиваюсь, то есть коль уж и теперь сбился так, что ж дальше-то будет? Правда истинная: я сбиваюсь, и, может быть, дальше пойдет еще хуже. И, уж конечно, собьюсь несколько раз, пока отыщу, как проповедовать, то есть какими словами и какими делами, потому что это очень трудно исполнить. Я ведь и теперь все это как день вижу, но послушайте: кто же не сбивается! А между тем ведь все идут к одному и тому же, по крайней мере все стремятся к одному и тому же, от мудреца до последнего разбойника, только разными дорогами. Старая это истина, но вот что тут новое: я и сбиться-то очень не могу. Потому что я видел истину, я видел и знаю, что люди могут быть прекрасны и счастливы, непотеряв способности жить на земле. Я не хочу и не могу верить, чтобы зло было нормальным состоянием людей. А ведь они все только над этой верой-то моей и смеются. Но как мне не веровать: я видел истину, не то что изобрел умом, а видел, видел, и живой образ ее наполнил душу мою навеки. Я видел ее в такой восполненной целости, что не могу поверить, чтоб ее не могло быть у людей. Итак, как же я собьюсь? Уклонюсь, конечно, даже несколько раз, и буду говорить даже, может быть, чужими словами, но ненадолго: живой образ того, что я видел, будет всегда со мной и всегда меня поправит и направит. О, я бодр, я свеж, я иду, иду, и хотя бы на тысячу лет. Знаете, я хотел даже скрыть вначале, что я развратил их всех, но это была ошибка, вот уже первая ошибка! Но истина шепнула мне, что я лгу, и охранила меня и направила. Но как устроить рай я не знаю, потому что не умею передать словами. После сна моего потерял слова. По крайней мере, все главные слова, самые нужные. Но пусть: я пойду и все буду говорить, неустанно, потому что я все-таки видел воочию, хотя и не умею пересказать, что я видел. Но вот этого насмешники и не понимают: "Сон, дескать, видел, бред, галлюцинацию". Эх! Неужто это премудро? А они так гордятся! Сон? что такое сон? А наша-то жизнь не сон? Больше скажу: пусть, пусть это никогда не сбудется и не бывать раю (ведь уже это-то я понимаю!), ну, а я все-таки буду проповедовать. А между тем так это просто: в один бы день, в один бы час все бы сразу устроилось! Главное люби других как себя, вот что главное, и это все, больше ровно ничего не надо: тотчас найдешь как устроиться. А между тем ведь это только старая истина, которую биллион раз повторяли и читали, да ведь не ужилась же! "Сознание жизни выше жизни, знание законов счастья выше счастья" вот с чем бороться надо! И буду. Если только все захотят, то сейчас все устроится.

А ту маленькую девочку я отыскал… И пойду! И пойду!

СТОЛЕТНЯЯ

"В это утро я слишком запоздала, – рассказывала мне на днях одна дама, – и вышла из дому почти уже в полдень, а у меня, как нарочно, скопилось много дела. Как раз в Николаевской улице надо было зайти в два места, одно от другого недалеко. Во-первых, в контору, и у самых ворот дома встречаю эту самую старушку, и такая она мне показалась старенькая, согнутая, с палочкой, только все же я не угадала ее лет; дошла она до ворот и тут в уголку у ворот присела на дворницкую скамеечку отдохнуть. Впрочем, я прошла мимо, а она мне только так мелькнула.

Минут через десять я из конторы выхожу, а тут через два дома магазин, и в нем у меня еще с прошлой недели заказаны для Сони ботинки[3], я и пошла их захватить кстати, только смотрю, а та старушка теперь уж у этого дома сидит, и опять на скамеечке у ворот, сидит, да на меня и смотрит; я на нее улыбнулась, зашла, взяла ботинки. Ну, пока минуты три–четыре прошло – пошла дальше к Невскому, ан смотрю – моя старушка уже у третьего дома, тоже у ворот, только не на скамеечке, а на выступе приютилась, а скамейки в этих воротах не было. Я вдруг перед ней остановилась невольно: что это, думаю, она у всякого дома садится?

– Устала, – говорю, – старушка?

– Устаю, родненькая, всё устаю. Думаю: тепло, солнышко светит, дай пойду к внучкам пообедать.

– Это ты, бабушка, пообедать идешь?

– Пообедать, милая, пообедать.

– Да ты этак не дойдешь.

– Нет, дойду, вот пройду сколь и отдохну, а там опять встану да пойду.

Смотрю я на нее, и ужасно мне стало любопытно. Старушка маленькая, чистенькая, одежда ветхая, должно быть из мещанства, с палочкой, лицо бледное, желтое, к костям присохшее, губы бесцветные, – мумия какая–то, а сидит – улыбается, солнышко прямо на нее светит.

– Ты, должно быть, бабушка, очень стара, – спрашиваю я, шутя разумеется.

– Сто четыре года, милая, сто четыре мне годика, только всего (это она пошутила)… А ты–то сама куда идешь?

И глядит на меня – смеется, обрадовалась она, что ли, поговорить с кем, только странною мне показалась у столетней такая забота – куда я иду, точно ей это так уж надо.

– Да вот, бабушка, – смеюсь и я, – ботиночки девочке моей в магазине взяла, домой несу.

– Ишь махонькие, башмачки–то, маленькая девочка–то у тебя? Это хорошо у тебя. И другие детки есть?

И опять всё смеется, глядит. Глаза тусклые, почти мертвые, а как будто луч какой–то из них светит теплый.

– Бабушка, хочешь, возьми у меня пятачок, купи себе булочку, – и подаю я ей этот пятачок.

– Чтой–то ты мне пятачок? Что ж, спасибо, я и возьму твой пятачок.

– Так на, бабушка, не взыщи. – Она взяла. Видно, что не просит, не доведена до того, но взяла она у меня так хорошо, совсем не как милостыню, а так, как будто из вежливости или из доброты своего сердца. А впрочем, может, ей и очень понравилось это, потому что кто же с ней, с старушкой, заговорит, а тут еще с ней не только говорят, да еще об ней с любовью заботятся.

– Ну, прощай, – говорю, – бабушка. Дойди на здоровье.

– Дойду, родненькая, дойду. Я дойду. А ты к своей внучке ступай, – сбилась старушка, забыв, что у меня дочка, а не внучка, думала, видно, что уж и у всех внучки. Пошла я и оглянулась на нее в последний раз, вижу, она поднялась, медленно, с трудом, стукнула палочкой и поплелась по улице. Может, еще раз десять отдохнет дорогой, пока дойдет к своим "пообедать". И куда это она ходит обедать? Странная такая старушка".

Выслушал я в то же утро этот рассказ, – да, правда, и не рассказ, а так, какое-то впечатление при встрече с столетней (в самом деле, когда встретишь столетнюю, да еще такую полную душевной жизни?), – и позабыл об нем совсем, и уже поздно ночью, прочтя одну статью в журнале и отложив журнал, вдруг вспомнил про эту старушку и почему-то мигом дорисовал себе продолжение о том, как она дошла к своим пообедать; вышла другая, может быть, очень правдоподобная маленькая картинка.

Внучки ее, а может, и правнучки, да уж так зовет их она заодно внучками, вероятно, какие-нибудь цеховые, семейные, разумеется, люди, не то она не ходила бы к ним обедать, живут в подвале, а может, и цирюльню какую-нибудь снимают, люди, конечно, бедные, но все же, может, питаются и наблюдают порядок. Добрела она к ним, вероятно, уже часу во втором. Ее и не ждали, но встретили, может быть, довольно приветливо.

– А вот и она, Марья Максимовна, входи, входи, милости просим, раба Божия!

Старушка входит, посмеиваясь, колокольчик у входа еще долго, резко и тонко звенит. Внучка-то ее, должно быть, жена этого цирюльника, а сам он еще человек нестарый, лет этак тридцати пяти, по ремеслу своему степенен, хотя ремесло и легкомысленное, и, уж разумеется, в засаленном, как блин, сюртуке, от помады, что ль, не знаю, но иначе я никогда не видал "цирюльников", равно как воротник на сюртуке всегда у них точно в муке вывалян. Трое маленьких деточек – мальчик и две девочки – мигом подбежали к прабабушке. Обыкновенно такие уж слишком старенькие старушки всегда как-то очень сходятся с детьми: сами-то уж очень они похожи на детей становятся душевно, иногда даже точь-в-точь. Села старушка; у хозяина не то гость, не то по делу, один тоже, лет сорока, знакомый его, уже уходить собирался. Да племянник к тому же гостит, сын сестры его, парень лет семнадцати, в типографию хочет определиться. Старушка перекрестилась и садится, глядит на гостя:

– Ох, устала! Это кто же такой у вас?

– Это я-то? – отвечает гость, посмеиваясь, – что ж, Марья Максимовна, неужто нас не признали? Третьего-то года по опенки в лес всё собирались вместе с вами сходить.

– Ох, уж ты, знаю тебя, надсмешник. Помню тебя, вот только назвать как тебя не припомню, кто ты таков, я помню. Ох, устала я чтой-то.

– Да что ж вы, Марья Максимовна, старушка почтенная, не растете нимало, вот что я тебя спросить хотел, – шутит гость.

– И, ну тебя, – смеется бабушка, видимо, впрочем, довольная.

– Я, Марья Максимовна, человек добрый.

– А с добрым и поговорить любопытно. Ох, всё–то я задыхаюсь, мать. Пальтецо–то Сереженьке видно уж состроили?

Она указывает на племянника.

Племянник, бутузоватый и здоровый паренек, улыбается во весь рот и надвигается ближе; на нем новенькое серое пальтецо, и он еще не может равнодушно надевать его. Равнодушие придет разве только еще через неделю, а теперь он поминутно смотрит себе на обшлага, на лацканы и вообще на всего себя в зеркало и чувствует к себе особенное уважение.

– Да ты поди, повернись, – стрекочет жена цирюльника. – Смотри–ка, Максимовна, какое построили; ведь шесть рублей как одна копеечка, дешевле, говорят нам у Прохорыча, теперь и начинать не стоит, сами, говорят, потом слезьми заплачете, а уж эдакому износу нет. Вишь материя–то! Да ты повернись! Подкладка–то какая, крепость–то, крепость–то, да ты повернись! Так–то вот и уходят денежки, Максимовна, умылась наша копеечка.

– Ах, мать, уж так теперь дорого стало на свете, что и ни с чем не совместно, лучше б и не говорила ты мне расстроивала меня, – с чувством замечает Максимовна, а всё еще дух не может перевести.

– Ну, да и довольно, – замечает хозяин, – закусить бы надо. Что это ты, должно быть, уж очень, вижу я это, приустала, Марья Максимовна?

– Ох, умник, устала, денек–то теплый, солнышко; дай, думаю, их проведаю… что лежать–то. Ох! А дорогой барыньку встретила, молодую, башмачки деткам купила: "Что это ты, старушка, говорит, устала? на–ка тебе пятачок: купи себе булочку.." А я, знаешь, и взяла пятачок–то…

– Да ты, бабушка, всё же отдохни маленечко сперва наперво, что это сегодня так задыхаешься? – как–то вдруг особенно заботливо проговорил хозяин.

Все на нее смотрят; уж очень бледна она вдруг стала, губы совсем побелели. Она тоже всех оглядывает, но как–то тускло.

– Вот, думаю… пряничков деткам… пятачок–то…

И опять остановилась, опять переводит дух. Все вдруг примолкли, секунд этак на пять.

– Что, бабушка? – наклонился к ней хозяин.

Но бабушка не ответила; опять молчание, и опять секунд на пять. Старушка еще как бы белее стала, а лицо как бы вдруг всё осунулось. Глаза остановились, улыбка застыла на губах; смотрит прямо, а как будто уж и не видит.

— За попом бы!.. — как–то вдруг и торопливо проговорил сзади вполголоса гость.

— Да… не… поздно ли… — бормочет хозяин.

— Бабушка, а бабушка? — окликает старушку жена цирюльника, вдруг вся всполохнувшись; но бабушка неподвижна, только голова клонится набок; в правой руке, что на столе лежит, держит свой пятачок, а левая так и осталась на плече старшего правнучка Миши, мальчика лет шести. Он стоит не шелохнется и большими удивленными глазами разглядывает прабабушку.

— Отошла! — мерно и важно произносит, восклонившись, хозяин и слегка крестится.

— Ведь вот оно! То–то, я вижу, вся клонится, — умиленно и отрывисто произносит гость; он ужасно поражен и на всех оглядывается.

— Ах, Господи! Вот ведь! Как же теперь быть–то, Макарыч? Туда, что ль, ее? — щебечет хозяйка торопливо и вся растерявшись.

— Куда туды? — степенно откликается хозяин, — сами здесь справим; родная ты ей аль нет? А пойтить дать знать надо.

— Сто четыре годика, а! — толчется на месте гость, умиляясь все больше и больше. Он даже весь покраснел как–то.

— Да, забывать стала жисть–то в последние годы, — еще важнее и степеннее замечает хозяин, ища фуражку и снимая шинель.

— А ведь за минуту смеялась, как веселилась! Ишь пятачок–то в руке! Пряничков, говорит, о–ох, жисть–то наша!

— Ну, пойдем, что ли, Петр Степаныч, — прерывает гостя хозяин, и оба выходят. По такой, конечно, не плачут. Сто четыре года, "отошла без болезни и непостыдно". Хозяйка послала к соседкам за подмогой. Те прибежали мигом, почти с удовольствием выслушав весть, охая и вскрикивая. Первым делом поставили, разумеется, самоварчик. Дети с удивленным видом забились в угол и издали смотрят на мертвую бабушку. Миша, сколько ни проживет, всё запомнит старушку, как умерла, забыв руку у него на плече, ну а когда он умрет, никто–то на всей земле не вспомнит и не узнает, что жила–была когда–то такая старушка и прожила сто четыре года, для чего и как — неизвестно. Да и зачем помнить: ведь всё равно. Так отходят миллионы людей: живут незаметно и умирают незаметно. Только разве в самой минуте смерти этих столетних стариков и старух заключается как бы нечто умилительное и тихое, как бы нечто даже важное и миротворное: сто лет как–то странно действуют до сих пор на человека. Благослови Бог жизнь и смерть простых добрых людей!

А впрочем, так, легкая и бессюжетная картинка. Право, наметишь пересказать из слышанного за месяц что–нибудь позанимательнее, а как приступишь, то как раз или нельзя, или нейдет к делу, или "не всё то говори, что знаешь", а в конце концов остаются всё только самые бессюжетные вещи…

ЧЕСТНЫЙ ВОР

Однажды утром, когда я уже совсем собрался идти в должность, вошла ко мне Аграфена, моя кухарка, прачка и домоводка, и, к удивлению моему, вступила со мной в разговор.

До сих пор это была такая молчаливая, простая баба, что, кроме ежедневных двух слов о том, чего приготовить к обеду, не сказала лет в шесть почти ни слова. По крайней мере я более ничего не слыхал от нее.

– Вот я, сударь, к вам, – начала она вдруг, – вы бы отдали внаем каморку.

– Какую каморку?

– Да вот что подле кухни. Известно какую.

– Зачем?

– Зачем! затем, что пускают же люди жильцов. Известно зачем.

– Да кто ее наймет?

– Кто наймет! Жилец наймет. Известно кто.

– Да там, мать моя, и кровати поставить нельзя; тесно будет. Кому ж там жить?

– Зачем там жить! Только бы спать где было; а он на окне будет жить.

– На каком окне?

– Известно на каком, будто не знаете! На том, что в передней. Он там будет сидеть, шить или что–нибудь делать. Пожалуй, и на стуле сядет. У него есть стул; да и стол есть; все есть.

– Кто ж он такой?

– Да хороший, бывалый человек. Я ему буду кушанье готовить. И за квартиру, за стол буду всего три рубля серебром в месяц брать…

Наконец я, после долгих усилий, узнал, что какой–то пожилой человек уговорил или как–то склонил Аграфену пустить его в кухню, в жильцы и в нахлебники. Что Аграфене пришло в голову, тому должно было сделаться; иначе, я знал, что она мне покоя не даст. В тех случаях, когда что–нибудь было не по ней, она тотчас же начинала задумываться, впадала в глубокую меланхолию, и такое состояние продолжалось недели две или три. В это время портилось кушанье, не досчитывалось белье,

244

полы не были вымыты, — одним словом, происходило много неприятностей. Я давно заметил, что эта бессловесная женщина не в состоянии была составить решения, установиться на какой-нибудь собственно ей принадлежащей мысли. Но уж если в слабом мозгу ее каким-нибудь случайным образом складывалось что-нибудь похожее на идею, на предприятие, то отказать ей в исполнении значило на несколько времени морально убить ее. И потому, более всего любя собственное спокойствие, я тотчас же согласился.

— Есть ли по крайней мере у него вид какой-нибудь, паспорт или что-нибудь?

— Как же! известно есть. Хороший, бывалый человек; три рубля обещался давать.

На другой же день в моей скромной, холостой квартире появился новый жилец; но я не досадовал, даже про себя был рад. Я вообще живу уединенно, совсем затворником. Знакомых у меня почти никого; выхожу я редко. Десять лет прожив глухарем, я, конечно, привык к уединению. Но десять, пятнадцать лет, а может быть, и более такого же уединения, с такой же Аграфеной, в той же холостой квартире, — конечно, довольно бесцветная перспектива! И потому лишний смирный человек при таком порядке вещей — благодать небесная!

Аграфена не солгала: жилец мой был из бывалых людей. По паспорту оказалось, что он из отставных солдат, о чем я узнал, и не глядя на паспорт, с первого взгляда по лицу. Это легко узнать. Астафий Иванович, мой жилец, был из хороших между своими. Зажили мы хорошо. Но всего лучше было, что Астафий Иванович подчас умел рассказывать истории, случаи из собственной жизни. При всегдашней скуке моего житья-бытья такой рассказчик был просто клад. Раз он мне рассказал одну из таких историй. Она произвела на меня некоторое впечатление. Но вот по какому случаю произошел этот рассказ.

Однажды я остался в квартире один: и Астафий и Аграфена разошлись по делам. Вдруг я услышал из второй комнаты, что кто-то вошел, и, показалось мне, чужой; я вышел: действительно в передней стоял чужой человек, малый невысокого роста, в одном сюртуке, несмотря на холодное, осеннее время.

— Чего тебе?

— Чиновника Александрова; здесь живет?

— Такого нет, братец; прощай.

— Как же дворник сказал, что здесь, — проговорил посетитель, осторожно ретируясь к дверям.

— Убирайся, убирайся, братец; пошел.

На другой день после обеда, когда Астафий Иванович примерял мне сюртук, который был у него в переделке, опять кто-то вошел в переднюю. Я приотворил дверь.

Вчерашний господин, на моих же глазах, преспокойно снял с вешалки мою бекешь, сунул ее под мышку и пустился вон из квартиры. Аграфена все время смотрела на него, разинув рот от удивления, и больше ничего не сделала для защиты бекеши. Астафий Иванович пустился вслед за мошенником и через десять минут воротился, весь запыхавшись, с пустыми руками. Сгинул да пропал человек!

— Ну, неудача, Астафий Иванович. Хорошо еще, что шинель нам осталась! А то бы совсем посадил на мель, мошенник!

Но Астафия Ивановича все это так поразило, что я даже позабыл о покраже, на него глядя. Он опомниться не мог. Поминутно бросал работу, которою был занят, поминутно начинал сызнова рассказывать дело, каким это образом все случилось, как он стоял, как вот в глазах, в двух шагах, сняли бекешь и как это все устроилось, что и поймать нельзя было. Потом опять садился за работу; потом опять бросал все, и я видел, как, наконец, пошел он к дворнику рассказать и попрекнуть его, что на своем дворе таким делам быть попускает. Потом воротился и Аграфену начал бранить. Потом опять сел за работу и долго еще бормотал про себя, что вот как это все дело случилось, как он тут стоял, а я там и как вот в глазах, в двух шагах, сняли бекешь и т. д. Одним словом, Астафий Иванович, хотя дело сделать умел, однако был большой кропотун и хлопотун.

— Одурачили нас с тобой, Астафий Иваныч! — сказал я ему вечером, подавая ему стакан чая и желая от скуки опять вызвать рассказ о пропавшей бекеше, который от частого повторения и от глубокой искренности рассказчика начинал становиться очень комическим.

— Одурачили, сударь! Да просто вчуже досадно, зло пробирает, хоть и не моя одежа пропала. И по-моему, нет гадины хуже вора на свете. Иной хоть задаром берет, а этот твой труд, пот, за него пролитой, время твое у тебя крадет... Гадость, тьфу! говорить не хочется, зло берет. Как это вам, сударь, своего добра не жалко?

— Да, оно правда, Астафий Иваныч; уж лучше сгори вещь, а вору уступить досадно, не хочется.

— Да уж чего тут хочется! Конечно, вор вору розь... А был, сударь, со мной один случай, что попал я и на честного вора.

— Как на честного! Да какой же вор честный, Астафий Иваныч?

— Оно, сударь, правда! Какой же вор честный, и не бывает такого. Я только хотел сказать, что честный, кажется, был человек, а украл. Просто жалко было его.

— А как это было, Астафий Иваныч?

— Да было, сударь, тому назад года два. Пришлось мне тогда без малого год быть без места, а когда еще доживал я на месте, сошелся со мной один

246

пропащий совсем человек. Так, в харчевне сошлись. Пьянчужка такой, потаскун, тунеядец, служил прежде где-то, да его за пьяную жизнь уж давно из службы выключили. Такой недостойный! ходил он уж бог знает в чем! Иной раз так думаешь, есть ли рубашка у него под шинелью; все, что ни заведется, пропьет. Да не буян; характером смирен, такой ласковый, добрый, и не просит, все совестится: ну, сам видишь, что хочется выпить бедняге, и поднесешь. Ну, так-то я с ним и сошелся, то есть он ко мне привязался... мне-то все равно. И какой был человек! Как собачонка привяжется, ты туда – и он за тобой; а всего один раз только виделись, мозгляк такой! Сначала пусти его переночевать – ну, пустил; вижу, и паспорт в порядке, человек ничего! Потом, на другой день, тоже пусти его ночевать, а там и на третий пришел, целый день на окне просидел; тоже ночевать остался. Ну, думаю, навязался ж он на меня: и пой и корми его, да еще ночевать пускай – вот бедному человеку, да еще нахлебник на шею садится. А прежде он тоже, как и ко мне, к одному служащему хаживал, привязался к нему, вместе всь пили; да тот спился и умер с какого-то горя. А этого звали Емелей, Емельяном Ильичом. Думаю, думаю: как мне с ним быть? прогнать его – совестно, жалко: такой жалкий, пропащий человек, что и господи! И бессловесный такой, не просит, сидит себе, только как собачонка в глаза тебе смотрит. То есть вот как пьянство человека испортит! Думаю про себя: как скажу я ему: ступай-ка ты, Емельянушка, вон; нечего тебе делать у меня; не к тому попал; самому скоро перекусить будет нечем, как же мне держать тебя на своих харчах? Думаю, сижу, что он сделает, как я такое скажу ему? Ну, и вижу сам про себя, как бы долго он глядел на меня, когда бы услыхал мою речь, как бы долго сидел и не понимал ни слова, как бы потом, когда вдомек бы взял, встал бы с окна, взял бы свой узелок, как теперь вижу, клетчатый, красный, дырявый, в который бог знает что завертывал и всюду с собой носил, как бы оправил свою шинелишку, так, чтоб и прилично было, и тепло, да и дырьев было бы не видать, – деликатный был человек! как бы отворил потом дверь да и вышел бы с слезинкой на лестницу. Ну, не пропадать же совсем человеку... жалко стало! А тут потом, думаю, мне-то самому каково! Постой же, смекаю про себя, Емельянушка, недолго тебе у меня пировать; вот скоро съеду, тогда не найдешь. Ну-с, сударь, съехали мы; тогда еще Александр Филимонович, барин (теперь покойник, царство ему небесное), говорят: очень остаюсь тобою доволен, Астафий, воротимся все из деревни, не забудем тебя, опять возьмем. А я у них в дворецких проживал, – добрый был барин, да умер в том же году. Ну, как проводили мы их, взял я свое добро, деньжонок кой-какие было, думаю, попокоюсь себе, да и съехал я к одной старушоночке, угол занял у ней. А у ней и всего-то один угол свободный был. Тоже в нянюшках где-то была, так теперь особо жила, пансион получала. Ну, думаю, прощай

247

теперь, Емельянушка, родной человек, не найдешь ты меня! Что ж, сударь, думаете? Воротился я повечеру (к знакомому человеку повидаться ходил) и первого вижу Емелю, сидит себе у меня на сундуке, и клетчатый узелок подле него, сидит в шинелишке, меня поджидает… да от скуки еще книжку церковную у старухи взял, вверх ногами держит. Нашел-таки! И руки у меня опустились. Ну, думаю, нечего делать, – зачем сначала не гнал? Да прямо и спрашиваю: "Принес ли паспорт, Емеля?"

Я тут, сударь, сел да начал раздумывать: что ж он, скитающийся человек, много ль помехи мне сделает? И вышло, по раздумье, что немногого будет стоить помеха. Кушать ему надо, думаю. Ну, хлебца кусочек утром, да чтоб приправа посмачнее была, так лучку купить. Да в полдень ему тоже хлебца да лучку дать; да повечерять тоже лучку с квасом да хлебца, если хлебца захочет. А навернутся щи какие-нибудь, так мы уж оба по горлышко сыты. Я-то есть много не ем, а пьющий человек, известно, ничего не ест: ему бы только настоечки да зелена винца. Доконает он меня на питейном, подумал я, да тут же, сударь, и другое в голову пришло, и ведь как забрало меня. Да так, что вот если б Емеля ушел, так я бы жизни не рад был… Порешил же я тогда быть ему отцом-благодетелем. Воздержу, думаю, его от злой гибели, отучу его чарочку знать! Постой же ты, думаю: ну, хорошо, Емеля, оставайся, да только держись теперь у меня, слушай команду!

Вот и думаю себе: начну-ка я его теперь к работе какой приучать, да не вдруг; пусть сперва погуляет маленько, а я меж тем приглянусь, поищу, к чему бы такому, Емеля, способность найти в тебе. Потому что на всякое дело, сударь, наперед всего человеческая способность нужна. И стал я к нему втихомолку приглядываться. Вижу: отчаянный ты человек, Емельянушка! Начал я, сударь, сперва с доброго слова: так и сяк, говорю, Емельян Ильич, ты бы на себя посмотрел да как-нибудь там поооправился.

– Полно гулять! Смотри-ка, в отрепье весь ходишь, шинелишка-то твоя, простительно сказать, на решето годится; нехорошо! Пора бы, кажется, честь знать. – Сидит, слушает меня, понуря голову, мой Емельянушка. Чего, сударь! Уж до того дошел, что язык пропил, слова путного сказать не умеет. Начнешь ему про огурцы, а он тебе на бобах откликается! слушает меня, долго слушает, а потом и вздохнет.

– Чего ж ты вздыхаешь, спрашиваю, Емельян Ильич?

– Да так-с, ничего, Астафий Иваныч, не беспокойтесь. А вот сегодня две бабы, Астафий Иваныч, подрались на улице, одна у другой лукошко с клюквой невзначай рассыпала.

– Ну, так что ж?

– А другая за то ей нарочно ее же лукошко с клюквой рассыпала, да еще ногой давить начала.

– Ну, так что ж, Емельян Ильич?

248

— Да ничего–с, Астафий Иваныч, я только так.

"Ничего–с, только так. Э–эх! думаю, Емеля, Емелюшка! пропил–прогулял ты головушку!.."

— А то барин ассигнацию обронил на панели в Гороховой, то бишь в Садовой. А мужик увидал, говорит: мое счастье; а тут

— другой увидал,говорит: нет, мое счастье! Я прежде твоего увидал…

— Ну, Емельян Ильич.

— И задрались мужики, Астафий Иваныч. А городовой подошел, поднял ассигнацию и отдал барину, а мужиков обоих в будку грозил посадить.

— Ну, так что ж? что же тут такого назидательного есть, Емельянушка?

— Да я ничего–с. Народ смеялся, Астафий Иваныч.

— Э–эх, Емельянушка! что народ! Продал ты за медный алтын свою душеньку. А знаешь ли что, Емельян Ильич, я скажу–то тебе?

— Чего–с, Астафий Иваныч?

— Возьми–ка работу какую–нибудь, право, возьми. В сотый говорю, возьми, пожалей себя!

— Что же мне взять такое, Астафий Иваныч? я уж и не знаю, что я такое возьму; и меня–то никто не возьмет, Астафий Иваныч.

— За то ж тебя и из службы изгнали, Емеля, пьющий ты человек!

— А то вот Власа–буфетчика в контору позвали сегодня, Астафий Иваныч.

— Зачем же, говорю, позвали его, Емельянушка?

— А вот уж и не знаю зачем, Астафий Иваныч. Значит, уж оно там нужно так было, так и потребовали…

"Э–эх! думаю, пропали мы оба с тобой, Емельянушка! За грехи наши нас господь наказует!" Ну, что с таким человеком делать прикажете, сударь!

Только хитрый был парень, куды! Слушал он, слушал меня, да потом, знать, ему надоело, чуть увидит, что я осерчал, возьмет шинелишку да и улизнет – поминай как звали! день прошатается, придет под вечер пьяненький. Кто его поил, откуда он деньги брал, уж господь его ведает, не моя в том вина виновата!..

— Нет, говорю, Емельян Ильич, не сносить тебе головы! Полно пить, слышишь ты, полно! Другой раз, коли пьяный воротишься, на лестнице будешь у меня ночевать. Не пущу!..

Выслушав наказ, сидит мой Емеля день, другой; на третий опять улизнул. Жду–пожду, не приходит! Уж я, признаться сказать, перетрусил, да и жалко мне стало. Что я сделал над ним! думаю. Запугал я его. Ну, куда он пошел теперь, горемыка? пропадет, пожалуй, господи бог мой! Ночь пришла, не идет. Наутро вышел я в сени, смотрю, а он в сенях почивать изволит. На приступочку голову положил и лежит; окостенел от стужи совсем.

– Что ты, Емеля? Господь с тобой! Куда ты попал?

– Да вы, энтого, Астафий Иваныч, сердились намедни, огорчаться изволили и обещались в сенях меня спать положить, так я, энтого, и не посмел войти, Астафий Иваныч, да и лег тут…

И злость и жалость взяли меня!

– Да ты б, Емельян, хоть бы другую какую–нибудь должность взял, говорю. Чего лестницу–то стеречь!..

– Да какую ж бы другую должность, Астафий Иваныч?

– Да хоть бы ты, пропащая ты душа, говорю (зло меня такое взяло!), хоть бы ты портняжному–то искусству повыучился. Ишь у тебя шинель–то какая! Мало что в дырьях, так ты лестницу ею метешь! взял бы хоть иголку да дырья–то свои законопатил, как честь велит. Э–эх, пьяный ты человек!

Что ж, сударь! и взял он иглу; ведь я ему на смех сказал, а он оробел да и возьми. Скинул шинелишку и начал нитку в иглу вдевать. Я гляжу на него; ну, дело известное, глаза нагноились, покраснели; руки трепещут, хоть ты што! совал, совал – не вдевается нитка; уж он как примигивался: и помусолит–то, и посучит в руках – нет! бросил, смотрит на меня…

– Ну, Емеля, одолжил ты меня! было б при людях, так голову срезал бы! Да ведь я тебе, простому такому человеку, на смех, в укору сказал… Уж ступай, бог с тобой, от греха! сиди так, да срамного дела не делай, по лестницам не ночуй, меня не срами!..

– Да что же мне делать–то, Астафий Иваныч; я ведь и сам знаю, что всегда пьяненький и никуда не гожусь!.. Только вас, моего бла… благодетеля, в сердце ввожу понапрасну…

Да тут как затрясутся у него вдруг его синие губы, как покатилась слезинка по белой щеке, как задрожала эта слезинка на его бороденке небритой, да как зальется, треснет вдруг целой пригоршней слез мой Емельян… Батюшки! словно ножом мне полоснуло по сердцу.

"Эх ты, чувствительный человек, совсем и не думал я! Кто бы знал, кто гадал про то?.. Нет, думаю, Емеля, отступлюсь от тебя совсем; пропадай как ветошка!.."

Ну, сударь, что тут еще долго рассказывать! Да и вся–то вещь такая пустая, мизерная, слов не стоит, то есть вы, сударь, примерно сказать, за нее двух сломанных грошей не дадите, а я–то бы много дал, если б у меня много было, чтоб только всего того не случилось! Были у меня, сударь, рейтузы, прах их возьми, хорошие, славные ретузы, синие с клетками, а заказывал мне их помещик, который сюда приезжал, да отступился потом, говорит: узки; так они у меня на руках и остались. Думаю: ценная вещь! в

Толкучем целковых пять, может, дадут, а нет, так я из них двое панталон петербургским господам выгадаю, да еще хвостик мне на жилетку останется. Оно бедному человеку, нашему брату, знаете, все хорошо! А у Емельянушки на ту пору прилучись время суровое, грустное. Смотрю: день не пьет, другой не пьет, третий – хмельного в рот не берет, осовел совсем, индо жалко, сидит подгорюнившись. Ну, думаю: али куплева, парень, нет у тебя, аль уж ты сам на путь божий вошел да баста сказал, резону послушался. Вот, сударь, так это все и было; а на ту пору случись праздник большой. Я пошел ко всенощной; прихожу – сидит мой Емеля на окошечке, пьяненький, покачивается. Э–гм! думаю, так–то ты, парень! да и пошел зачем–то в сундук. Глядь! а ретуз–то и нету!.. Я туда и сюда: сгинули! Ну, как перерыл я все, вижу, что нет, – так меня по сердцу как будто скребнуло! Бросился я к старушоночке, сначала ее поклепал, согрешил, а на Емелю, хоть и улика была, что пьяным сидит человек, и домека не было! "Нет, – говорит моя старушонка, – господь с тобой, кавалер, на что мне ретузы, носить, что ли, стать? у меня у самой намедни юбка на добром человеке из вашего брата пропала... Ну, то есть, не знаю, не ведаю", – говорит. "Кто здесь был, говорю, кто приходил?" – "Да никто, говорит, кавалер, не приходил; я все здесь была. Емельян Ильич выходил, да потом и пришел; вон сидит! Его допроси". – "Не брал ли, Емеля, говорю, по какой–нибудь надобности, ретуз моих новых, помнишь, еще на помещика строили?" – "Нет, говорит, Астафий Иваныч, я, то есть, энтого, их не брал–с".

Что за оказия! опять искать начал, искал–искал – нет! А Емеля сидит да покачивается. Сидел я вот, сударь, так перед ним, над сундуком, на корточках, да вдруг и накосился на него глазом... Эх–ма! думаю: да так вот у меня и зажгло сердце в груди; даже в краску бросило. Вдруг и Емеля посмотрел на меня.

– Нет, говорит, Астафий Иваныч, я ретуз–то ваших, энтого... вы, может, думаете, что, того, а я их не брал–с.

– Да куда же бы пропасть им, Емельян Ильич?

– Нет, говорит, Астафий Иваныч; не видал совсем.

– Что же, Емельян Ильич, знать, уж они, как там ни есть, взяли да сами пропали?

– Может, что и сами пропали, Астафий Иваныч.

Я как выслушал его, как был – встал, подошел к окну, засветил светильню да и сел работу тачать. Жилетку чиновнику, что под нами жил, переделывал. А у самого так вот и горит, так и воет в груди. То есть легче б, если б я всем гардеробом печь затопил. Вот и почуял, знать, Емеля, что меня зло схватило за сердце. Оно, сударь, коли злу человек причастен, так еще издали чует беду, словно перед грозой птица небесная.

— А вот, Астафий Иванович, – начал Емелюшка (а у самого дрожит голосенок), – сегодня Антип Прохорыч, фельдшер, на кучеровой жене, что помер намедни, женился...

Я, то есть, так поглядел на него, да уж злостно, знать, поглядел... Понял Емеля. Вижу: встает, подошел к кровати и начал около нее что-то пошаривать. Жду – долго возится, а сам все приговаривает: "Нет как нет, куда бы им, шельмам, сгинуть!" Жду, что будет; вижу, полез Емеля под кровать на корточках. Я и не вытерпел.

— Чего вы, говорю, Емельян Ильич, на корточках-то ползаете?

— А вот нет ли ретуз, Астафий Иваныч. Посмотреть, не завалились ли туда куда-нибудь.

— Да что вам, сударь, говорю (с досады величать его начал), что вам, сударь, за бедного, простого человека, как я, заступаться; коленки-то попусту ерзать!

— Да что ж, Астафий Иваныч, я ничего-с... Оно, может, как-нибудь и найдутся, как поискать.

— Гм... говорю; послушай-ка, Емельян Ильич!

— Что, говорит, Астафий Иваныч?

— Да не ты ли, говорю, их просто украл у меня, как вор и мошенник, за мою хлеб-соль услужил? – То есть вот как, сударь, меня разобрало тем, что он на коленках передо мной начал по полу ерзать.

— Нет-с... Астафий Иванович...

А сам, как был, так и остался под кроватью ничком. Долго лежал; потом выполз. Смотрю: бледный совсем человек, словно простыня. Привстал, сел подле меня на окно, этак минут с десять сидел.

— Нет, говорит, Астафий Иваныч, – да вдруг и встал и подступил ко мне, как теперь смотрю, страшный как грех.

— Нет, говорит, Астафий Иваныч, я ваших ретуз, того, не изволил брать...

Сам весь дрожит, себя в грудь пальцем трясущим тыкает, а голосенок-то дрожит у него так, что я, сударь, сам оробел и словно прирос к окну.

— Ну, говорю, Емельян Ильич, как хотите, простите, коли я, глупый человек, вас попрекнул понапраслиной. А ретузы пусть их, знать, пропадают; не пропадем без ретуз. Руки есть, слава богу, воровать не пойдем... и побираться у чужого бедного человека не будем; заработаем хлеба...

Выслушал меня Емеля, постоял-постоял предо мной, смотрю – сел. Так и весь вечер просидел, не шелохнулся; уж я и ко сну отошел, все на том же месте Емеля сидит. Наутро только, смотрю, лежит себе на голом полу, скрючившись в своей шинелишке; унизился больно, так и на кровать лечь не пришел. Ну, сударь, невзлюбил я его с этой поры, то есть на первых днях возненавидел. Точно это, примерно сказать, сын родной меня обокрал да обиду кровную мне причинил. Ах, думаю: Емеля, Емеля! А Емеля, сударь, недели с две без просыпу пьет. То есть остервенился совсем, опился. С утра уйдет, придет поздней ночью, и в две недели хоть бы слово какое я от него услыхал. То есть, верно, это его самого тогда горе загрызло, или извести себя как-нибудь хотел. Наконец, баста, прекратил, знать, все пропил и сел опять на окно. Помню, сидел, молчал трое суток; вдруг, смотрю: плачет человек. То есть сидит, сударь, и плачет, да как! то есть просто колодезь, словно не слышит сам, как слезы роняет. А тяжело, сударь, видеть, когда взрослый человек, да еще старик-человек, как Емеля, с беды-грусти плакать начнет.

– Что ты, Емеля? – говорю.

И всего его затрясло. Так и вздрогнул. Я, то есть, первый раз с того времени к нему речь обратил.

– Ничего… Астафий Иваныч.

– Господь с тобой, Емеля, пусть его все пропадает. Чего ты такой совой сидишь? – Жалко мне стало его.

– Так-с, Астафий Иваныч, я не того-с. Работу какую-нибудь хочу взять, Астафий Иваныч.

– Какую же бы такую работу, Емельян Ильич?

– Так, какую-нибудь-с. Может, должность какую найду-с, как и прежде; я уж ходил просить к Федосею Иванычу… Нехорошо мне вас обижать-с, Астафий Иваныч. Я, Астафий Иваныч, как, может быть, должность-то найду, так вам все отдам и за все харчи ваши вам вознаграждение представлю

– Полно, Емеля, полно; ну, был грех такой, ну – и прошел! Прах его побери! Давай жить по-старому.

– Нет-с, Астафий Иваныч, вы, может быть, все, того… а я ваших ретуз не изволил брать…

– Ну, как хочешь; господь с тобой, Емельянушка!

– Нет-с, Астафий Иваныч. Я, видно, больше у вас не жилец. Уж вы меня извините, Астафий Иваныч.

– Да господь с тобой, говорю: кто тебя, Емельян Ильич, обижает, с двора гонит, я, что ли?

– Нет-с, неприлично мне так жить у вас, Астафий Иваныч… Я лучше уж пойду-с…

То есть разобиделся, наладил одно человек. Смотрю я на него, и вправду встал, тащит на плеча шинелишку.

– Да куда ж ты, этово, Емельян Ильич? послушай ума-разума: что ты? куда ты пойдешь?

– Нет, уж вы прощайте, Астафий Иваныч, уж не держите меня (сам опять хнычет); я уж пойду от греха, Астафий Иванович. Вы уж не такие стали теперь.

— Да какой не такой? такой! Да ты как дитя малое, неразумное, пропадешь один, Емельян Ильич

— Нет, Астафий Иваныч, вы вот, как уходите, сундук теперь запираете, а я, Астафий Иваныч, вижу и плачу… Нет, уж вы лучше пустите меня, Астафий Иваныч, и простите мне все, чем я в нашем сожительстве вам обиду нанес.

Что ж, сударь? и ушел человек. День жду, вот, думаю, воротится к вечеру – нет! Другой день нет, третий – нет. Испугался я, тоска меня ворочает; не пью, не ем, не сплю. Обезоружил меня совсем человек! Пошел я на четвертый день ходить, во все кабачки заглядывал, спрашивал – нет, пропал Емельянушка!

"Уж сносил ли ты свою голову победную? – думаю. – Может, издох где у забора пьяненький и теперь, как бревно гнилое, лежишь". Ни жив ни мертв я домой воротился. На другой день тоже идти искать положил. И сам себя проклинаю, зачем я тому попустил, чтоб глупый человек на свою волю ушел от меня. Только смотрю: чем свет, на пятый день (праздник был), скрипит дверь. Вижу, входит Емеля: синий такой и волосы все в грязи, словно спал на улице; исхудал весь, как лучина; снял шинелишку, сел ко мне на сундук, глядит на меня. Обрадовался я, да пуще прежнего тоска к моей душе припаялась. Оно вот как, сударь, выходит: случись, то есть, надо мной такой грех человеческий, так я, право слово, говорю: скорей, как собака, издох бы, а не пришел. А Емеля пришел! Ну, натурально, тяжело человека в таком положении видеть. Начал я его лелеять, ласкать, утешать. "Ну, говорю, Емельянушка, рад, что ты воротился. Опоздал бы маленько прийти, я б и сегодня пошел по кабачкам тебя промышлять. Кушал ли ты?"

— Кушал-с, Астафий Иваныч.

— Полно, кушал ли? Вот, братец, щец вчерашних маленько осталось; на говядине были, не пустые; а вот и лучку с хлебом. Покушай, говорю: оно на здоровье не лишнее.

Подал я ему; ну, тут и увидал, что, может, три дня целых не ел человек, – такой аппетит оказался. Это, значит, его голод ко мне пригнал. Разголубился я, на него глядя, сердечного. Сем-ка, я думаю, в штофную сбегаю. Принесу ему отвести душу, да и покончим, полно! Нет у меня больше на тебя злобы, Емельянушка! Принес винца. Вот, говорю, Емельян Ильич, выпьем для праздника. Хочешь выпить? оно здорово.

Протянул было он руку, этак жадно протянул, уж взял было, да и остановился; подождал маленько; смотрю: взял, несет ко рту, плескает у него винцо на рукав. Нет, донес ко рту, да тотчас и поставил на стол.

— Что ж, Емельянушка?

— Да нет; я, того… Астафий Иваныч.

— Не выпьешь, что ли?

254

— Да я, Астафий Иваныч, так уж... не буду больше пить, Астафий Иваныч.

— Что ж, ты совсем перестать собрался, Емелюшка, или только сегодня не будешь?

Промолчал. Смотрю: через минуту положил на руку голову.

— Что ты, уж не заболел ли, Емеля?

— Да так, нездоровится, Астафий Иваныч.

Взял я его и положил на постель. Смотрю, и вправду худо: голова горит, а самого трясет лихорадкой. Посидел я день над ним; к ночи хуже. Я ему квасу с маслом и с луком смешал, хлебца подсыпал. Ну, говорю: тюри покушай, авось будет лучше! Мотает головой. "Нет, говорит, я уж сегодня обедать не буду, Астафий Иваныч". Чаю ему приготовил, старушоночку замотал совсем, — нет ничего лучше. Ну, думаю, плохо! Пошел я на третье утро к врачу. У меня тут медик Костоправов знакомый жил. Еще прежде, когда я у Босомягиных господ находился, познакомились: лечил он меня. Пришел медик, посмотрел. "Да нет, говорит, оно плохо. Нечего было, говорит, и посылать за мной. А пожалуй, дать ему порошков". Ну, порошков-то я не дал; так, думаю, балуется медик: а между тем наступил пятый день.

Лежал он, сударь, передо мной, кончался. Я сидел на окне, работу в руках держал. Старушоночка печку топила. Все молчим. У меня, сударь, сердце по нем, забулдыге, разрывается: точно это я сына родного хороню. Знаю, что Емеля теперь на меня смотрит, еще с утра видел, что крепится человек, сказать что-то хочет, да, как видно, не смеет. Наконец, взглянул на него; вижу, тоска такая в глазах у бедняги, с меня глаз не сводит; а увидал, что я гляжу на него, тотчас потупился.

— Астафий Иванович!

— Что, Емелюшка?

— А вот если б, примером, мою шинельночку в Толкучий снесть, так много ль за нее дали бы, Астафий Иваныч?

— Ну, говорю, неведомо, много ли дали бы. Может, и трехрублевый бы дали, Емельян Ильич.

А поди-ка понеси в самом деле, так и ничего бы не дали, кроме того что насмеялись бы тебе в глаза, что такую злосчастную вещь продаешь. Так только ему, человеку божию, зная норов его простоватый, в утеху сказал.

— А я-то думал, Астафий Иваныч, что три рубля серебром за нее положили бы; она вещь суконная, Астафий Иваныч. Как же трехрублевый, коли суконная вещь?

— Не знаю, говорю, Емельян Ильич; коль нести хочешь, так конечно, три рубля нужно будет с первого слова просить.

Помолчал немного Емеля; потом опять окликает:

— Астафий Иваныч!

— Что, спрашиваю, Емельянушка?

— Вы продайте шинельночку–то, как я помру, а меня в ней не хороните. Я и так полежу; а она вещь ценная; вам пригодиться может.

Тут у меня так, сударь, защемило сердце, что и сказать нельзя. Вижу, что тоска предсмертная к человеку подступает. Опять замолчали. Этак час прошло времени. Посмотрел я на него сызнова: все на меня смотрит, а как встретился взглядом со мной, опять потупился.

— Не хотите ли, говорю, водицы испить, Емельян Ильич?

— Дайте, господь с вами, Астафий Иваныч

Подал я ему испить. Отпил.

— Благодарствую, говорит, Астафий Иваныч.

— Не надо ль еще чего, Емельянушка?

— Нет, Астафий Иваныч; ничего не надо; а я, того…

— Что?

— Энтого…

— Чего такого, Емелюшка?

— Ретузы–то… энтого… это я их взял у вас тогда… Астафий Иваныч…

— Ну, господь, говорю, тебя простит, Емельянушка, горемыка ты такой, сякой, этакой! отходи с миром… А у самого, сударь, дух захватило и слезы из глаз посыпались; отвернулся было я на минуту.

— Астафий Иваныч…

Смотрю: хочет Емеля мне что–то сказать; сам приподнимается, силится, губами шевелит… Весь вдруг покраснел, смотрит на меня… Вдруг вижу: опять бледнеет, бледнеет, опал совсем во мгновенье; голову назад закинул, дохнул раз да тут и богу душу отдал.

ЧУЖАЯ ЖЕНА И МУЖ ПОД КРОВАТЬЮ

Происшествие необыкновенное

I

— Сделайте одолжение, милостивый государь, позвольте вас спросить…

Прохожий вздрогнул и несколько в испуге взглянул на господина в енотах, приступившего к нему так без обиняков, в восьмом часу вечера, среди улицы. А уж известно, что если один петербургский господин вдруг заговорит на улице о чем–нибудь с другим, совершенно незнакомым ему господином, то другой господин непременно испугается.

Итак, прохожий вздрогнул и несколько испугался.

– Извините, что я вас потревожил, – говорил господин в енотах, – но я... я, право, не знаю... вы, вероятно, извините меня; вы видите, я в некотором расстройстве духа...

Тут только заметил молодой человек в бекеше, что господин в енотах был точно в расстройстве. Его сморщенное лицо было довольно бледненько, голос его дрожал, мысли, очевидно, сбивались, слова не лезли с языка, и видно было, что ему ужасного труда стоило согласить покорнейшую просьбу, может быть к своему низшему в отношении степени или сословия лицу, с нуждою непременно обратиться к кому–нибудь с просьбой. Да и, наконец, просьба эта во всяком случае была неприличная, несолидная, странная со стороны человека, имевшего такую солидную шубу, такой почтенный, превосходного темно–зеленого цвета фрак и такие многознаменательные украшения, упещрявшие этот фрак. Видно было, что все это смущало самого господина в енотах, так что наконец, расстроенный духом, господин не выдержал, решился подавить свое волнение и прилично замять неприятную сцену, которую сам же вызвал.

– Извините меня, я не в себе; но вы, правда, меня не знаете... Извините, что обеспокоил вас; я раздумал.

Тут он приподнял из учтивости шляпу и побежал далее.

– Но позвольте, сделайте милость.

Маленький человек, однако, скрылся во мраке, оставив в остолбенелом состоянии господина в бекеше.

"Что за чудак!" – подумал господин в бекеше. Потом, как следует подивившись и вышед наконец из остолбенелого состояния, он вспомнил про свое и начал прохаживаться взад и вперед, пристально глядя на ворота одного бесконечно–этажного дома. Начинал падать туман, и молодой человек несколько обрадовался, ибо прогулка его при тумане была незаметнее, хотя, впрочем, только какой–нибудь безнадежно весь день простоявший извозчик мог заметить ее.

– Извините!

Прохожий опять вздрогнул: опять тот же господин в енотах стоял перед ним.

– Извините, что я опять... – заговорил он, – но вы, вы – верно, благородный человек! Не обращайте на меня внимания как на лицо, взятое в общественном смысле; я, впрочем, сбиваюсь; но вникните, по–человечески... перед вами, сударь, человек, нуждающийся в покорнейшей просьбе...

– Если могу… что вам угодно?

– Вы, может, подумали, что уж я у вас денег прошу! – сказал таинственный господин, кривя рот, истерически смеясь и бледнея.

– Помилуйте–с…

– Нет, я вижу, что я вам в тягость! Извините, я не могу переносить себя; считайте, что вы видите меня в расстроенном состоянии духа, почти в сумасшествии, и не заключите чего–нибудь…

– Но к делу, к делу! – отвечал молодой человек, ободрительно и нетерпеливо кивнув головой.

– А! Теперь вот как! Вы, такой молодой человек, мне напоминаете о деле, как будто я какой нерадивый мальчишка! Я решительно выжил из ума!.. Как я вам кажусь теперь в моем унижении, скажите откровенно?

Молодой человек сконфузился и смолчал.

– Позвольте вас спросить откровенно: не видали ль вы одной дамы? В этом вся просьба моя! – решительно проговорил, наконец, господин в енотовой шубе.

– Дамы?

– Да–с, одной дамы.

– Я видел… но их, признаюсь, так прошло много…

– Так точно–с, – отвечал таинственный человек с горькой улыбкой. – Я сбиваюсь, я не то хотел спросить, извините меня; я хотел сказать, не видали ль вы одной госпожи в лисьем салопе, в темном бархатном капоре с черной вуалью?

– Нет, такой не видал… нет, кажется, не заметил.

– А! в таком случае извините–с!

Молодой человек хотел что–то спросить, но господин в енотах опять исчез, опять оставив в остолбенелом состоянии своего терпеливого слушателя. "А, черт бы его взял!" – подумал молодой человек в бекеше, очевидно расстроенный.

Он с досадою закрылся бобром и опять стал прохаживаться, соблюдая предосторожности, мимо ворот бесконечно–этажного дома. Он злился.

"Что ж она не выходит? – думал он. – Скоро восемь часов!" На башне пробило восемь часов.

– Ах! черт вас возьми, наконец!

– Извините–с!..

– Извините меня, что я вас так… Но вы так подкатились мне под ноги, что испугали совсем, – проговорил прохожий, морщась и извиняясь.

– Я опять к вам–с. Конечно, я вам должен казаться беспокойным и странным–с.

– Сделайте одолжение, без пустяков, объяснитесь скорее; я еще не знаю, в чем ваше желанье?..

– Вы торопитесь? Видите ли-с. Я вам все расскажу откровенно, без лишних слов. Что ж делать! Обстоятельства связывают иногда людей совершенно разнородных характеров... Но, я вижу, вы нетерпеливы, молодой человек... Так вот-с... впрочем, я не знаю, как и говорить: я ищу даму-с (я уж решился все говорить) Я именно должен знать, куда пошла эта дама? Кто она – я думаю, вам не нужно знать ее имени, молодой человек.

– Ну-с, ну-с, дальше.

– Дальше! но ваш тон со мной! Извините, может быть, я вас . оскорбил, назвав вас молодым человеком, но я не имел ничего... одним словом, если вам угодно оказать мне величайшую услугу, так вот-с, одна дама-с, то есть я хочу сказать порядочная женщина, из превосходного семейства, моих знакомых... мне поручено... я, видите ли, сам не имею семейства...

– Ну-с.

– Вникните в мое положение, молодой человек (ах, опять! извините-с; я все называю вас молодым человеком). Каждая минута дорога... Представьте себе, эта дама... но не можете ли вы мне сказать, кто живет в этом доме?

– Да... тут много живут.

– Да, то есть вы совершенно справедливы, – отвечал господин в енотах, слегка засмеявшись для спасения приличий, – чувствую, я немного сбиваюсь... но к чему такой тон ваших слов? Вы видите, что я чистосердечно сознаюсь в том, что сбиваюсь, и если вы надменный человек, то уж вы достаточно видели мое унижение... Я говорю, одна дама, благородного поведения, то есть легкого содержания, – извините, я так сбиваюсь, точно про литературу какую говорю; вот – выдумали, что Поль де Кок легкого содержания, а вся беда от Поль де Кока-то-с... вот!..

Молодой человек с сожалением посмотрел на господина в енотах, который, казалось, окончательно сбился, замолчал, глядел на него, бессмысленно улыбаясь, и дрожащею рукою, без всякой видимой причины, хватал его за лацкан бекеши.

– Вы спрашиваете, кто здесь живет? – спросил молодой человек, несколько отступая назад.

– Да, многие живут, вы сказали.

– Здесь... я знаю, что здесь Софья Остафьевна тоже живет, – проговорил молодой человек шепотом и даже с каким-то соболезнованием.

– Ну, вот видите, видите! вы что-нибудь знаете, молодой человек ?

– Уверяю вас, нет, ничего не знаю... Я судил по расстроенному вашему виду.

– Я тотчас узнал от кухарки, что она сюда ходит; но вы не на то напали, то есть не к Софье Остафьевне...она с ней незнакома...

– Нет? ну, извините-с…

– Видно, что вам это все неинтересно, молодой человек, – проговорил странный господин с горькой иронией.

– Послушайте, – сказал молодой человек, заминаясь, – я в сущности не знаю причины вашего состояния, но вам, верно, изменили, вы скажите прямо?

Молодой человек одобрительно улыбнулся.

– Мы по крайней мере поймем друг друга, – прибавил он, и все тело его великодушно обнаружило желание сделать легкий полупоклон.

– Вы убили меня! но – откровенно признаюсь вам – именно так… но с кем не случается!.. До глубины тронут вашим участием. Согласитесь, между молодыми людьми… Я хоть не молод, но, знаете, привычка, холостая жизнь, между холостежью, известно…

Ну, уж известно, известно! Но чем же я могу вам помочь?

– А вот-с; согласитесь, что посещать Софью Остафьевну… Впрочем, я еще не знаю наверное, куда пошла эта дама; я знаю только, что она в этом доме; но, видя вас прогуливающимся, – а я сам прогуливался по той стороне, – думаю… я вот, видите ли, жду эту даму… я знаю, что она тут, – мне бы хотелось встретить ее и объяснить, как неприлично и гнусно… одним словом, вы меня понимаете…

– Гм! Ну!

– Я и не для себя это делаю; вы не подумайте – это чужая жена! Муж там стоит, на Вознесенском мосту; он хочет поймать, но он не решается – он еще не верит, как и всякий муж… (тут господин в енотах хотел улыбнуться), я – друг его; согласитесь сами, я человек, пользующийся некоторым уважением, – я не могу быть тем, за кого вы меня принимаете.

– Конечно-с; ну-с, ну-с!..

– Так вот, я все ее ловлю; мне поручено-с (несчастный муж!); но я знаю, это хитрая молодая дама (вечно Поль де Кок под подушкой); я уверен, что она прошмыгнет как-нибудь незаметно… Мне, признаюсь, кухарка сказала, что она ходит сюда; я как сумасшедший бросился, только что известие получил; я хочу поймать; я давно подозревал и потому хотел просить вас, вы здесь ходите… вы – вы – я не знаю…

– Ну, да, наконец, что ж вам угодно?

– Да-с… Не имею чести знать вас; не смею любопытствовать, кто и как… Во всяком случае, позвольте познакомиться; приятный случай!..

Дрожащий господин жарко потряс руку молодого человека.

– Это бы я должен был сделать в самом начале, – прибавил он, – но я забыл все приличие!

Говоря, господин в енотах не мог постоять на месте, с беспокойством оглядывался по сторонам, семенил ногами и поминутно, как погибающий, хватался рукою за молодого человека.

– Видите ли–с, – продолжал он, – я хотел обратиться к вам по-дружески... извините за вольность... хотел испросить у вас, чтоб вы ходили – по той стороне и со стороны переулка, где черный выход, эдак, покоем, описывая букву П, то есть. Я тоже, с своей стороны, буду ходить–с у главного подъезда, так что мы не пропустим; а я все боялся один пропустить; я не хочу пропустить. Вы, как увидите ее, то остановите и закричите мне...Но я сумасшедший! Только теперь вижу всю глупость и неприличие моего предложения !

– Нет, что ж! помилуйте!..

– Не извиняйте меня; я в расстройстве духа, я теряюсь, как никогда не терялся! Точно меня под суд отдали! Я даже признаюсь вам – я буду благороден и откровенен с вами, – молодой человек: я даже вас принимал за любовника.

– То есть, попросту, вы хотите знать, что я здесь делаю?

– Благородный человек, милостивый государь, я далек от мысли, что вы он; я не замараю вас этою мыслию, но... но даете ли вы мне честное слово, что вы не любовник?..

– Ну, хорошо, извольте, честное слово, что любовник, но не вашей жены; иначе бы я не был на улице, а был бы теперь вместе с нею!

– Жены? кто вам сказал жены, молодой человек? Я холостой, я, то есть, сам любовник...

– Вы говорили, есть муж... на Вознесенском мосту...

– Конечно, конечно, я заговариваюсь; но есть другие узы! И согласитесь, молодой человек, некоторая легкость характеров, то есть...

– Ну, ну! Хорошо, хорошо!

– То есть я вовсе не муж...

– Очень верю–с. Но откровенно говорю вам, что разуверяя вас теперь, хочу сам себя успокоить и оттого собственно с вами и откровенен; вы меня расстроили и мешаете мне. Обещаю вам, что кликну вас. Но прошу вас покорнейше дать мне место и удалиться. Я сам тоже жду.

– Извольте, извольте–с, я удаляюсь, я уважаю страстное нетерпение вашего сердца. Я понимаю это, молодой человек. О, как я вас теперь понимаю!

– Хорошо, хорошо...

– До свидания!.. Впрочем, извините, молодой человек, я опять к вам... Я не знаю, как сказать... Дайте мне еще раз честное и благородное слово, что вы не любовник!

– Ах, господи, бог мой!

– Еще вопрос, последний: вы знаете фамилию мужа вашей... то есть той, которая составляет ваш предмет?

– Разумеется, знаю; не ваша фамилия, и кончено дело!

– А почему ж вы знаете мою фамилию?

– Да послушайте, ступайте; вы теряете время: она уйдет тысячу раз… Ну, что же вы? Ну, ваша в лисьем салопе и в капоре, а моя в клетчатом плаще и в голубой бархатной шляпке… Ну, что ж вам еще? чего ж больше?

– В голубой бархатной шляпке! У ней есть и клетчатый плащ и голубая шляпка, – закричал неотвязчивый человек, мигом возвратившись с дороги.

– Ах, черт возьми! Ну, да ведь это может случиться… Да, впрочем, что ж я! Моя же туда не ходит!

– А где она – ваша?

– Вам это хочется знать; что ж вам?

– Признаюсь, я все про то…

– Фу, бог мой! Да вы без стыда без всякого! Ну, у моей здесь. знакомые, в третьем этаже, на улицу. Ну, что ж вам, по именам людей называть, что ли?

– Бог мой! И у меня есть знакомые в третьем этаже, и окна на улицу. Генерал…

– Генерал?!

– Генерал. Я вам, пожалуй, скажу, какой генерал: ну, генерал Половицын.

– Вот тебе на! Нет, это не те! (Ах, черт возьми! черт возьми!)

– Не те?

– Не те.

Оба молчали и в недоумении смотрели друг на друга.

– Ну, что ж вы так смотрите на меня? – вскрикнул молодой человек, с досадою отряхая с себя столбняк и раздумье.

Господин заметался.

– Я, я, признаюсь…

– Нет, уж позвольте, позвольте, теперь будемте говорить умнее. Общее дело. Объясните мне… Кто у вас там?..

– То есть знакомые?

– Да, знакомые…

– Вот видите, видите! Я по глазам вашим вижу, что я угадал!

– Черт возьми! да нет же, нет, черт возьми! слепы вы, что ли? ведь я перед вами стою, ведь я не с ней нахожусь; ну! ну же! Да, впрочем, мне все равно; хоть говорите, хоть нет!

Молодой человек в бешенстве повернулся два раза на каблуке и махнул рукой.

– Да я ничего, помилуйте, как благородный человек, я вам все расскажу: сначала жена сюда ходила одна; она им родня; я и не подозревал; вчера встречаю его превосходительство: говорит, что уж три недели как переехал отсюда на другую квартиру, а же… то есть не жена, а чужая жена (на Вознесенском мосту), эта дама говорила, что еще третьего дня была у них, то есть на этой квартире… А кухарка–то мне рассказала, что квартиру его превосходительства снял молодой человек Бобыницын…

– Ах, черт возьми, черт возьми!..

– Милостивый государь, я в страхе, я в ужасе!

– Э, черт возьми! да мне–то какое дело до того, что вы в страхе и в ужасе? Ах! вон–вон мелькнуло, вон…

– Где? где? вы только крикните: Иван Андреич, а я побегу…

– Хорошо, хорошо. Ах, черт возьми, черт возьми! Иван Андреич!!

– Здесь, – закричал воротившийся Иван Андреич, совсем задыхаясь. – Ну, что? что? где?

– Нет, я только так… я хотел знать, как зовут эту даму?

– Глаф…

– Глафира?

– Нет, не совсем Глафира… извините, я вам не могу сказать ее имя. – Говоря это, почтенный человек был бледен, как платок.

– Да, конечно, не Глафира, я сам знаю, что не Глафира, и та не Глафира; а впрочем, с кем же она?

– Где?

– Там! Ах, черт возьми, черт возьми! (Молодой человек не мог устоять на месте от бешенства.)

– А, видите! почему же вы знали, что ее зовут Глафирой?

– Ну, черт возьми, наконец! еще с вами возня! Да ведь вы говорите – вашу не Глафирой зовут!..

– Милостивый государь, какой тон!

– А, черт, не до тону! Что она, жена, что ли, ваша?

– Нет, то есть я не женат… Но не стал бы я сулить почтенному человеку в несчастье, человеку, – не скажу достойному всякого уважения, но по крайней мере воспитанному человеку, черта на каждом шагу. Вы все говорите: черт возьми! черт возьми!

– Ну да, черт возьми! вот же вам, понимаете?

– Вы ослеплены гневом, и я молчу. Боже мой, кто это?

– Где?

Раздался шум и хохот; две смазливые девушки вышли с крыльца; оба бросились к ним.

– Ах какие! что вы?

– Куда вы суетесь?

– Не те!

– Что, не на тех напали! Извозчик!

– Куда вас, мамзель?

– К Покрову; садись, Аннушка, я довезу.

– Ну, а я с той стороны; пошел! Смотри же, шибче вези…

Извозчик уехал.

– Это откуда?

– Боже мой, боже! Но не пойти ли туда?

– Куда?

– Да к Бобыницыну.

– Нет–с, нельзя…

– Отчего?

– Я бы, конечно, пошел; но тогда она скажет другое; она… обернется: а ее знаю! Она скажет, что нарочно пришла, чтоб меня поймать с кем-нибудь, да беду на меня же и свалит!

– И знать, что, может быть, там она! Да вы – я не знаю, почему же – ну, да вы подите к генералу-то…

– Да ведь он переехал!

– Все равно, понимаете? она же ведь пошла; ну, и вы тоже – поняли? Сделайте так, что как будто не знаете, что генерал переехал, приходите как будто к нему за женой, ну и так далее.

– А потом?

– Ну, а потом накрывайте кого следует у Бобыницына; фу, ты, черт, какой бестолк…

– Ну, а вам-то что до того, что я накрываю? Видите, видите!..

– Что, что, батенька? что? опять за то же, что прежде? Ах, ты, господи, господи! Срамитесь вы, смешной человек, бестолковый вы человек!

– Ну, да зачем же вы так интересуетесь? вы хотите узнать…

– Что узнать? что? Ну, да, черт возьми, не до вас теперь! Я и один пойду; ступайте, подите прочь; стерегите, бегайте там, ну!

– Милостивый государь, вы почти забываетесь! – закричал господин в енотах в отчаянии.

– Ну, что ж? ну, что ж, что я забываюсь? – проговорил молодой человек, стиснув зубы и в бешенстве приступая к господину в енотах, – ну, что ж? перед кем забываюсь?! – загремел он, сжимая кулаки.

– Но, милостивый государь, позвольте…

– Ну, кто вы, перед кем забываюсь; как ваша фамилия?

– Я не знаю, как это, молодой человек; зачем же фамилию?.. Я не могу объявить… Я лучше с вами пойду. Пойдемте, я не отстану, я на все готов… Но, поверьте, я заслуживаю более вежливых выражений! Не нужно нигде терять присутствия духа, и если вы чем расстроены,– я догадываюсь чем, – то по крайней мере забываться не нужно… Вы еще очень, очень молодой человек!..

– Да что мне, что вы старый? Эка невидаль! ступайте прочь; чего вы тут бегаете?..

– Почему ж я старый? какой же я старый? Конечно, по званию, но я не бегаю…

– Это и видно. Да убирайтесь же прочь…

– Нет, уж я с вами; вы мне не можете запретить; я тоже замешан; я с вами…

– Ну, так тише же, тише, молчать!..

Оба они взошли на крыльцо и поднялись на лестницу в третий этаж; было темнехонько.

– Стойте! Есть у вас спички?

– Спички? какие спички?

– Вы курите сигары?

– А, да! есть, есть; здесь они, здесь; вот, постойте… – Господин в енотах засуетился.

– Фу, какой бестолков… черт! кажется, эта дверь…

– Эта–эта–эта–эта–эта…

– Эта–эта–эта… что вы орете? тише!..

– Милостивый государь, я скрепя сердце… вы дерзкий человек, вот что!..

Вспыхнул огонь.

– Ну, так и есть, вот медная дощечка! вот Бобыницын; видите: Бобыницын?..

– Вижу, вижу!

– Ти…ше! Что, потухла?

– Потухла.

– Нужно постучаться?

– Да, нужно! – отозвался господин в енотах.

– Стучитесь!

– Нет, зачем же я? вы начните, вы постучите…

– Трус!

– Сами вы трус!

– Уб–бир–райтесь же!

– Я почти раскаиваюсь, что поверил вам тайну; вы..,

– Я? Ну, что ж я?

– Вы воспользовались расстройством моим! вы видели, что я в расстроенном духе…

– А наплевать! мне смешно – вот и кончено!

– Зачем же вы здесь?

– А вы–то зачем?..

– Прекрасная нравственность! – заметил с негодованием господин в енотах…

– Ну, что вы про нравственность? вы–то чего?

– А вот и безнравственно!

– Что?!!

– Да, по–вашему, каждый обиженный муж есть колпак!

— Да вы разве муж? Ведь муж-то на Вознесенском мосту? Что ж вам-то? Чего вы пристали?

— А вот мне кажется, что вы-то и есть любовник!..

— Послушайте, если вы будете так продолжать, то я должен буду признаться, что вы-то и есть колпак! то есть знаете кто?

— То есть вы хотите сказать, что я муж! — сказал господин в енотах, как будто кипятком обваренный, отступая назад.

— Тсс! молчать! слышите..

— Это она.

— Нет!

— Фу, как темно!

Все затихло; в квартире Бобыницына послышался шум.

— За что нам ссориться, милостивый государь? — прошептал господин в енотах.

— Да вы же, черт возьми, сами обиделись!

— Но вы меня вывели из последних границ.

— Молчите!

— Согласитесь, что вы еще очень молодой человек...

— Мол-чите же!

— Конечно, я согласен с вашей идеей, что муж в таком положении – колпак.

— Да замолчите ли вы? о!..

— Но к чему же такое озлобленное преследование несчастного мужа?..

— Это она!

Но шум в это время умолк.

— Она! она! она! Да вы-то, вы-то из чего хлопочете! ведь не ваша беда!

— Милостивый государь, милостивый государь! — бормотал господин в енотах, бледнея и всхлипывая. — Я, конечно, в расстройстве... вы достаточно видели мое унижение; но теперь ночь, конечно, но завтра... впрочем, мы, верно, не встретимся завтра, хотя я и не боюсь встретиться с вами, – и это, впрочем, не я, это мой приятель, который на Вознесенском мосту; право, он! Это его жена, это чужая жена! Несчастный человек! уверяю вас. Я с ним знаком хорошо; позвольте, я вам все расскажу. Я с ним друг, как вы можете видеть, ибо не стал бы я так теперь из-за него сокрушаться, – сами видите; я же несколько раз ему говорил: зачем ты женишься, милый друг? звание есть у тебя, достаток есть у тебя, почтенный ты человек, что ж менять это все на прихоть кокетства! Согласитесь! Нет, женюсь, говорит: семейное счастие... Вот и семейное счастие! Сначала сам мужей обманывал, а теперь и пьет чашу... вы извините меня, но это объяснение было вынуждено необходимостию!.. Он несчастный человек и пьет чашу – вот!.. – Тут господин в енотах так всхлипнул, как будто зарыдал не на шутку.

– А черт бы взял их всех! Мало ли дураков! Да вы кто такой?

Молодой человек скрежетал зубами от бешенства.

– Ну, уж после этого, согласитесь сами... я был с вами благороден и откровенен.. этакой тон!

– Нет, позвольте, вы меня извините... как ваша фамилия?

– Нет, зачем же фамилия?

– А!!

– Мне нельзя сказать фамилию...

– Шабрина знаете? – быстро сказал молодой человек.

– Шабрин!!!

– Да, Шабрин! А!!! (Тут господин в бекеше несколько поддразнил господина в енотах.) Поняли дело?

– Нет-с, какой же Шабрин! – отвечал оторопевший господин в енотах, – совсем не Шабрин; он почтенный человек! Извиняю вашу невежливость мучениями ревности.

– Мошенник он, продажная душа, взяточник, плут, казну обворовал! Его скоро под суд отдадут!

– Извините, – говорил господин в енотах, бледнея, – вы его не знаете; совершенно, как я вижу, он вам неизвестен.

– Да, в лицо-то не знаю, а из других очень близких ему источников знаю.

– Милостивый государь, из какие источников? Я в расстройстве, вы видите...

– Дурак! ревнивец! за женой не усмотрит! Вот он какой, коль приятно вам знать!

– Извините, вы в ожесточенном заблуждении, молодой человек...

– Ах!

– Ах!

В квартире Бобыницына послышался шум. Стали отворять дверь. Послышались голоса.

– Ах, это не она, не она! Я узнаю ее голос; я теперь узнал все, это не она! – сказал господин в енотах, побледнев как платок .

– Молчать!

Молодой человек прислонился к стене.

– Милостивый государь, я бегу: это не она, я очень рад.

– Ну, ну! ступайте, ступайте!

– А чего ж вы стоите?

– А вы-то чего?

Дверь отворилась, и господин в енотах, не выдержав, стремглав покатился с лестницы.

Мимо молодого человека прошли мужчина и женщина, и сердце его замерло… Послышался знакомый женский голос, и потом сиплый мужской, но совсем незнакомый.

– Ничего, я прикажу сани подать, – говорил сиплый голос.

– Ах! ну, ну, согласна; ну, прикажите…

– Они там, сейчас.

Дама осталась одна.

– Глафира! где твои клятвы? – вскричал молодой человек в бекеше, хватая за руку даму.

– Ай, кто это? Это вы, Творогов? Боже мой! что вы делаете?

– С кем вы здесь были?

– Но это мой муж, уйдите, уйдите, он сейчас выйдет оттуда… от Половицыных; уйдите, ради бога, уйдите.

– Половицыны три недели как переехали! Я все знаю!

– Ай! – Дама бросилась на крыльцо. Молодой человек догнал ее.

– Кто вам сказал? – спросила дама.

– Муж ваш, сударыня, Иван Андреич; он здесь, он перед вами, сударыня…

Иван Андреич действительно стоял у крыльца.

– Ай, это вы? – закричал господин в енотовой шубе.

– A! c'est vous? – закричала Глафира Петровна, с неподдельною неподдельною радостью бросаясь к нему, – боже! что со мной было! Я была у Половицыных; можешь себе представить… ты знаешь, что они теперь у Измайловского моста; я говорила тебе, помнишь? Я взяла сани оттудова. Лошади взбесились, понесли, разбили сани, и я упала отсюда во ста шагах; кучера взяли; я была вне себя. К счастию, monsieur Творогов…

– Как?

M–r Творогов походил более на окаменелость, чем на m–r Творогова.

– Monsieur Творогов увидал меня здесь и взялся проводить; но теперь ты здесь, и я могу вам только изъявить мою жаркую благодарность, Иван Ильич…

Дама подала руку остолбенелому Ивану Ильичу и почти ущипнула, а не сжала ее.

– Monsieur Творогов! мой знакомый; на бале у Скорлуповых имели удовольствие видеться: я, кажется, говорила тебе? Неужели ты не помнишь, коко?

– Ах, конечно, конечно! ах, помню! – заговорил господин в енотовой шубе, которого называли коко. – Очень приятно, очень приятно.

И он жарко пожал руку господину Творогову.

– Это с кем? Что же это значит? Я жду… – раздался сиплый голос.

Перед группой стоял господин бесконечного роста; он вынул лорнет и внимательно посмотрел на господина в енотовой шубе.

268

– Ax, monsieur Бобыницын! – защебетала дама. – Откудова? вот встреча! Представьте, меня тотчас разбили лошади... но вот мой муж! Jean! Monsieur Бобыницын, на бале у Карповых...

– Ax, очень, очень, очень приятно!.. Но я сейчас возьму карету, мой друг.

– Возьми, Jean, возьми: я вся в испуге; я дрожу; со мной даже дурно... Сегодня в маскараде, – шепнула она Творогову... – Прощайте, прощайте, господин Бобыницын! мы, верно, встретимся завтра на бале у Карповых...

– Нет, извините, я завтра не буду; я уж завтра того, коль теперь не так... – Господин Бобыницын проворчал что-то еще сквозь зубы, шаркнул сапожищем, сел в свои сани и уехал.

Подъехала карета; дама села в нее. Господин в енотовой шубе остановился; казалось, он не в силах был сделать движения и бессмысленно смотрел на господина в бекеше. Господин в бекеше улыбался довольно неостроумно.

– Я не знаю...

– Извините, очень рад быть знакомым, – отвечал молодой человек, кланяясь с любопытством и немного сробев.

– Очень, очень рад...

– У вас, кажется, свалилась калоша...

– У меня? Ах да! благодарю, благодарю; хочу все завести резинные...

– В резинных нога как будто потеет-с, – сказал молодой человек, по-видимому с безграничным участием.

– Jean! да скоро ли ты?

– Именно потеет. Сейчас, сейчас, душенька, вот разговор интересный! Именно, как вы изволили заметить, потеет нога... Впрочем, извините, я...

– Помилуйте-с.

– Очень, очень, очень рад познакомиться...

Господин в енотах сел в карету; карета тронулась; молодой человек все еще стоял на месте, в изумлении провожая ее глазами.

II

На другой же вечер шло какое-то представление в Итальянской опере. Иван Андреевич ворвался в залу как бомба. Еще никогда не замечали в нем такого furore [32], такой страсти к музыке. По крайней мере положительно знали, что Иван Андреевич чрезвычайно любил всхрапнуть

---

[32] неистовство (итал.).

часок–другой в Итальянской опере; даже отзывался несколько раз, что оно и приятно, и сладко. "Да и примадонна–то тебе, – говаривал он друзьям, – мяукает, словно беленькая кошечка, колыбельную песенку". Но он это уже давно что–то говаривал, еще в прошлый сезон; а теперь, увы! Иван Андреевич и дома не спит по ночам. Однако ж он все–таки ворвался как бомба в залу, набитую битком. Даже капельдинер взглянул на него как–то подозрительно и тут же накосился глазом на его боковой карман, в полной надежде увидеть ручку припрятанного на всякий случай кинжала. Нужно заметить, что в то время процветали две партии и каждая стояла за свою примадонну. Одни назывались ***зисты, другие ***нисты. Обе партии до того любили музыку, что капельдинеры наконец решительно стали опасаться какого–нибудь очень решительного проявления любви ко всему прекрасному и высокому, совмещавшемуся в двух примадоннах. Вот почему, смотря на такой юношеский порыв в залу театра даже седовласого старца, хотя, впрочем, не совсем седовласого, а так, около пятидесяти лет, плешивенького, и вообще человека с виду солидного свойства, капельдинер невольно вспомнил высокие слова Гамлета, датского принца:

Когда уж старость падает так страшно,

Что ж юность? и т. д.

и, как было сказано выше, накосился на боковой карман фрака, в надежде увидеть кинжал. Но там был только один бумажник, и более ничего.

Влетев в театр, Иван Андреевич мигом облетел взглядом все ложи второго яруса, и – о ужас! сердце его замерло: она была здесь! она сидела в ложе! Тут был и генерал Половицын с супругою и свояченицею; тут был и адъютант генерала – чрезвычайно ловкий молодой человек; тут был еще один статский… Иван Андреевич напряг все внимание, всю остроту зрения, но – о, ужас! статский человек предательски спрятался за адъютанта и остался во мраке неизвестности.

Она была здесь, а между тем сказала, что будет вовсе не здесь! Вот эта–то двойственность, проявлявшаяся с некоторого времени на каждом шагу Глафиры Петровны, и убивала Ивана Андреевича. Вот этот–то статский юноша и поверг его, наконец, в совершенное отчаяние. Он опустился в кресла совсем пораженный. Отчего бы, кажется? Случай очень простой…

Нужно заметить, что кресла Ивана Андреевича приходились именно возле бенуара, и вдобавок предательская ложа второго яруса приходилась прямо над его креслами, так что он, к величайшей своей неприятности, решительно ничего не мог заметить, что делалось над его головою. Зато он злился и горячился, как самовар. Весь первый акт прошел для него незаметно, то есть он не слыхал ни одной ноты. Говорят, что музыка тем и хороша, что можно настроить музыкальные впечатления под лад всякого ощущения. Радующийся человек найдет в звуках радость, печальный – печаль; в ушах Ивана Андреевича завывала целая буря. К довершению досады, сзади, спереди, сбоку кричали такие страшные голоса, что у Ивана Андреевича разрывалось сердце. Наконец акт кончился. Но в ту минуту, как падал занавес, с нашим героем случилось такое приключение, которое никакое перо не опишет. Случается, что иногда с верхних ярусов лож слетает афишка. Когда пьеса скучна и зрители зевают, для них это целое приключение.

Особенно с участием смотрят они на полет этой чрезвычайно мягкой бумаги с самого верхнего яруса и находят приятность следить за ее путешествием зигзагами до самых кресел, где она непременно уляжется на чью-нибудь вовсе не приготовленную этому случаю голову. Действительно, очень любопытно смотреть, как эта голова сконфузится (потому что она непременно сконфузится). Мне всегда тоже бывает страшно за дамские бинокли, которые лежат зачастую на бордюрах лож: мне все так и кажется, что они вот тотчас слетят на чью-нибудь не приготовленную к этому случаю голову. Но я вижу, что некстати сделал такое трагическое примечание, и потому отсылаю его к фельетонам тех газет, которые предохраняют от обманов, от недобросовестности, от тараканов, если они у вас есть в доме, рекомендуя известного господина Принчипе, страшного врага и противника всех тараканов на свете, не только русских, но даже и иностранных, как-то пруссаков и проч.

Но с Иваном Андреевичем случилось приключение, до сих пор еще нигде не описанное. К нему слетела на голову, – как уже сказано, довольно плешивую, – не афишка. Признаюсь, я даже совещусь сказать, что к нему слетело на голову, потому что действительно как-то совестно объявить, что на почтенную и обнаженную, то есть отчасти лишенную волос, голову ревнивого, раздраженного Ивана Андреевича слетел такой безнравственный предмет, как например любовная раздушенная записочка. По крайней мере бедный Иван Андреевич, совершенно не приготовленный к этому непредвиденному и безобразному случаю, вздрогнул так, как будто поймал на своей голове мышь или другого какого-нибудь дикого зверя.

Что записка была любовного содержания, в этом ошибаться было нельзя. Она была писана на раздушенной бумажке, совершенно так, как пишутся записки в романах, и сложена в предательски малую форму, так что ее можно было скрыть под дамской перчаткой. Упала же она, вероятно, по случаю, во время самой передачи: как-нибудь спрашивали, например, афишку, и уж записочка проворно была ввернута в эту афишку, уже передавалась в известные руки, но один миг, может быть, нечаянный толчок адъютанта, чрезвычайно ловко извинившегося в своей неловкости,

– и записочка выскользнула из маленькой дрожавшей от смущения ручки, а статский юноша, уже протягивавший свою нетерпеливую руку, вдруг получает, вместо записки, одну афишку, с которой решительно не знает, что делать. Неприятный, странный случай! совершенная правда; но, согласитесь сами, Ивану Андреевичу было еще неприятнее.

– Prédestiné[33], – прошептал он, обливаясь холодным потом и сжимая записочку в руках, – prédestiné! Пуля найдет виноватого! – промелькнуло в его голове. – Нет, не то! Чем же я виноват? А вот там есть другая пословица: на бедного Макара и так далее.

Но мало ли что начнет перезванивать в голове, оглушенной таким внезапным происшествием! Иван Андреевич сидел на стуле окостенев, как говорится, ни жив ни мертв. Он уверен был, что его приключение замечено со всех сторон, несмотря на то, что во всей зале, в это самое время, началась суматоха и вызов певицы. Он сидел так сконфузившись, так покраснев и не смея поднять глаз, как будто с ним случилась какая-нибудь неожиданная неприятность, какой-нибудь диссонанс в прекрасном многолюдном обществе. Наконец он решился поднять глаза.

– Приятно пели-с! – заметил он одному франту, сидевшему по левую его сторону.

Франт, который был в последней степени энтузиазма и хлопал руками, но преимущественно выезжал на ногах, бегло и рассеянно взглянул на Ивана Андреевича и тотчас же, сделав руками щиток над своим ртом, чтоб было слышнее, крикнул имя певицы. Иван Андреевич, который еще никогда не слыхал подобной глотки, был в восторге. "Ничего не заметил!" – подумал он и обратился назад. Но толстый господин, сидевший сзади его, теперь в свою очередь стал к нему задом и лорнировал ложи. "Тоже хорошо!" – подумал Иван Андреевич. Впереди, разумеется, ничего не видали. Он робко и с радостной надеждой покосился на бенуар, возле которого были его кресла, и вздрогнул от самого неприятного чувства. Там сидела прекрасная дама, которая, закрыв рот платком и упав на спинку кресел, хохотала как исступленная.

– Ох уж эти мне женщины! – прошептал Иван Андреевич и пустился по ногам зрителей к выходу.

Теперь я предлагаю решить самим читателям, я прошу их самих рассудить меня с Иваном Андреевичем. Неужели прав был он в эту минуту? Большой театр, как известно, заключает в себе четыре яруса лож и пятый ярус – галерею. Почему же непременно предположить, что записка упала именно из одной ложи, именно из этой самой, а не другой какой-нибудь, – например хоть из пятого яруса, где тоже бывают дамы?

---

[33] Предопределено (франц.).

Но страсть исключительна, а ревность – самая исключительная страсть в мире.

Иван Андреевич бросился в фойе, стал у лампы, сломал печать и прочел:

"Сегодня, сейчас после спектакля, в Г–вой, на углу ***ского переулка, в доме К***, в третьем этаже, направо от лестницы. Вход с подъезда. Будь там, sans faute[34], ради бога".

Руки Иван Андреевич не узнал, но сомнения нет: назначалось свидание. "Поймать, изловить и пресечь зло в самом начале" – была первая идея Ивана Андреевича. Ему было пришло в голову изобличить теперь же, тут же на месте; но как это сделать? Иван Андреевич взбежал даже во второй ярус, но благоразумно воротился. Решительно, он не знал: куда бежать. От нечего делать он забежал с другой стороны и посмотрел чрез открытую дверь чужой ложи на противоположную сторону. Так, так! во всех пяти ярусах по вертикальному направлению сидели молодые дамы и молодые люди. Записка могла упасть из всех пяти ярусов разом, потому что Иван Андреевич подозревал решительно все ярусы в заговоре против него. Но его ничто не исправило, никакие видимости. Весь второй акт он бегал по всем коридорам и нигде не находил спокойствия духа. Он было сунулся в кассу театра, в надежде узнать от кассира имена особ, взявших ложи во всех четырех ярусах, но касса уже была заперта. Наконец раздались неистовые восклицания и аплодисменты. Представление кончилось. Начинались вызовы, и особенно гремели с самого верха два голоса – предводители обеих партий. Но не до них было дело Ивану Андреевичу. У него уже мелькнула мысль дальнейшего его поведения. Он надел бекешь и пустился в Г–вую, чтоб там застать, накрыть, изобличить и вообще поступить немного энергичнее, чем вчерашний день. Он скоро нашел дом и уже ступил на подъезд, как вдруг, словно под руками у него, прошмыгнула фигура франта в пальто, обогнала его и пустилась по лестнице в третий этаж. Ивану Андреевичу показалось, что это тот самый франт, хотя он не мог различить и тогда лицо этого франта. Сердце в нем замерло. Франт обогнал его уже двумя лестницами. Наконец, он услышал, как отворилась дверь в третьем этаже, и отворилась без звонка, как будто ждали пришедшего. Молодой человек промелькнул в квартиру. Иван Андреевич достиг третьего этажа, когда не успели еще затворить эту дверь. Он хотел было постоять перед дверью, благоразумно продумать свой шаг, поробеть немного и потом уже решиться на что–нибудь очень решительное; но в эту самую минуту загремела карета у подъезда, с шумом отворились двери и чьи–то тяжелые шаги начали с кряхтом и кашлем свое восшествие в верхний этаж. Иван Андреевич не устоял,

---

[34] непременно (франц.).

отворил дверь и очутился в квартире со всею торжественностью оскорбленного мужа. Навстречу к нему бросилась горничная, вся в волнении, потом явился человек; но остановить Ивана Андреевича не было никакой возможности. Как бомба влетел он в покои и, пройдя две темные комнаты, вдруг очутился в спальне перед молодой, прекрасной дамой, которая вся трепетала от страха и смотрела на него с решительным ужасом, как будто не понимая, что вокруг нее делается. В эту минуту послышались тяжелые шаги в соседней комнате, которые прямо шли в спальню: это были те самые шаги, которые всходили на лестницу.

– Боже! это мой муж! – вскрикнула дама, всплеснув руками и побледнев белее своего пеньюара.

Иван Андреевич почувствовал, что он не туда попал, что сделал глупую, детскую выходку, что не обдумал хорошо своего шага, что не поробел достаточно на лестнице. Но делать было нечего. Уже отворилась дверь, уже тяжелый муж, если только судить по его тяжелым шагам, входил в комнату… Не знаю, за кого принял себя Иван Андреевич в эту минуту! не знаю, что ему помешало прямо стать навстречу мужа, объявить, что попался впросак, сознаться, что бессознательно поступил неприличнейшим образом, попросить извинения и скрыться, – конечно, не с большою честью, конечно, не со славою, но по крайней мере уйти благородным, откровенным образом. Но нет, Иван Андреевич опять поступил как мальчик, как будто бы считал себя Дон–Жуаном или Ловеласом! Он сначала прикрылся занавесками у кровати, а потом, когда почувствовал себя в полном упадке духа, припал на землю и бессмысленно полез под кровать. Испуг подействовал на него сильнее благоразумия, и Иван Андреевич, сам оскорбленный муж, или по крайней мере считавший себя таким, не вынес встречи с другим мужем – может быть, боясь оскорбить его своим присутствием. Так или не так, но он очутился под кроватью, решительно не понимая, как это сделалось. Но, что всего было удивительнее, дама не оказала никакой оппозиции. Она не закричала, видя, как чрезвычайно странный пожилой господин ищет убежища в ее спальне. Решительно, она была так испугана, что, по всей вероятности, у нее отнялся язык.

Муж вошел, охая и кряхтя, поздоровался с женой нараспев, самым старческим образом, и свалился на кресла так, как будто только что принес бремя дров. Раздался глухой и продолжительный кашель. Иван Андреевич, превратившийся из разъяренного тигра в ягненка, оробев и присмирев, как мышонок перед котом, едва смел дышать от испуга, хотя и мог бы знать, по собственному опыту, что не все оскорбленные мужья кусаются. Но это не пришло ему в голову или от недостатка соображения, или от другого какого–нибудь припадка. Осторожно, тихонько, ощупью начал он оправляться под кроватью, чтоб как–нибудь улечься удобнее.

Каково же было его изумление, когда он ощупал рукою предмет, который, к его величайшему изумлению, пошевелился и в свою очередь схватил его за руку! Под кроватью был другой человек…

– Кто это? – шепнул Иван Андреевич.

– Ну, так я вам и сказал сейчас, кто я такой! – прошептал странный незнакомец. – Лежите и молчите, коли попались впросак!

– Однако же…

– Молчать!

И посторонний человек (потому что под кроватью довольно было и одного), посторонний человек стиснул в своем кулаке руку Ивана Андреевича так, что тот едва не вскрикнул от боли.

– Милостивый государь…

– Тсс!

– Так не жмите же меня, или я закричу.

– Ну–ка, закричите! попробуйте!

Иван Андреевич покраснел от стыда. Незнакомец был суров и сердит. Может быть, это был человек, испытавший не раз гонения судьбы и не раз находившийся в стесненном положении; но Иван Андреевич был новичок и задыхался от тесноты. Кровь била ему в голову. Однако ж нечего было делать: нужно было лежать ничком. Иван Андреевич покорился и замолчал.

– Я, душенька, был, – начал муж, – я, душенька, был у Павла Иваныча. Сели мы играть в преферанс, да так, кхи–кхи–кхи! (он закашлялся) так… кхи! так спина… кхи! ну ее!.. кхи! кхи! кхи!

И старичок погрузился в свой кашель.

– Спина… – проговорил он наконец со слезами на глазах, – спина разболелась… геморрой проклятый! Ни стать, ни сесть… ни сесть! Акхи, кхи, кхи!

И казалось, что вновь начавшемуся кашлю суждено было прожить гораздо долее, чем старичку, обладателю этого кашля. Старичок что–то ворчал языком в промежутках, но решительно ничего нельзя было разобрать.

– Милостивый государь, ради бога, подвиньтесь! – прошептал несчастный Иван Андреевич.

– Куда прикажете? места нет.

– Однако же, согласитесь сами, мне невозможно таким образом. Я еще в первый раз нахожусь в таком скверном положении.

– А я в таком неприятном соседстве.

– Однако же, молодой человек…

– Молчать!

– Молчать? Однако вы поступаете чрезвычайно неучтиво, молодой человек… Если не ошибаюсь, вы еще очень молодой; я постарше вас.

275

– Молчать!

– Милостивый государь! вы забываетесь; вы не знаете, с кем говорите!

– С господином, который лежит под кроватью...

– Но меня привлек сюда сюрприз... ошибка, а вас, если не ошибаюсь, безнравственность.

– Вот в этом–то вы и ошибаетесь.

– Милостивый государь! я постарше вас, я вам говорю...

– Милостивый государь! знайте, что мы здесь на одной доске. Прошу вас, не хватайте меня за лицо!

– Милостивый государь! я ничего не разберу. Извините меня, но нет места.

– Зачем же вы такой толстый

– Боже! я никогда не был в таком унизительном положении!

– Да, ниже лежать нельзя.

– Милостивый государь, милостивый государь! я не знаю, кто вы такой,я не понимаю, как это случилось;но я здесь по ошибке; я не то, что вы думаете...

– Я бы ровно ничего не думал об вас, если б вы не толкались. Да молчите же!

– Милостивый государь! если вы не подвинетесь, со мной будет удар. Вы будете отвечать за смерть мою. Уверяю вас... я почтенный человек, я отец семейства. Не могу же я быть в таком положении!..

– Сами же вы сунулись в такое положение. Ну, подвигайтесь же! вот вам место; больше нельзя!

– Благородный молодой человек! милостивый государь! я вижу, что я в вас ошибался, – сказал Иван Андреевич, в восторге благодарности за уступленное место и расправляя затекшие члены, – я понимаю стесненное положение ваше, но что же делать? вижу, что вы дурно обо мне думаете. Позвольте мне поднять в вашем мнении мою репутацию, позвольте мне сказать, кто я такой, я пришел сюда против себя, уверяю вас; я не за тем, за чем вы думаете... Я в ужаснейшем страхе.

– Да замолчите ли вы? понимаете ли, что, если услышат нас, будет худо? Тсс... Он говорит. – Действительно, кашель старика, по–видимому, начинал проходить.

– Так вот, душенька, – хрипел он на самый плачевный напев, – так вот, душенька, кхи!.. кхи! ах, несчастье! Федосей–то Иванович и говорит: вы бы, говорит, тысячелиственник пить попробовали; слышишь, душенька?

– Слышу, мой друг.

– Ну, так и говорит: вы бы, говорит,попробовали тысячелиственник пить. Я и говорю: я пиявки припускал. А он мне: нет, Александр Демьянович, тысячелиственник лучше: он открывает, я вам скажу... кхи! кхи! ох, боже мой! Как же ты думаешь, душенька ? кхи–кхи! ах, создатель мой! кхи–кхи!.. Так лучше тысячелиственник, что ли?.. кхи–кхи–кхи! ах! кхи – и т. д.

– Я думаю, что попробовать этого средства не худо, – отвечала супруга.

– Да, не худо! У вас, говорит, пожалуй, чахотка, кхи, кхи! А я говорю: подагра да раздражение в желудке; кхи–кхи! А он мне: может быть, и чахотка. Как ты, кхи–кхи! как ты думаешь, душенька: чахотка?

– Ах, боже мой, что это вы говорите такое?

– Да, чахотка! А ты бы, душенька, раздевалась теперь да спать ложилась, кхи! кхи! А у меня, кхи! сегодня насморк.

– Уф! – сделал Иван Андреевич, – ради бога, подвиньтесь!

– Решительно, я вам удивляюсь, что с вами делается, ну, не можете вы спокойно лежать...

– Вы ожесточены против меня, молодой человек; хотите меня уязвить. Я это вижу. Вы, вероятно, любовник этой дамы?

– Молчать!

– Не буду молчать! не дам вам командовать! А, вы, верно, любовник? Если нас откроют, я ни в чем не виноват, я ничего не знаю.

– Если вы не замолчите, – сказал молодой человек, скрежеща зубами, – я скажу, что вы завлекли меня; я скажу, что вы мой дядя, который промотал свое состояние. Тогда по крайней мере не подумают, что я любовник этой дамы.

– Милостивый государь! вы издеваетесь надо мной. Вы истощаете терпение мое.

– Тсс! или я вас заставлю молчать! Вы несчастье мое! Ну, скажите, на что вы здесь? Без вас я бы пролежал как–нибудь до утра, а там бы и вышел.

– Но я здесь не могу же лежать до утра; я человек благоразумный; у меня, конечно, связи... Как вы думаете, неужели он будет здесь ночевать?

– Кто?

– Да этот старик...

– Разумеется, будет. Не все ж такие мужья, как вы. Ночуют и дома.

– Милостивый государь, милостивый государь! – закричал Иван Андреевич, похолодев от испуга. – Будьте уверены, что и я тоже дома, а теперь в первый раз; но, боже мой, я вижу, что вы меня знаете. Кто вы такой, молодой человек? скажите мне тотчас же, умоляю вас, из бескорыстной дружбы, кто вы таков?

– Послушайте! я употреблю насилие...

– Но позвольте, позвольте вам рассказать, милостивый государь, позвольте вам объяснить все это скверное дело...

– Никаких объяснений не слушаю, ничего знать не хочу. Молчите, или...

– Но я не могу же...

277

Под кроватью последовала легкая борьба, и Иван Андреевич умолк.

– Душенька! что–то здесь как будто коты шепчутся?

– Какие коты? Чего вы не выдумаете?

Очевидно, что супруга не знала, о чем разговаривать с своим мужем. Она была так поражена, что еще не могла опомниться. Теперь же она вздрогнула и подняла ушки.

– Какие коты?

– Коты, душенька. Я намедни прихожу, сидит васька у меня в кабинете, шю–шю–шю! и шепчет. Я ему: что ты, васенька? а он опять: шю–шю–шю! И так как будто все шепчет. Я и думаю: ах, отцы мои! уж не о смерти ли он мне нашептывает?

– Какие глупости вы говорите сегодня! Стыдитесь, пожалуйста.

– Ну, ничего; не сердись, душенька; я вижу, тебе неприятно, что я умру, не сердись; я только так говорю. А ты бы, душенька, стала раздеваться и спать легла, а я бы здесь посидел, пока ты ложиться будешь.

– Ради бога, полноте; после…

– Ну, не сердись, не сердись! Только, право, здесь как будто мыши.

– Ну вот, то коты,то мыши! Право, я не знаю, что с вами делается .

– Ну, я ничего, я ни… кхи! я ничего, кхи, кхи, кхи, кхи! ах, боже ты мой! кхи!

– Слышите, вы так возитесь, что и он услыхал, – прошептал молодой человек.

– Но если б вы знали, что со мной делается. У меня носом кровь идет.

– Пусть идет, молчите; подождите, когда он уйдет.

– Молодой человек, но вникните в мое положение; ведь я не знаю, с кем я лежу.

– Да легче вам от этого будет, что ли? Ведь я не интересуюсь знать вашу фамилию. Ну, как ваша фамилия?

– Нет, зачем же фамилию… Я только интересуюсь объяснить, каким бессмысленным образом…

– Тсс… он опять говорит.

– Право, душенька, шепчутся.

– Да нет же; это у тебя вата в ушах дурно лежит.

– Ах, по поводу ваты. Знаешь ли, тут, наверху… кхи, кхи! наверху, кхи, кхи, кхи! – и т. д.

– Наверху! – прошептал молодой человек. – Ах, черт! А я думал, что это последний этаж; да разве это второй?

Молодой человек, – прошептал, встрепенувшись, Иван Андреевич, – что вы говорите? ради бога, почему это вас интересует? И я думал, что это последний этаж. Ради бога, разве здесь еще этаж?..

Право, кто–то ворочается, – сказал старик, переставший, наконец, кашлять…

– Тсс! слышите! – прошептал молодой человек, сдавив обе руки Ивана Андреевича.

– Милостивый государь, вы держите мои руки в насилии. Пустите меня.

– Тсс...

Последовала легкая борьба, и потом опять наступило молчание .

– Так вот я и встречаю хорошенькую... – начал старик.

– Как, хорошенькую? – перебила жена.

– Да ведь вот... говорил прежде я, что встретил хорошенькую даму на лестнице, или я пропустил? У меня ведь память слаба. Это зверобой... кхи!

– Что?

– Зверобой пить надо: говорят, лучше будет.., кхи, кхи, кхи! лучше будет!

– Это вы его перебили, – проговорил молодой человек, опять заскрежетав зубами.

– Ты говорил, что встретил сегодня хорошенькую какую–то? – спросила жена.

– А?

– Хорошенькую встретил?

– Кто такой?

– Да ты?

– Я–то? Когда? Да, бишь!..

– Наконец–то? экая мумия! Ну, – прошептал молодой человек, мысленно погоняя забывчивого старичка.

– Милостивый государь! я трепещу от ужаса. Боже мой! что я слышу? Это как вчера; решительно как вчера!..

– Тсс.

– Да, да, да! вспомнил: преплутовочка! Глазенки такие... в голубой шляпке...

– В голубой шляпке! Ай, ай!

– Это она! У ней есть голубая шляпка. Боже мой! – закричал Иван Андреич...

– Она? кто она? – прошептал молодой человек, стиснув руки Ивана Андреевича.

– Тсс! – сделал в свою очередь Иван Андреевич. – Он говорит.

– Ах, боже мой! боже мой!

– Ну, да, впрочем, у кого ж нет голубой шляпки... ну!

– И такая плутовка! – продолжал старик. – Она тут к каким–то знакомым приходит. Все глазки делает. А к тем знакомым тоже ходят знакомые...

— Фу! как это скучно, — перебила дама, — помилуй, чем ты интересуешься?

— Ну, хорошо, ну, ну! не сердись! — возразил старичок нараспев. — Ну, я не буду говорить, коль ты не желаешь. Ты что—то не в духе сегодня...

— Да вы как же сюда попали? — заговорил молодой человек.

— А, видите, видите! вот вы теперь интересуетесь, а прежде не хотели и слушать!

— Ну, да ведь мне все равно! не говорите, пожалуйста! Ах, черт возьми, какая история!

— Молодой человек, не сердитесь; я не знаю, что говорю; это я так; я только хотел сказать, что тут, верно, что—нибудь недаром, что вы принимаете участие... Но кто вы, молодой человек? Я вижу, вы незнакомец; но кто же вы, незнакомец? Боже, я не знаю, что говорю!

— Э! подите, пожалуйста! — прервал молодой человек, как будто что—то обдумывая.

— Но я вам все расскажу, все. Вы, может быть, думаете, что я не расскажу, что я зол на вас, нет! вот рука моя! Я только в упадке духа, больше ничего. Но, ради бога, скажите мне все сначала: как вы здесь сами? по какому случаю? Что же касается до меня, то я не сержусь, ей—богу, не сержусь, вот вам рука моя. Здесь только пыльно; я немного запачкал ее; но это ничего для высокого чувства.

— Э, подите с вашей рукой! тут поворотиться негде, а он с рукой лезет!

— Но, милостивый государь! вы со мной обходитесь, как будто, с позволения сказать, со старой подошвой, — проговорил Иван Андреевич в припадке самого кроткого отчаяния, голосом, в котором было слышно моленье. — Обходитесь со мной учтивее, хоть немножко учтивее, и я вам все расскажу! Мы бы полюбили друг друга; я даже готов пригласить вас к себе на обед. А этак нам вместе лежать нельзя, откровенно скажу. Вы заблуждаетесь, молодой человек! Вы не знаете...

— Когда же это он ее встретил? — бормотал молодой человек, очевидно в крайнем волнении. — Она, может быть, теперь меня ждет... Я решительно выйду отсюда!

— Она? кто она? боже мой! про кого вы говорите, молодой человек? Вы думаете, что там, наверху... Боже мой! Боже мой! За что я так наказан?

Иван Андреевич попробовал повернуться на спину в знак отчаянья .

— А вам на что знать, кто она? А, черт! Была не была, я вылезаю!..

— Милостивый государь! что вы? а я—то, я—то как буду? — прошептал Иван Андреевич, в припадке отчаяния уцепившись за фалды фрака своего соседа.

— А мне—то что? Ну, и оставайтесь одни. А не хотите, так я, пожалуй, скажу, что вы мой дядя, который промотал свое состояние, чтоб не подумал старик, что я любовник жены его.

280

– Но, молодой человек, это невозможно; это ненатурально, коли дядя. Никто не поверит вам. Этому вот такой маленький ребенок не поверит, – шептал в отчаянии Иван Андреевич.

– Ну, так не болтайте же, а лежите себе смирно, пластом! Пожалуй, ночуйте здесь, а завтра как–нибудь вылезете; вас никто не заметит; уж коли один вылез, так, верно, не подумают, что еще остался другой. Еще бы сидела целая дюжина! Впрочем, вы и один стоите дюжины. Подвигайтесь, или я выйду!

– Вы язвите меня, молодой человек... А что если я закашляюсь ? Нужно все предвидеть!

– Тсс!..

– Что это? как будто наверху я опять слышу возню, – проговорил старичок, который тем временем, кажется, успел задремать.

– Наверху?

– Слышите, молодой человек, наверху!

– Ну, слышу!

– Боже мой! молодой человек, я выйду.

– А я так не выйду! Мне все равно! Уж если расстроилось, так все равно! А знаете ли, что я подозреваю? Я подозреваю, что вы–то и есть какой–нибудь обманутый муж – вот что!..

– Боже, какой цинизм!.. Неужели вы это подозреваете? Но почему же именно муж... я не женат.

– Как не женат? Дудки!

– Я, может быть, сам любовник!

– Хорош любовник!

– Милостивый государь, милостивый государь! Ну, хорошо, я все вам расскажу. Вонмите моему отчаянью. Это не я, я не женат. Я тоже холостой, как и вы. Это друг мой, товарищ детства... а я любовник... Говорит мне: "Я несчастный человек, я, говорит, пью чашу, я подозреваю жену свою". – "Но, говорю я ему благоразумно, за что же ты ее подозреваешь?.." Но вы не слушаете меня. Слушайте, слушайте! "Ревность смешна, говорю, ревность порок!.." – "Нет, говорит, я несчастный человек! Я, того... чашу, то есть я подозреваю". – "Ты, говорю, мой друг, ты товарищ моего нежного детства. Мы вместе срывали цветы удовольствия, тонули на пуховиках наслаждения". Боже, я не знаю, что говорю. Вы все смеетесь, молодой человек. Вы сделаете меня сумасшедшим.

– Да вы и теперь сумасшедший!..

– Так, так, я и предчувствовал, что вы это скажете... когда говорил про сумасшедшего. Смейтесь, смейтесь, молодой человек! Так же и я процветал в свое время, так же и я соблазнял. Ах! у меня сделается воспаление в мозгу!

– Что это, душенька, как будто у нас кто-то чихает? – пропел старичок. – Это ты, душка, чихнула?

– О, боже мой! – проговорила супруга.

– Тсс! – раздалось под кроватью.

– Это наверху, верно, стучат, – заметила жена, испугавшись, потому что под кроватью действительно становилось шумно.

– Да, наверху! – проговорил муж. – Наверху! Говорил я тебе, что я франтика – кхи, кхи! франтика с усиками – кхи, кхи! ох, бог мой, – спина!.. франтика сейчас встретил с усиками!

– С усиками! боже мой, это, верно, вы, – прошептал Иван Андреевич.

– Создатель мой, какой человек! Да ведь я здесь, здесь вместе с вами лежу! Как же бы он меня встретил? Да не хватайте меня за лицо!

– Боже, со мной сейчас будет обморок.

В это время наверху действительно послышался шум.

– Что бы там было? – прошептал молодой человек.

– Милостивый государь! я в страхе, я в ужасе. Помогите мне.

– Тсс!

– Действительно, душка, шум; целый гвалт подымают. Да еще над твоей спальней. Не послать ли спросить.

– Ну, вот! чего ты не выдумаешь!

– Ну, я не буду; право, ты такая сегодня сердитая!..

– О, боже мой! вы бы шли спать.

– Лиза! ты меня вовсе не любишь.

– Ах, люблю! Ради бога, я так устала.

– Ну, ну! я уйду.

– Ах, нет, нет! не уходите, – закричала жена. – Или нет, идите, идите!

– Да что это ты в самом деле! То уходите, то не уходите! Кхи, кхи! А и вправду спать... кхи, кхи! У Панафидиных девочки... Кхи, кхи! девочки... кхи! куклу я у девочки видел нюренбергскую, кхи, кхи...

– Ну, вот куклы теперь!

– Кхи, кхи! хорошая кукла, кхи, кхи!

– Он прощается, – проговорил молодой человек, – он идет, и мы тотчас уходим. Слышите? радуйтесь же!

– О, дай-то бог! дай-то бог!

– Это вам урок...

– Молодой человек! за что же урок? Я это чувствую... Но вы еще молоды; вы не можете давать мне урока.

– А все-таки дам. Слушайте.

– Боже! я хочу чихнуть!..

– Тсс! Если вы только осмелитесь.

– Но что же мне делать? здесь так пахнет мышами; не могу же я;

достаньте мне из моего кармана платок, ради бога; я не могу шевельнуться… О, боже, боже! за что я так наказан?

— Вот вам платок! За что вы наказаны, я вам сейчас скажу. Вы ревнивы. Основываясь бог знает на чем, вы бегаете как угорелый, врываетесь в чужое жилище, производите беспорядки…

— Молодой человек! я не производил беспорядков.

— Молчать!

— Молодой человек, вы не можете читать мне про нравственность: я нравственнее вас.

— Молчать!

— О, боже мой! боже мой!

— Производите беспорядки, пугаете молодую даму, робкую женщину, которая не знает, куда деваться от страха, и, может быть, будет больна; беспокоите почтенного старца, удрученного геморроем, которому прежде всего нужен покой, — а все отчего? оттого, что вам вообразился какой-то вздор, с которым вы бегаете по всем закоулкам! Понимаете ли, понимаете ли, в каком вы скверном теперь положении? Чувствуете ли вы это?

— Милостивый государь, хорошо! Я чувствую, но вы не имеете права…

— Молчать! Какое тут право? Понимаете ли вы, что это может кончиться трагически? Понимаете ли, что старик, который любит жену, может с ума сойти, когда увидит, как вы будете вылезать из-под кровати? Но нет, вы неспособны сделать трагедии! Когда вы вылезете, я думаю, всяк, кто посмотрит на вас, захохочет. Я бы желал вас видеть при свечках; должно быть, вы очень смешны.

— А вы-то? вы тоже смешны в таком случае! Я тоже хочу посмотреть на вас.

— Где вам!

— На вас, верно, клеймо безнравственности, молодой человек!

— А! вы про нравственность! А почем вы знаете, зачем я здесь? Я здесь ошибкой; я ошибся этажом. И черт знает, почему меня впустили! Верно, она в самом деле ждала кого-нибудь (не вас, разумеется). Я спрятался под кровать, когда услышал вашу глупую походку, когда увидел, что испугалась дама. К тому же было темно. Да и что я вам за оправдание? Вы, сударь, смешной, ревнивый старик. Ведь я отчего не выхожу? Вы, может быть, думаете, что я боюсь выйти? Нет, сударь, я бы уж давно вышел, да только из сострадания к вам здесь сижу. Ну, на кого вы без меня здесь останетесь? Ведь вы будете как пень стоять перед ними, ведь вы не найдетесь…

— Нет, отчего же: как пень? Отчего же как этот предмет? Разве вы не могли с чем другим сравнить, молодой человек? Отчего же не найдусь? Нет, я найдусь.

— О, боже мой, как лает эта собачонка!

– Тсс! Ах, и в самом деле… Это оттого, что вы все болтаете. Видите, вы разбудили собачонку. Теперь нам беда.

Действительно, собачка хозяйки, которая все время спала на подушке в углу, вдруг проснулась, обнюхала чужих и с лаем бросилась под кровать.

– О, боже мой! какая глупая собачонка! – прошептал Иван Андреевич. – Она нас всех выдаст. Она все выведет на чистую воду. Вот еще наказание!

– Ну да: вы так трусите, что это может случиться.

– Ами, Ами, сюда! – закричала хозяйка, – ici, ici[35] .

Но собачка не слушалась и лезла прямо на Ивана Андреевича,

– Что это, душечка, Амишка все лает? – проговорил старичок. Там, верно, мыши, или кот васька сидит. То-то я слышу, что все чихает, все чихает… А ведь у васьки–то сегодня насморк.

– Лежите смирно! – прошептал молодой человек, – не ворочайтесь! Она, может быть, так и отстанет.

– Милостивый государь, милостивый государь! Пустите мои руки! Зачем вы их держите?

– Тсс! молчать!

– Но помилуйте, молодой человек: она меня за нос кусает! Вы хотите, чтоб я лишился носа.

Последовала борьба, и Иван Андреевич высвободил свои руки. Собачка заливалась от лая; вдруг она перестала лаять и завизжала.

– Ай! – закричала дама.

– Изверг! что вы делаете? – прошептал молодой человек. – Вы губите нас обоих! Зачем вы схватили ее? Боже мой, он ее душит! Не душите, пустите ее! Изверг! Но вы не знаете после этого сердца женщины! Она нас выдаст обоих, если вы задушите собачку.

Но Иван Андреевич уже ничего не слыхал. Ему удалось поймать собачку, и в припадке самохранения он сдавил ей горло. Собачонка взвизгнула и испустила дух.

– Мы пропали! – прошептал молодой человек.

– Амишка! Амишка! – закричала дама. – Боже мой, что они делают с моим Амишкой? Амишка! Амишка! ici! О изверги! варвары! Боже, мне дурно!

– Что такое? что такое? – закричал старичок, вскочив с кресел. – Что с тобой, душа моя? Амишка здесь! Амишка, Амишка, Амишка! – кричал старичок, щелкая пальцами, причмокивая и вызывая Амишку из–под кровати. – Амишка! ici! ici! Не может быть, чтобы васька там съел его. Нужно высечь ваську, мой друг; его, плута, уже целый месяц не секли.

---

[35] сюда, сюда (франц.).

Как ты думаешь? Я посоветуюсь завтра с Прасковьей Захарьевной. Но, боже мой, друг мой, что с тобой? Ты побледнела, ох! ох! люди! люди!

И старичок забегал по комнате.

– Злодеи! изверги! – кричала дама, покатившись на кушетку.

– Кто? кто? кто такой? – кричал старик.

– Там есть люди, чужие!.. там, под кроватью! О, боже мой! Амишка! Амишка! что они с тобой сделали?

– Ах, боже мой, господи! какие люди! Амишка... Нет, люди, люди, сюда! Кто там? кто там? – закричал старик, схватив свечку и нагнувшись под кровать, – кто такой? Люди, люди!..

Иван Андреевич лежал ни жив ни мертв подле бездыханного трупа Амишки. Но молодой человек ловил каждое движение старика. Вдруг старик зашел с другой стороны, к стене, и нагнулся. В один миг молодой человек вылез из-под кровати и пустился бежать, покамест муж искал своих гостей по ту сторону брачного ложа.

– Боже! – прошептала дама, вглядевшись в молодого человека. – Кто же вы такой? А я думала...

– Тот изверг остался, – прошептал молодой человек. – Он виновник Амишкиной смерти!

– Ай! – вскрикнула дама.

Но молодой человек уже исчез из комнаты.

– Ай! здесь кто-то есть. Здесь чей-то сапог! – закричал муж, поймав за ногу Ивана Андреевича.

– Убийца! убийца! – кричала дама. – О, Ами! Ами!

– Вылезайте, вылезайте! – кричал старик, топая по ковру обеими ногами, – вылезайте; кто вы таковы? говорите, кто вы таковы. Боже! какой странный человек!

– Да это разбойники!..

– Ради бога, ради бога! – кричал Иван Андреевич, вылезая, – ради бога, ваше превосходительство, не зовите людей! Ваше превосходительство, не зовите людей! это совершенно лишнее. Вы меня не можете вытолкать!.. Я не такой человек! Я сам по себе... Ваше превосходительство, это случилось по ошибке! Я вам сейчас объясню, ваше превосходительство, – продолжал Иван Андреевич, рыдая и всхлипывая. – Это все жена, то есть не моя жена, а чужая жена, – я не женат, а так... Это мой друг и товарищ детства...

– Какой товарищ детства! – кричал старик, топая ногами. – Вы вор, пришли обокрасть... а не товарищ детства...

– Нет, не вор, ваше превосходительство; я действительно товарищ детства... я только нечаянно ошибся, попал с другого подъезда.

– Да, я вижу, сударь, вижу, из какого подъезда вы вылезли.

— Ваше превосходительство! Я не такой человек. Вы ошибаетесь. Я говорю, что вы в жестоком заблуждении, ваше превосходительство. Взгляните на меня, посмотрите, вы увидите по некоторым знакам и признакам, что я не могу быть вором. Ваше превосходительство! ваше превосходительство! — кричал Иван Андреевич, складывая руки и обращаясь к молодой даме. — Вы дама, поймите меня... Это я умертвил Амишку... Но я не виноват, я, ей–богу, не виноват... Это все жена виновата. Я несчастный человек, я пью чашу!

— Да, помилуйте, какое же мне дело, что вы выпили чашу; может быть, вы и не одну чашу выпили, — судя по вашему положению, оно и видно; но как же вы зашли сюда, милостивый государь? — кричал старик, весь дрожа от волнения, но действительно удостоверившись, по некоторым знакам и признакам, что Иван Андреевич не может быть вором. — Я вас спрашиваю: как вы зашли сюда? Вы, как разбойник...

— Не разбойник, ваше превосходительство. Я только с другого подъезда; право, не разбойник! Это все оттого, что я ревнив. Я вам все расскажу, ваше превосходительство, откровенно расскажу, как отцу родному, потому что вы в таких летах, что я могу принять вас за отца.

— Как в таких летах?

— Ваше превосходительство! Я, может быть, вас оскорбил? Действительно, такая молодая дама... и ваши лета... приятно видеть, ваше превосходительство, действительно, приятно видеть такое супружество... в цвете лет... Но не зовите людей... ради бога, не зовите людей... люди только будут смеяться... я их знаю... То есть я не хочу этим сказать, что я знаком с одними лакеями, — у меня тоже есть лакеи, ваше превосходительство, и все смеются... ослы! ваше сиятельство... Я, кажется, не ошибаюсь, я говорю с князем...

— Нет, не с князем, я, милостивый государь, сам по себе... Пожалуйста, меня не задабривайте вашим сиятельством. Как вы попали сюда, милостивый государь? как вы попали?

— Ваше сиятельство, то есть ваше превосходительство... извините, я думал, что вы ваше сиятельство. Я осмотрелся... я обдумался — это случается. Вы так похожи на князя Короткоухова, которого я имел честь видеть у моего знакомого, господина Пузырева... Видите, я тоже знаком с князьями, тоже видел князя у моего знакомого: вы не можете меня принимать за того, за кого меня принимаете. Я не вор. Ваше превосходительство, не зовите людей; ну, позовете людей, что ж из этого выйдет?

— Но как вы сюда попали? — закричала дама. — Кто вы таковы?

— Да, кто вы таковы? — подхватил муж. — А я–то, душенька, думаю, что это васька у нас под кроватью сидит и чихает. А это он. Ах ты, потаскун, потаскун!.. Кто вы такой? Говорите же!

И старичок снова затопал по ковру ногами.

– Я не могу говорить, ваше превосходительство. Я ожидаю, покамест вы кончите… Внимаю вашим остроумным шуткам. Что же касается до меня, то это смешная история, ваше превосходительство. Я вам все расскажу. Это может все и без того объясниться, то есть я хочу сказать: не зовите людей, ваше превосходительство! поступите со мной благородным образом… Это ничего, что я посидел под кроватью… я не потерял этим своей важности. Это история самая комическая, ваше превосходительство! – вскричал Иван Андреевич, с умоляющим видом обращаясь к супруге. – Особенно вы, ваше превосходительство, будете смеяться! Вы видите на сцене ревнивого мужа. Вы видите, я унижаюсь, я сам добровольно унижаюсь. Конечно, я умертвил Амишку, но… Боже мой, я не знаю, что говорю!

– Но как же, как вы зашли сюда?

– Пользуясь темнотою ночи, ваше превосходительство, пользуясь этою темнотою… Виноват! простите меня, ваше превосходительство! Униженно прошу извинения! Я только оскорбленный муж, больше ничего! Не подумайте, ваше превосходительство, чтоб я был любовник: я не любовник! Ваша супруга очень добродетельна, если осмелюсь так выразиться. Она чиста и невинна!

– Что? что? что вы осмеливаетесь говорить? – закричал старик, снова затопав ногами. – С ума вы сошли, что ли? Как вы смеете говорить про жену мою?

– Этот злодей, убийца, который умертвил Амишку! – кричала супруга, заливаясь слезами. – И он еще смеет!

– Ваше превосходительство, ваше превосходительство! я только заврался, – кричал оторопевший Иван Андреевич, – я заврался, и больше ничего! Считайте, что я не в своем уме… Ради бога, считайте, что я не в своем уме… Честью клянусь вам, что вы мне сделаете чрезвычайное одолжение. Я бы подал вам руку, но я не смею подать ее… Я был не один, я дядя… то есть я хочу сказать, что меня нельзя принять за любовника… Боже! я опять завираюсь… Не обижайтесь, ваше превосходительство, – кричал Иван Андреевич супруге. – Вы дама, вы понимаете, что такое любовь, – это тонкое чувство… Но что я? опять завираюсь! то есть я хочу сказать, что я старик, то есть пожилой человек, а не старик, – что я не могу быть вашим любовником, что любовник есть Ричардсон, то есть Ловелас… я заврался; но вы видите, ваше превосходительство, что я ученый человек и знаю литературу. Вы смеетесь, ваше превосходительство! Рад, рад, что провокировал [36] смех ваш, ваше превосходительство. О, как я рад, что провокировал смех ваш!

---

[36] провокировал – вызвал (франц. provoquer).

– Боже мой! какой смешной человек! – кричала дама,надрываясь от хохота.

– Да, смешной, и какой запачканный, – заговорил старик, в радости, что засмеялась жена. – Душечка, он не может быть вором. Но как он зашел сюда?

– Действительно странно! действительно странно, ваше превосходительство, на роман похоже! Как? в глухую полночь, в столичном городе, человек под кроватью? Смешно, странно! Ринальдо Ринальдини, некоторым образом. Но это ничего, это все ничего, ваше превосходительство. Я вам все расскажу… А вам, ваше превосходительство, я новую болонку достану… удивительная болонка! Этакая шерсть длинная, ножки коротенькие, двух шагов пройти не умеет: побежит, запутается в собственной шерсти и упадет. Сахаром только одним кормить. Я вам принесу, ваше превосходительство, я вам непременно ее принесу.

– Ха, ха, ха, ха, ха! – Дама металась из стороны в сторону на диване от смеха. – Боже мой, со мной сделается истерика! Ох, какой смешной!

– Да, да! ха, ха, ха! кхи, кхи, кхи! смешной, запачканный такой, кхи, кхи, кхи!

– Ваше превосходительство, ваше превосходительство, я теперь совершенно счастлив! Я бы предложил вам мою руку, но я не смею, ваше превосходительство, я чувствую, что я заблуждался, но но теперь открываю глаза. Я верю, моя жена чиста и невинна! Я напрасно подозревал ее.

Жена, его жена! – кричала дама, со слезами на глазах от хохота.

– Он женат! неужели? Вот бы я никак не подумал! – подхватил старик.

– Ваше превосходительство, жена – и она всему виновата, то есть это я виноват, я подозревал ее, я знал, что здесь устроено свидание, – здесь, наверху, я перехватил записку, ошибся этажом и пролежал под кроватью…

– Хе, хе, хе, хе!

– Ха, ха, ха, ха!

– Ха, ха, ха, ха! – захохотал наконец Иван Андреевич. – О, как я счастлив! о, как умилительно видеть, что мы все так согласны и счастливы! И жена моя совершенно невинна! я в том почти уверен. Ведь непременно так, ваше превосходительство?

– Ха, ха, ха! Кхи, кхи! Знаешь, душечка, это кто? – заговорил наконец старик, освобождаясь от смеха.

– Кто? Ха, ха, ха! Кто?

– Это та хорошенькая, что глазки делает, с франтиком которая. Это она! Я бьюсь об заклад, что это жена его!

– Нет, ваше превосходительство, я уверен, что это не та; я совершенно уверен.

– Но, боже мой! Вы теряете время, – закричала дама, перестав хохотать. – Бегите, ступайте наверх. Может быть, вы их застанете…

– В самом деле, ваше превосходительство, я полечу. Но я никого не застану, ваше превосходительство; это не она, а уверен заране. Она теперь дома! А это я! Я только ревнив, и более вашего… Как вы думаете, неужели я их застану там, ваше превосходительство?

– Ха, ха, ха!

– Хи, хи, хи! Кхи, кхи!

– Ступайте, ступайте! А когда пойдете назад, так придите рассказать, – кричала дама, – или нет: лучше завтра утром, да приведите и ее: я хочу познакомиться.

– Прощайте, ваше превосходительство, прощайте! Непременно приведу; очень рад познакомиться. Я счастлив и рад, что все так неожиданно кончилось и развязались к лучшему.

– И болонку! Не забудьте же: болонку прежде всего принесите!

– Принесу, ваше превосходительство, непременно принесу, – подхватил Иван Андреевич, снова вбежав в комнату, потому что уже было раскланялся и вышел. – Непременно принесу. Такая хорошенькая! точно ее кондитер из конфетов сделал. И такая: пойдет – в собственной шерсти запутается и упадет. Такая, право! Я еще жене говорю: "Что это, душечка, она все падает?" "Да, миленькая такая!" – говорит. Из сахару, ваше превосходительство, ей–богу, из сахару сделана! Прощайте, ваше превосходительство, очень, очень рад познакомиться, очень рад познакомиться!

Иван Андреевич откланялся и вышел.

– Эй, вы! Милостивый государь! Постойте, воротитесь опять! – закричал старичок вслед уходившему Ивану Андреевичу .

Иван Андреевич в третий раз вернулся.

– Я вот васьки–кота все не отыщу. Не встречались ли вы с ним, когда под кроватью сидели?

– Нет, не встречался, ваше превосходительство; впрочем, очень рад познакомиться. И почту за большую честь…

– У него теперь насморк, и все чихает, все чихает! Его надо высечь!

– Да, ваше превосходительство, конечно; исправительные наказания необходимы с домашними животными.

– Что?

– Я говорю, что исправительные наказания, ваше превосходительство, необходимы для водворения покорности в домашних животных.

– А!.. ну, с богом, с богом, я только об этом.

– Где это вы проводите время? Посмотрите, на кого вы похожи. На вас лица нет! Где это вы пропадали? Помилуйте, сударь: жена умирает, а вас не сыщут по городу. Где вы были? Уж не опять ли меня ловили, хотели расстроить свидание, которое я не знаю кому назначила? Стыдно, сударь, какой вы муж! Скоро пальцами указывать будут!

— Душечка! — отвечал Иван Андреевич.

— Что это? — закричала супруга. — Мертвая собачонка! Боже! Откуда… Что это вы?.. Где вы были? Говорите сейчас, где вы были?..

— Душечка! — отвечал Иван Андреевич, помертвев более Амишки, — душечка…

Но здесь мы оставим нашего героя, — до другого раза, потому что здесь начинается совершенно особое и новое приключение. Когда-нибудь мы доскажем, господа, все эти бедствия и гонения судьбы. Но согласитесь сами, что ревность — страсть непростительная, мало того: даже — несчастие!..

Список

www.ingramcontent.com/pod-product-compliance
Lightning Source LLC
Chambersburg PA
CBHW020542020726
47494CB00006B/1887